中国抗日战争史

第四卷

国际反法西斯的大好局势与日本投降（1944.1—1945.8）

张宪文　陈谦平　等著

化学工业出版社

图书在版编目（CIP）数据

中国抗日战争史·第四卷，国际反法西斯的大好局势与日本投降（1944年1月—
1945年8月）/张宪文等著．

北京：化学工业出版社，2017.10（2025.2重印）

ISBN 978-7-122-29594-1

Ⅰ．①中…　Ⅱ．①张…　Ⅲ．①抗日战争史－中国－1944～1945　Ⅳ．①K265

中国版本图书馆CIP数据核字（2017）第096144号

责任编辑：王冬军　王占景
特约编辑：范国平
责任校对：吴　静
装帧设计：水玉银文化

出版发行：化学工业出版社（北京市东城区青年湖南街13号　邮政编码100011）
印　　装：三河市双峰印刷装订有限公司
开　　本：710mm×1000mm 1/16　印张：$20\frac{3}{4}$　字数：303千字
2025年2月北京第1版第2次印刷

购书咨询：010-64518888
售后服务：010-64518899
网　　址：http://www.cip.com.cn
凡购买本书，如有缺损质量问题，本社销售中心负责调换。

定　价：58.00元

第一部分　豫湘桂正面战场的重挫

第二部分　敌后战场的战略出击

第三部分　抗日战争的胜利

第一部分

豫湘桂正面战场的重挫

第 1 章
国际形势的新变化

一、太平洋战场美日力量的逆转

1943 年，对于第二次世界大战中相互交战着的两大集团来说，是力量对比发生根本性转折的一年。年初，被围困在斯大林格勒附近的 30 多万德军精锐部队全部被歼，苏联红军从此开始了战略反攻。8 月份的库尔斯克战役取胜之后，苏军更牢固地掌握了战场上的主动权。在北非，英法联军迫使德意军队于 5 月份投降。7 月，联军又在西西里岛登陆，战火燃至意大利。墨索里尼被囚之后，意新政府于 10 月份反戈一击，对德宣战。德国法西斯处处陷入被动挨打的困境。

欧洲战场的巨大变化，也强烈地冲击着远东的日本，它预示着德日会合、图霸世界的计划彻底破产了。太平洋战争爆发之后的半年里，日军曾依仗其先发制人的强大攻势，先后占领了菲律宾、马来亚、缅甸、印度尼西亚等地，澳大利亚本土也直接受到其威胁。但日本究系小国，力量扩张也到了极限。当经济实力强大的美国也加入了反法西斯阵营之后，日军在太平洋上的优势便被彻底动摇。中

图 1.1　1943 年 7 月，西西里岛民众到勒莫市郊欢迎美军

途岛海战以日本的惨败而告终，是役，日本海军损失 4 艘航空母舰和 250 多架飞机，日军只得由攻势转为守势。1943 年初，经过瓜达尔卡纳尔岛的几番激战之后，日军不仅海空军损失惨重，又丧失了两个精锐的陆军师团。随着该岛的丢失，日军在太平洋的作战主动权已经完全丧失。

美军的反攻，先是从日本东南方的岛屿开始，继而深入到广阔的中太平洋海域。在"跳岛战术"的攻击下，日军被分割围困，后勤供应断绝，只得步步后撤。

8 月 5 日，天皇谕示不能这样"步步受逼"，"要研究给美方一击"。① 但军方（特别是陆军方面）却意识到力量对比的严峻情况，开始考虑后撤问题。9 月 25 日，"大本营政府联络会议"决定了《今后应采取的战争指导大纲》，其中划定日本所要确保的"绝对国防圈"。其范围包括千岛群岛、小笠原群岛、内南洋群岛（指日本所有在太平洋上的委任统治地，大致包括马里亚纳群岛、加罗林群岛和马绍尔群岛一带）及西部新几内亚、巽他、缅甸在内。② 日军在缺乏足够实力的情况下划定的这个"国防圈"，自然无法起到应有的作用。美国军事力量的急剧增长，大大超出了日本人的预料：在 10 月 6 日、7 日对威克岛的攻击中，美军动用了 6 艘航空母舰和 30 余艘巡洋舰及驱逐舰，飞机 1200 多架次；11 月底，在吉尔伯特一处作战的美军航空母舰就达 11 艘，另外还有数十艘其他各类舰只。1944 年 1 月底，轰炸拉包尔的美军飞机在 4 天内出动了 1000 余架次……在这样庞大的

---

① 日本防卫厅战史室编纂：《日本军国主义侵华资料长编——（大本营陆军部）摘译》（下），第 105 页，四川人民出版社 1987 年 4 月版。

② 日本防卫厅战史室编纂：《日本军国主义侵华资料长编——（大本营陆军部）摘译》（下），第 107 页。

攻势面前，日军将海军主力撤到马里亚纳及加罗林海域一带。3 月 18 日，又制订了一个迎击美军舰队的"Z"作战计划，准备在太平洋正面与美军进攻部队交锋。但刚到月底，日本联合舰队待命攻击的地点——帕劳群岛就遭到美军的猛烈空袭，仅 3 月 30 日一天内，就有 11 批美机来此轰炸，该计划便以流产告终。3 月 31 日，联合舰队司令长官古贺

图 1.2　日本失去海上优势，运输船大量被美军击沉

峰一大将因飞机失事而丧生，这是继山本五十六大将被击毙之后，联合舰队在战场上毙命的第二位司令长官。6 月份，规模空前的马里亚纳海战打响了。该群岛被日本视为本土对太平洋的防波堤，自 1943 年 7 月起便"锐意加以整备"。这里配备了由日本海军基地全部力量编成的第 1 航空舰队主力。决战开始时，联合舰队的新任司令官丰田副武曾训示全军：帝国兴亡在此一举。在他看来，这是日本海军以航空及水上部队之全力实施最后决战的时刻。结果却是：美军的航空母舰和潜水艇再一次显示了其雄厚的实力。日本海军先失掉了基地航空队的大部分，又有 3 艘航空母舰被击沉，4 艘受重创，至于航空母舰上的飞行机队，则几乎全军覆没，360 架战机仅剩 25 架。这些对技术有高度要求的兵种，"为训练之故，需要大批的教官及乘员，且费时颇多。今既损失如此，则日本海军已丧失了再建决战舰队之希望"。[1]

　　战火一步步逼近日本本土。6 月份，以成都为基地的在华美国空军袭击了北九洲的八幡小仓。7 月初，日军重兵把守的塞班岛又被美军攻占。这一连串岛屿的占领，使得美军飞机有了一个前进的基地。以 B – 29 型重轰炸机为主力，针对日本本土的大空袭即将来临。

---

　　[1] ［日］服部卓四郎著：《大东亚战争全史》(三)，第 120 页，台湾军事译粹社印行。

在辽阔的太平洋战场上，日军节节败退。但在中国大陆上，他们却发动了一场前所未有的大攻势。这是日本方面在美军不断的攻击之下，力图扭转战局的重大措施之一。

二、日本策划"一号作战"

所谓"一号作战"，就作战范围而言，北起河南省，南至广西边境，绵延数千公里；就作战规模而言，打破了日军侵华以来的空前纪录。战役正式发起于1944年4月，但日本大本营早在上年8月就开始策划了。日本大本营鉴于海战的接连失败，意识到自己的防线并不稳固，便开始制订其长期战争的计划。其指导思想是：即便将来在太平洋上的防线全被突破，也要保证在中国大陆上有足够的立足点。通过中国大陆，再与被切断海上交通的南洋50万日军联系起来，利用这一广阔领域内的丰富资源，就可从事长期的战争。另外，完成这一计划的主要兵力系陆军，大本营考虑的正是要通过其作战来提高日军整体因海上不断战败而日见低落的士气。因此，核心的问题所在，就是"先行打通中国大陆南北，构成直通南方的大走廊"。所谓打通大陆，"即企图占领和修复从黄河北岸的新乡至汉口的平汉线南段，武昌至衡阳的粤汉线北段，衡阳至柳州的湘桂线，并新建自柳州经南宁至谅山的线路。这样就把朝鲜、满洲、中国、印度支那用铁路连结起来"。① 表面上看，这将是日军的一次主动大出击，但实际上，却是大本营方面深知太平洋防线不保而欲在中国事先构筑防御圈的消极措施。

中国战场上局势的演变，也引起了日方的高度重视：国民党军队尽管抗战积极性在武汉会战以后逐渐降低，但毕竟仍在坚持抗战；八路军、新四军及地方武装更在广阔的敌后从事大规模的游击战争，沉重打击了日军的所谓"治安"工作；中美空军实力的增强，更对日本构成直接的威胁，特别是从中国大陆基地起

---

① 日本防卫厅战史室编纂：《日本军国主义侵华资料长编——（大本营陆军部）摘译》（下），第73页。

图 1.3　盟军飞机轰炸日军的后方兵站、军营以及
运输线。图为美空军飞机准备轰炸黄河上的桥梁。

飞的美军飞机，成了日本方面的心腹大患。

　　1943 年 11 月底，在华的美国空军拥有战斗机、轰炸机共约230 架，其中大半配置在桂林及东南沿海地区。25 日，30 架美军各类飞机从江西省的遂川机场起飞，对台湾新竹的日本海军飞行基地进行空袭。对日本来说，来自中国大陆基地的美军飞机的空袭，还是第一次。它表明了美军同时也可以大规模地对日本本土发起空袭。不仅如此，这些飞机还时不时地轰炸袭击东海上的日军舰船。摧毁美国的在华空军基地，从根本上消除对日本本土空袭的可能性，便成为日军大本营迫切需要解决的问题。这些基地又大多集中在中国的东南沿海一带，这同设想中的打通大陆交通线计划里的作战区域大致相同。如果说日军打通大陆交通线的计划是势在必行的话，那么因在华美国空军活动的加强和日军欲摧毁其基地的设想，则大大加快了计划实行的步伐。

　　此次战役，因其牵扯面太广，所以日军的计划几经反复。先是中国派遣军于

1943 年 12 月初制订出计划方案，但大本营方面却警告其"不能轻易作出决定"，深恐泄密。12 月中旬，大本营又要求将攻击计划提前，同时将作战名称定为"一号作战"。进入 1944 年，在华美国空军活动更加频繁，日军欲摧毁其基地成了确定实施"一号作战"的主要动力。1 月 24 日，天皇批准《一号作战纲要》。据此，中国派遣军又于 3 月 10 日制订了较为详细的作战计划，12 日向全军作了传达。按照这个计划，中国派遣军"于 1944 年春夏季节，先由华北，继由武汉地区及华南地区分别发动进攻。击溃敌军，尤其是中央军，并先后将黄河以南京汉铁路南部及湘桂、粤汉铁路沿线之要地，分别予以占领并确保之"。其作战目的在于"击败敌军，占领并确保湘桂、粤汉及京汉铁路沿线的要冲，以摧毁敌空军之主要基地，制止敌军空袭帝国本土以及破坏海上交通等企图，同时摧毁重庆政权继续抗战的意图"。[1]

"一号作战"所规划的日军作战范围，黄河、信阳与岳州、衡阳间的直线距离均为 400 公里，而衡阳至柳州间的直线距离更达到 600 公里，要想在南北长达 1500 公里的广阔区域内实现击垮"超我数倍的蒋介石所属全部野战军的半数，进行贯穿作战"，[2] 其作战难度无法想象。特别是此时日本中国派遣军已出现兵力不足的困难。在此计划里，日军投入的总兵力为 51 万人，其中平汉作战为 148000 人，湘桂作战为 362000 人，战马 100000 匹，各类火炮 1551 门，坦克 794 辆、汽车 15550 辆。[3] 中国派遣军 1943 年末在中国大陆的兵力总数仅为 62 万左右，战马 13 万匹、汽车约 18000 辆。为确保战役的完成，日本原准备从中国大陆调往太平洋岛屿上的兵力也暂缓或不调，并且又从国内和中国东北抽调来大量的各类兵种。对日本陆军来说，这样长距离的作战和大规模的兵力集中是没有先例的。在中国派遣军总司令官畑俊六大将的日记里，明显地反映出他深知这次"派遣军未曾有过之大战……与实力、资材，尤其战力全面下降之状况，殊不相称"[4]。但面

---

① 日本防卫厅防卫研究所战史室：《一号作战之一：河南会战》（上），第 27 页。
② 日本防卫厅防卫研究所战史室：《一号作战之二：湖南会战》（上），第 5～6 页。
③ 日本防卫厅防卫研究所战史室：《一号作战之二：湖南会战》（上），第 6 页。
④ 日本防卫厅战史室编纂：《日本军国主义侵华资料长编——（大本营陆军部）摘译》（下），第 134 页。

临着对日本极其不利的远东及太平洋战局，大本营方面只有孤注一掷了。

打通平汉线是"一号作战"的第一步，由华北方面军来完成。在 1943 年秋开始实行的《下半年度作战指导大纲》里，该方面军鉴于共产党活动的急剧加强，原规定"主要作战对象为中共党和军队，其作战目的也是要从组织上消灭中共党和军队"①，这时便改变作战方向，抽出了兵力的二分之一（至少 65 个步兵大队）投入"一号作战"。其作战计划为："首先突破正面的敌军阵地，将我主力部队集结于黄河南岸。随后部队佯作沿京汉线南下，以郾城附近为中心，使主力朝西方向右迂回，围歼第 1 战区敌军，特别是汤恩伯军。"② 兵力的运用大致是以第 12 军为主力在正面作战，第 1 军由山西方面策应，而华中方面军则分别以部分兵力自皖西和鄂北方面出兵配合。

日军一方面制订出较为详细的作战计划，一方面也加快战争的准备。为补充兵力，日军命令在华的日本侨民和商民入伍。为便于军队运输，日军又将华北和华中地区各铁路支线的铁轨、枕木等器材拆除，统一运往新乡、开封、信阳、武汉等地集中。至 1944 年 3 月中旬，中断了 6 年的黄河铁桥得以修复通车。期间，平汉铁路线北段由新乡南面的小翼一直修复到黄河北岸，并铺设了 8 条支线。日军还重建了邙山头据点。4 月中上旬，第 12 军主力都已集中在新乡以南的黄河北岸地区，从绥远和东北抽调的部队也相继到达。兵力建制为第 12 军所属的第 37 师团、第 62 师团、第 110 师团、独立混成第 7 旅团、骑兵第 4 旅团、炮兵、工兵联队及其他特种兵，另加关东军派来的第 27 师团和绥远调来的战车第 3 师团，总兵力达 15 万人，统属华北方面军司令官冈村宁次大将指挥。此外，日军还将第 1 军一部配置于黄河北岸山西境内，华中方面军一部调集于信阳及安徽西部正阳关地区，准备配合华北方面军的作战。除此之外，日军又集结一大批伪军部队协助进攻，计有第 2 集团军张岚峰部、第 2 方面军孙良诚部、第 28 集团军庞炳勋部、第 11 军孙殿英部等。一场蓄谋已久的战役就要打响了。

---

① 日本防卫厅防卫研究所战史室：《一号作战之一：河南会战》（上），第 36 页。
② 日本防卫厅防卫研究所战史室：《一号作战之一：河南会战》（上），第 40 页

第 2 章
河南境内的战斗

一、日军打通平汉线

与日军调兵遣将、周密部署形成鲜明对比的是，这一时期国民党军队的素质低下，战斗力急剧下降。战前训练的精锐部队在抗战前期就损失一多半，1929 年至 1937 年从中央军校毕业的军官约有 25000 人，但至 1938 年初就有约 10000 军官战死沙场。① 至 1944 年初，从编制上看，国民党军队虽有 340 余步（骑）兵师，总人数达 650 万之多，但实际能够投入作战的部队并不多。抗战后期在美国援助下编练成的精锐部队，大多集中在大西南和缅北、印度，其中驻印军 3 个师全部美式装备，在云南的 6 个师为半美式化，分别称为 "X 部队" 和 "Y 部队"；另有第 8 战区胡宗南的数十万精锐部队一直布置在大西北，用于围困中共的陕甘宁边区。而在广阔的华北、华中及华南战场上，却无多少机动兵力可调。

---

① ［美］易劳逸：《毁灭的种子》，第 144 页，英文本，斯坦福大学出版社 1984 年版。

在河南等处布防的第 1 战区部队，主力由战区副司令长官汤恩伯统率，而司令长官蒋鼎文并无实权。担任河防和正面防御任务的计有第 4、第 14、第 15、第 19、第 36、第 39、第 28 等 7 个集团军，共 18 个军，约 30 万人。进入 1944 年后，由于黄河北岸的日军调动过于频繁，特别是日军工兵部队忙于修复中断 6 年之久的黄河铁桥，第 1 战区据此判断日军会有大规模的作战行动，可能要南下打通平汉线，因而也相应采取了一些应付措施。3 月中旬以后，蒋介石连电第 1 战区，要求其部署在嵩山附近与敌决战。14 日，该战区制定出具体方案。18 日，第 1 战区长官部又根据军令部颁发的较为详细的"平汉线作战计划"，进一步准备在禹县、密县、许昌、漯河地区同日军决战。其总兵力有 43 个师，其中 29 个师担任豫南、豫北广大地区的防守任务；14 个师为机动兵团，隐蔽于临汝、登丰、禹县、襄城、宝丰、叶县地区，协助防守部队侧击和包围侵入嵩山一带的日军。① 这一作战计划是战区长官部根据以往大兵团的作战经验制订的，这次面对数量庞大的日军以迂回穿插为特点的攻势战略，并未起到任何作用。

4 月 17 日午夜时分，日军终于发动了酝酿已久的"一号作战"。第 37 师团主力一部 3000 余人，携炮 20 余门渡过黄河，次日拂晓就已迂回深入到中国河防部队的后方，顺利占领中牟县城，并分兵两路，从西南和东南向中国军队河防阵地发动进攻。担任中牟及其附近地区河防任务的为暂编第 27 师，该师成立不久，"缺额既多，装备尤劣，即步枪堪用者亦不足三分之一"。② 所辖三个团仅有 3000 余人，迫击炮 1 至 2 门，机枪 5 挺，③ 加之防区地处平原，无险可守，且沙质土地亦无法构筑工事，以这样的弱旅来阻击日军精锐部队的攻击，绝无可能。尽管第 1、第 3 两团在正面抵抗了 8 小时之久，但阵地还是被日军攻破，数千日军渡过黄河。18 日中午，日军工兵在黄河上架起轻便桥梁，日军大队人马源源不断地开过了黄河。

---

① 《第一战区三十三年春夏间中原会战经过概要》，国民政府军令部战史会档案，中国第二历史档案馆藏。
② 《第 28 集团军中原会战战斗详报》，国民政府军令部战史会档案，中国第二历史档案馆藏。
③ 日本防卫厅防卫研究所战史室：《一号作战之一：河南会战》（上），第 52 页。

在日军渡河立足未稳之际，暂编第 15 军军长刘昌义曾亲率两营步兵袭击敌之侧背，并命令暂编第 27 师、军部直属部队及新编第 29 师第 86 团发动反攻，但仅凭借迫击炮和手榴弹的有限杀伤，终未能扭转中国军队在战场上的劣势。

19 日拂晓，日军第 110 师团又在邙山头发起攻势。在大炮、飞机和毒气的联合攻击下，守军吴绍周第 85 军所属预备第 11 师伤亡惨重。次日拂晓，6000 余名日军在数十门大炮和四十余架飞机的掩护下，对预 11 师在摩旗顶的阵地进行了数十次的俯冲轰炸，并最终攻陷之。摩旗顶高地被攻占后，中方丢失了河防的制高点，而日军则以强大的火力配合，又进一步撕开了中国军队的黄河防线。

日军主力渡过黄河后，分路南侵。18 日晚 8 时，日军第 37 师团步兵第 22 联队派遣一支由 300 人组成的先遣挺进队向郑州急行军，于次日黎明抵达郑州车站，用绳索登上郑州城墙，向守军发动突袭，并迅速占领北门。[①] 守卫郑州的中国军队计有第 85 军第 110 师一部及第 78 军属下的 3 个团，但仅抵抗了一个小时就告溃退，连接平汉和陇海两大铁路的重镇郑州遂于 20 日下午丢失。

20 日，另一部日军进抵和尚桥，切断了新郑和许昌的交通。次日，3000 余日军在飞机大炮的掩护下进攻新郑，守军赖汝雄第 78 军新编第 42 师之第 125 团与敌血战 3 小时，士兵伤亡过半，连长以上军官阵亡 9 名，新郑遂于当天下午失陷。

此后，日军在接连攻下尉氏、郑县、洧川、长葛、荥阳、崔庙等地之后，即将攻击的主要目标放在密县，以图打破中国军队集结兵力反攻或侧击的支撑点，另将一部主力集结于新郑一带，以便进一步南攻许昌。而中国军队在经历了连续失败后也作了重新集结和部署：汤恩伯将所部主力分成南北两个兵团。南兵团以李仙洲为指挥官，统辖部队以第 12、第 29 军为主力；北兵团以王仲廉为指挥官，指挥第 13、第 85 军，准备"以有力之钳形态势包围由中牟及邙头山两方面之敌于许昌、襄城、禹县、密县间地区而歼灭之"。[②] 这一作战计划是 4 月 22 日制订的，但次日夜间，密县县城就在日军主力部队 15000 余人的夹击下失陷。

① 日本防卫厅防卫研究所战史室：《一号作战之一：河南会战》（上），第 55 页。
② 《第 28 集团军中原会战战斗详报》，国民政府军令部战史会档案，中国第二历史档案馆藏。

至此，日军主力已在黄河南岸郑州至新郑、密县一带集结，战车第 3 师团、独立战车第 2 联队和骑兵旅团也源源不断地渡河，增强了日军的战力。从 25 日起，日军继续南侵。29 日，日军第 37、第 62、第 27 师团及独立混成第 7 旅团所部 10000 余人，在 150 多辆战车和汽车的配合下完成了对许昌城的包围，随即开始攻打许昌附近各据点。激战至 30 日晨，许昌已陷入重围。第 1 战区所部新 29 师、新 42 师、第 29 军、第 193 师、第 20 师、第 91 师各部与攻城日军展开激战，其中第 20 师和新 42 师伤亡逾半，但给日军以较大杀伤。日军以飞机、大炮和坦克的协同作战猛攻许昌，中方担任守城的为新编第 29 师一部两千余人，经过顽强抵抗以后，该师电台被毁，对外通讯断绝，工事亦多毁坏。5 月 1 日，许昌失陷，师长吕公良阵亡，团长以下军官伤亡三分之二以上。①

许昌的失陷，不仅使中方失去了对豫中平原中心地区和水陆交通枢纽的控制，更重要的是彻底打破了汤恩伯侧击日军的计划。据蒋介石"守许昌之师，应尽力支持，以吸引、牵制敌之兵力"的指示②，汤恩伯急令李仙洲率第 28 集团军两个军约 1 万人向襄城、禹县方面移动，攻击日军的侧翼。但这支机动部队同样被日军打垮，在颖桥争夺战中，日军动用了步骑七八千人，火炮 20 多门，汽车 200 余辆和坦克 25 辆，李仙洲部终于不支后退。这样一来，汤恩伯的侧击计划亦告失败。

5 月 1 日，蒋介石指示汤恩伯兵团："应集中全力（第 12 军、第 13 军、第 29 军、第 85 军、暂 15 军、第 78 军等）使用于禹县附近，与敌决战"。汤恩伯遂于次日开始重新调配部队：（一）南兵团方面：第 12 军长贺粹之指挥暂 55、第 81 师集结于郏县、宝丰地区；第 87 军长赖汝雄指挥第 22 师、新 43 师向襄城推进；第 89 军长顾锡九率领新 1 师、骑 2 师集结于漯河、郾城；第 22 师仍在颖桥拒止进犯之敌。（二）北兵团方面：石觉第 13 军主力集结于白沙、告成地区；吴绍周

---

① 《第 28 集团军中原会战战斗详报》，国民政府军令部战史会档案，中国第二历史档案馆藏。

② 《第一战区三十三年春夏间中原会战经过概要》第三节，国民政府军令部战史会档案，中国第二历史档案馆藏。中国第二历史档案馆编：《抗日战争正面战场》（下），第 1227 页，江苏古籍出版社 1987 年版。

第85军将登封、临汝阵地的守备任务交韩锡侯第9军接替后，集结登封；马励武第29军固守禹县，新编第29师固守许昌。①

中方战略上的这一变更，迫使日军也修改了其作战计划。日军原来的战略设想，是在攻占郾城后以主力向右实行大迂回，包围并歼灭第1战区汤恩伯的主力部队。中方部署改变以后，日华北方面军参谋部认为："此种情况对于日第12军由郾城迂回，肯定不能形成有利的战略形势。为了迅速控制登封附近重庆军主力的退路——临汝平地，必须将第12军主力集中指向该方向，方能围歼第13军为中心的汤军主力。因此，第12军攻下许昌，即应迅速向右迂回"。② 自5月1日起，日方第12军主力便以许昌为轴心开始面向西北的大迂回攻势。同时，日方又派第27师团和第37师团的部分兵力继续南下，目标首先指向郾城，以图最终打通平汉线。与此次作战相呼应，中国派遣军又"派第11军的部分兵力，由信阳方面北上，同时为了起牵制作用，命第13军部分兵力由蚌埠方面沿新黄河的泛区西岸，向颍州（阜阳）方面进行作战。铁道部队应于打通作战结束后，由南北两方面开始修复作业"。③

守卫郾城的中方军队为第89军的新1师，城东周家口附近有何柱国第15集团军所辖的骑兵第3师。5月2日，四五千名日军在伪军和4架飞机及20余门大炮的配合下发起攻击。甫一接触，骑3师即阵亡连长以上军官40多人。次日，新1师守卫郾城以北三里庙的一连官兵全部战死。4日，日军开始以炮火攻城，新1师第3团副团长牺牲。5日中午，日军冲进东关，随即占领全城。是役，日军伤亡150人，伪军数百，守军官兵伤亡及被俘者自副军长、参谋长以下500余人。④

在平汉路以东地区，为配合平汉路正面的进攻，日军第13军将司令部由上海

---

① 《第一战区三十三年春夏间中原会战经过概要》第三节，国民政府军令部战史会档案，中国第二历史档案馆藏。中国第二历史档案馆编：《抗日战争正面战场》（下），第1228页。
② 日本防卫厅防卫研究所战史室：《一号作战之一：河南会战》（上），第112页。
③ 日本防卫厅防卫研究所战史室：《一号作战之一：河南会战》（上），第123页。
④ 分别见日本防卫厅防卫研究所战史室：《一号作战之一：河南会战》（上），第130页；《第15集团军中原会战平汉路东地区战役战斗详报》，国民政府军令部战史会档案，中国第二历史档案馆藏。

移到蚌埠，同时令第 65 师团配备兵力发动进攻，以牵制平汉路东的陈大庆第 19 集团军及何柱国第 15 集团军所部，打击的重点是前者。4 月 24 日，日军首先由安徽寿县方面沿淮河西进，发动攻击，前后投入的兵力为两个步兵独立大队计 3000 余人，骑兵 300 余，伪军数千人也加入了战斗行列，另有飞机、汽船和山炮配置。中方迎击部队为廖运泽骑兵第 2 军（欠骑 3 师）、骑 3 师（欠一团）、暂 30 师（欠一团）及一些地方武装，以廖运泽为指挥官。与日军首先交火的是一些地方部队，虽也予日军一定杀伤，但战斗力十分有限，日军遂长驱直入。27 日，马步康率骑 8 师 3 个团兵力分左右两翼攻击当面之敌，但在敌飞机和大炮的攻击下，骑兵阵势大乱，损失惨重，颍上等重镇亦告丢失。此后，骑 8 师多次与日军交战，双方损失数以百计，其中尤以十八里铺等地的战斗最为激烈。5 月 2 日，日军以步兵 1500 余人分 3 路进攻，中国守军阵地全部被毁，被迫弃守。下午起，骑 8 师组织反攻，复又夺回，但旋即再度告失。5 日上午，日军沿沙河右岸和阜（阳）颍（上）公路同时西犯，骑 8 师副师长卢广伟战死，中方被迫退出战场。日军继续西犯，并与其他中国军队有小规模战事发生。郾城等地既已占领，作战目的达到，这支日军便于 7 日停止攻击而开始后撤。

事实上，这些日军的牵制作用并"无多大效果"，中国派遣军总司令畑俊六在日记中记载："这是由于新四军在淮阴地区的积极活动大大牵制了我军的结果。"①

在平汉路正面，攻下郾城的日军以第 27 师团为主力继续南下，当晚攻下遂平，此后再未遇到抵抗，9 日与信阳方面北上的一支日军在确山会师，最终完成了打通平汉线的计划。

二、洛阳守城战

以围歼汤恩伯军主力为目标的日军第 12 军主力，在攻占许昌后即开始向西迁

---

① 日本防卫厅防卫研究所战史室：《一号作战之一：河南会战》（上），第 129 页。

回，攻击目标指向郏县地区，首当其冲的是禹县和襄城。

攻击禹县之敌以第 62 师团为主力。5 月 2 日夜，日军主力对禹县进行了包围攻击，守军为马励武第 29 军所属第 91、第 193 师和顾锡九第 89 军所属第 20 师所部 3 万余人，他们在无量庙、蜘蛛山（禹县北卅里）、楚河铺、郭濂街一线以迫击炮等火力猛烈狙击日军。"楚河铺敌四五千，战车十余辆，炮十余门；郭濂街敌三四千，战车八辆，炮八门；无量庙敌二三千，共敌万余，战车二十余辆，会攻禹县"。① 中国守军的山地防御阵地丧失后，又利用村庄的土墙顽强抵抗，最终不敌日军炽烈的炮火。在万余日军和 20 多辆战车的攻击下，禹县于 5 月 3 日失守。这就打破了汤恩伯军要在禹县一带与敌决战的计划。

同时，日军独立混成第 7 旅团主力和第 37 师团一部对汤军南兵团据守的襄城一带实施猛攻。5 月 2 日，"敌七八千，战车二十五辆，炮二十门，向我襄城猛攻。"4 日凌晨，日军占领该城。②

在攻打禹县的同时，日军坦克第 3 师团进攻郏县，"敌战车七八十辆，至午增至百余辆，与我第八十一师激战"。③ 为了缓解郏县的压力，第 29 军一部，新编 43 师和暂编 55 师先后从东北、东南和西南三面出击，以策应守城部队，但日机 10 余架飞来轰炸，第 81 师伤亡惨重，当晚向宝丰一线退却。次日晨，日军占领郏县。

5 月 2 日晚，日军第 110 师团由密县出发，意图对驻守登封附近的石觉第 13 军发起攻击。④ 华北日军指挥官认为"登封设有汤军的核心第 31 集团军司令王仲廉的司令部，在登封附近集结北兵团部队 7 万人"。⑤ 但刘戡兵团第 9 军已于 5 月

---

① 《第一战区三十三年春夏间中原会战经过概要》第三节，国民政府军令部战史会档案，中国第二历史档案馆藏。中国第二历史档案馆编：《抗日战争正面战场》（下），第 1228～1229 页。

② 《第一战区三十三年春夏间中原会战经过概要》第三节，国民政府军令部战史会档案，中国第二历史档案馆藏。中国第二历史档案馆编：《抗日战争正面战场》（下），第 1229 页。日本防卫厅防卫研究所战史室：《一号作战之一：河南会战》（上），第 148 页。

③ 《第一战区三十三年春夏间中原会战经过概要》第三节，国民政府军令部战史会档案，中国第二历史档案馆藏。中国第二历史档案馆编：《抗日战争正面战场》（下），第 1229 页。

④ 日本防卫厅防卫研究所战史室：《一号作战之一：河南会战》（上），第 141～142 页。

⑤ 日本防卫厅防卫研究所战史室：《一号作战之一：河南会战》（上），第 155 页。

3 日全面接替登封防务，第 31 集团军总部和第 13 军以及第 89 军均撤往山区。[①] 从 5 月 4 日开始，第 110 师团向韩村、于村、石羊关（大金店东、白沙西北）等外围阵地猛攻，并占领告成。

占领郏县后，日军除坦克第 3 师团外，第 37 师团主力、骑兵第 4 旅团都加入向宝丰、临汝平地攻击行动。5 月 3 日，汤恩伯曾计划以有力部队在临汝附近与敌决战，"着第 47 师、第 85 军、第 13 军担任临汝方面守备"，第 89 军亦以主力开临汝。但只有第 85 军于夜间到达了临汝以北的山地，余"均未实现"。[②] 次日，日军以正面牵制，迂回侧背的战术占领临汝城。汤恩伯的临汝决战计划不仅又告落空，而且其所部主力第 13、29、第 85 军等部约 60000 人亦被包围在东西（禹城—临汝）60 公里，南北（登封北侧—郏县）70 公里，外围约 180 公里的狭小地域内。只是由于伏牛山起伏的山峦使日军机械化部队运动不便，才避免了被围歼的厄运。

攻占临汝的日军坦克部队，为了不给中方军队以喘息的时间，继续沿临汝镇—白沙—龙门街—洛阳的路线疾进。突破各次抵抗之后，于 5 日开始兵分 3 路实施攻击："一路千余，战车及装甲车百五六十辆，犯我东龙门山之杨沟寨，迄 7050 高地之线。一路五千余，战车六十余辆，犯我西龙门山。另一路步、骑兵千余，战车三十余辆，渡过伊河西岸。"在刘戡指挥下，中国军队的抵抗较为顽强，经过 3 次白刃战后，日军伤亡惨重，战车被毁数十辆。7 日拂晓，第 85 师在龙门方面突然发起反击，克复了 7050 高地。日军旋即反攻，在重炮和飞机轰炸下，"7050 高地尽被轰毁"。[③] 杨沟寨阵地失陷后，该师派百余名敢死队争夺，最后伤亡殆尽。当天，该师长被炸伤，两名团长相继失踪，步兵仅剩 200 余名，阵地遂

① 《第一战区三十三年春夏间中原会战经过概要》第三节，国民政府军令部战史会档案，中国第二历史档案馆藏。中国第二历史档案馆编：《抗日战争正面战场》（下），第 1230 页。

② 《第一战区三十三年春夏间中原会战经过概要》第三节，国民政府军令部战史会档案，中国第二历史档案馆藏。中国第二历史档案馆编：《抗日战争正面战场》（下），第 1229 页。

③ 《第一战区三十三年春夏间中原会战经过概要》第三节，国民政府军令部战史会档案，中国第二历史档案馆藏。中国第二历史档案馆编：《抗日战争正面战场》（下），第 1233 页。

告不守，龙门一带尽入敌手。①

龙门一带激战方殷，日军独立混成第 7 旅团又向鲁山发起猛攻，该处守军新编 43 师阵地部署尚未就绪，就已遭到日军步骑兵 2000 余的猛烈攻击。7 日，该城被占领。日军随即兵临下汤，该处为通向伏牛山脉的唯一交通线，位置十分重要，第 1 战区在此储备有大量的粮食、弹药。防守下汤及附近阵地的中国军队在名义上有 5 个师，"但新 42 师经新郑、襄城诸役之损失不足两个营，新 43 师经宝丰战役后不足五个营，新 29 师、暂 27 师均仅千余人，其中战斗兵不足半数，新 44 师人数较充足，但装备甚劣……"② 下汤既陷，这支日军继续西进。及至月底，新 42 师官兵伤亡殆尽，新 44 师仅在四棵树一处的争夺战中就伤亡团长以下官兵 200 余人。③

至 5 月上旬，自许昌向西迂回的日军实际上并未达到围歼汤恩伯部主力的目的。中国军队一般是稍经接触就告退却或溃散，日军无法捕捉围歼。特别是当敌坦克师团主力攻占龙门等地后，更使中国军队溃散的速度加快。需要指出的是：日军第 12 军并不满意坦克师团对龙门一带的匆忙攻击，认为这多少破坏了围歼汤恩伯军主力的计划。在既成事实面前，第 12 军仍将主要目标放在打击中国军队的主力上。而华北方面军和大本营方面则对第 12 军的计划很不满意，要求以主力攻克重镇洛阳，意欲在太平洋、缅甸诸地战局急剧恶化的情况下借此提高士气，东条英机亦"希望迅速攻克洛阳"。④

这时，河南战场上没有遭受重大打击的中国军队，多集中在洛阳一带。以洛阳为中心集结有第 4、第 14、第 39 集团军的 4 个军共 6 个师，但其编制大多残缺不全。此外，第 12、第 13、第 29、第 85 等军也由南方山地向宜阳一带开来，以期对日军进行侧击，掩护洛阳的守城部队。汤恩伯于是调整部署，除令第 15 军军长武庭麟率第 64、第 65 师及第 14 军之第 94 师坚守洛阳外，刘戡指挥第 14 军

---

① 《刘戡兵团中原会战战斗详报》，国民政府军令部战史会档案，中国第二历史档案馆藏。
② 《刘戡兵团中原会战战斗详报》，国民政府军令部战史会档案，中国第二历史档案馆藏。
③ 《第 28 集团军中原会战战斗详报》，国民政府军令部战史会档案，中国第二历史档案馆藏。
④ 日本防卫厅防卫研究所战史室：《一号作战之一：河南会战》（下），第 17 页。

（欠第 94 师）、暂 4 军等部队向占领东龙门山之日军展开攻势；孙蔚如第 4 集团军
及第 9 军在原阵地尽力支持；第 13 军、第 85 军迅速由临汝方面尾击窜犯龙门之
敌，以图在洛阳附近夹击日军。

但日军的华北方面军却于 5 月 10 日下达规模更大的攻击命令，即以东、西、
南三方面的互相呼应，"围歼第 1 战区军，进而攻击洛阳"，具体部署是：第 12
军应以主力迅速向宜阳、新安方面挺进，进入洛阳西北方；第 1 军应迅速渡过黄
河，向洛阳方面挺进；野副兵团应击溃洛阳以北的重庆军，向新安方面挺进。①

按照这一作战计划，驻扎在山西的日军第 1 军最先采取行动。该军要抽出一
部在垣曲附近渡过黄河，"切断陇海路，支持第 12 军主力作战"，这是"一号作
战"计划事先部署好的。执行该计划的是由第 69 师团 12 个步兵大队组成的基干
兵团（称为天兵团）。在经过周密的准备之后，天兵团于 5 月 9 日夜间分由垣曲
正面、河堤村和白浪村 3 处渡过黄河，并在白浪渡口架起浮桥，仅此一处就渡过
步骑 3000 余，山炮 10 门。中方河防部队素质既差，河防工事又因"每于大风过
后则大半为流沙淹没"②，作用有限，但守备部队仍以步、机枪和迫击炮火力进行
了抵抗。日军的渡船有的为炮弹炸翻，伤亡近 50 人，一度中止了渡河。日军大部
队突破河防后于次日完成集结，随即分兵向渑池、英豪一带进击，意图截断陇海
铁路，阻止陕西的中国军队支援洛阳。天兵团于 5 月 12 日占领渑池后，陇海路被
彻底切断。日军从中国的军需列车上掳获了大批武器弹药和被服器具。该部日军
随即"越过渑池分 3 股：一股沿陇海路东窜；一股向宜阳方面窜扰；一股沿陇海
路西进"③。

山西日军南渡黄河，使中国军队要在洛阳一带夹击日军的计划完全破灭，加
之龙门高地的丧失和汤恩伯军在洛阳西侧运动迟缓，使得集结在洛阳、偃师平原
准备夹击日军的第 1 战区主力部队反而遭到来自东、西、南三面日军的夹击。惊

---

① 日本防卫厅防卫研究所战史室：《一号作战之一：河南会战》（下），第 3 页。
② 《陆军第 40 军豫西会战战斗详报》，国民政府军令部战史会档案，中国第二历史档案馆藏。
③ 《陆军第 40 军豫西会战战斗详报》，国民政府军令部战史会档案，中国第二历史档案馆藏。

慌之中，中国军队各主力先向洛河河谷和洛宁方面退去，洛阳成了一座孤城。

第一战区在洛阳城郊的防守以陇海铁路为界，划分成南北两部分。城北以上清宫和白马坡为中心，利用壕沟修筑了反坦克壕和混凝土火力点。城南也修有反坦克壕和混凝土火力点。城内更构筑了许多碉堡。所有工事之间都用地道联通，形成了较为坚固的防御阵地。1944 年 3 月，又有美军顾问前来指导工事的完善，充分利用山坡、悬崖、壕沟以及房屋，修筑枪眼，并以混凝土或砖石构筑隐蔽的火力点，用散兵壕、交通沟或地道连接各阵地，地面还铺设了铁丝网。城内守军有 14000 人，其具体部署是：第 64 师防守西工区，第 65 师防守邙岭区，第 94 师守城防区。5 月 8 日，蒋介石两次以电话指示洛阳守军："（一）洛阳及其附近各守备部队，应死守各该地区十至十五日。（二）洛阳城防部队，应准备充分电台。（三）洛阳应多囤粮弹，并注意巷战设备。（四）洛阳城防部队，应注意陆、空连络，我飞机飞抵洛阳时，必在上空盘旋三匝，飞行特低。"[①]

5 月 9 日起，日军坦克师团主力的百余辆坦克，配以步、骑、炮兵 2000 余人，沿公路由龙门方面北进，分向安乐窝、茹家凹、桃园寨一线的中国守军警戒阵地进犯。另一股日军 2000 余人，战车五六十辆，由三山村附近渡河，向兴隆寨、七里河一线进犯，并于 10 日晨攻占之。

11 日晨，日军对洛阳外围发动攻击，"敌战车、装甲车共四十余辆，掩护步兵千余，由林森桥东、西地区，分向我西工及南关进犯……另敌四五百，向五女冢、东陡沟进犯"。12 日，"一时，七里河、兴隆寨敌，战车五、六十辆，步兵二千余，向我猛攻"，七里河一带的中国守军固守工事，与敌展开激战，双方仅距 30 米。"激战至拂晓，敌续增二千余，战车七八十辆向我猛扑"，日军使用迂回侧背的战术，至次日凌晨占领七里河，但付出了伤亡大队长以下官兵近百名的代价。[②] 同日，日军另一部在洛阳东南发起攻势，但中国守军以阵前埋设的地雷和

---

① 《第一战区三十三年春夏间中原会战经过概要》第三节，国民政府军令部战史会档案，中国第二历史档案馆藏。中国第二历史档案馆编：《抗日战争正面战场》（下），第 1235～1236 页。

② 《第一战区三十三年春夏间中原会战经过概要》第三节，国民政府军令部战史会档案，中国第二历史档案馆藏。中国第二历史档案馆编：《抗日战争正面战场》（下），第 1236 页。

猛烈的炮火使日军败下阵来。中国空军亦出动飞机轰炸日军阵地。天黑以后，日军将攻击重点放在西关，步兵、工兵在 30 辆坦克配合下，于 13 日午突入城西南角，但在守军炮火轰击下兵力无法展开。双方在西关一带展开巷战，逐屋争夺。处在二楼的守军为发挥火力，就将脚下的地板凿成窟窿，以手榴弹攻击一楼的日军，突进城内的日军仅一个大队，其中两名少尉战死，其他军官亦多数负伤。

中国军队退守至邙山南麓、史家屯一线。14 日拂晓，日军发动总攻击，至 20 日，几乎每天都有激战发生。17 日，日军在炮弹和烟幕弹的掩护下，以猛烈的攻势摧毁了中国守军在邙岭西部的阵地，中国军队退至岳村、史家沟、后沟之线。上清宫、西寺坡一带阵地在 19 日一天之内就遭到日军重炮和飞机的猛烈攻击，但守军阵地不失。西寺坡争夺战持续了四昼夜，直至 21 日夜，日军在战车的掩护下，再度向后沟迄上清宫、史家沟、西寺坡一线展开猛攻，中国军队主力才撤至洛阳城内。

23 日，日第 12 军司令官内山英太郎亲赴洛阳城外，指挥攻城。24 日 13 时，日军以第 63 师团和第 3 坦克师团为主力，对洛阳城发起总攻。日军"先以炮兵、飞机集中火力，向我西面城墙及东北城角轰击"，接着由步兵跟进突击。激战至当日下午，日步兵千余首先从西门及西北城角突入市区，东车站及其他方面也相继告失。不久，日军又分别由南门、东北角和北门突破进城。在炸毁了外壕和城墙之后，日军坦克车也冲进城内，随即到处展开激烈的巷战。天黑以后，守军以炽烈的机枪火力和手榴弹给日军以较大杀伤，但日军继续拼死进攻。到 25 日凌晨，日军又增派第 110 师团一部增援，凭借强大火力，在城内进行扫荡战，守军阵地悉被破坏，各处通信断绝，残兵遂由城墙东角撤出。25 日 8 时 30 分，日军完全攻占洛阳城。

三、豫西山地的作战

洛阳失陷以后，鉴于中国军主力已先后转入豫西山地，第 1 战区司令长官部重新调整了军队部署：（一）刘戡兵团应于现地尽力支撑，万不得已时，转移于黄家窑、红土岭之线。（二）李家钰第 36 集团军应于夫子庙、两郁口 7867 高地间，对北布防，并确守新（安）宜（阳）公路。（三）孙蔚如第 4 集团军之第 96 军，速于王马廉沟、牛心寨、坡头娄沟间，对北布防，左与新 6 师连击。第 38 军速开韩城集结。（四）高树勋第 39 集团军以新 6 师之一部，在藕池附近，主力在白阜镇、孝村间，占领阵地。新 8 军军长胡伯翰率暂 29 师到藕池以南地区整顿。为确保新安、渑池、韩城、洛宁、旧县一线，战区命张耀明第 38 军速开韩城，占领阵地；命石觉第 13 军在沙坡头以南，协力第 106 师拒止白杨镇之敌；命刘戡兵团对当面之敌，应猛予痛击；命李兴中第 96 军进击渑池窜犯之敌；命预 8 师即开三乡镇、凹里南北之线，掩护洛宁；命李家钰第 36 集团军应尽力猛攻自渑池东窜之敌，协同刘戡兵团与第 38 军连击。[①]

日军对洛阳的攻击是出于政治上的考量，其作战重点仍是要围歼中国第 1 战区的主力部队。5 月 10 日，日本华北方面军下达的作战命令就要第 12 军主力"迅速向宜阳、新安方面挺进，进入洛阳西北方"，"敌军退却时，应立即向郏县或洛宁方向急追"。[②] 根据中国军队西撤的情况，日军又判明其路线是洛河的河谷，便决定首先抢占豫西战略要地卢氏。卢氏为通往灵宝等地公路的交通要道，又连接着灵宝一带的平地和洛河河谷，并建有飞机场。日军作战目的是要"彻底破坏该地附近的军事设施，堵截和歼灭从洛阳方面退却的敌军"。为此，日军第 12 军于 5 月 11 日命令第 37 师团各派一个联队，组成卢氏与洛宁两个挺进队。[③] 该路日军一路奔袭，于 20 日黎明抵达卢氏发动突袭，酣睡中的守军措手不及，慌忙撤出。日军将卢氏县城里的各种军事设施彻底破坏，并将磨山的中国军队弹药库炸成一片瓦砾。尽管次日日军即从卢氏撤出，但这座重镇的丢失和被毁，加剧了中国军队的溃退。

---

① 《第一战区三十三年春夏间中原会战经过概要》第三节，国民政府军令部战史会档案，中国第二历史档案馆藏。中国第二历史档案馆编：《抗日战争正面战场》（下），第 1240～1241 页。
② 日本防卫厅防卫研究所战史室：《一号作战之一：河南会战》（下），第 3 页。
③ 日本防卫厅防卫研究所战史室：《一号作战之一：河南会战》（下），第 96～97 页。

日军主力的追击作战，始于 13 日。除第 1 军的兵力外，第 12 军的两个师团向洛阳西方推进，1 个师团指向伊河河谷的嵩县，目标分别是蒋鼎文和汤恩伯指挥下的中国军队。1 个骑兵旅团则直插洛宁西方的要隘长水镇。连日大雨，山道泥泞，后勤保障自然谈不上，中日双方军队均感极度疲劳。在攻打宜阳附近的段村时，日军第 110 师团遇到坚强抵抗，3 人一组搭成的人梯，有的一齐倒下战死，只是坦克投入攻击后才将其占领。中国军队斗志已失，首先进抵要隘长水镇的日军只是先遣部队，兵力不足一小队，但中方经过此处的第 38、第 96 两军遇见日军却仓惶失措，四散逃走。5 月 13 日，日军以强大兵力（各类车辆约 150 辆）攻打磁涧，守军刘戡所部向南方溃败，14 日失宜阳，16 日丢韩城，17 日战略重镇洛宁又失陷。同日，日军第 1 军所部又南渡黄河，进攻陕县。守军先以猛烈火力击退强渡的日军，打沉木船、皮筏各两只，而后坚守县城。守卫县城的是第 40 军马法五所部第 317 团第 1 营的两个连。日军在炮火掩护下渡河成功以后，施放毒气攻击，两连守军伤亡殆尽，副营长亦战死。① 第 317 团只得突围向南溃逃。第 36 集团军损失亦同样惨重。该集团军原在新安以北，遭敌军夹击后越过陇海路南逃，旋又向西。5 月 21 日，该集团军总部在陕县南部秦家坡被日军包围，在双方的激战中，集团军总司令李家钰等多名高级指挥官当场牺牲。②

这时，日军第 1 军渡过黄河的部队已深入豫西山地，关中告急。蒋介石一面严令败军不许无端撤向陕县，一面从第 8 战区抽调兵力东进迎敌，此外，又提醒第 5 战区严密防守，做好迎击日军在鲁山一带扫荡的准备。5 月中旬以后，第 8 战区增援部队陆续到达豫西北灵宝地区，计有李延年第 34 集团军所属第 1、第 16 军，范汉杰第 38 集团军所属第 27、第 57 军。同时，第 1 战区溃逃的部队，如马法五第 40 军、刘戡第 36 集团军、孙蔚如第 4 集团军等部也退至灵宝附近地区重新集结。至 5 月底，队伍的重新集结整顿在灵宝一带大致完成。

---

① 《陆军第 40 军豫西会战战斗详报》，国民政府军令部战史会档案，中国第二历史档案馆藏。
② 张震中：《豫西十日记》，国民政府军令部战史会档案，中国第二历史档案馆藏。《第一战区三十三年春夏间中原会战经过概要》第三节，国民政府军令部战史会档案，中国第二历史档案馆藏。中国第二历史档案馆编：《抗日战争正面战场》（下），第 1243 页。

中国军队的重新集结，引起了日军的高度重视，自山西渡过黄河的日军第 1 军决定以现有兵力，"用大约一星期的时间，尽快在灵宝附近发起作战"，目的不仅是要打击中国第 8 战区的援军，得到修筑防线所必需的时间，而且要"使敌军产生恐惧心理……对华中、华南方面作战，亦可产生相当大的影响"。[1] 华北方面军司令官冈村宁次支持第 1 军的计划，并指派第 12 军增援兵力支援第 1 军在灵宝附近的作战。

中国军队抢先一步于 5 月 27 日发起反攻，至 6 月 1 日，又以 5 个师的兵力投入总攻击。以第 8 战区部队为主力的中国军队用各种炮火猛烈轰击日军据守的险山庙高地，旋即发起冲锋，日守军伤亡达三分之二。中国军队的攻击又在其他地方展开，并占领草庙等处高地。日军对中国军队的反击颇感意外，非但没能打退进攻，反而使原定的攻击虢略镇计划也成为泡影。中国空军也投入战斗，6 月 5 日的猛烈空袭，使固守草庙北侧高岗上的日军西村和赤星两个大队伤亡 80 多人。[2] 同日，中国军队猛烈的炮火袭击使守卫三角山的日军大队开始就被炸死 22 人。攻击虢略镇方面的日军一个大队与中国军队的搏杀反复多次，大队长以下的指挥人员多半身亡，官兵 6 月 9 日一天之内伤亡人数就达 70 多。[3] 至此，中方陆续投入反击的部队已近 10 个师。原李家钰所部官兵头缠白布，为复仇而反攻。在第 8 战区东进兵团的奋勇抗击下，日军地兵团致电第 1 军司令部，声称所部"遭到有力敌军阻截，前进更加缓慢，甚至秦岭山脉的小路也被敌军占领。要突破该地，无论付出多大牺牲和时间也难奏效"，[4] 这是日军最终不得不放弃灵宝会战的重要原因。在败退途中，地兵团司令官、日军第 69 师团第 59 旅团长木村千代太被地雷炸死，[5] 这是日军发动"一号作战"以来被打死的最高级别的指挥官。自 12 日起，日军第 1 军开始后撤，分批退回到山西境内。

① 日本防卫厅防卫研究所战史室：《一号作战之一：河南会战》（下），第 130 页。
② 日本防卫厅防卫研究所战史室：《一号作战之一：河南会战》（下），第 142 页。
③ 日本防卫厅防卫研究所战史室：《一号作战之一：河南会战》（下），第 154 页。
④ 日本防卫厅防卫研究所战史室：《一号作战之一：河南会战》（下），第 150 页。
⑤ 日本防卫厅防卫研究所战史室：《一号作战之一：河南会战》（下），第 155 页。

日军第 12 军除派部分兵力增援灵宝一带的战斗外，主力于 6 月间完成了在洛阳、宜阳、临汝等重镇的警备部署，确保对平汉线南段的控制。同时又以两个骑兵旅团为主力扫荡汝河以北的平汉路沿线之中国军队。自 6 月中旬起，河南战场的中心便转到周口一带。

在此迎击日军的是第 1 战区所属陈大庆第 19 集团军和何柱国第 15 集团军各一部，以第 111 师为主力，另加骑兵第 3 师以及一些地方保安部队，陈大庆担任总指挥。自 18 日起，敌以千余兵力在汽车、大炮的配合下，分别向商水、周口等地进攻，守军主要在周口地区与敌激战。中国军队在周口一带的守卫战中伤亡官兵 400 余人，日伪伤亡 300 余名。20 日，各处日军会合，将商水城四面包围，飞机赶来轰炸。守卫该城的为第 111 师所部。日军先自东门突进城内，该处守军为一个连，连长阵亡。第 661 团第 2 营营长发现日军炮兵阵地后，亲率全营出击，企图夺取大炮，重伤身死，① 随即演成 8 小时之久的巷战。次日，该城最终失陷。

到此为止，日军已大致完成了打通平汉线后的警备部署，为"一号作战"下一阶段目标——湘桂作战提供了陆地后方联络线保证。随后，第 12 军主力又陆续开往南方，大部改属于武汉方面的第 11 军。在历时两个多月的豫中会战中，日军投入的兵力估计达 10 万人，以伤亡约 4000 人②的代价大致完成了预定的战略目标。而中国方面的损失则极为惨重。投入此次会战的中国军队共有 43 个师，约 40 万人，结果只有 15% 的师未受损失，其他都遭到沉重打击。根据日方的统计，中国军队"遗尸"36700 具，被俘 13379 人，日军缴获中方野（山）炮 63 门、野战重炮 5 门，迫击炮、速射炮、机关炮 161 门，机关枪、步枪 13521 挺（支），汽

---

① 《第 19 集团军策应中原会战诸役战斗详报》及《第 15 集团军中原会战平汉路东地区战役战斗详报》，国民政府军令部战史会档案，中国第二历史档案馆藏。

② 日军参与平汉线作战的部队有第 37、62、第 110 师团、坦克第 3 师团之 1 个旅团、独立混成第 7 旅团、独立步兵第 9 旅团、骑兵第 4 旅团，预计总兵力达 10 万人。根据日军第 12 军司令官内山中将的报告，该军在一号作战河南战役的损失为：阵亡人数占参加兵力的 1%，负伤人数占 3%，患病人数占 5%。坦克第 3 师团参加作战的 255 辆战车，已有三分之一不能开动，其中作战中被炸毁坦克 9 辆。参见日本防卫厅防卫研究所战史室：《一号作战之一：河南会战》（上），第 27 页；日本防卫厅防卫研究所战史室：《一号作战之一：河南会战》（下），第 162 页。

车 100 辆，机车、货车 130 辆。① 河南省大部地区遭到战火洗劫，30 多座城市被占领，损失无法计算。日军不仅打通了平汉线，而且还占领河南境内的陇海线，给整个华北乃至全国的战局都带来灾难性的影响。

同日军的损失相比，由于中国方面的损失过于惨重，"驯至腾笑世界，为八年抗战中未有之大耻"②。河南战场上的军事长官自然成为众矢之的。在舆论的压力下，第 1 战区司令长官蒋鼎文被撤职，副司令长官汤恩伯被撤职留任，第 29 军军长马励武被撤职，有 1 名师长被交军法审判，1 名师长及 3 名团长被处死刑。

这场空前的惨败，暴露了中国军队的一系列致命弱点。第一，就军队素质而言，当时汤恩伯指挥的 21 个师中，有 7 个师原先就力量不足。第 78 军的 3 个师仅由两个独立旅和一个集训处的补充兵新编而成，编成后一个月不到战事就爆发，连装备也未得到。第 13 军是中央军精锐部队，也因人事影响了战斗力。第 13 军所属第 117 师，暂编第 15 军所属暂编第 27 师、新编第 29 师以及第 12 军所属暂编第 55 师，或是新编战斗力未养成，或是无作战经验，或是无装备补充。③ 这些都极大影响了战斗力。第 28 集团军所属的几个军中，"缺额既多，装备尤劣，不惟缺乏特种部队，即步枪堪用者亦不足三分之一，番号虽多，战斗力实甚有限"。④ 至于士兵的知识水准、军事技术，更是无以启齿。高级指挥官素质更差，如蒋鼎文、汤恩伯等，"素日不留心军政，而假藉地位经营商业以至上行下效，大小军官腰缠累累，战斗意志消耗净尽……"汤恩伯的精锐部队逃跑时，"使士兵民夫搬迁累累之军官行李财物"。汤恩伯本人在禹县经营 3 年，日军攻占禹县前三天他就逃离禹县。前线激战正酣，他却在鲁山县西南的下汤泡温泉，这里距离禹县只有八九十公里。及至战况恶化，仓促之

---

① 日本防卫厅防卫研究所战史室：《一号作战之二：湖南会战》（上），第 32 页。
② 《三届三次国民参政会提案》，国民政府军令部战史会档案，中国第二历史档案馆藏。
③ 吴相湘：《第二次中日战争史》（下），第 87 页。
④ 《第 28 集团军中原会战战斗详报》，国民政府军令部战史会档案，中国第二历史档案馆藏。

际，他仅率译电员及卫士数十人逃跑，与作战部队一度完全失去联络。[①] 此外，中国军队的指挥系统极其紊乱。"战斗序列随时变更，所指挥之军师甫入掌握，随即他调。又军师已直接奉到命令行动而高级指挥部竟茫然不知"。[②] 调动的频繁，就使得部队无固定的责任感。第85军原是在装备与素质方面最为上乘的部队之一，但战役开始前汤恩伯就打乱了其建制：一部接替了郑州新编第42师防区，另一部则令守备密县，该军兵力原来已感不足，却担任了正面40多公里的防御。在突破河防之日军凶猛火力的攻击下，该军和其他部队一样陷入被动挨打的境地。机动部队既无法使用，通讯交通亦感困难，指挥官竟无法了解整个战况。会战过程中，日军惯用的战术是迂回穿插和锥形攻势，而侧背的安全由于兵力的限制则无法顾及。如果中国军队稍具协同作战和自我牺牲的精神，就可收到配合正面守军袭击侧背、夹击敌人的效果，但事实恰好相反，日军完全达到了各个击破的目的。

第二，通过政治层面的观察，国民党军队在河南的溃败就显得不足为奇。第1战区尽管早就判明日军有南下打通平汉线的企图，"原有之兵力已深感之不足"，但出于对付共产党等原因，又将第92、第93、第98、第9、第17、第27等军"相继抽调他去"。[③] 会战过程中，"所意想不到之特殊现象，即豫西山地民众到处截击军队，无论枪支弹药，在所必取，虽高射炮、无线电台等，亦均予截留。甚至围击我部队，枪杀我官兵，亦时有所闻。尤以军队到处，保、甲、乡长逃避一空，同时，并将仓库存粮抢走，形成空室清野，使我官兵有数日不得一餐者。一方面固由于绝对少数不肖士兵不守纪律，扰及闾阎，而行政缺乏基础，未能配合军事，实为主因。其结果各部队于转进时，所受民众截击之损失，殆较重于作战

---

① 《三届三次国民参政会提案》，国民政府军令部战史会档案，中国第二历史档案馆藏。
② 《第28集团军中原会战战斗详报》，国民政府军令部战史会档案，中国第二历史档案馆藏。
③ 《第一战区三十三年春夏间中原战斗详报》，国民政府军令部战史会档案，中国第二历史档案馆藏。

之损失，言之殊为痛心。"① 参加会战的几支主要部队在战后的总结中，几乎都提到了这个问题。

军事参议院少将参议李纯如分析道，此种现象的产生，"主要原因盖平时对民运工作仅有虚名，没有实际，现民众不知应如何协助国军支持作战。加之军队政治工作亦未能切实，士兵不了解民众痛苦，强占民宅，烧毁门窗，借名征购，随时苛索，彼此感情早有裂痕。一遇战事发生，军队复大征车马，强拉民夫。不良士兵竟有乘机抢掠者，而人民闭守村寨，拒绝军队入内。因此争夺，打死毙命、收缴枪支亦随地皆有。敌人乃乘军民龃龉、不暇抵抗之际，遂长驱直入，以致我中原战事失利……"②

第三，中国军队的后勤保障出现了较大问题。河南全省连年饱受饥荒之苦，而出粮出丁又"冠绝全国"。中条山会战失败以后，一方面遭到日军北、南、东三面的包围封锁，一方面又因大量军队在河南的集结而增添更多的负担。除此之外，河南省还要向驻扎在陕西的第8战区数万部队提供给养。这样，部队的后勤补给当然困难，"官兵薪饷服装逾期数月仍未发给"③。战事方殷，"各部队领不到给养，向民间借食包谷等杂粮。士兵营养不足影响作战。且部队所借杂粮多需自磨而食，终日忙于筹粮及推磨等工作，尚有何暇顾及操练与防务？并因此惹起人民反感使军民亦无法合作。而仓库陷敌时内尚存面粉一百万袋（第1战区北面驻军不过二十万人，每人每月一袋计，足供五月之食），连同存麦足供二十余万部队一年之用……"④

第四，就战略战术而言，豫中地势平坦，均系旱田，便于日军机械化部队和

---

① 《第一战区三十三年春夏间中原会战经过概要》第三节，见中国第二历史档案馆编：《抗日战争正面战场》（下），第1253页。

② 李纯如：《河南战事失利之检讨及收拾之刍议》，国民政府军令部战史会档案，中国第二历史档案馆藏。

③ 李纯如：《河南战事失利之检讨及收拾之刍议》，国民政府军令部战史会档案，中国第二历史档案馆藏。

④ 三届三次参政会103人的提案：《请申明军令严惩失机将领以明责任而利抗战案》，国民政府军令部战史会档案，中国第二历史档案馆藏。

骑兵作战。面对装备精良的日军之攻击，缺乏重武器的中国军队理应扬长避短，在利用黄河防线等滞缓日军攻击的同时，应将主力部署在嵩山、伏牛山等山区与敌决战。尤其是郑州、许昌、新郑等城市大都无险可守，不利于劣势装备的守军作战。但第 1 战区长官部却投入整团、整师的兵力，并下令死守。这样既分散了兵力，又徒增伤亡。面对日军强大的火力攻击，中国军队在平原地带遭受重创，及至退往山区，已是溃不成军，毫无战斗力。

第 3 章
四守长沙与衡阳鏖战

一、长沙、衡阳作战的中日部署

在日军"一号作战"的计划中，湘桂作战是重点和关键。中国派遣军本来是将打通粤汉线放在第一步的，只是因为日本大本营考虑到中美空军对长江航运的致命威胁，才决定首先要打通平汉线以确保陆路交通。平汉线既然已经打通，攻击湘桂就提到日程上来。

此时日军在华兵力，除关东军以外，计有华北方面军的第 1 军、第 12 军；驻蒙军；京沪地区的第 13 军；广东地区的第 23 军；武汉地区的第 11 军。其中第 11 军的兵力最为强大。截至 1943 年底，它统辖着第 3、第 13、第 34、第 39、第 40、第 58、第 68 和第 116 等 8 个师团，其中以第 3、第 13 师团战力最强，[①] 而第 58 师团则受过专门的城市巷战训练。常德会战后，第 11 军不顾大本营和派遣军要其

---

① 日大本营曾于 1943 年底计划将第 3 师团调往澳大利亚、第 13 师团调往中太平洋作战。

"继续确保常德"的命令而将部队撤回原地休整。①

自 4 月中旬起，日军开始制订详细的作战计划。根据以往几次长沙会战时中国军队施展侧击的经验教训，日军这次制定了"一举纵深突破"的指导思想，企图切断中国军队并予以歼灭。具体战略部署是将初步投入作战的兵力分成二线：第一线约 5 个师团，并列在华容、岳州南部、崇阳一带，其中，第 40 师团在湘江以西，最精锐的第 3、第 13 师团和第 116、第 68 师团在湘江以东，分别展开。第二线约 3 个师团，部署在监利、蒲圻西南和崇阳一线，准备扫荡中国残兵和修补道路。日本大本营将发动进攻的日期定在 5 月 27 日，那是日本海战胜利纪念日，1905 年 5 月 27 日，日本海军在对马海峡全歼了劳师远征的俄国波罗的海舰队。② 最初目标是"围歼沅江、益阳附近及新墙河、汨水间的重庆军"，为了对付第 6 战区中国军队的增援，还专门派出兵力进占松滋河一线以期牵制。

平汉线作战大致结束前后，中国派遣军总司令部向第 11 军下达了进行长沙、衡阳作战的命令。5 月 23 日，第 11 军司令官横山勇率军司令部抵达蒲圻，并在那里设立了战斗司令部。25 日，中国派遣军也将前进司令部由南京推进到汉口原第 11 军司令部旧地。③ 为加强第 11 军战力，大本营又从关东军抽调第 27 师团，从国内调集第 47 师团，从其他战场调来第 37、第 64 师团，统归第 11 军指挥。为了应付中美空军，派遣军又向粤汉线方面增调了战斗机、轻轰炸机、重轰炸机各 3 个中队，使其战斗机总数达到 370 架。④ 除此之外，还有华南方面第 23 军的策应配合。这样，对这场即将到来的大战，日军使用的兵力就有 150 个大队之多（海空军尚未统计在内），"这比 1938 年攻略武汉时 140 个大队的兵力更大，正是歼灭敌军，摧毁其抗战力的绝好机会"。⑤

截至 5 月 25 日，日军各作战部队部署完毕。其中一线作战部队为 5 个师团：

① 日本防卫厅防卫研究所战史室：《一号作战之二：湖南会战》（上），第 2~4 页。
② 日本防卫厅防卫研究所战史室：《一号作战之二：湖南会战》（上），第 37 页。
③ 日本防卫厅防卫研究所战史室：《一号作战之二：湖南会战》（上），第 21 页。
④ 日本防卫厅防卫研究所战史室：《一号作战之二：湖南会战》（上），第 11 页。
⑤ 日本防卫厅防卫研究所战史室：《一号作战之二：湖南会战》（上），第 14 页。

湘江东岸方面，第68（佐部队）、第116师团（岩部队）分别从蒲圻、岳阳向汨水、新墙河突进；左翼方面，第3师团（山部队）位于通城、大沙坪以北地区，第13师团（鹿部队）位于崇阳以南20公里的堰市、龙泉渡一线；湘江西岸方面，第40师团（成部队）以及另外3个步兵大队集中于石首、华容之间。第二线兵力为第34（健部队）、第39、第58（广部队）等3个师团，分别集结于蒲圻、沙市、监利一线。①

与日军在华中地区的厉兵秣马相比，中国军队的防守就显得漫不经心。湖南划归第9战区指挥，第三次长沙会战后，该战区除协同第6战区进行了常德会战外，主力部队已有两年没有参加重大战役。中国军队的大致部署为：（一）赣西北守军为孙渡第1集团军，所属新编第3军之新12师、第183师及地方部队担任梁家渡、高安、奉新、东堡之线的警备；第58军之新10师防守樟树、清江一线。（二）鄂南守军为王陵基第30集团军，所属第72军之第34师、新13师及地方部队担任大港、武宁、九宫山、塘口、通城、麦市、九岭、保定关一线警备；新15师在修水整训。（三）湘北正面防守为杨森第27集团军，以第20军所属之第133师、新20师担任黄岸市、杨林街、新墙河一线警戒。（四）湘西守军为梁汉明第99军，所属第99、第92师担任营田、湘阴、芦林潭、沅江南咀小港、汉寿之线的警戒。（五）另派第37军集结于瓮江铺、浯口、汨罗一带；第4军驻守长沙；第44军集结于浏阳；暂编第2军在株洲、渌口整训；第10军防守衡山、衡阳。②

至5月份，日军攻击的态势已是非常明了。5月6日，军委会曾致电第9战区司令长官薛岳，认为日军"由赣州直攻株洲与衡阳之情报甚多，务希特别注意与积极构筑据点工事，限期完成，以防万一为要"。③ 中旬，战区参谋处根据各方情况也获悉平汉路南段、粤汉路北段和长沙航路上运输繁忙；日军在到处抓夫，湘北日军数量明显增多，且封锁消息，不许中国人通行。面对这些情报，薛岳先是

---

① 日本防卫厅防卫研究所战史室：《一号作战之二：湖南会战》（上），第22、第37～38页。
② 《第9战区湖南会战前敌我态势概要》，见中国第二历史档案馆编：《抗日战争正面战场》（下），第1254页。
③ 《近代中国》第42期，第46页。

认为日军鉴于前几次长沙会战的教训，不敢发动对第 9 战区的进攻，及至看到日军在战区正面大量集结时，才开始制订作战计划。但他又期待着"第四次长沙大捷"的到来，认为日军还会像以前那样，由岳阳等处发动正面攻击，便按照以前长沙会战的方案，形成如下作战部署：

"战区以保卫国土、粉碎敌寇企图，于湘江东岸新墙、汨罗、捞刀、浏阳河、渌水间，湘江西岸资水、沩水、沅水间，节节阻击，消耗敌力，控置主力于两翼，在渌水、沅水北岸地区，与敌决战。于是由赣北抽调第五八军、第七二军及新三军之第一八三师，请由第三战区抽调第廿六军，第六战区［抽调］第七三、第七四、第七九、第一百各军，第四战区抽调第四六军，第七战区抽调第六二军，与原在湘北、长衡及滨湖地区之第二十、第卅七、第四四、第九九、第四、第十各军，合力参加渌水、沅水以北地区之决战……"①

这个渌水、沅水以北的作战计划，实际上仍以长沙、浏阳为中心。该作战计划当时也得到了蒋介石的批准。但薛岳和蒋介石等人都没有料到，日军会在东西 120 公里宽的范围内实施正面突击，还配署了第二线兵团。这样一来，薛岳制定的"侧翼迂回"攻势实际上根本无法奏效。尽管第 9 战区当时拥有第 30、第 27 和第 1 三个集团军共 10 个军 30 个师，但军委会还是同意了薛岳的请求，从第 6 战区将王耀武第 24 集团军（下辖彭位仁第 73 军、李天霞第 100 军、王甲本第 79 军、施中诚第 74 军共 10 个师）调往益阳、宁乡一线；从第 4 战区和第 7 战区分别抽调黎行恕第 46 军、黄涛第 62 军赶赴衡阳，加上驻守衡阳的方先觉第 10 军，组成李玉堂兵团；从第 3 战区抽调丁治磐第 26 军赴株洲，同罗奇第 37 军、沈发藻暂编第 2 军组成欧震兵团。② 这样的话，长沙、衡阳一线的中国军队达到 17 个

---

① 《第 9 战区湖南会战前敌我态势概要》，见中国第二历史档案馆编：《抗日战争正面战场》（下），第 1256 页。

② 《第 9 战区湖南会战前敌我态势概要》，见中国第二历史档案馆编：《抗日战争正面战场》（下），第 1257～1258 页。

军 47 个师，达 50 万人。①

二、日军合围与长沙失陷

自 5 月 27 日起，日军兵分 3 路南下进攻。左翼为精锐的第 3、第 13 师团，自通城方面南下，第 27 师团随后推进；湘江东岸方面为第 68、第 116 师团，分成 6 路强渡新墙河，第 34、第 58 师团逐次跟进；湘江西岸方面以第 40 师团为主力，从华容、石首一带出发。

自湖北崇阳南下的日军左翼部队，自 28 日起，一路 4000 余人向通城东南，一路 2000 余人向通城西南分别进击，遇到第 72 军所属新 15 师、新 13 师的顽强抵抗，双方激战经日，通城于 30 日失守。日军继续南下，31 日抵达长寿街（平江以东 40 公里），同守军第 72 军及第 20 军各一部发生激战。中国军队节节败退，主力退据平江一线。日军遂计划进击汨水、瓮江、平江地区，围歼第 20 军暨第 27 集团军总部。6 月 1 日，日军进抵平江，在城北和城东北与守军展开激战。在日军空军的轰炸下，守军伤亡惨重，其中第 20 军第 133 师被日军第 3 师团所部包围在平江西北山地，截成数段，几被全歼。

日军占领平江后，第 11 军司令部于 6 月 2 日下令主力兵分两路，向南、西两个方向分路突进，计划"要在汨水南岸至捞刀河北岸地区内歼灭敌军"。命令第 34 师团（健部队）"以主力向新市南侧地区，另以部分兵力由归义南面突破达摩山脉两侧防线，同时向捞刀河河口挺进"；第 116 师团（岩部队）"突破长乐街以南的防线，经由福临铺向黄花市（捞刀河口东北侧）挺进，切断敌军退路，予以围歼"；第 68 师团（佐部队）"主力向瓮江市推进，另以部分兵力突破月田（新墙以东 43 公里）防线，一同向金井挺进"；第 3 师团（山部队）"应向浏阳西南方地区挺进，与第 13 师团相策应，围歼浏阳附近重庆军"；第 13 师团（鹿部队）

---

① 《长衡会战参战部队序列》（1944 年 5 月下旬~8 月上旬），见韦显文等编：《国民革命军发展序列》，第 483~486 页，解放军出版社 1987 年。

"要在 7 日傍晚以前进入永和市（浏阳东北 25 公里）、蒋埠江（永和市东南 12 公里）一线，准备向浏阳东南进行作战"；第 58 师团（广部队）"在 7 日前后，推进到福临铺东西一线"。①

6 月 5 日，左翼日军进抵浏阳河南岸的达浒、官渡一线，捞刀河北岸的社港市也遭到万余日军的围攻。中国军队试图在浏阳一带集结，围歼左翼的日军部队。为此，第 9 战区调集第 58、第 72、第 26、第 44、第 20 等军于浏阳北方设防。第 58 军（附第 183 师）自东向西攻击进犯之敌；第 72 军及第 20 军亦同时进击，以收三面夹击之效。另派新 13 师及第 20 军之一部攻击敌之侧背，以图牵制。由于 6 月 4 日至 7 日连续下大雨，战场道路泥泞，大规模战事停滞。但日军从 6 日即开始对浏阳城发动攻击。浏阳为防守长沙的犄角，担任浏阳防务的是王泽浚第 44 军。该军依托既设阵地，对攻城的日军第 13 师团主力进行顽强抵抗，使日军官兵伤亡惨重。中美空军也飞来助战，在 9 日上午的盘旋扫射中，仅日军工兵队死伤就达 50 余名。第 44 军与日军激战对峙九昼夜，日军王牌师团寸步难行。"第 11 军东翼山地的第 3、第 13 师团方面的战况没有进展，尤其第 3 师团对防守浏阳西北山地一带第 44 军阵地的进攻停滞不前"。日军高级参谋岛贯在日记中记载道："6 月 10 日，浏阳方面形势严重化。6 月 11 日，第 3 师团向第 44 军的坚固阵地冲击，陷于苦战模样。"② 但中国军队最终未能完成夹击日军的计划，因为日军第 13、第 68 师团于 12 日分别占领了浏阳东南 75 公里的嗳桥和浏阳西南 30 公里的官庄，并分兵向醴陵和株洲挺进，一部从南向北合攻浏阳县城。6 月 14 日晨，三千余日军向南市街一带猛扑，步步逼近核心阵地，加上日军飞机与重炮的猛烈轰炸，守军伤亡惨重。军长王泽浚率残部从南郊山地和城西突围出城，浏阳遂告失陷。

西路日军以第 40 师团为主。该部三个联队分别由石首、华容南进，5 月 30 日推进至南县、沙港一线。防守洞庭湖一线的为梁汉明第 99 军所部三个师。6 月

---

① 日本防卫厅防卫研究所战史室：《一号作战之二：湖南会战》（上），第 49～50 页、第 66 页。
② 日本防卫厅防卫研究所战史室：《一号作战之二：湖南会战》（上），第 64 页。

1 日夜至 2 日上午，第 40 师团主力在海空军的配合下，强渡洞庭湖，突破了第 92 师等部守军的数处阻击，在赤山半岛登陆。6 月 2 日，日军分兵数路向南突进。第 236 联队冒雨南进，于 6 月 4 日在沅江城郊与中国第 92、第 179 师等部队正面接触。5 日，日军猛攻沅江，守军为第 92 师之一个营，孤军奋战，营长阵亡，日军于当夜攻陷城池。日军继续南侵，矛头直指战略重镇益阳和宁乡。8 日晚，日军第 40 师团两个联队在日军飞行第 6 战队的配合下，以一部切断益阳和宁乡间交通后，于 11 日合力猛攻益阳城。益阳守军为第 77 师和第 19 师，他们分别在郊外与城区进行阻击战。13 日，日军从益阳城东角突入城内，益阳失陷。"七十七师去岁石门作战失利，损失过重，补充未齐，战力估计仅四个营，经此四昼夜之激战，已经伤亡营长二员，连排长等十一员，士兵七百余名"。[1]

日军占领益阳后继续南下，锋头直指宁乡。王耀武第 24 集团军已于 6 月 9 日奉令赶赴益阳、宁乡一线，伺机歼灭南下日军。所部第 63、第 51 师曾进攻南县和沅江，以图"截其后路，牵制敌人南下"，[2] 但未能阻止日军南下的步伐。14 日晚，日军开始猛攻宁乡城垣，"窜犯宁乡之敌四五千，寒晚，向我凤形山、木鱼岭、月形山阵地猛扑……激战至亥，敌终不逞，乃分数股渗入城郊。"宁乡守军为第 24 集团军所部第 58、第 98 师及第 15 师一部，其中张灵甫第 58 师所部 4 个营坚守宁乡城，该守军浴血奋战五个昼夜，"重伤官长计团长何馨、副团长罗英、团附蔡智锽、营长孙步武、宋纯龙，阵亡额外团附于金耀、营长王炎坤，暨伤亡连长、排长以下五十二员，且有因负伤而自杀者多人"。[3] 17 日，日军又使用大量毒气弹，突破第 58 师第 173 团防线，守军与日军展开激烈的巷战，团长身负重伤，仍指挥所部反复截击。与此同时，第 58、第 98、第 194 师及第 19 师等

---

① 《王耀武致徐永昌等密电》（1944 年 6 月 12 日），见中国第二历史档案馆编：《抗日战争正面战场》（下），第 1267 页。

② 《王耀武致刘斐密电》（1944 年 6 月 12 日），见中国第二历史档案馆编：《抗日战争正面战场》（下），第 1267 页。

③ 《王耀武致徐永昌等密电》（1944 年 6 月 18 日），见中国第二历史档案馆编：《抗日战争正面战场》（下），第 1271 页。

部队，在宁乡城北和城南对攻城日军发动反攻，日军伤亡数百。第 40 师团战前拥有 120 只护卫船，攻克沅江时就损失了 90 只。美国空军亦不断对日军发动攻击，仅 6 月 18 日一天就出动 11 架飞机的轰炸扫射日军。① 由于张灵甫所部的浴血奋战，日军万余人，久攻宁乡不下，伤亡惨重，只得于 23 日分出一部兵力南下，协同湘潭日军合围湘乡。

中路日军进攻的重点在湘江东岸，日军第 116 师团强渡新墙河后，接连突破了杨汉域第 20 军、罗奇第 37 军等部的防线。5 月 30 日，日军前锋已抵达汨罗江北岸。31 日傍晚，日军在炮兵和工兵的协助下，兵分五路强渡汨罗江。中国守军利用南岸宽阔的河滩和悬崖构筑起坚固的网形防御阵地，埋设了许多地雷，并以猛烈的炮火扫射强渡之敌。激战两日，日军才得渡河，但损失很严重，仅第 116 师的一个联队就有中尉以下官兵 36 人被打死，4 个中队的小队长职务，"均早由下士官代理"。② 6 月 1 日，日军终于渡过汨罗江。经过两天休整，从 6 月 4 日黎明起继续南下。在此之前，蒋介石于 5 月 31 日令第 10 军固守衡阳；暂编第 2 军防守株洲、渌口，以保护湘江通往衡阳的交通线；对长沙、浏阳、醴陵也分别下了死守的命令。

第 116 师团两个联队从新市东南 12 公里的栗山港出发，直扑长沙，8 日占领长沙西北 50 公里的铜官，另一部于 11 日进抵长沙以东 30 公里的永安市，12 日渡过浏阳河，向长沙正南 20 公里的易家湾突进，13 日清晨占领易家湾；第 68 师团主力由金井向东南挺进，直逼长沙东北 20 公里的春华山。13 日，该师团一部从镇头市渡过浏阳河，进抵长沙东南一线，另以一部直扑官庄，并向株洲以南 40 公里的昭陵迂回进击；第 34、第 58 师团主力也于 8 日攻下湘阴，主力南下，并对长沙西面的岳麓山、马厂、龙潭一线发动进攻。尽管中国守军第 20、第 37、第 99 军等部队依托小青山、大摩山等阵地逐次抵抗，给日军以重大杀伤，但由于长沙

---

① 《王耀武致徐永昌等密电》（1944 年 6 月 19 日），见中国第二历史档案馆编：《抗日战争正面战场》（下），第 1271 页。

② 日本防卫厅防卫研究所战史室：《一号作战之二：湖南会战》（上），第 45～46 页。

已处于被日军合围的态势，中国军队有些军心涣散。6月14日，日军第116师团的先头部队3000余人进抵株洲东南一线，守军暂编第7师一触即溃，株洲被弃守。6月15日晚，日军第116师团第133联队从易家湾强渡湘江，准备向湘潭进击。湘潭附近的中国守军有丁治磐第26军所部3个师，不想在日军渡河时，中国守军"未作任何抵抗即行退却"。湘潭守军第32师于16日弃城而逃，日军得以兵不血刃占领湘潭。对于"湘潭附近的3个师轻易退却，竟放弃长沙背后的防守"，连占领湘潭的日军联队长黑濑平一大佐也感到困惑不解。①

实际上，军委会已看出日军合围长沙的战略部署。6月3日，蒋介石训令部队，"此次作战为国家存亡关键，亦我革命军人成功立业之时机，务望同心同德，上下一致，争取最后胜利。凡命令规定固守之阵地，不得擅自弃退，违者无论何人，一律照连坐法处置……"②

日军前三次攻打长沙，都是从正面直攻，而这次却采取了大迂回的战略，日军约6个师团从东西数路迂回包抄，先后占领或围攻汨罗、平江、浏阳、株洲、湘潭、宁乡、湘阴，将长沙团团包围。鉴于长沙战略地位极其重要，且日军前三次对长沙的攻击都以失败而告终，日军为此次攻略战作了非常周密的准备。在兵力部署上，由第58师团担任主攻市区的任务，因为该师团"为攻击拥有坚固堡垒的大城市反复进行了特殊训练"；而负责夺取岳麓山阵地的第34师团，则"事先在步、炮、空部队间商定妥善方法，紧密配合"。为了压制岳麓山中国炮兵的火力，第11军司令部专门从陆路和水路调来拥有18门150毫米重榴弹炮的野战重炮兵第14联队与拥有6门150毫米加农炮和12门100毫米加农炮的独立野战重炮兵第15联队，但这些炮兵部队在前往长沙途中遭到中美空军和步兵的阻击。其中独立野战重炮兵第15联队在霞凝港被中美空军炸沉运输船两艘，4门重炮沉入湘江，该联队15日将仅有的两门榴弹炮部署在长沙以北10公里处；野战重炮兵第14联队在汨罗东15公里的新市被中国军队两个师包围，第11军派军救援才

---

① 日本防卫厅防卫研究所战史室：《一号作战之二：湖南会战》（上），第74~75页。
② 《第9战区长衡阻击战战斗详报》，国民政府军令部战史会档案，中国第二历史档案馆藏。

得以突围，该联队直到 17 日才将加农炮安装在霞凝港以南 4 公里的大塘角，但此时长沙战事已经爆发。① 在战略上，日军充分吸取以往遭受中国军队侧击的教训，东面先期攻占平江和浏阳，西面则试图攻占岳麓山西北的宁乡。这样，长沙城就被日军四面包围起来。

担任长沙守备任务的是张德能第 4 军，下辖第 59、第 90、第 102 等三个步兵师。该军为薛岳的嫡系部队，无论是武器装备还是人员编制均属上乘。此外，第 9 战区的炮兵指挥部也设在长沙，所部炮兵第 3 旅配备榴弹炮、野战炮、山炮、战车防御炮 50 余门，火力强大。战端甫开，薛岳自负地认为第四次长沙大捷即将到来，遂在岳麓山上设立战斗指挥所。等到日军围攻长沙的攻击态势明了，薛岳却转移到长沙南面 80 公里的朱亭。但他离去时并没有确定防守长沙城的最高指挥官，以致第 9 战区代参谋长赵子立、第 4 军军长张德能、炮兵指挥官王若卿互不统属、互不相让，从而造成多头指挥的乱象。步兵依照张德能的意见部署（实际上是执行薛岳的命令），将第 59、第 102 师用于守备长沙城区（即湘江东岸），第 90 师部署在岳麓山外的银盘岭、望城坡、竹山口一线阵地。总体防守分成警戒阵地、前进阵地和主阵地，各以半圆形的态势展开。而炮兵的部署却争执不下，最后按照王若卿的意见，将口径大、射程远的重炮安置在岳麓山阵地，而口径小、射程近的则部署在长沙城附近，协助城区的防守。为了限制日军坦克、重炮和装甲车等重兵器的使用，守军将城外农田灌水、道路悉数破坏。

日军第 11 军司令官横山勇于 15 日晚下达命令，要求总攻于 6 月 16 日开始：第 34 师团及第 68 师团志摩支队（志摩源吉第 57 旅团 3 个步兵大队）攻击岳麓山阵地，第 58 师团进攻长沙城区。

日军第 58 师团于 15 日占领了长沙城南郊金牌岭、石马铺、狮子湾、乌梅岭一线外围阵地。但攻城时遭受来自岳麓山高地和城内野战重炮、山炮和迫击炮的轰击，直至 17 日夜半，攻击毫无进展。

①　日本防卫厅防卫研究所战史室：《一号作战之二：湖南会战》（上），第 75～76 页。

日军第34师团和第57旅团从13日便已开始向银盘岭、望城坡以北地区的岳麓山阵地发起攻击。15日夜该部日军已经占领守军第90师的前沿阵地。为了配合陆军的攻城行动，日本第5航空军于13日和14日接连出动十余架飞机，对长沙东侧、岳麓山中国守军阵地和营房、城南守军军营进行轰炸，给守军造成重大杀伤。右翼日军第217联队的3个大队于17日凌晨向梅溪河以南的梅花山、桃花山阵地发动进攻，依靠数十架飞机的轰炸与扫射，终于18日下午攻占中国守军桃花山主阵地；中路日军第216联队3个大队于17日强度梅溪河，同扼守岳麓山北坡的第90师一部激战，18日晨冲上岳麓山山顶，控制了中国炮兵阵地，数十门大炮全部遭遗弃；左翼日军第218联队也于18日占领了岳麓山西侧的牛形山阵地；志摩支队3个大队于17日迂回至岳麓山南麓，攻占了金牛岭、仙人山一线阵地。日军攻占岳麓山后，以一部封锁湘江，切断长沙城守军与岳麓山守军的联系，并策应第58师团进攻长沙城区。①

岳麓山是全城的制高点，又是长沙城的一部分，加上拥有强大的炮兵火力，守军理应将防守重心配置于此。但张德能错误估计了日军的主攻方向，将两个师兵力用于长沙城防。及至岳麓山主峰云麓宫及炮兵阵地危在旦夕，第90师请求湘江东岸守军的支持。直到这时，张德能真正意识到岳麓山阵地的重要性，特别是在城区不能确保的情况下，那里是唯一的退路所在。于是决定"以59师、102师各主力乘夜西渡，增强（援）岳麓山，留该两师各一团死守长沙城"。②抽调命令是在夜间匆匆下达的，一些守军疑为退却，不待接防部队到达就涌向江边。"情况紧急，渡河未及。船舶、渡口、部队时间均未十分计划，渡河后之集中地点、指挥人员，亦未指派，以致秩序混乱、无法掌握，坠江溺毙者，不下千余"。③天明之后，日军以猛烈的火力袭击渡江的部队，此时秩序更乱，渡过江去的队伍亦无人指挥，不但没有进入新阵地，反而向衡阳方面溃逃而去。

---

① 日本防卫厅防卫研究所战史室：《一号作战之二：湖南会战》（上），第76～78页。

② 《第9战区长衡阻击战战斗详报》，国民政府军令部战史会档案，中国第二历史档案馆藏。

③ 《第4军长沙四次会战作战经过谍报参谋报告书》（1944年9月），见中国第二历史档案馆编：《抗日战争正面战场》（下），第1263页。

此时，长沙附近的日军 4 个师团已全部投入到攻击守军残余阵地的行列。18 日，轮番轰炸、扫射的日机达 30 余架，重炮部队的猛烈轰击中夹杂有不少毒气弹。湘江东岸的第 4 军所部完全溃败，余部近 4000 人退往邵阳。长沙城区的守军 4 个团，仅有千余人由北门冲出，最后退至茶陵，被第 27 集团军收容。① 守军大部成了日军的俘虏。第 4 军数万名官兵，经过收容统计仅剩 6500 余人，该军从此一蹶不振。炮兵第 3 旅在岳麓山全部大炮约 40 余门、军野炮营野炮 9 门、山炮营美式新山炮 12 门均损失。"步枪损失十分之七，轻机枪损失十分之八，重机枪损失十分之九，迫击炮及通讯、防毒、工兵器材，全部损失"。② 根据日军第 11 军的统计报告：中国军队死 35400 人，被俘 111300 人，日军缴获重炮 10 门，野山炮 51 门，机关炮 29 门，迫击炮 69 门，重机枪 152 挺。日军死 1503 人，伤 3662 人。③

此次长沙保卫战，中国参与作战的部队计有第 99、第 20、第 37、第 4、第 58、第 72、、第 44 以及暂编第 2 军等 8 个军 25 个师，中日双方兵力和装备相差不大，但长沙城的陷落如此迅速，究其主要原因，除了第 9 战区各军之间缺乏协同与配合，最主要在于"第 9 战区军的主力……大部回避与我决战"。④ 部队指挥官指挥失当、官兵军心涣散等亦是重要原因。除了张灵甫率第 58 师坚守住宁乡、唐伯寅第 19 师收复益阳外，其余部队大多有保存实力的现象。第 4 军的几位谍报参谋在所报告书中详列了该军在长沙保卫战中失败的主因，涉及到指挥、教育、军纪、战术诸方面，凡 17 条。突出的有：（一）高级将官渎职、失职。"部队主官因营商应酬，脱离部队"，或"师各级主官忙于应酬，对部队训练敷衍塞责"，"忽略实弹射击演习，以致使士兵射击技术不精"，"战斗动作生疏"。第 4 军参谋

① 《第 4 军长沙四次会战作战经过谍报参谋报告书》（1944 年 9 月），见中国第二历史档案馆编：《抗日战争正面战场》（下），第 1263 页。

② 《第 4 军长沙四次会战作战经过谍报参谋报告书》（1944 年 9 月），见中国第二历史档案馆编：《抗日战争正面战场》（下），第 1265 页。

③ 日本防卫厅防卫研究所战史室：《一号作战之二：湖南会战》（上），第 81 页。

④ 日本防卫厅防卫研究所战史室：《一号作战之二：湖南会战》（上），第 78 页。

长罗涛溪"未能辅助主官……战斗间未派员视察阵地，获得紧急情况，又不指示部下办理"。第 90 师师长陈侃数"失守岳麓山阵地，部队溃散"。（二）部队军纪废弛。"各级官兵擅入民房，攫取财物"；"红山头守备部队，当敌攻击时，尚在掩护部中赌牌，以致失守，影响全线战斗"。（三）部队军官贪腐严重。第 4 军军部副官处处长潘孔昭"假公济私，擅扣商船，重价勒索，以饱私囊，并将攫取之财物，用 5 艘火轮装出，致长沙战斗紧急，转用兵力晚，渡河困难，贻误不少"。① 第 4 军军长张德能因擅自放弃长沙于 8 月 25 日被判处死刑；其余第 59 师第 177 团团长杨继震、军副官处长潘孔昭、军务处长刘瑞卿、副官处中校股长陈继虞、长沙船舶管理所长夏德达等，亦先后被枪决。②

三、日军"扫荡"湘江两岸

日军方面，虽然开战以来在广阔的战场上攻城略地，但并没能捕捉到中方第 9 战区的主力部队进行决战。为不给下一步进攻桂林、柳州时留下后患，第 11 军在进攻长沙的同时"立即着手准备部署下一期的会战：以一部分兵力向衡阳突进，在迅速攻占衡阳的同时，并搜索歼灭萍乡、醴陵、攸县方面东部山岳地带的重庆军"。中国派遣军司令部认为，"第 11 军虽力图歼灭第 9 战区军的主力，但敌军大部回避与我决战，尤其是敌军退避到了东面山岳地带，如不将其歼灭，对第二期作战向桂林、柳州方面进攻，则很难保证不留有后患"。于是，第 11 军于 18 日发布命令，"要以部分兵力乘敌战局崩溃，向衡阳挺进"。③ 日军判断中国军队主力之所以避开决战，"诱我深入"，是要等待第 3、第 6 战区援军到达后再同

---

① 《第 4 军长沙会战作战经过谍报参谋报告书》，见中国第二历史档案馆编：《抗日战争正面战场》（下），第 1263～1264 页。
② 《扫荡报》，1944 年 8 月 30 日；《第 4 军长沙会战作战经过谍报参谋报告书》，见中国第二历史档案馆编：《抗日战争正面战场》（下），第 1265 页。
③ 日本防卫厅防卫研究所战史室：《一号作战之二：湖南会战》（上），第 78 页。

其决战。① 遂于占领长沙后，命令"第 68、第 116 师团向衡阳突进，负责攻占该地"；原来预定向衡阳挺进的第 3 师团攻下浏阳后，"担当击溃来自第三战区增援部队"的任务；第 13 师团于攻克醴陵后，"向攸县、安仁方面突进，负责摧毁并攻占重庆今后进攻的据点"；湘江西岸的第 40 师团"负责阻止并击溃第六战区的增援，特别要在攻取益阳、宁乡之外，还要进而攻取湘乡"。② 日军显然要在衡阳作战前，先对湘江两岸的中国军队发起扫荡作战。

6 月 20 日，第 9 战区亦将作战计划作了修改："国军以阻敌深入、确保衡阳为目的，以一部于渌口、衡山东西地区持久抵抗，以主力由醴陵、浏阳向西，由宁乡、益阳向东，夹击深入之敌而歼灭之。"按照这一作战计划，薛岳命令战区副司令长官兼第 30 集团军总司令王陵基指挥第 72、第 58、第 26 军迅速击破醴陵东北地区之敌，攻击日军主力左侧背；战区副司令长官兼第 27 集团军总司令杨森指挥第 20、第 44 军先击破醴陵以北地区之敌，尔后转移到王陵基所部左翼，协力向西攻击日军；第 27 集团军副总司令欧震指挥第 37 军、暂编第 2 军及第 3 师在渌口、衡山间坚持抵抗，阻敌深入；第 24 集团军总司令王耀武指挥第 73、第 79、第 99、第 100 军及第 4 军残部向湘江东岸敌后攻击；第 27 集团军副总司令李玉堂指挥第 10 军、暂 54 师固守衡阳；黄涛第 62 军仍为军委会直辖的预备部队，控置于衡阳西南地区待命。③

这样，中日军队于长沙会战后再度于湘江两岸展开激战。日军第 11 军转入追击态势，"在以向衡阳的挺进线为起点，连结醴陵、萍乡、攸县、安仁约 30 至 60 公里的外围一线，展开了对重庆军的搜索歼灭战"。④

湘江东岸的战事以醴陵一带的争夺最为激烈。6 月中旬起，日军以第 13、第 3 师团为主力尾追退向醴陵、萍乡方面的第 26 军等部。18 日，第 13 师团一部攻

---

① 日本防卫厅防卫研究所战史室：《一号作战之二：湖南会战》（上），第 81 页。
② 日本防卫厅防卫研究所战史室：《一号作战之二：湖南会战》（上），第 82 页。
③ 《第 9 战区湖南会战作战指导方案》，见中国第二历史档案馆编：《抗日战争正面战场》（下），第 1258 页。
④ 日本防卫厅防卫研究所战史室：《一号作战之二：湖南会战》（上），第 86 页。

占醴陵，次日即向萍乡方向实施追击。而第3师团除派出第68联队向攸县挺进外，师团主力亦向萍乡进击。醴陵失陷后，王陵基于20日组织部队反击。反击部队以第26军为基干，以第20、第72、第58军各一部相协同，"从湘东、美田桥附近"向醴陵进攻。① 但在日军的穿插进攻下，处处告急，行为不能统一，一时无法奏效。至7月4日，中方第58军以3个师的兵力对醴陵日军发动猛烈攻击，"奉命守备醴陵的宫崎部队（以骑兵第3联队联队长宫崎次彦大佐指挥的联队和步兵第34联队的两个中队、山炮兵、迫击炮各1个中队为基干），自4日以来遭受优势的重庆军第58军的攻击。4日夜半以来该敌先来攻打塔岭，继而来攻仙岳山"。日军一方面将阵地收缩到醴陵周围，另一方面又从株洲和衡阳抽调1个辎重兵联队和1个步兵大队前往醴陵增援。② 塔岭等高地的争夺激烈异常，日军损失惨重，7月5日和6日两天的战斗，日军"骑兵联队的副官、两中队长和大部分小队长，均负伤或阵亡"。③ 这时，日军第13师团主力被迫经攸县、安仁、耒阳一线，最终撤向耒水西岸。但在浏阳集结的第27师团却又加入攻击的行列，自6月中旬以后，醴陵、攸县、萍乡、安仁、茶陵等地大多几经易手。

7月1日，蒋介石判断日军"似有夺取衡阳，打通粤汉路并窜犯桂林企图"，便要求各兵团"乘敌深入，后方空虚……用正面阻止及侧背猛攻而击破之"，并提醒各部"切忌分散兵力，处处设防，追随敌之行动，而自陷于被动地位"。④ 日军方面，第11军则要求各部抓住时机，围歼醴陵、安仁附近敌第9战区军的主力。兵力部署具体为：第34、第27师团在醴陵一带，第13、第3师团各一部在安仁一带，第3师团主力在茶陵，分别完成围歼中方第58、第72、第37、第20、第44等5个军共约18个师的任务。最终的结果是：双方都没有完成自己的战略目标。中国军队固然没能击破日军，但日军在中国军队不断的狙击和反击下，其

---

① 日本防卫厅防卫研究所战史室：《一号作战之二：湖南会战》（上），第96页。

② 日本防卫厅防卫研究所战史室：《一号作战之二：湖南会战》（上），第126页。

③ 日本防卫厅防卫研究所战史室：《一号作战之二：湖南会战》（上），第127页。

④ 《第9战区湖南会战作战指导方案》，见中国第二历史档案馆编：《抗日战争正面战场》（下），第1259页。

围歼第 9 战区主力的图谋亦未能得逞。日军主力长时间在山岳地带左突右冲，又面临着中美空军的不断轰炸，后勤补给十分困难。7 月中旬，仅用于开辟汽车道路的日军就有两个多师团，大大影响了部队的作战效力。

湘江西岸，日军第 40 师团主力于 6 月底开始突向永丰[①]，7 月 3 日即攻陷该地。10 日，中方第 58 师及第 19 师一部向永丰发起反攻，"我在空军密切协同下，官兵奋勇搏战……我逐区占领永丰市"，日军残部据守摒林、双峰山、金田桥、沙田铺一线。"是役毙敌三百余，掳获步、机枪廿九支，我伤营长一，伤亡连、排长九员，士兵二百余名"。[②] 在此之前，第 15 师曾向盘踞湘乡城的日军猛烈攻击，第 45 团一部冲入城内后与守敌约一个大队展开"白刃格斗，敌我伤亡均重"，该团"伤毙敌约四百余，我亦阵亡四五团二营长李熙绩及连长两员，伤连长以下官兵 [长] 八员，伤亡士兵百六十余"。[③] 12 日凌晨，该师第 45 团和第 43 团，分别向湘乡城、朱津渡和岳麓山发起突袭，第 43 团一部突入云麓宫，"敌百余被我白刃格杀，毙伤过半，遂狼狈逃溃，当俘敌卅四师团二一八联队山崎少尉一员，并获步、马枪甚多"。[④] 日军第 40 师团的任务主要是"保证进攻兵团侧背的安全"，7 月中旬以后，鉴于中方军队开始集结衡阳西部的态势，其主力便"从金兰寺、永丰附近开往衡阳附近"。[⑤]

前已提及，湘桂作战是日军"一号作战"的核心所在。为了充分保证第 11 军打通粤汉线和扫荡湘江两岸第 5 战区主力，日军又令在上海方面的第 13 军"在金华正面采取攻势策应第 11 军初期的作战"。自 6 月上旬开始，第 13 军便令以第 70 师团为主力的共"8 个步兵大队为基干的部队，开往龙游、衢县方面作战，歼

---

① 今湖南省双峰市。
② 《王耀武致徐永昌等电》（1944 年 7 月 10 日），见中国第二历史档案馆编：《抗日战争正面战场》（下），第 1278 页。
③ 《王耀武致徐永昌等电》（1944 年 7 月 4 日），见中国第二历史档案馆编：《抗日战争正面战场》（下），第 1276 页。
④ 《王耀武致徐永昌等电》（1944 年 7 月 12 日），见国民政府军令部战史会档案，中国第二历史档案馆藏。
⑤ 日本防卫厅防卫研究所战史室：《一号作战之二：湖南会战》（下），第 8 页。

灭当前的重庆军，牵制敌第 3 战区军，以利于第 11 军的作战"。[1] 在前进途中，这股日军不时遭到中国军队的阻击，至汤溪镇—龙游一带时，遇到中方第 26、第 79 两个师的顽强抵抗。在狮子山高地，中国守军击毙了第 70 师团第 62 旅团旅团长横山武彦少将。[2] 12 日，日军主力占领龙游县城。同时，中方部队由龙游西南一带猛烈反攻，日军大队长以下官兵伤亡甚多。此后，日军主力不顾伤亡，直扑衢县，在衢县及其西南一带的中国军队计有第 26、第 146、第 105、第 79 等约 5 个师的兵力，准备合围日军，但旋即在日军先发制人的打击下纷纷败退。25 日，日军迫近县城，次日晨"冲入衢县城东南角、随后夺取南门、北门和东门，将败走的敌人逼到西北城角，约有 2000 敌军被歼灭在水边"。这时，日军第 11 军早已攻下长沙，并推向衡阳，第 13 军已达到了既定的目的。27 日开始，第 70 师团"从衢县附近返回金华及兰溪附近集结"。[3]

这样，日军第 40、第 70 师团的作战分别阻止了中方第 6、第 3 战区对第 9 战区的支援，而第 9 战区部分兵力又在湘江两岸与日军成胶着状态。整个湖南战场的中心便移到对战略重镇衡阳的争夺上来。

四、血战衡阳

日军在攻陷长沙后的下一步，是想以追击战的方式由正面一举拿下衡阳。第 68 师团由长沙经株洲、渡渌水，沿铁路以东南下；第 116 师团也向南急袭衡阳。中国方面由李玉堂兵团在衡阳一带担任防守，其作战指导思想是在固守衡阳市郊的同时，以一部控制在两翼，"待敌渡过湘江及蒸水进犯时，由内外夹击，将敌压迫于湘江西岸及蒸水南岸而歼灭之"。[4] 第 9 战区主力部队的部署，也是将重点放在对日军各部的侧击和尾击上。但由于湘江两岸的中国军队溃败太快，所以各

---

① 日本防卫厅防卫研究所战史室：《一号作战之二：湖南会战》（下），第 58 页。
② 日本防卫厅防卫研究所战史室：《一号作战之二：湖南会战》（下），第 63 页。
③ 日本防卫厅防卫研究所战史室：《一号作战之二：湖南会战》（下），第 68 页。
④ 《第 9 战区长衡狙击战战斗详报》，国民政府军令部战史会档案，中国第二历史档案馆藏。

路日军在南下时遇到的阻力较小，很快就推进到衡阳近郊。6 月 23 日，第 68 师团于衡阳附近渡过湘江和耒水，开始对衡阳外围的中国守军进行攻击。次日，第116 师团到达衡阳外围，两师团协同从城南方向发动进攻。中国军队夹击的计划不但成了泡影，衡阳本身亦处在被围的状态之中。

衡阳城地处湘江、蒸水、耒水合流处，市街狭长，呈长方形，总面积仅为 1 平方公里左右，但地理位置却极为重要。湘江在此容纳了耒、蒸两水：耒水向东蜿蜒而北，在城区东北角注入；蒸水则在城区北面由西向东汇合。由于水运十分方便，衡阳历史上便是湖南重要的物资集散地。湘江东岸有美军在粤汉线上最大的飞机场——衡阳机场，这是美军在中国东南地区的最重要的空军基地之一。粤汉铁路则横跨湘江，西达桂林，延伸到柳州又可与黔桂路接轨。铁路、水运之外，衡阳也是大后方通往东南各省的公路枢纽，因而衡阳城就成了中国南方南北交通的要道，更是进入桂、黔、川、滇四省的门户，自然便成为中国军队战略上防守的要塞，亦是日军完成"一号作战"计划所必须夺取之目标。衡阳地形极利设防，西、南两面有丘陵围绕，东、北两面环水，不能徒涉。虽然西、南两面有路入城，但城南宽阔起伏的山丘会令攻城部队面临灭顶之灾；而城西除山地外，还有水网密布的沼泽地，机械化部队运动极为困难。

早在 5 月 29 日，第 9 战区长官部就命令"第十军军部及一九〇师、预十师开往衡阳，修理加强衡阳东西两岸战略据点工事，并指挥暂五四师固守衡阳"[①]。是日夜，蒋介石亲自打电话给第 10 军军长方先觉，要其坚守 10 天到两周时间，以消耗日军兵力，并配合外围部队内外夹击，将日军主力消灭在衡阳周围。[②] 第 10军下辖第 3、第 190、预备第 10 等 3 个师以及野炮兵、反坦克炮兵各一个营，还有一个山炮连。此外，在衡阳的新编第 19 师与暂编第 54 师也归其指挥。该军编制虽多，但战斗力并不强，因为该军还没有从常德会战的重创中完全恢复过来。其中第 190 师因为正在整编，实际只有约一团的兵力；暂 54 师在常德会战后被缩

---

① 《第 9 战区长衡狙击战战斗详报》，国民政府军令部战史会档案，中国第二历史档案馆藏。
② 妙少一：《血战衡阳脱险记》，国民政府军令部战史会档案，中国第二历史档案馆藏。

编成两个团，5 月初又分调兵力去各大机场担任守备任务，在衡阳的兵力也只有1300 余人。由于各部队编制残缺不齐，整个守城的 5 个师兵力，加起来才有17600 余人。① 第 10 军的兵力配置大致是：第 190 师、暂 54 师守城北湘江东岸；新 19 师守城西；预 10 师守城东、城南；暂 54 师之一个团守飞机场，第 3 师守备外围之下摄司附近。自 6 月初开始，各师用 20 多天时间加固、修补或新构工事，充分利用丘陵、河川、城墙等自然地形，将衡阳建成为一个坚固的据点。坚固的防御工事，在衡阳保卫战中起了较大作用。"日本军官曾认为那是中国八年抗战里初次出现的最好的防御阵地"。②

6 月 23 日，第 10 军炸毁了湘江铁桥。同日夜，日军第 68 师团太田贞昌旅团主力 3 个大队、配属独立山炮兵第 5 联队的 2 个大队，共约 5000 人，从衡阳以东20 公里的泉溪市强渡耒水，向第 190 师的防守阵地发起攻击，拉开了衡阳保卫战的序幕。该股日军的 10 余只船在半渡之际，遭到守军炮火和机枪的猛烈扫射，全部被击沉。24 日，该旅团主力冒着美军军机的猛烈炮火渡过耒水，25 日夜又从东阳渡以西渡过湘江，从西南面进攻衡阳城。与此同时，第 68 师团一个大队千余人直接奔袭衡阳机场，因为日军观察到 "衡阳上空时常有 P－40 飞机 6 架盘旋，时而见到大型飞机起飞、降落"。③ 25 日，日军开始攻击机场南侧的五马归槽（泉溪市以西 7 公里）的阵地，守军 "抵抗甚为激烈，进攻无何进展……第一线的步兵中队逐渐接近堡垒进行肉搏，以图夺取阵地，但面前为据点式的坚固阵地"。日军随即派一个步兵大队增援，并改变进攻路线，于 26 日拂晓从阵地左侧的水田地带进入衡阳机场南端冲入机场，经过激战，于当天傍晚占领衡阳机场。④

日军第 116 师团主力亦从衡山附近的白果市向衡阳突进，27 日进抵衡阳以西二十公里的三塘附近，迫近了预 10 师的防御阵地。

这样一来，湘江东岸的防守便无多大意义。蒋介石于 6 月 25 日令饬方先觉第

---

① 《近代中国》1984 年第 42 期。
② 吴相湘：《第二次中日战争史》（下），第 997 页。
③ 日本防卫厅防卫研究所战史室：《一号作战之二：湖南会战》（下），第 91 页。
④ 日本防卫厅防卫研究所战史室：《一号作战之二：湖南会战》（下），第 91 页。

10 军 "所属各师决心死守衡阳"。① 为了集中守城，方先觉决定放弃湘江东岸阵地，将第 190 师和暂 54 师全部撤回城区，以防为敌各个击破。至 27 日，江东守军纷纷 "移守衡阳城"。是日，日军第 68 师团与第 116 师团在衡阳南部会合，商定于 28 日从南西两面同时发起总攻，一举拿下衡阳城。

28 日零时开始，日军发动总攻，随即在守军的坚强防守面前败下阵来。10 时 30 分左右，在衡阳南侧高地前的日军第 68 师团的指挥部遭到预 10 师第 28 团迫击炮的集中轰击，师团长佐久间为人中将被炸成重伤，当即抬离战场，同时被炸伤的还有参谋长原田贞三郎大佐等。此后该师团由第 116 师团师团长岩永汪中将统一指挥。②

随后，日军将攻击目标集中在城南方面，试图从预 10 师的阵地上打开缺口。"岩、佐两部队正极力攻打衡阳城，敌军每当放弃据点时都采取焦土战术予以焚毁，现在也同样，市街的四分之一已被烧毁……在衡阳南侧及西侧敌阵前方，利用无数的湖水构筑有很多火力点……敌方的野山炮、迫击炮相当活跃。"③

日军的总攻击发动之后，预 10 师之第 28 团坚守五桂岭等处阵地，官兵伤亡惨重。30 日，五桂岭南端阵地守军的 1 个连全部被日军施放的毒气熏死，但日军被击毙和触雷而死的也有数百人之多。第 30 团则固守张家山高地及其阵地，这是 "在防守衡阳主要抵抗阵地最前线上最高的一座孤立的山，它与岳屏高地共同构成阵地的骨干。因而重庆军在此筑有相当坚固的阵地，但只有一处能够容 100 人的钢筋混凝土的洞穴掩体，其他阵地都是最近构筑的野战阵地"。④ 7 月 1 日 5 时起，日军以步兵炮和速射炮猛烈轰击，随即发起冲锋的日军步兵第 133 联队（属第 116 师团）自常德会战以来从未在进攻中受过挫折，这次却死伤惨重，败下阵

① 《第 9 战区湖南会战作战指导方案》，见中国第二历史档案馆编：《抗日战争正面战场》（下），第 1258 页。
② 日本防卫厅防卫研究所战史室：《一号作战之二：湖南会战》（下），第 101 页。
③ 日本防卫厅防卫研究所战史室：《一号作战之二：湖南会战》（下），第 101 页。岩部队即日军第 116 师团，佐部队即日军第 68 师团。
④ 日本防卫厅防卫研究所战史室：《一号作战之二：湖南会战》（下），第 102 页。

来。他们先是遭到守军迫击炮的轰击，而后则屡次被中国官兵从壕沟里掷出的集束手榴弹炸退。一直战至黄昏，日军进攻毫无进展。于是联队长黑濑大佐又命令第2大队协助第1大队夜袭"24"山顶，日军于2日凌晨1时偷袭成功，占领"24"山顶。但该股日军旋即遭遇到中国军队的反击，"顶上一片混乱，第1大队大队长及所率官兵几乎全部战死，第2大队大队长也腿部负伤，山顶未能保住"。被炸死的是第1大队大队长大须贺大尉。① 第10军方面，先是第2营伤亡营长以下官兵70%以上，其后又是不断地增援，不停地伤亡。至7月2日，高地易手达20次以上。师部派来增援的工兵连伤亡30%以上，工兵连长黄仁化负伤不退，拉响最后一颗手榴弹与日军同归于尽。该处守军已再无兵力补充，残余伤病员沿交通壕相继撤走，但日军却也因弹药用尽不得不停止进一步的攻击。其后，日军变全面进攻为重点进攻，仅由小股兵力实施炮击或冲锋，以掩护大兵团的粮弹补充，待机而动。

7月初，日军得到了火炮和弹药的补充，空军也频繁地出动。3日至6日，在日军炮击和飞机轰炸下，城郊阵地几处被毁，城内各处的建筑物昼夜燃烧，守军屯集的弹药多被焚毁。第10军在奉命守城时，只储备了半个月的粮弹。连日战斗的消耗和日军的轰炸，使得守军的处境更加艰难：步枪子弹已消耗了20%，手榴弹消耗三分之二，各类炮弹则消耗了80%以上。11日起，日军将攻击重点放在城南偏西方向，开始对衡阳的第2次总攻击。日军飞行第44战队，连日"炸毁紧靠第68、第116两师团第一线的敌炮兵阵地和重武器阵地"；步兵第120联队3000余人在野炮兵第122联队和独立野炮兵第2联队强大炮火的支援下，进攻"X"高地。"从6月28日以来即屡次进攻，终于在今（11日）晨8时30分才能夺取了该高地"。②

在日军炮兵的攻击下，守卫江西会馆的第28团之1连官兵全被炸死。次日，守备外新街的1连官兵与窜入之敌逐屋争夺，最后仅剩3人，援军赶到后，这股

① 日本防卫厅防卫研究所战史室：《一号作战之二：湖南会战》（下），第112~113页。
② 日本防卫厅防卫研究所战史室：《一号作战之二：湖南会战》（下），第136页。

日军自大队长以下全被消灭。第 30 团方面，继续与日军围绕张家山高地展开激烈争夺，双方均迭次增加兵力，师部守备连全部阵亡，军部工兵营的两个连也伤亡将尽，张家山阵地最终失守。第 29 团方面，与日军在虎形巢展开激战，该处与张家山一样，同为西南主阵地的大门。日军在 11 日、12 日两夜的攻击被击退后。13 日晚的攻击更加凶猛，守军第 2 营以手榴弹居高临下展开攻击，连续打退敌 4 次攻击，营长阵亡，全营伤亡四分之三。次日，双方争夺更加激烈。15 日，虎形巢终于失守。到此，预 10 师第 1 线的 3 个团兵力伤亡将尽，但日军的攻势却没有减弱。16 日，日军又占领了肖家山高地等据点，守军被迫改守第 2 线阵地。但岳屏高地和五桂岭一带高地直至 7 月中旬仍为守军固守。进攻岳屏高地的为日军第 34 师团受过特训的一个大队，但未能奏效。五桂岭制高点的争夺更为激烈，日军突破一个口子打进来，守军就再从这个口子把敌人打出去，最后连运输兵、炊事兵都上了火线。

第二次总攻击中的日军损失亦同样惨重。步兵第 133 联队的第 5 至第 8 中队军官全部被击毙，大队长战死 3 人。日军已没有能力继续攻击第 2 线阵地，20 日，日军的第 2 次总攻又不得不停顿下来。

两次进攻衡阳未下，尤其是严重的伤亡，给日本军界上层的震动较大。横山勇认为衡阳固然要攻取，湘江东岸莲花、茶陵一带山地里的第 9 战区主力更要打击，这不仅是为了掩护正面对衡阳的攻击，更重要的是为日后的桂柳作战提供方便。况且，横山勇根据以往作战的经验，认为中方的野战军主力被击溃后，衡阳将不攻自破。但日军大本营方面却不满意横山勇只用两个师团攻击衡阳，而要其以主力尽快攻占该城。因为是时日军在太平洋战场上连遭惨败，首相东条英机只能靠陆军在中国表现出成绩，以维持其统治，若衡阳之战继续胶着，其内阁就要崩溃了。[①] 因此，日第 11 军便重新开始调整湖南战场上的兵力部署。除原有的第 68、第 116 师团外，命令第 58 师团一部（配备加农炮、榴弹炮各 3 门）重新加入

① 吴相湘：《第二次中国战争史》（下），第 1001 页。

对衡阳西北及北方的进攻。第 40 师团及第 13 师团亦各抽调一部分兵力投入对衡阳的攻击。此外，第 34、第 27、第 3 师团也分别受命南下，参加即将到来的第 3 次对衡阳的总攻击。

在中国方面，蒋介石也于 7 月 22 日变更衡阳外围援军的部署：（一）我衡阳外围援军，应集中全力，先突破衡永公路附近之虎形山及汽车西站以西敌人阵地，再图扩张战果。（二）第 62 军应以一部监视衡阳南侧之敌，集中步炮主力，于黄泥坳附近，向虎形山及其东南地区之敌阵地突击。突二纵队即沿公路由黄泥坳西南地区，向汽车西站、虎形山方面推进，归入黄军长之指挥。（三）第 79 军应集中主力，由贾里渡方面向汽车西站以西之敌阵地突击，以收夹击之效。（四）第 63 师主力应攻占望城坳，以策应各军之作战。（五）空军应集中力量轰炸虎形山及汽车西站以西之敌阵地，期发挥陆、炮、空协同战斗之全力，得突破之迅速成功。① 7 月 27 日，蒋介石再要求外围各部队"应趁后续部队之到达，先将鸡笼街之敌歼灭，继续增援前线，击破衡阳以西地区敌人，以贯彻打开敌围，与第 10 军会合之目的"。②

进入 7 月底之后，衡阳城内中国守军的情况更加艰苦。第 10 军经过 1 个月的战斗，军部直属队伤亡三分之二，预 10 师伤亡 90%，第 3 师伤亡 70%，而第 190 师仅剩 400 余人。8 月 1 日，方先觉致蒋介石电中谈及守军的痛苦情况："职不忍详述，但又不能不与钧座略呈之：一、衡阳房舍被焚被炸，物资尽毁，幸米盐均早埋藏，尚无若大损失；但现在官兵饮食，除米及盐外，别无若何副食，因之官兵营养不足，昼夜不能睡眠，日处于风吹日晒下，以致腹泻腹痛转为痢疾者，日见增多，既无医药治疗，更无部队接换，只有激其容忍，坚守待援。二、官兵伤亡惨重，东抽西调，捉襟见肘，弹药缺乏，飞补有限。自午卅辰起，敌人猛攻不已，其惨烈之战斗，又在重演，危机隐伏，可想而知！非我怕敌，非我叫苦，我

---

① 《第 9 战区湖南会战作战指导方案》，见中国第二历史档案馆编：《抗日战争正面战场》（下），第 1260 页。
② 《第 9 战区湖南会战作战指导方案》，见中国第二历史档案馆编：《抗日战争正面战场》（下），第 1261 页。

决不出衡阳，但事实如此，未敢隐瞒，免误大局。"①

日军经过 10 天的充分准备，于 8 月 4 日开始了第 3 次总围攻。在横山勇的亲自指挥下，投入了 5 个师团的兵力和 100 多门大炮，试图在 1 天之内拿下衡阳。城西南阵地仍为争夺重点。守军因炮弹用尽，无法还击，任由日军轰炸，但随后突击的日军仍无法冲破守军手榴弹和刺刀的抵抗。预 10 师全体伤亡将尽，该师第 30 团第 1 营官兵有 450 人，战后伤病痊愈者仅 20 余人，② 防线便由第 3 师接替。五桂岭、天马山、岳屏山等处高地争夺最为激烈，守军第 7、第 9 两团的团长负伤，士兵伤亡更重。日军亦同样死伤惨重，第 116 师团的第 109 联队就有 3 个大队长被守军击毙；③ 8 月 6 日，在进攻岳屏山高地的战斗中，第 68 师团第 57 旅团旅团长志摩源吉也被中国守军狙击手"打穿头部"而毙命。④ 第 58 师团在武汉特别训练的手榴弹荣誉投弹手全部伤亡。

8 月 6 日，一股日军自城北撕开了城防的缺口，突向市中心，激烈的巷战随即开始。7 日，横山勇命令所有的野战重炮、加农炮、榴弹炮不惜消耗全部弹药轰击，空军亦全力协助，一时衡阳城内猛烈的爆炸声震耳欲聋，四处火光，阵地掩体飞散，建筑物全塌。接着，日军步兵全线压上，从小西门等突破口不断涌入市内。这时，方先觉和 4 位师长联电蒋介石："敌人今晨由北城突入以后，即在城内展开巷战，我官兵伤亡殆尽，刻再已无兵可资堵击，职等誓以一死报党国，勉尽军人天职……此电恐为最后一电，来生再见。"⑤ 战至当日中午，西南阵地仍在拉锯，日军仍无法越雷池一步。但至黄昏，守军第 3 师第 9 团却首先在天马山高地上竖起了白旗。随即，各阵地亦相继停止了抵抗。晚间，方先觉派参谋长孙鸣金等两人前往日军第 116 师团的前线指挥所取得联系，商定了投降事宜。次日

① 《第 9 战区长衡狙击战战斗详报》，国民政府军令部战史会档案，中国第二历史档案馆藏。
② 《近代中国》1984 年第 42 期，第 10 页。
③ 日本防卫厅防卫研究所战史室：《一号作战之二：湖南会战》（下），第 39 页。
④ 日本防卫厅防卫研究所战史室：《一号作战之二：湖南会战》（下），第 49 页。
⑤ 《方先觉致蒋介石电》（1944 年 8 月 7 日），国民政府军令部战史会档案，中国第二历史档案馆藏。

凌晨，方先觉率领第 3 师师长周庆祥、第 190 师师长荣有略、预 10 师师长葛先才、暂 54 师师长饶少伟等前往日军第 68 师团司令部向师团长堤三树男投降。持续 47 天的衡阳保卫战，以中国守军的无条件投降而告终。[①]

图 3.1　进入衡阳的日军

　　城陷次日，衡阳西北方出现了中方的机械化部队，但为时已晚。中美空军发现该城已失陷，足足轰炸了两天时间，结果使第 10 军近千名伤病患者为炮火埋葬。整个衡阳保卫战，中方守军伤亡 15000 余人，其中阵亡 7600 余，重伤 2600 百余，被俘后遭杀者甚多。日军方面自己承认其死伤 19380 余人，高中级官员战死者 390 人，负伤 520 人。[②] 是役大大推迟了日军打通粤汉路的时间。

　　衡阳守军在激战时，湘桂路及该城外围集结的中国军队共有 8 个军，不下 10 万人。蒋介石数次电令外围的部队去解衡阳之围，但最终均未成功。第 62、第 19 两军的解围之战始于 7 月中旬，其后第 46、74 两军各一部也到达郊外。18 日，第 62 军一部攻至离城仅 5 公里处，争占了雨母山高地。20 日，又以 3 个营的兵力占领了衡阳火车南站。但日军随即发起反击，第 62 军迅速后撤，此后再也无法同城内守军联系了。在军委会、蒋介石的一再催促下，各军不断与日军交火，雨母

───────────────

　　① 饶少伟：《方先觉衡阳投敌经过》，见《文史资料选辑》第 4 辑；日本防卫厅防卫研究所战史室：《一号作战之二：湖南会战》（下），第 54～55 页。
　　② 《近代中国》1984 年第 42 期，第 48 页。

山、尖锋山、鸡窝山等高地均几度易手。第 62 军伤亡惨重，副团长以上军官多名阵亡，攻击尖锋山高地的 1 个营几尽全军覆没。日军亦有惨重损失，在中方军队的连日攻击和空军的轰击之下，第 40 师团的第 234 联队有的中队仅剩 2 人，最多不过 24 人。援军与敌军在郊外成对峙姿态，最后坐看衡阳失守。非但如此，这些解围部队在城内守军投降后来不及重做调整，都陷入了被动挨打的局面之中。

自 5 月 27 日至 8 月 8 日，长沙衡阳会战前后历时 70 多天。双方的人员伤亡，按国民政府军令部的统计，日军为 66809 人（死 1925 人），中方则为 90577 人（阵亡 49370 人）。① 会战结果给中国方面带来的损失是灾难性的。平民百姓的生命财产固然无从确保，国统区又失去了一个重要的粮仓。滨湖地区和湘江流域的稻谷产量占湖南全省的近 70%，棉产量年均也在 50 万担以上，它的沦陷使得西南等地的军民衣食大成问题。抗战伊始，沿海沿江一带的工厂大量地迁来湖南，其数量仅次于四川。1944 年仅衡阳一处就有 57 家工厂，其机械、冶金、电气、水泥、纺织、造纸、酒精等类的生产在国统区占相当分量。② 祁阳还有当时中国唯一的一家汽车发动机制造厂。战事发生后，这些工厂不及再作迁徙，大多被破坏或成了日军的战利品。除此之外，湘省的锑、铅、锌、锰等矿产均占全国首位，锑的储藏在世界驰名。早在日军策划"一号作战"时，就将掠夺湖南的矿产资源考虑在内，这时自然悉数占领。

整个会战期间，中方先后投入的兵力有 16 个军，40 多个师，近 40 万人。日军的参战人数约为 10 个师团 15 万至 20 万人。广大士兵和中下层军官在爱国热情的驱使下表现出大无畏的精神，中美空军也完全掌握了制空权，日机仅能在傍晚或拂晓行动。但会战结果却是中国方面最终未能扭转形势，究其原因，这是由于上层政治、军事方面的人为因素造成的。

长衡会战发生之时，世界反法西斯战线到处都是凯歌般的进军，日军失败已

---

① 《湖南会战敌军伤亡判断表》《湖南会战国军伤亡统计表》，国民政府军令部战史会档案，中国第二历史档案馆藏。

② 《解放日报》，1944 年 8 月 10 日。

是大势所趋。对蒋介石来说，首先考虑的已不是对日军的积极出击，而是主要在准备战后权威的确立。共产党力量的勃兴，当然要尽力对付，国民党内非嫡系派别的活动，也需要防范。在这样的思想指导下，同日军在真正意义上展开决战便无从谈起。薛岳的长沙、浏阳决战计划，是在考虑到其他战区兵力配合的基础上作出的，但蒋介石在 5 月 31 日的来电中不仅不让第 4、第 7、第 6 战区的兵力加入决战，连第 9 战区原有的第 10 军、暂 2 军亦不能用于会战。① 衡阳战事方殷，蒋介石的代表对美国人将租借物资分配给薛岳的部队大为不满——"因为蒋对他的忠诚有怀疑"。② 该城坚守 40 多天，中国军队在其周围的军队曾达约 10 个军，但统帅部从未有效地决战。军事实力的保存，在蒋介石看来才是首要任务。

对广大士兵来说，许多人凭借爱国的热情在作战，他们连最基本的生活待遇都得不到维持，甚至连生命安全也难以保障。至于役政上的弊端，更是罄竹难书。此次会战期间，第 62 军"进至衡南两日不得饱食，影响战局极大。即一般部队，粮食亦多系就地设法，甚少由后方追送者"③。兵员素质的基本情况必然又影响到军民关系。在第 9 战区自己所作的会战检讨中，就专门谈及军队的"纪律废弛，战志不旺。整个战场，我军多为退却作战，军行所至，予取予求，民不堪扰，而部队之逃散，尤甚惊人"。④

在此次衡阳保卫战中，中国守军的广大士兵和中下级军官，在爱国热情的驱使下，同仇敌忾，奋不顾身，可歌可泣。日军迫近衡阳前夕，城内的非战斗人员已经疏离一空，但仍留下了数百名男女民夫和船民。他们为前线送弹药、修工事、缝补、洗涤，许多人在战斗中献出了生命。

需要一提的是，美国空军为守城部队提供了重要支援。在 5 月上旬，即"一

---

① 《第 9 战区长衡狙击战战斗详报》，国民政府军令部战史会档案，中国第二历史档案馆藏。
② ［美］易劳逸：《毁灭的种子》第 143～144 页。
③ 《第 9 战区湖南会战作战检讨（1944 年 8 月 26 日）》，见中国第二历史档案馆编：《抗日战争正面战场》（下），第 1298 页。
④ 《第 9 战区湖南会战作战检讨（1944 年 8 月 26 日）》，见中国第二历史档案馆编：《抗日战争正面战场》（下），第 1297 页。

号作战"开战前，中美与日本空军在第一线的战机数量大致为 2∶1，即中美有 520 架飞机（美空军 340 架、中美混成 100 架、重庆空军 80 架），而日本空军第一线作战飞机数量只有 230 架。但 6 月中旬长沙保卫战时，中美飞机数量已达到 600 架，日本空军飞机数量却已减少为 220 架。到湘桂作战时，在战场作战的中美飞机数量进一步增加。[①] 尽管日美空军在制空权上时有争夺，但美机此时已经占有优势。美国空军对衡阳守军的支援，一方面表现为对日军炮火和步兵进攻的压制，更重要的还是对日军的水陆补给线进行了不断的轰炸和扫射。中美空军通过 6～7 月份的空战和两次对日军岳阳机场的袭击，击落和炸毁了大量日机。

就战略战术来讲，不论是长浏会战还是衡阳会战，中国军队实际上都是沿用传统的集重兵于两翼的侧击计划。但日军这次的进攻却是大规模的宽正面多路突击，又有纵深的部署，致使中国军队的侧击计划无一不被瓦解。中国军队由于参战系统很多，指挥极度紊乱。蒋介石本人素来就有越级指挥的习惯，[②] 这次非但自己出面，侍从室主任林蔚也在替他自重庆指挥。而远在桂林方面又有白崇禧的代劳（6 月 26 日副参谋总长白崇禧来桂林协调指挥衡阳一带的军事）。薛岳、李玉堂自然都可指挥其下属，身在广西的张发奎也同样可以直接指挥前来衡阳解围的部队……这样在"不统一、不专一"的指挥下，往往是前后矛盾，左右失调，部队无所适从。加之后抵前线步兵的装备低劣；"师以上兵团（一般仅有一部迫击炮），几全为步兵兵器，山炮以上之重兵器甚少配属，故萧家山、水口山、金兰寺等要点之敌，始终顽抗。八月八日，我战车向衡西突击，亦已感炮兵火力不足，未得效果。再近战兵器之手榴弹，常不发火，有多至十分之八者"。[③] 最终失败的结局便无可避免。

---

① 日本防卫厅防卫研究所战史室：《一号作战之二：湖南会战》（下），第 1 页。
② 《李宗仁回忆录》（下），第 839～840 页，广西政协 1980 年发行。
③ 《第 9 战区湖南会战作战检讨（1944 年 8 月 26 日）》，见中国第二历史档案馆编：《抗日战争正面战场》（下），第 1297 页。

第 4 章
日军打通交通线与中国军队的华南反攻

一、湘桂边界的争夺

长衡之战中，湘江东岸的第 9 战区部队损失最多，西岸的军队除第 10 军投降外，其他部队（特别是第 24 集团军王耀武所部和李玉堂兵团）却没有太多的损失。衡阳陷落后，在该城西北、西南方向集结的中国部队计有第 99、第 62、第 37、第 45、第 100、第 74、第 92、第 73 等军，其中有的师系美式装备，这些兵力对日军依然是较大的威胁。8 月 10 日，蒋介石命令"继续攻击以期恢复衡阳"。12 日又训令调整部署"以阻敌向粤桂深入"。① 这些情况引起了日军第 11 军的高度关注，参谋本部决定在稍事休整后，"抓住时机歼灭衡阳西南方的重庆军，必须彻底保持主动地位，不容重庆军自由行动"。8 月 20 日，第 11 军下令准备会战，预定 29 日展开攻击。第 40、第 68 师团由正面进攻；第 116、第 13 师团在洪

---

① 《第 9 战区长衡狙击战战斗详报》，国民政府军令部战史会档案，中国第二历史档案馆藏。

桥附近构成第一包围圈；第 37、第 3 师团在祁阳附近构成第二包围圈，"要以双重包围一举歼灭重庆军"，① 然后再以两个师团攻取零陵，两个师团攻取宝庆（即邵阳）。但这时的日军制空权早已丧失，在中美空军不断增加的战斗力面前，日作战部队特别是其后方交通线受到致命威胁（部队军鞋只能得到所需量的十分之一）。在广阔的范围内作战，兵力更显不足。第 37 师团等又因阴雨路滑不能按时集结，日军的包围意图无从贯彻。但中国军队早已成了惊弓之鸟，面临着日军 6个师团的压力，纷纷向西南方向溃逃。于是，日军遂下令向零陵等地追击。

在日军大兵南下的压力面前，王耀武命令所部"以一部于现阵地逐次抵抗，竭力阻止敌前进，非万不得已不得撤退。"9 月 1 日，蒋介石确信敌"有深入广西之企图"，乃令"第九战区应即抽调第 20、第 44、第 26 各军主力归杨副长官（即杨森）率领秘密转移于新田、零陵（即今永州）间准备参加湘桂沿线之作战"，并限期集结完毕。② 4 日，又电令李玉堂、王耀武、杨森所部分别要"迟滞"、"侧击"和"阻敌前进"，③ 但这些兵团都没有起到应有的作用，遇敌即溃。7 日，第 79 军军长王甲本在冷水滩西北之山口铺遇敌，重伤身死。日军步步扑向广西境内。

在湘桂前线日军进展顺利的时候，日本大本营方面却要求中国派遣军将总司令部重新迁回南京，以适应整个太平洋地区对日本极为不利的新形势。为使华南方面特别是湘桂前线日军的指挥协调，于 8 月 26 日新设了第 6 方面军，由原华北方面军司令官冈村宁次大将为司令官，统率直接担任湘桂作战的第 11 军、第 23军和防卫武汉附近的第 34 军及长沙、衡阳地区的直属部队。此后，日军在以湘桂路为主的两省边界地区继续攻城略地，一般以快速部队和骑兵为前锋，采用"一号作战"以来惯用的钻隙迂回战术，首先将目标指向零陵、祁阳、常宁等重镇。

9 月 4 日，日军只遇到轻微的抵抗便攻占了祁阳城。次日，美军飞机对该城

---

① 日本防卫厅防卫研究所战史室：《一号作战之二：湖南会战》（下），第 71、94 页。
② 《第 9 战区长衡狙击战战斗详报》，国民政府军令部战史会档案，中国第二历史档案馆藏。
③ 《第 9 战区长衡狙击战战斗详报》，国民政府军令部战史会档案，中国第二历史档案馆藏。

进行了猛烈的轰炸，日军大队长以下官兵伤亡30余人。零陵城成了日军的下一步攻击目标，该处是美军的重要飞机场之一，有完好的洞穴式飞机库等设施。日军以偷袭的方式，于7日凌晨迫近县城北门，随即突破了守军的炮兵封锁，将该城占领。日军为了"专心准备桂柳作战"，就决定迅速攻下和确保距衡阳西100公里的宝庆（今邵阳），以保证第11军右侧背的安全，同时必须完全占领衡阳西南60公里的常宁，排除对兵站线左侧的威胁，与耒阳连结，"保证军南侧背的安全"。① 宝庆一带的中国军队系从衡阳等地溃退而来，主力为第100军、第74军等部。据守该城的是第74军所属的第57师，该师不敌日军的炮火，放弃城外阵地后转入市区，双方于27日展开激烈巷战。至29日，守军全被压缩到城区东北侧，大部被俘。

常宁城的守军抵抗最为坚强。该处位于祁阳、耒阳之间，是从南方威胁湘桂公路的重要据点。9月2日起，据守该城的第37军、第60师之第178团，凭借坚固的城防阵地与敌交火，始终不退，并不时出击，给日军以较大杀伤。第140师等增援部队不断开来，日军亦增加了进攻兵力。28日，日军在6架飞机的轰炸配合下向常宁城南北同时进攻，但仍被打退。29日"激战终宵"之后，日军于次日拂晓集中炮火轰击西门外高地及南门，城垣损毁殆尽。日军一部突入城区展开巷战。10月1日，城市外围的日军已增至4000余人，主力冲入城内。守军伤亡惨重，被俘6000人，日军也有数百人的伤亡。

至此，日军主力沿湘桂路突入广西，已没有后顾之忧了。横山勇立即将全县（今全州县）作为今后追击的目标，并指示此时也须确保道县（零陵以南65公里），转向攻取桂柳的态势。全县是防守桂柳的前卫据点，为保卫广西的第一线，同时也是国民政府在西南地区的重要补给中心，屯集了大量武器弹药、被服粮秣及其他战略物资。此外，美军的汽油、杜聿明机械化部队——第5军的后方仓库也在全县。早在8月26日，蒋介石就密电第93军军长陈牧农："该军应以一部占

---

① 日本防卫厅防卫研究所战史室：《一号作战之三：广西会战》（下），第1页。

领黄沙河阵地,以主力固守全州(县),确实掌握该要地,与铁路两侧友军配合,阻敌西犯……"并指示该军"利用地形,构筑适合于兵力之环状闭锁式子母堡垒群,以增强阵地韧性",并"依地形设置防敌战车之各种设备,并准备在敌易于接近及攻击可能较大地区,适时敷设地雷群",同时将"敌可利用各道路……彻底破坏",还要"积储可供两个月用之粮弹"。① 9 月 2 日起,蒋介石一周之内曾 4 次电催陈氏加紧工事构筑,指示"工事之构筑,务加紧实施,并且是讲求纵深配置及秘匿,各据点须能独立作战,并能相互支援"。蒋介石一再指示第 4 战区司令长官张发奎和陈牧农,全县必须死守三个月以上。②

9 月 8 日,蒋介石电令中国军队,"以乘敌突进与(予)以打击之目的,决在黄沙河及全县附近夹击之"。要求杨森率第 20、第 26、第 44、第 37 军改向道县地区集结,"参加黄沙河、全县会战,向敌左侧背攻击";李玉堂率第 62、79 军"一面迟滞敌军,一面向新宁附近转移,掩护黄沙河及全县左侧背,向敌右侧攻击";除此之外,王耀武部应"积极攻袭湘桂路敌之侧背,准备参加全州(县)会战";薛岳指挥的第 30 集团军、欧震兵团、孙渡兵团,"拒止敌沿粤汉路南窜,并在湘江东西两岸努力攻击敌军侧背,积极截破敌后交通"。③

10 日起,日军第 13 师团步、炮约 4000 余人由零陵西进,当日下午在黄沙河一带遭到中方第 93 军第 28、第 29 两个团的阻击,激战至晚,守军伤亡营长以下官兵近 300 名,打死打伤日军百余人。④ 守军的抵抗和美军飞机的空袭,虽使日军受到一些损失,但并没能阻止日军进攻的势头。陈牧农以"军为既出不利,避出胶着,保持会战力量"之名,于 13 日晚"脱离敌军西退"。守军撤出前,弹药

---

① 《蒋介石致陈牧农密电》(1944 年 8 月 26 日),见中国第二历史档案馆编:《抗日战争正面战场》(下),第 1312~1313 页。

② 《蒋介石致陈牧农密电》(1944 年 9 月 2 日)、《蒋介石复张发奎密电》(1944 年 9 月 9 日),见中国第二历史档案馆编:《抗日战争正面战场》(下),第 1313 页。

③ 《第 9 战区长衡狙击战战斗详报》,国民政府军令部战史会档案,中国第二历史档案馆藏。

④ 《陈牧农致蒋介石密电》(1944 年 9 月 11 日),见中国第二历史档案馆编:《抗日战争正面战场》(下),第 1314 页。

除抢出一部外，"余均彻底爆破"。① 守军撤退前放火焚烧了屯集在全县的军需物资，共有 150 万发弹药、大批粮食和其他物资化为灰烬。14 日凌晨，日军的 1 个联队几乎是在没遭到任何抵抗的情况下就冲进了全县县城。全县县城内外连天的大火，夹杂着弹药的爆炸声，一直燃烧了十几天。

第 93 军下属第 10 师和新编第 8 师，1944 年 7 月奉命由重庆开赴广西，该军 8 月上旬到达桂林，8 月 29 日才开进全县。由于行动迟缓，贻误了战机，导致防守上陷于被动。令人不解的是，黄沙河至大结以南高地一线修筑了极为坚固的防御阵地，"以洞穴碉堡为中心组成的纵深达 4 公里……重庆军放弃如此坚固阵地竟然退却，其意图何在，实难理解"。② 全县的弃守，彻底打破了蒋介石的所谓决战计划，令蒋介石十分恼怒，不久就将陈牧农处决。

9 月 18 日，蒋介石下令将第 7 战区所属的邓龙光第 35 集团军（下辖第 62、第 64 两个军 6 个师）调往桂柳方面作战，归第 4 战区司令长官张发奎指挥。③

10 月中旬，日军第 11 军的主力在全县—道县一线集结休整，接下来便是"要将一号作战最大目标桂林、柳州的美航空基地予以摧毁"，并打通湘、桂、越地区的大陆交通线。④

二、桂林、柳州之战

桂林城当时为广西省府，与柳州、梧州、南宁同为该省的四大重镇。自湘桂、黔桂铁路建成后，它和柳州的地位更加重要。漓江、柳江分别流经两城，又扼越城、九巍、苍梧山脉，地势险峻。日军的湘桂作战甫一发动，省主席黄旭初

---

① 《陈牧农致林蔚密电》（1944 年 9 月 14 日），国民政府军令部战史会档案，中国第二历史档案馆藏。

② 日本防卫厅防卫研究所战史室：《一号作战之二：湖南会战》（下），第 163 页。

③ 《蒋介石就调第 35 集团军入桂参战致张发奎等密电》（1944 年 9 月 18 日），见中国第二历史档案馆编：《抗日战争正面战场》（下），第 1311 页。

④ 《抗日御侮》第 9 卷，第 370 页。

和白崇禧等人就已断定其"势将打通粤汉线",决定战事来临时将省府迁到百色。

6 月 15 日,第 4 战区司令长官张发奎决定桂、柳两城进行疏散。广西为桂系的根基所在。26 日,白崇禧向蒋介石建议"集中兵力,固守桂林"。[①] 但蒋介石未置可否。6 月底,桂林城开始疏散,9 月 10 日起更进行了强迫疏散。但桂林城自长沙诸地失陷后,人口由原来的 10 万左右骤增至 50 万至 60 万,秩序极为紊乱。15 日,城内竟燃起了冲天的火光,"共焚去房屋大小六七千间,而城内有不肖官兵破屋抢劫搜索至三、五次。15(日)晚,张长官抵桂林训话后,各军始下令制止,而桂林已焦头烂额,残破不堪矣。闻守城部队推诿责任,谓毁房系汉奸放火,搜索系少数工兵所为,已擒两、三名枪决了事。而外间所传,则守城部队已人人作富家翁矣。自桂林疏散后,柳州、梧州继之……总之军事失利之后,地方秩序亦纷纷发生问题,抢劫时闻,民心浮动,男女老少,惟逃是务……"[②]

桂林城的防守原定以第 16 集团军所属第 31 军和第 46 军共 6 个师担任,由该集团军副总司令韦云淞担任桂林城防司令。但最后实际上留在城内的仅是第 31 军的第 131 师和第 46 军的第 170 师,其中第 170 师全系新兵组成,且欠 1 个团;新19、第 175、第 188 等师均各抽调 1 个营参加城防,此外还配备了山炮、榴弹炮、野炮连各 1 个以及炮兵第 47 团的第 4 营。原计划屯集 3 个月的粮弹,当时则仅够1 个月之用。其外围的第 79、第 93 两军临战时又以"避免态势不利"为名撤走了。[③] 守军首先在士气上遭到打击,纪律既告废弛,兵力又过分单薄,城池失守便是早晚的问题了。

10 月上旬,日军第 6 方面军开始策划让第 11、第 23 两军从全县、道县和丹竹平地大致同时出发,"首先于包括桂柳在内的南方地区展开第一次会战围歼敌军。如重庆军逃跑或以桂柳两地据点企图抵抗时,我方即在柳州(包括柳州以

---

① 《中国现代历次重要战役之研究——抗日战争述评(三)》,第 34~35 页。
② 《中央训练团党政班毕业学员通讯处致何应钦电》(1944 年 11 月 24 日),国民政府军令部战史会档案,中国第二历史档案馆藏。
③ 《抗日御侮》第 9 卷,第 330 页。

西）附近地区将其围歼"。① 其兵力部署大致是：第 23 军的第 22、第 104 师团，第 19、第 23 独立旅团沿西江，第 11 军的第 3、第 13 两师团沿湘桂铁路及以东地区，第 58、第 40、第 116、第 37 师团沿湘桂铁路及以西地区，分 3 路扑向桂林和柳州，日军兵力大约在 15 万人。中方部队则只有第 31、第 46、第 79、第 93、第 20、第 26、第 37、第 64 等 8 个军以及第 135 等 3 个师和一些地方部队，不足 12 万人。

从 10 月中旬起，日军在桂北地区发动进攻，中国守军奋起抵抗。第 58 师团古贺龙太郎旅团奉命向灵川推进，当该部进抵桂林正面的兴安、大溶江一带时，遭到甘丽初第 93 军之第 10 师的阻击。在兴安、老堡村一线，该师官兵"奋勇战斗，杀敌千余，使敌毫无进展，而该师自营长以下伤亡亦大，所属三团仅编足四营"。古贺旅团右翼第 108 大队千余人于 15 日晚抵达大溶江口西北偏西 9 公里的松江口时，遭到守军的顽强抗击。"经调第十师与一九四师对敌包围攻击，战斗八日，对该大队歼灭大半"，击毙击伤日军大队长山井以下千余名。②

由于日军的迂回进攻无法得逞，遂加强对桂林以东的高上田、铁坑、桃子隘、大岩岭、五里亭、长冈岭等处的进攻。10 月 19 日起，日军步兵 5000 余人，炮 11 门，与守军新 19 师（实力 5 个营）、第 98 师（实力 4 营强）及教导纵队（防守军 4 个营编成）、防守军山炮连（山炮 4 门）发生激战，"我九八师二九四团步兵两连及铁坑之新十九师两连，全部殉国，其他各部自营长以下伤亡亦重。五里亭九八师指挥所及长冈岭巢 ［导］（教导）纵队指挥所附近，均激战，七九军工兵营迄直属队，亦加入战斗"。随即，第 79 军第 194 师（实力约 4 个营）和第 26 军第 44 师主力（实力约步兵 5 个连、迫击炮 10 门）加入战斗。③

10 月 26 日，日军第 11 军奉命发起总攻击。首先"命第 3 师团占领平乐及荔

---

① 日本防卫厅防卫研究所战史室：《一号作战之三：广西会战》（上），第 120～121 页。
② 《夏威致蒋介石等密电》（1944 年 10 月 30 日），见中国第二历史档案馆编：《抗日战争正面战场》（下），第 1326 页；日本防卫厅防卫研究所战史室：《一号作战之三：广西会战》（下），第 57 页。
③ 《夏威致蒋介石等密电》（1944 年 10 月 30 日），见中国第二历史档案馆编：《抗日战争正面战场》（下），第 1326～1327 页。

浦，第 37 师团占领恭城和阳朔"。阳朔在桂林以南约 80 公里，荔浦距桂林和柳州
各约 100 公里，为控制桂、柳的重要据点。日军的意图是"想在进攻一开始，先
占领控制桂柳的要点，分割军主力和第 23 军正面的重庆军"。① 日军第 3 师团步
兵第 34 联队于 11 月 2 日凌晨 2 时占领空无一人的平乐县城，次日上午攻占了荔
浦；日军第 37 师团左纵队于 11 月 2 日上午 10 时占领恭城，次日上午，其先遣队
步兵第 227 联队又攻占阳朔。日军各部队迅速开向桂林，同时第 13 师团两个大队
在三个炮兵中队的配合下，又于 11 月 3 日攻下桂柳间的战略要地永福，这里是第
16 集团军总司令部所在地。日军攻下永福，不仅切断了桂柳之间的交通和桂林守
军的退路，而且打破了张发奎于 10 月份制订的将"主力分别置于桂林西北地区
及其以南地区，对由桂林西侧及其以南地区进出之敌相机求其侧背而击灭之"的
既定计划，桂林城便处在了四面包围之中。

在桂林正面，日军于 10 月 27 日发起总攻击。由于连日大雨，山雾弥漫，空
军不能到前线助战，加之守军第 79 军与第 93 军结合部铁坑被日军突破，防线发
生动摇，守军一部于 27 日撤到漓江东岸，协助桂林防守军作战，另一部向永福退
却。日军两个联队分别占领了高上田、铁坑一线，而第 58 师团另一部已经进抵桂
林火车站附近。

桂林守城部队的部署是：阚维雍第 131 师防守城北及附近要点，许高阳第
170 师守卫城南及附近要点。而城西为崇山叠岭，不易进攻。炮兵分别配置在市
中心体育场及其他要点。守军利用城内天然的石山岩洞，构筑了许多碉堡和各类
野战工事，以七星岩等处为防御的主体，但大部分相当简陋。原计划屯集三个月
的粮弹，实际储存量仅能使用一个月。

10 月 28 日起，日军第 58 师团从北面，第 40 师团从东面，第 13 师团从南面
分别准备攻击桂林。30 日，千余日军对桂林火车站发动进攻。31 日，日军向北极
路一带发起进攻。从 11 月 2 日起，桂林城郊均遭到日军的攻击。战事首先自城东

---

① 日本防卫厅防卫研究所战史室：《一号作战之三：广西会战》（下），第 62 页。

北开始，敌我伤亡均重。5日，星子山失陷。是日夜，日军分成若干小队在四郊钻隙迂回，城东普陀山、申山、猫儿山，西北部之水泥厂及东方隘路处处告急，其中猫儿山据点守军全部阵亡。7日，屏风山等处亦告失守。

七星岩的争夺更加激烈。"桂江东岸七星岩附近……几乎都是石山，处处都有洞穴，估计无论如何轰击也难奏效……其中A洞能容纳数百人，贮藏有弹药、粮食、军需品……B洞设备齐全，甚至装有电灯，洞内能容纳1000人。"[1] 自4日起，日军第40师团步兵第235联队在一个山炮兵联队的配合下，接连对七星岩发动攻击，皆被打退。最后在毒气的配合下，才于7日晚将其攻陷，"守军在七星岩内之一连，全连牺牲……东地区守军，现已伤亡过半（千三百余人）……"[2] 同一天，日军从中正桥等3处强渡漓江。象鼻山山侧的守军以炮火猛击半渡中的日军部队，予敌重大杀伤。但中正桥的桥头堡却为敌攻破，韦云淞悬赏10万元令第131师夺回桥头堡，但该师因伤亡过大而未能完成任务。第170师又奉命攻击，但该师新兵不堪使用，便以上等兵和班长为主力编成突击队，用火箭筒、战防炮、手榴弹等爆破器材与日军展开恶战，终将桥头堡夺回。

桂林攻防战前期，因连日大雨，中美空军无法助战，城根及河滩埋设的地雷也完全失效，但守军强大的炮火却发挥了作用。日军准备充足后，于9日凌晨5时起发起全面攻击，所有大炮一起轰击，7架飞机也赶来投弹。桂林城内一片大火，守军也以炮火回击。日军第40师团的1个中队全部战死，另1个中队在攻击伏波山时也死伤惨重，至下午将其攻占，最终排除了妨碍渡河的火力点，大队的日军渡过漓江。次日晨起，城北的阵地被突破，守军遂突围退向西南方，但又与迎面攻来的日军第37师团相遇，被迫再折回头。城内守军到处乱跑，多数人死于乱枪之中。被堵在东镇路的第131师师长阚维雍自杀殉国，城防司令部参谋长陈继桓等3名将官阵亡。[3] 10日下午，桂林彻底失陷。

---

① 日本防卫厅防卫研究所战史室：《一号作战之三：广西会战》（下），第69页。
② 《张发奎致蒋介石等电》（1944年11月8日），见中国第二历史档案馆编：《抗日战争正面战场》（下），第1329页。
③ 日本防卫厅防卫研究所战史室：《一号作战之三：广西会战》（下），第120页。

柳州几乎与桂林同时陷落，这里是第 4 战区司令长官部所在地，战前确定由第 27 集团军守备，但实际上各部大多散驻于桂林周围及以南地区，兵力薄弱，军无斗志。具体防御柳州的丁治磐第 26 军，"其兵力不足编制三分之一"。[1] 在得到柳州城防薄弱的情报后，横山勇又于 3 日命令第 3、第 13 师团主力长驱南下，向柳州进击。该两师团采用钻隙迂回战术，一路上只遇到轻微的抵抗。7 日，该两师团已达距柳州东北的鹿寨、雒容一线。柳州城东、南、西三面由柳江围绕，北面为商业区，南面则为飞机场和其他军事设施，地形险要。日军一部首先由柳州西北渡过柳江，切断了守军的退路。11 月 9 日 8 时，第 13 师团步兵第 104 联队主力突破守军阵地，冲入城北地区；第 3 师团一部猛攻城南的马鞍山高地，但为守军猛烈的火力打退。第 3 师团步兵第 6 联队和第 104 师团（属第 23 军）步兵第161 联队几乎同时向柳州机场进逼，守军虽进行了抵抗，但最终不敌，机场丢失。日军由几个方向强渡柳江，在猛烈的炮火掩护下攻陷了城南各高地。守卫市区的第 44 师第 313 团的 1 个营全部阵亡。柳州为中方大西南地区重要的物资补给地之一，弹药储存极多，先是守军的自爆，后是日军的轰击，城外山洞里连天的爆炸声一直持续数日。10 日，张发奎电令第 26 军"应避免无谓牺牲"，残余守军便"向西突围逃向宜山方面"。[2] 11 日，日军占领柳州。

在广西北部激战的同时，日军第 23 军在广东方面也发动了牵制作战。

在日军的"一号作战"计划中，决定第 23 军于 6 月底开始发动攻击，以配合第 11 军在衡阳等处的战斗。该军第二期作战定于"7 月下旬左右，以主力由西江两岸地区，以部分兵力由雷州半岛方面，分别发动攻势。击溃敌军后，攻击梧州、丹竹附近，在确保该地附近以东西江沿线要地的同时，作好今后对柳州方面作战的准备"。第 23 军的第二期作战任务是："以部分兵力由广东北方地区向英德附近发动攻势，俾使第 11 军作战顺利进行。"而后段作战则将于 1945 年 1、2月间开始，第 23 军"由柳州南方地区发动攻势，攻占南宁后，打通并确保通往

---

① 《抗日御侮》第 9 卷，第 341 页。
② 《抗日御侮》第 9 卷，第 339 页。

谅山附近法属印度支那国境的陆路联络线"。①

执行这个计划的第 23 军兵力为第 22、第 104 师团以及两个独立混成旅团，另以 3 个旅团确保已占领的地区。该军的攻势发动后，首先面对的是由余汉谋担任司令长官的第 7 战区。作为警备广东省的特殊战区，所辖部队共有第 62、第 63、第 65 等 3 个军、9 个师及 2 个独立旅。日军在完成策应攻击衡阳之后，将进一步发动攻击的时间由 7 月份推迟到 9 月上旬。独立混成第 23 旅团由雷州半岛北上，以警戒和掩护第 23 军主力西进的左侧。除此之外，主力分路趋向桂东重镇梧州。肇庆、德庆等重镇相继沦陷，日军沿途只是遭到一些地方保安团和美军飞机的袭击。来自保安团的袭击有限，但美军飞机却给日军较沉重的打击。举凡日军的地面部队、陆路交通、水面船只等，都成为美国空军的袭击目标。在 9 月 14 日的一次轰炸中，第 104 师团的 1 个大队伤亡官兵百余人。日军活动只能选择在晚上。9 月 22 日夜，日军一部终于占领梧州。在此之前，美军飞机已将石油罐等设施炸毁，以免资敌，整个市区陷入火海之中。拥有美军飞机场的丹竹立即又成了日军攻击的主要目标。第 104 师团一部于 24 日夜出发，28 日就击溃了守备丹竹机场的中国守军一个团，并占领了机场。次日，又攻下了第 35 集团军的司令部所在地蒙江圩。日军继续西进，却不料在进展十分顺利的情况下于桂平附近遭到第 4 战区兵力的猛烈反击。

直接攻击桂平城的是日军之独立混成第 23 旅团。10 月 11 日夜，该部强渡郁江，集中所有火力狂射 20 分钟以后，向城内突击，中方守军第 155 师一部与敌展开巷战，1 个营全部阵亡，桂平城于次日陷落。自广东日军发起攻势起，中国军队的主力并未与之交战。桂平失陷后，张发奎集结第 4 战区主力（共约七八个师），利用该城周围的险峻地形突然发动反击。19 日，第 64、第 46 两军在猛烈炮火和美军飞机的支援下首先猛攻蒙江圩一带的日军。经过 3 日战斗，终于遏止住日军攻势，占领蒙江圩。22 日、23 日，敌我双方在桂平西南的新安山展开争夺，

---

① 日本防卫厅防卫研究所战史室：《一号作战之一：河南会战》（上），第 30～32 页。

日守军 1 个中队仅剩 20 名官兵；中队长也被击毙，战斗力全部丧失，阵地被中国军队夺回。① 随之，美军飞机和中国的炮兵部队对桂平城发起猛烈轰击。日军的通信设施全被炸毁，内外联系均告中断。该旅团几尽全军覆灭，"弹药告罄，迫至旅长以下，造竹枪准备突击"。日军经过这一连串意想不到的打击，于 10 月底决定"重新将第 104 师团主力投入战斗"。② 30 日起，该师团发起攻击，其步兵第 108 联队与中方之第 135 师等部在武宣乡东侧的花蕾高地展开激烈争夺，日军联队长以下官兵伤亡近 200 名。经过 4 日苦战才将高地占领。但日军其他部队却以迂回战术攻下了武宣一带平地和贵县等处。中国军队被迫放弃了反攻，日军大队人马开往柳州方向，开始了与第 11 军的协同作战。

三、日军突入黔南

桂柳之战后，第 4 战区军队大多沿黔桂线经宜山退往桂西，徘徊于宜山、忻城附近地区。11 月 15 日，日军第 6 方面军发出了继续追击并歼灭第 4 战区主力的命令："第 11 军可不受作战地界限制，消灭宜山附近敌军，并应与第 23 军紧密配合，消灭忻城以西地区及其附近之敌。此外，应以一部迅速向金城江（宜山西北偏西 65 公里）以西地区挺进，占领黔桂铁路。"此外，还命令第 23 军除与第 11 军密切配合，消灭忻城附近的中国军队外，还要分兵一支向南推进，争取占领南宁。③ 据此精神，第 11 军决定派两个师团沿黔桂公路向河池、南丹地区突进，"切断敌军退路，将其捕捉消灭"。其具体部署为：第 13 师团由三岔（宜山东 35 公里）沿黔桂铁路继续向西推进，并在河池、金城江及德胜一带切断第 4 战区部队向贵阳的退路，"捕捉消灭当面之敌"；第 3 师团由柳州以西地区向宜山及其西南方地区挺进，将敌压在宜山、怀远、牛岗江附近。④

---

① 日本防卫厅防卫研究所战史室：《一号作战之三：广西会战》（下），第 40 页。
② 日本防卫厅防卫研究所战史室：《一号作战之三：广西会战》（下），第 49 页。
③ 日本防卫厅防卫研究所战史室：《一号作战之三：广西会战》（下），第 155 页。
④ 日本防卫厅防卫研究所战史室：《一号作战之三：广西会战》（下），第 165 页。

在此之前，第 4 战区鉴于柳州失守的影响，已重新调整部署，以便"继续阻击敌军及确保宜山及掩护黔桂路之安全"。在 11 日下达的第 4 号作战命令中，张发奎将第 4 战区兵力调配组成了右兵团、中央兵团和左兵团，分别在忻城、宜山、四把（宜山北 25 公里）等处阻敌西进。兵团指挥官分别为第 35 集团军总司令邓龙光、第 16 集团军总司令夏威和第 27 集团军总司令杨森。[①] 总兵力在编制上虽然为 8 个军，还有一些地方武装，但实际战斗力却很有限。大多数部队早在长衡会战时就遭受了重大损失，"若干军之人数有仅及二至三千人者"，桂柳会战中又疲于奔命，重武器损失将尽。第 20 军原存 21 个营的战斗力，及至 11 月份，只剩下 3 个。[②] 此外，为了确保陪都重庆的万无一失，军委会下令组建黔桂边区总司令部，以汤恩伯为总司令，先后从第 1、第 6、第 8 等战区抽调第 97 军（军长陈素农）、第 87 军（军长罗广文）、第 29 军（军长孙元良）、第 98 军（军长刘希程）、第 9 军（军长陈金城）、第 13 军（军长石觉）、第 57 军（军长刘安祺）等 7 个军，共计 18 个师，赶往贵州和桂北布防。

虽然第 4 号作战命令给各部队划分了作战区域，但各兵团大多没能进入。邓龙光集团军于 11 月 12 日才到达指定的北泗、思练一线，而此时，日军已乘中国军队立足未稳，兵分数路，猛攻在理苗、洛东一线布防的夏威集团军和向罗城推进的杨森集团军。[③]

日军第 13 师团沿黔桂铁路正面直趋宜山，在柳城的日军第 40 师团以一部向宜山北侧急进，与铁路正面之敌协力攻击；而第 23 军之第 104、第 23 等师团则由南北两方向夹攻中方之右兵团，16 日即攻陷忻城。中国军队依据工事不时进行阻击。部署在怀远等处的炮兵部队发挥了相当威力，连续几日的炮击给日军造成数百人的伤亡[④]，但最终无法抵挡日军凶猛的攻势。第 27 集团军的司令部也为日军

① 《抗日御侮》第 9 卷，第 342 页。
② 《第 20 军桂柳会战经过概要》，国民政府军令部战史会档案，中国第二历史档案馆藏。
③ 日本防卫厅防卫研究所战史室：《一号作战之三：广西会战》（下），第 176 页。
④ 《张发奎致蒋介石等电》（1944 年 11 月 16～17 日），国民政府军令部战史会档案，中国第二历史档案馆藏。

急袭，第 20 军曾被包围。15 日，日军第 13 师团一部占领宜山，掳获了中国军队屯集的大量军需物资。第 3 师团也在此集结，准备扑向黎明关。

第 13 师团首先突向金城江，在石山等处遭到中方的坚强狙击，师团参谋长依知川和第 116 联队长大坪均负伤。21 日，第 116 联队几乎未受抵抗而进入金城江，这里同样是中国军队的后方补给基地，各类武器装备与 "战略物资，堆积如山……数栋临建木板房装满了军需品"。日军在这里缴获的有：野（山）炮 12 门、野战高射炮 4 门、坦克 6 辆、重装甲车 8 辆、飞机用机关炮 60 门、重机枪 85 挺、载重汽车 107 辆、炮弹 3000 发、各种子弹 9 吨又 41000 发、手榴弹 1 吨。①次日，河池被日军占领。

23 日起，日军向南丹进击，但在南丹南面的大厂、野车河、八圩一线，日军遭到陈素农第 97 军的顽强抗击。第 97 军（下辖第 168、第 196 师）原为重庆卫戍部队，1944 年 9 月奉调赶赴黔桂边区作战，11 月 10 日才抵达贵阳，匆匆赶往广西北部的南丹布防。战区给他的任务是迟滞日军由贵州进逼重庆，至少坚守 7 天，等待各战区的援军到达。第 97 军官兵 "以野炮、迫击炮进行猛烈抵抗"，近战时则发挥手榴弹的威力，利用南丹附近的石山和隘路逐次抵抗，日军官兵伤亡惨重。"我方损失较大，第 1 大队长古贺春一大尉也受了重伤……重庆军火力极强，我前进困难。"②迄至 27 日，日军进攻毫无进展。第 13 师团师团长赤鹿命令主力部队由八圩、东河、大厂间猛攻，而另派一个大队千余人从西北方向分进迂回，绕到南丹西面 20 公里的罗富实施夹击。第 97 军的防线终于崩溃。当日夜，军长陈素农率领守军弃城而逃，损失各类大炮 40 余门，连密码本等也悉数丢失。日军于 28 日 11 时 30 分占领南丹。③

早在日军攻下怀远、河池时，第 11 军就命令第 3、第 13 师团 "突破省境线，向独山挺进"，其 "追击目标不仅仅是独山，而以进入其北方要点切断公路为有

---

① 日本防卫厅防卫研究所战史室：《一号作战之三：广西会战》（下），第 184～185 页。
② 日本防卫厅防卫研究所战史室：《一号作战之三：广西会战》（下），第 188 页。
③ 日本防卫厅防卫研究所战史室：《一号作战之三：广西会战》（下），第 189 页。

利"。① 在攻占南丹以后，第13师团的步兵第104联队3000余人于当晚马不停蹄地向独山方向追击前进。经过两天的跋涉，30日抵达六寨，当日夜间越过广西省境，由下司向独山突进，12月1日进入独山以南约30公里的上司。

此时黔桂路上极为混乱。由于前方中国军队整连整营地后撤（连全部美式装备的第46军也不例外），自然无法实施逐次抵抗、截击穷追猛打的日军。路上有成群的败兵残将，更有从东南各省拖儿带女、扶老携幼的难民。占尽优势的中美空军火力无从发挥，第4战区长官司令部也被误炸，局面更加混乱。12月2日，日军离独山城尚远，守军就开始自行炸毁部分弹药和遗弃的物资，难民则认为爆炸就是日军发来的炮弹，仓惶逃命。② 在路上行军的第13师团一个大队如入无人之境。根据日军的记载，"第2中队长宫本大尉走在队前与对面来的重庆军擦肩而过沿道路的一侧向东急进而入独山，重庆军可能误认我为友军，故而未采取敌对行动"。12月3日，日军一部不战而占领独山。

图4.1　日军占领的贵州独山

第3师团方面则选定了独山以北约50公里的都匀作为攻击目标。该师团兵分数路，长驱北上，向宜北、荔波一线进击。中国军队凭借黔桂边界要隘黎明关一带有利的地形顽强狙击。该处群山连绵，日军不能迂回。守军炽烈的机枪火力使日军遭受惨重伤亡，直接攻击黎明关的日军1个大队各中队长非死即伤。11月27日，守军终于不敌，日军第3师团于12月1日晨到达黎明关。该师团在进攻荔波时，中国军队依靠险峻的关卡，在水扛、达拉竹、甲傍一线阻击日军。"在当时的战斗中，第8中队的全体军官非死即伤，而由军士担任队长继续奋战……前方三面的石山均被重庆军占据，并以

① 日本防卫厅防卫研究所战史室：《一号作战之三：广西会战》（下），第186页。
② 日本防卫厅防卫研究所战史室：《一号作战之三：广西会战》（下），第199页。

轻重机枪和迫击炮、掷弹筒等雨点般地射来……小队长横山佐嘉夫少尉等全部战死。"中国守军的武器多为美式装备，"以瞬发信管的美制手榴弹代替了旧式木柄手榴弹，迫击炮也可能是美国制造的"，因而火力猛烈，日军中队长以上军官死伤甚重，担任直接攻击的 1 个大队损失在三分之二以上。① 最终，日军派步兵第 6 联队绕道荔波东北的山岳地带，经水岩、河东寨、牛场到达荔波以北 75 公里左右的三合（今三都），通过大迂回战术，于 12 月 3 日攻下了荔波；同日，另一支日军又占领了八寨。

从 12 月 2 日起，日军先头部队挺向都匀。次日下午，前卫已进抵距该市 7 公里处的高地上。接到第 11 军要求"停止追击立即返转"的电报后，② 该部旋即撤回。4 日，在独山的日军工兵第 13 联队将该城四周的工厂、弹药库、储油库、铁路、桥梁、隧道、通讯设施等悉数炸毁，又焚烧了西郊的被服、卫生及粮秣仓库。独山城遭遇空前的浩劫。

攻至独山后，日军认为作战目的基本达到，开始后撤。这一主动后撤，首先是因为其战力的过度消耗。半年多来，第 11 军各部攻城略地，辗转山林，战线越拉越长，兵力越发不足，供应日见短缺。长衡会战时的夏服一直穿到雪花纷飞的 12 月。此外，由于制空权早已丧失，行动多选在夜间，宿营也只能在野外，日军实在无力再攻了。同时，中国方面在黔南一带的重兵集结，也使得日军无法再轻举妄动。

日军突入黔南，极大地震动了重庆国民政府。蒋介石认识到"战况危急，不仅西南各省人心动摇，英美国有要求撤侨之事，益造成社会之惶惑不安。八年抗战之险恶，未有如今日之甚者也"。③ 中国军队的主力远在滇西和缅北，魏德迈不仅建议蒋介石从缅甸的 5 个中国师中抽调两个回国阻敌，而且力劝重庆政府"应有再迁都的准备"。蒋介石与高级官员会商后，决定抽调第 1、第 8 等战区的兵力

① 日本防卫厅防卫研究所战史室：《一号作战之三：广西会战》（下），第 200～201 页。
② 日本防卫厅防卫研究所战史室：《一号作战之三：广西会战》（下），第 202 页。
③ 吴相湘：《第二次中日战史》，第 1062 页。

增援，如战局再恶化，则将远征军全部调回。① 事实上，早在长衡会战时，汤恩伯就已奉命率部南援。广西战事发生，汤恩伯所部便从豫南、陕中，经四川、贵州东来。由于没有汽车配备，行李及笨重的物资给养全靠士兵背负，劳师远征，未战先疲。11 月 8 日，汤恩伯本人赶到贵阳，中旬到了南丹、河池一带。20 日，汤恩伯又赶到独山部署，但山间道路全为难民的人流，无法调动兵力。陆续从其他战区调来的兵力计有第 94、第 87、第 29、第 98、第 9、第 13、第 57、第 97 诸军，但都没能堵住日军突击的势头。独山失陷后，装备精良的远征军一部也由美军飞机运来（其先头部队由孙元良指挥），何应钦奉命抵达贵阳，会同汤恩伯指挥各军。至 12 月中旬，独山、八寨、三合、荔波、上下司、六寨、南丹等处又相继回到了中国军队手中。

日军的退却并不是无止境的。第 6 方面军要求第 11 军"在黔桂铁路以西，最低限度要坚守河池和宜山之间"。② 第 46 军在攻击河池时，果然受到日军凶猛的抗击，尽管又调来两路增援部队对该城包围攻击，仍无法克复。14 日，日军也增援 2000 人展开反击，制止了中方的攻势。双方都是久战之余，兵力疲惫，亟须整补，便在该地成对峙状态。

黔桂路上激战正酣，广西南部又燃起战火。11 月 18 日，日军独立混成第 23 旅团占据来宾，21 日与第 22 师团主力会合，又占领了宾阳，继沿邕（宁）宾（阳）公路扑向重镇南宁。桂南一带的广大地域内，多为地方团队守卫，兵力单薄，遇敌即溃。正规军仅有邓龙光指挥的第 62 军、第 64 军，他们与敌短暂接触，立即退却。其中"六二军一五七师四七一团，转进至旃坳乡附近，与敌一联队遭遇，团长以下几全部牺牲"。③ 24 日，南宁失守。日军沿邕龙（州）路继续南下攻击。同时，驻越南日军之第 21 师团也派出一支部队朝南宁方向进攻。28 日，该部以步兵第 83 联队为主，配属有伪军部队，共计五六千人，沿谅山、同登、镇

---

① 《抗日御侮》第 9 卷，第 345～346 页。
② 日本防卫厅防卫研究所战史室：《一号作战之三：广西会战》（下），第 208 页。
③ 《邓龙光致蒋介石密电》（1944 年 12 月 3 日），见中国第二历史档案馆编：《抗日战争正面战场》（下），第 1335 页。

南关北进，次日陷凭祥，随后又兵分数路，向北攻击。明江、龙州、思乐、崇左、扶南等处先后沦陷。12 月 10 日，由南宁南下之日军与由思乐北上之日军在绥渌（今东门）会师。至此，广西境内的重大战斗暂告结束。1945 年元月，衡阳至广州间的粤汉铁路，也全部沦入日军之手。日军在形式上最终完成了其打通大陆交通线的作战目的。

同豫中、长衡会战相比，桂柳会战持续的时间最长，将近 100 天。日军的战术仍和前两次一样，系正面的分进合击，穿插迂回，加之此次日军的兵力又占了多数，就使得中国军队地广兵单，顾此失彼，桂林、柳州同时宣告失陷。但日军的失误却也明显存在。第 6 方面军原计划桂、柳两城由第 11 军、第 23 军分别攻取，第 11 军以主力攻占宜山及柳州西面地区，先切断中国军队的退路，将其围歼于战场。但第 11 军不待攻下桂林，就擅自派出精锐的第 3、第 13 两师团进攻柳州。尽管此举沉重打击了中方第 4 战区的军力，却给了中国军队主力迅速西撤的机会。此外，日军轻敌冒进，第 23 军的独立混成第 23 旅团即是在毫无准备的情况下冒进，于桂平一带遇到猛烈反击，几遭全军覆没的厄运。中国军队一味被动应付，不仅不能在日军分进之际予以打击，反而使自己处于被包围状态。会战伊始，中国军队就没能以适当的兵力把守桂林东北方的要隘，严重影响了桂柳两城的防守。中美空军虽早已占尽了优势，但因作战地域辽阔，时间长久，并没能有效地阻击敌军。另外，桂柳两城的自然地形极利防守，中国军队战前也构筑有较完善的工事，但却因防守兵力薄弱而不能发挥效果。而一般指挥官在战场上则缺乏必胜信念，"以致虽有完善计划及部署，未进行战斗"，"迭遇良好之侧击、尾击时机，亦避不实施，致敌毫不顾虑后方，大胆抽兵……"[1] 至于政治方面，"不能适应军事要求，军队不能得民众协助"；"地方政府既行迁移，各部队副食补给发生问题，军队为作战及给养关系，往往涉及民众物资，致军民感情不大融洽，

---

[1] 《桂柳会战之经验及教训》（1945 年 2 月），见中国第二历史档案馆编：《抗日战争正面战场》（下），第 1337 页。

合作方面发生缺憾"。①

广西是桂系多年苦心经营之所在，原本有相对完善的地方组织。大战之前，日军"第23军所担心并不在于击败重庆军，倒是担心以广西自卫政策为基础的民众抵抗和乡村的自卫行动，这才是指挥作战的障碍"。② 但会战期间军队和民众完全脱节，地方民团的抵抗多半是自发的，甚至走上了反面，最后只好听任日军横冲直撞。如果不是日军的主动后撤，则黔南各处又将成为激战的场所。由其他战区和远征军系统调来的军队，除第97军等少数部队外，实际在战场上并未起到什么作用。

桂柳会战结束后，日军自4月中旬以来发起的"一号作战"攻势便在形式上取得了成功。它给中国方面的打击极为沉重。在国际反法西斯战线到处奏捷的情况下，中国战场却在短期内丧失了20多万平方公里的土地、146座城池、30多个飞机场以及几十万军队，形成了抗战以来正面战场上的第二次大溃败。这些区域内，许多地方是重要的粮食产区，也有较为丰沛的兵源，它们的丧失以及无法统计的人民生命财产的损失都使中国的国力进一步被削弱。国民党军事上的大惨败又引起了空前的政治动荡，这一年便成为八年抗战中国民党人"最艰苦的一年"。但日本方面却也没能完全达到自己的战略目标。其策划"一号作战"的主要目标是摧毁美国飞机空袭日本的前进基地，但由于美军在太平洋上的攻势和占领马里亚纳，这一点便失去了意义。

日军在华的兵力消耗日见增多，士兵素质急剧下降，战斗精神也随之消沉。长衡会战时中方"俘敌计达二百。而俘掳（虏）供述，多侃侃而谈，一切行动及其国内状况，历言甚详，与抗战初期我所俘甚少，既俘亦缄口不言之情形相较，敌官兵厌战情绪，实日益增高矣"。③ 日军要以仅存的兵力把守广泛的占领区及漫长的交通线，必然在战略上处于极不利的境地，这在客观上对日后中国抗日军民

---

① 《桂柳会战作战要报》，见中国第二历史档案馆编：《抗日战争正面战场》（下），第1338~1339页。
② 日本防卫厅防卫研究所战史室：《一号作战之三：广西会战》（上），第13页。
③ 《湖南会战战斗详报》，国民政府军令部战史会档案，中国第二历史档案馆藏。

的大反攻是有利的。日军"一号作战"中，从华北、华中战场抽调出不少部队，使敌后战场压力减轻，为 1944 年各敌后战场的局部反攻创造了契机。在此基础日军已无力再做进一步的战略攻击了。湘西会战就证明了这一点。

四、湘西会战前的中日双方部署

由于策划并指挥"一号作战"的"卓越战绩"，日本中国派遣军总司令官畑俊六晋升为陆军元帅，并于 1944 年 11 月 2 日奉调回国，担任陆军教育总督。第 6 方面军司令官冈村宁次于 11 月 22 日接任中国派遣军总司令官一职，原华北方面军司令官冈部直三郎则转任第 6 方面军司令官。这时，日军在华的兵力计有 25 个普通师团、1 个坦克师团、10 个独立混成旅团、11 个独立步兵旅团，约 120 万人。进入 1945 年后，日军仍继续发动正面进攻。1945 年 1 月至 2 月，日军不仅占领了粤汉线南部广大地区，悉数摧毁了浙赣地区的美军飞机场，冈村宁次又进而提出了进攻四川的庞大设想。

但大本营方面鉴于美军在太平洋上的猛烈攻势，认为"须全力对付主敌美国，不可能同时实施两面作战，故望派遣军首先专心于对美作战，加强中国东南方面的战备"。① 大本营于 1 月 20 日下达《作战计划大纲》，其在中国大陆方面的作战主旨还是要着眼于美军："（一）迅速增强中国大陆的战略态势，要确保以日本国土为核心的大陆国防要地，击败从东、西两个正面进攻之敌（特别是美军），粉碎其企图；（二）加强中国东、南沿海要地的战备，使南海群岛与台湾相配合，充分发挥在中国东海周围的作战力量，尤其是航空作战力量；（三）估计美军在向日本本土进攻之前，或者在进攻本土的同时，以其主力或强大的一部进攻大陆，因此，要促进和加强上海及广东方面的作战准备；（四）在中国大陆西面，要策应以上的作战准备，击败来攻之敌，尤其要压制敌人的航空活动；情况允许

---

① 日本防卫厅战史室编纂：《日本军国主义侵华资料长编——（大本营陆军部）摘译》（下），第 506～507 页。

时，要尽力向西面扩大阵地，与阻断敌人到达中国东南沿海的企图相结合，确立大陆上的战略态势。"①

因此，大本营于 1 月 22 日给中国派遣军总司令官下达的命令中明确指出，派遣军"应击败进攻中国大陆之主敌美军"，"要把加强战备的重点，保持在中国中南部、特别是长江下游要地。"② 为此，中国派遣军于 1 月底召开军司令官联席会议，决定"将对美战备的重点，置于长江下游要地"。会议还议定了在中国大陆沿海对美军作战准备纲要，制定了在华南沿海作战的"光一号作战"和在华中沿海作战的"光二号作战"。③ 但随着美军 4 月 1 日在冲绳岛本岛登陆，华南对日本本土的防卫作用已经消失，中国派遣军遂计划将海南岛和金门岛的兵力撤回广州，并从华南地区抽调第 27、第 40、第 104 三个师团转用于南京附近，只留少部兵力驻守香港、广州。但日本大本营于 4 月 14 日向中国派遣军发出命令，要其将第 3、第 13、第 34、第 27 等四个精锐师团调往徐州以北地区"集结待机"。④ 到了 4 月 23 日，大本营"不仅希望（中国派遣军）放弃湖南，中央甚至在议论放弃武汉"。⑤

日军在中国大陆地区兵力的大范围收缩和退却行动，遭受中美空军的沉重打击。"一号作战"发动以后，中美空军尽管丧失了几十处机场，但仍牢牢掌握着制空权。1945 年初以来，联合空军以湖北老河口、湘西芷江两机场为前沿基地，对沦陷区日军的水陆交通干线频繁出击。桥梁、铁路、公路、机车及修理厂是主要攻击目标，对日军形成了极大的威胁。这两个机场也因此成为日军重点争夺的

---

① 日本防卫厅防卫研究所战史室著：《昭和二十（1945）年的中国派遣军》第二卷第一分册，第 2 页，《中华民国史资料丛稿》（译稿），中华书局 1982 年版。

② 日本防卫厅防卫研究所战史室著：《昭和二十（1945）年的中国派遣军》第二卷第一分册，第 3 页。

③ 日本防卫厅防卫研究所战史室著：《昭和二十（1945）年的中国派遣军》第二卷第一分册，第 4~5 页。

④ 日本防卫厅防卫研究所战史室著：《昭和二十（1945）年的中国派遣军》第二卷第一分册，第 13~14 页。

⑤ 日本防卫厅防卫研究所战史室著：《昭和二十（1945）年的中国派遣军》第二卷第一分册，第 10 页。

目标。1 月 29 日，冈村宁次下达了有关老河口、芷江作战的命令，分令华北方面军迅速占领老河口附近，第 6 方面军则尽速占领芷江附近。3 月，老河口机场被日军华北方面军的第 12 军攻占。

芷江作战由第 6 方面军所属的第 20 军承担，该军 1944 年 9 月成立于衡阳，司令官为坂西一良中将，下辖第 27、第 68、第 64、第 116 等 4 个师团。中国派遣军发动芷江战役的最初目标，是作为进攻四川的第一阶段作战。但自第 11 军主力被调往华中、华北后，芷江作战意义发生重大变化，只能以摧毁中美空军的航空基地为目标。3 月下旬起，该军修筑了衡（阳）—邵（阳）、（湘）潭—邵（阳）公路，并在邵阳附近屯集积了大量粮食弹药。坂西一良的作战计划是从新化、新宁和宝庆（即邵阳）三方面同时发起进攻，分别西进。主力由宝庆—洞口—安江（即黔阳）沿线以北地区进攻，以期将中国军队包围在洞口、武冈地区，或是在沅江以东地区捕捉围歼。随即占领并摧毁芷江机场。但日军并没能料到，这次进攻所面临的对手与往昔相比已是大不相同了。

1944 年的大半年里，整个中国的正面战场都笼罩在豫湘桂作战溃败的阴影中。但年底以后，西南方面却燃起了希望之光。12 月 25 日，中国驻印军的新 1 军攻占了缅北重镇八莫，这是打通中印交通线的必经之地。1945 年 1 月，缅北的另一要地南坎也告克复，驻印军与缅甸的中国远征军在芒友（Mongyu）会师。至 3 月份，中国军队历经苦战，攻下了缅甸公路的中心要点——腊戌（Lashio），与

图 4.2　驻印军和远征军在芒友会师

英军会师，滇缅公路被完全打通。自此，源源不断的美援物资通过中印公路运入中国，中国军队的战斗力得到加强。全部美式装备的中国军队已达 30 多个师。美军则派出校级以上的联络官指挥技术官兵、教习美式武器的使用。

图 4.3　1945 年 3 月，中印公路开通以后，
进入昆明的车队受到盛大欢迎

1944 年 12 月底，蒋介石在昆明设立中国陆军总司令部，由参谋总长何应钦兼任总司令，负责西南各战区部队的统一指挥和训练，并充实部队的美械装备，尤其是加强炮兵火力。陆军总司令部下辖四个方面军和昆明防守司令部，卢汉、张发奎、汤恩伯、王耀武分任第 1、第 2、第 3、第 4 方面军司令官，杜聿明任昆明防守司令。第 1 方面军位于昆明，下辖第 60、第 93、第 52 等 3 个军约 9 个师；第 2 方面军下辖第 46、第 62、第 64 等 3 个军约 10 个师；第 3 方面军下辖第 20、第 26、第 94、第 13、第 71 等 5 个军约 14 个师；第 4 方面军下辖第 18、第 73、第 74、第 100 军等 4 个军约 11 个师；昆明防守司令部下辖第 5、第 8 等 2 个军约 8

个师。

王耀武统率的第 4 方面军为中国精锐部队，原为第 24 集团军。从 1945 年 3 月初，该方面军在湘西一线休整，其中第 18、第 73、第 74 等军全部换上了美式装备，第 100 军的美式装备率也达三分之一以上。"迄三十四年四月初旬，方面军之一部，守备广西资源经湘南新宁及邵阳、湘乡、宁乡各西郊，至益阳，亘洞庭湖北岸，广达千一百余里正面之阵地，主力分别控置于武冈、洞口、新化、桃源各附近筑工整补……"① 日军的大规模调动，使该方面军判明了其目的在于"攻占芷江及破坏我一切反攻准备，巩固其湘桂、粤汉路之交通"。② 4 月 5 日，蒋介石密电何应钦："一、湘、粤、桂敌似有抽集约三至五个师团兵力，向芷江及常（德）、桃（源）进犯之企图。二、以确保芷江机场，并利尔后反攻为目的，以第四方面军所属部队为主，务于洪江、溆浦以东地区，选定主阵地，与敌作战。三、第六战区及第三方面军，应以有力部队策应湘西方面作战。四、各部队应从速完成作战准备。"③ 据此，何应钦拟定了各部队的协同作战要领，并于 14 日以"特急电"密告蒋介石：（一）第 4 方面军应以主力于武冈、新化附近之线，与敌决战。（二）第 3 方面军应以一个军（94 军），先集结通道、靖县地区，准备向武冈以东进击，参加第 4 方面军之决战。（三）王总司令敬久，④ 应率所部三个师及第 18 军之一个师，准备由桃、常向新化以东进出，参加第 4 方面军之决战。（四）新 6 军应准备一个师空运芷江，为第 4 方面军之总预备队。（五）为保障第 4 方面军之作战安全起见，第 3 方面军应确实拒止黔桂路及桂穗路之敌，使不得越过南丹、龙胜两要地。⑤

---

① 《湘西会战前敌我形势概要》，见中国第二历史档案馆编：《抗日战争正面战场》（下），第 1340～1341 页。

② 《湘西会战前敌我形势概要》，见中国第二历史档案馆编：《抗日战争正面战场》（下），第 1340 页。

③ 《蒋介石与何应钦往来密电》（1945 年 4 月 9 日），见中国第二历史档案馆编：《抗日战争正面战场》（下），第 1340～1341 页。

④ 王敬久时任第 10 集团军总司令，归第 6 战区统辖。

⑤ 《何应钦复蒋介石密电》（1945 年 4 月 14 日），见中国第二历史档案馆编：《抗日战争正面战场》（下），第 1345～1346 页。

根据何应钦的指令，第 4 方面军司令官王耀武决定以第 74 军、第 100 军从正面阻击日军，另以第 18、第 73 两军向日军两翼侧后攻击，将日军包围在武冈、新化之间的雪峰山区。同年 5 月初，陆军总司令部又将廖耀湘新 6 军（下辖第 14、新 22、第 207 师）划归第 4 方面军指挥。各部随即进行了各种准备，举凡加强工事、屯集粮弹、交通通讯、空中投掷场大多都已完成。特别是王耀武所部，将雪峰山区险峻的地形作了较为详细的勘察，这就为日后战场上的胜利打下了基础。

4 月中旬起，第 20 军司令官坂西一良在邵阳指挥日军兵分 3 路扑向芷江方面。芷江城地处雪峰山下，前有资水可作天然屏障，后有沅江、芷江扼川黔之咽喉。雪峰山脉蜿蜒数百里，均系南北走向，愈向西山脉愈险愈高，道路崎岖，对防守尤为有利。这里除有中美空军重要的飞机场外，还是中国军队的补给点之一，抗战后期发展成为湖南重要的政治文化和经济中心之一，为中国军队必守之地。日军进攻仍沿用传统的分进合击战术，中国军队因准备充分，在初期针锋相对地采取了攻势防御的战略。100 多公里宽的湘西战线上，几乎同时燃起战火。

五、湘西反攻

4 月 15 日，日军第 68 师团第 58 旅团长关根久太郎率领所部（又称关根支队）从左路发动攻势，由东安向新宁进击。17 日，新宁城失陷。该支队主力在新宁—白沙间集结之后，为策应中路日军第 116 师团的进攻，以主力突向瓦屋塘，从西南及南面压迫中国军队，准备在其突向雪峰山山岳地带之前形成包围圈。20 日起，关根支队在武冈附近遭到第 4 方面军第 74 军的顽强阻击。该城守军构筑了内外 3 道防御阵地。日军以强大的炮兵火力掩护登城，但在守军炽烈的冲锋枪火力扫射下死伤惨重。攻击竹塘据点时，日军以坦克部队开路，反复冲击 10 余次，均被击退。守军的敢死队以汽油弹炸毁了敌之坦克 10 辆，敌兵伤亡百余。25 日，战事更加激烈："（一）七四军当面敌，有（25 日）寅增至九千余猛犯。甲、五八师在城步、北关、峡水东及武冈南木瓜桥、蔡家岭、安心观各地，坚强抵御来犯之敌，敌向西北窜犯企图迄未得逞。乙、五七师前线战斗至烈，凶战五日，竹篙塘坚守三日，守军仍在对峙中。守卫山门之一六九团葛道逐营，受三倍敌围攻三昼夜，毙伤敌达八百，我所剩官兵百余，仍坚守中。另敌千余，有（25 日）酉窜洞口东南，与我军一部接触。（二）放洞敌有（25）日西犯，激战竟日，敌四五百突至龙潭司东九公里，被我五一师于海棠楼两部歼灭，其余各处均被击退。同日，我一五师（属 73 军）由东北向西南协力猛攻，敌背逐渐压缩包围，连克青山界、南银观、岩毫江、油溪、绢溪各要点。总计毙伤敌高腾佐四郎以下官兵千余，掳获机枪八挺，步枪百余支。（三）田心西北敌三千余，马（21）日五路屡向西北进犯未逞，有（25 日）卯，复大举猛扑，我七三军十（五）师续于集营东南红岭附近地区痛击中。"①

关根支队由于进攻受阻，一筹莫展。4 月 29 日，第 20 军司令部命令该支队"应立即沿瓦屋塘—水口—两路口—洪口地区向洪江突进，与第 116 师团相策应，断敌退路，攻敌侧背"。② 但该支队在中方的优势炮火面前仍然举步维艰。5 月 2 日，该支队主力第 217 联队在瓦屋塘西 10 公里的水口一线，为第 58 师包围，"我七十四军军长及五十八师师长，亲赴前线指挥。午后得空军大量援助，反攻六七次，终将敌二一七团（联队）主力大部歼灭。计毙敌步兵千余名，马二百匹，敌伤亡达总数三分之二，敌马匹几全部被我空军炸死"。中方亦伤亡 360 余名。③ 日方资料也叙述了第 217 联队遭受攻击的情况："雾刚散美机就来袭反复进行了前所未有的猛烈扫射轰炸和汽油弹攻击，同时敌军步兵与此呼应，在迫击炮、重机枪的集中炮火攻击下，向山顶冲来，几次进行了拉锯式的白刃战，如第 9 中队，

---

① 《何应钦致蒋介石密电》（1945 年 4 月 28 日），见中国第二历史档案馆编：《抗日战争正面战场》（下），第 1365 页。

② 日本防卫厅战史室编纂：《日本军国主义侵华资料长编——（大本营陆军部）摘译》（下），第 580 页。

③ 《何应钦致蒋介石密电》（1945 年 5 月 3 日），见中国第二历史档案馆编：《抗日战争正面战场》（下），第 1368 页。

80 名官兵减少到 10 余名，午后山顶阵地终于落到敌人手中。"他们惊叹："今天作战之敌和过去的第 58 师不同，半美式化装备，斗志旺盛。"①

在右路发起进攻的是重广三马大佐率领的第 47 师团步兵第 131 联队（又称重广支队）。4 月 16 日起，该支队一面对新化方向的中国军队实施警戒，一面沿小塘至木龙的道路扑向洋溪。21 日起，日军与凭险抵抗的第 73 军交火。在守军优势的轻重机枪火力和迫击炮轰击下，重广支队日军伤亡惨重，不得不多次变更进攻目标。从徐家桥、桃林、牛塞岭、红岭、小塘到洋溪，日军突进到哪里，哪里就有中国军队的猛烈攻击。"重庆军……其迫击炮及轻重机枪，如暴风骤雨一般向我阵地倾泻而来。其弹药之充足使人吃惊。由于连续集中射击，附近高地成了火海。重庆军反复对我进行勇敢地突击，斗志坚强"。② 从 25 至 26 日，重广支队同第 73 军在潭溪东南反复争夺，中国军队"毙伤敌三百五十余，我伤亡连长周励以下官兵百廿余员"。③ 自 29 日重广支队到达洋溪西南地区后，再也无法突击前进，只得"采取确保塞边西侧高地及株木山北侧台地的防御态势"。④

中路是日军的主攻战线，投入该方面作战的为菱田元四郎第 116 师团。11 日起，第 120、第 133、第 109 联队自邵阳一带出发，兵分 3 路，准备配合关根支队的迂回，将中方第 4 方面军主力聚歼在高沙、洞口、花园、武冈西北地区。中方之第 79、第 100 两军按预定计划逐步抵抗，将日军主力诱向雪峰山区。14 日夜，该师团先头部队一个大队逼近罗洪界，"一百军抽集十五师主力及六三师一部，由都家堡向敌合力围攻，激战至申（下午 15 至 17 时），将敌全部击溃。计毙伤敌

① 日本防卫厅防卫研究所战史室著：《昭和二十（1945）年的中国派遣军》第二卷第一分册，第 53~54 页。

② 日本防卫厅防卫研究所战史室著：《昭和二十（1945）年的中国派遣军》第二卷第一分册，第 36 页。

③ 《何应钦致蒋介石密电》（1945 年 4 月 30 日），中国第二历史档案馆编：《抗日战争正面战场》（下），第 1366 页。

④ 日本防卫厅战史室编纂：《日本军国主义侵华资料长编——（大本营陆军部）摘译》（下），第 578 页。

三百余，掳重机枪三挺，轻机枪五挺，步枪六四挺"。① 16 日，该股日军"猛扑我六三师一八七团阵地，战斗至烈，巨口铺守备之一连，与三倍敌血战三日，全部殉国。马瑙坳守军连长以下官兵，亦于铣（16 日）酉与阵地同尽"。②。10 天以后，日军各纵队抵达洞口、江口、放洞一线山地，已远离后方，到达了雪峰山的中南部地区。中方的阻击变得更加猛烈，日军无法继续西进。21 日凌晨，第 100 军之第 51 师攻占放洞、温南里，"伤毙敌二百卅余，我伤亡连长二、排长五、士兵百余"。同日，第 109 联队在隆回司附近围攻第 19 师第 55 团阵地，陶团长率军与日军交战 4 昼夜，"毙敌中队长以下三百五十余，我亦伤亡奇重"。③ 22 日，第 100 军在攻击万家冲及附近高地时，"十九师营长刘官洲及连长刘静龄均壮烈殉国，另伤连长以下官八员，士兵二百八十余"。④ 日军陷入苦战。"第 120 联队对据守洞口既设阵地重庆军的战斗难以进展；另外从山门进入雪峰山山岳地带的中央纵队（第 133 联队）陷入险峻山地，前进极慢。4 月 29 日，第 120 联队终于攻占洞口阵地，中央纵队前卫也迫近月溪。此时，步兵第 109 联队因受到来自背后清山界方面敌军的严重威胁……准备对付四周的重庆军"。⑤ "重庆军斗志旺盛，在迫击炮集中射击的配合下反复进行反攻……美机 P－40 和 P－51 型约 20 架次连续来袭，主要扫射轰炸圭洞北侧的我方阵地及山炮观测所"；"经过连日激战，各大队均有不少将校伤亡，士兵亦相继阵亡，尤其缺乏弹药，战斗力逐渐下降。而重庆军却增强了兵力，在活跃的空军呼应下，反复而执拗地进行了反攻"。在 25

---

① 《何应钦致蒋介石密电》（1945 年 4 月 18 日），见中国第二历史档案馆编：《抗日战争正面战场》（下），第 1359 页。

② 《何应钦致蒋介石密电》（1945 年 4 月 18 日），见中国第二历史档案馆编：《抗日战争正面战场》（下），第 1359 页。

③ 《何应钦致蒋介石密电》（1945 年 4 月 18 日），见中国第二历史档案馆编：《抗日战争正面战场》（下），第 1362 页。

④ 《何应钦致蒋介石密电》（1945 年 4 月 25 日），见中国第二历史档案馆编：《抗日战争正面战场》（下），第 1364 页。

⑤ 日本防卫厅战史室编纂：《日本军国主义侵华资料长编——（大本营陆军部）摘译》（下），第 572 页。

日的战斗中，第 109 联队共计伤亡 546 人。① 第 132 联队的第 2 大队，"自山门到老隘塘战斗以来，伤亡很大，损失官兵 417 人，马 106 匹"。② 中国军队的火力已在战场上占了优势，日军自身弹药又供应不足，前进处处受阻。

至 5 月初，中国军队大致完成了将日军主力诱至新化、武冈间雪峰山山岳地区的目标，军委会和陆军总司令部便实施反包围战术。5 月 4 日，何应钦向第 4 方面军及其两翼部队下达了转入攻势的命令：（一）攻势转移之目标，为击灭进犯之敌。（二）发动攻势转移期间所需之粮弹补给，应尽速于 5 月 15 日左右，全部准备完竣。（三）新 6 军归王（耀武）司令官指挥。其新 22 师应立即向江口北推进，协同江口附近作战之部队，担任江口正面公路上之防御，掩护新 6 军、军直属部队及第 14 师向安江（今黔阳）附近集中。（四）李玉堂集团第 94 军主力，应与第 4 方面军在安江及宝庆（今邵阳）以南之部队密切协同，务于 5 月 15 日以前，击灭城步以北地区之敌，进出于武冈附近，准备协同第 4 方面军，担任安江、宝庆公路以南地区间攻击，务求敌之外围，予以包围攻击。（五）王敬久第 10 集团军应竭力拒止当面之敌，掩护我攻势部队之左翼。（六）第 4 方面军所属各部队作战之部署，由王（耀武）司令官依情况自行决定。③

在接到攻势转移的指令后，王耀武一方面命令胡琏率装备精良的第 18 军火速南下，同第 100 军一起构成对突入雪峰山之日军的包围态势。一方面又派兵切断了日军背后的惟一交通运输咽喉——湘黔公路。中美空军连日频繁出击，对敌后之城市、交通、据点、仓库、机场、部队集结地进行猛烈的轰炸袭击，日本空军丧失了制空权。5 月 6 日，第 4 方面军下达了《湘西会战之攻势转移计划要旨》，规定"于 5 月 8 日拂晓，全面转移攻势，置主决战于两翼，协力右翼友军，压迫

---

① 日本防卫厅防卫研究所战史室著：《昭和二十（1945）年的中国派遣军》第二卷第一分册，第 27 页。
② 日本防卫厅战史室编纂：《日本军国主义侵华资料长编——（大本营陆军部）摘译》（下），第 575 页。
③ 《何应钦致蒋介石密电》（1945 年 5 月 4 日），见中国第二历史档案馆编：《抗日战争正面战场》（下），第 1349 页。

敌人于雪峰山东麓，捕捉歼灭之"。其具体作战部署为：（一）第 74 军（辖第 58 师、第 193 师、暂编第 6 师）于武冈、唐家坊、瓦屋塘、金屋塘之线担任守备，并攻击当面之敌。（二）新 6 军（辖新 22 师、第 207 师、第 57 师）推进至江口附近，逐次攻击肝溪、平江、下查坪及洞口附近之敌。（三）第 100 军（辖第 19 师、第 63 师、第 51 师）迅速肃清放洞附近之敌，尔后协力新 6 军向上查坪、半江峰一带之敌攻击。（四）第 18 军（辖第 11 师、第 118 师）集结于小沙江、隆回司、黄泥井间地区，攻击当面之敌。（五）第 73 军（辖第 15 师、第 77 师、第 18 师）以主力迅速击灭洋溪之敌，以有力一部，即集结于大桥边附近，向滩头、巨口铺等处之敌攻击。① 关于此次作战的地域，何应钦特别强调，"我军此次反攻，为仅以宝庆为目标，则可吸引多数之敌集中于衡阳附近，以便利我军尔后对另一目标之作战"。②

突入雪峰山山岳地带的日军各部的处境极为艰难，特别是左右两翼的关根、重广两支队分别受阻，中路第 116 师团处于孤军深入之势。"自 5 月初以来，敌方的压力日趋紧迫，第 20 军首脑判断，我第一线兵团的兵力，分散在被隔绝的雪峰山山岳地带的各处，又没有可以及时运用的预备兵力，因此很可能被分割孤立起来。"③ 于是，第 20 军司令官坂西一良于 5 月 3 日请求第 6 方面军增援 2 至 3 个师团，"给敌以彻底打击"。但第 6 方面军察觉到中国"相当数量的大部队正陆续空运到芷江，感到今后若不慎重指导，恐将陷于危险"，他们认识到，"以现有兵力，即使只进到沅江河畔，也需要很长的时间，并付出极大牺牲"。④ 实际上，早在 4 月底，中国派遣军总部接获中国军队在芷江等地集结的兵力的情报后，就已

① 《第 4 方面军湘西会战之攻势转移计划要旨》，见中国第二历史档案馆编：《抗日战争正面战场》（下），第 1351 页。

② 《何应钦致蒋介石密电》（1945 年 5 月 7 日），见中国第二历史档案馆编：《抗日战争正面战场》（下），第 1351 页。

③ 日本防卫厅防卫研究所战史室著：《昭和二十（1945）年的中国派遣军》第二卷第一分册，第 56 页。

④ 日本防卫厅防卫研究所战史室著：《昭和二十（1945）年的中国派遣军》第二卷第一分册，第 55 ~ 56 页。

认识到第 20 军的进攻不可能到达芷江，尤其是第 1 线兵团在雪峰山区被分割围困，又无可运用的预备兵力及时救援，后果将极为严重。因此坂西一良的请求被第 6 方面军和中国派遣军接连否决。派遣军作战主任参谋宫崎认为："若采用第 20 军的意见，从敌人的战斗力量来衡量，至少需 7 个师团……但如此将迫使派遣军进行难以预料的决战，并将给对美战备及大本营全面作战指导带来莫大障碍。现在不宜采用第 20 军的意见，而应中止芷江作战。"[1] 日军第 20 军司令官被迫于 4 日下令前方部队成"整理态势"：要求第 116 师团"应适时脱离战线，向山门、洞口一带后转集结"；关根支队"要适时脱离战线，向花园市附近后转集结"。[2] 5 月 9 日，日第 6 方面军接到了中国派遣军中止芷江作战的正式命令，正式下令第 20 军"中止芷江作战及时返回原态势"。[3] 但此时，中方的优势兵力已完成了对第 116 师团等部队的包围，日军的撤退旋即变成了伤亡惨重的溃逃。

江口方面，5 月 4 日，王耀武抽调暂 6 师 2 个团、第 51 师 1 个团协力第 57 师从三面反攻。"一八九团二营少校营长夏字实，身先士卒，猛攻铁山，再四突击，冲至山岭，毙敌 133 团（联队）中队长翼山戮以次官兵二百五十余人，敌阵动摇"；5 日晚，又一股日军"七八百人，"从上查坪西南，"企图经塘湾迂回江口阵地之侧背，我天台界守军果敢迎击……至亥（21 至 23 时），计毙敌大尉以下五百余，获轻、重机枪五挺，掷弹筒三具，步枪五十二支"。武阳方面，第 74 军于 4 日向日军关根支队发动全面进攻。第 193 师攻占大王田；第 58 师猛攻龙头 5 个高地，至晚 18 时前后，"我克其三，毙伤敌三百余，我伤亡一七三团第三营营长匕纯龙一员，另官兵百廿余名，至微（5）日，58 师将龙头五高地全部占领"。洋

① 日本防卫厅防卫研究所战史室著：《昭和二十（1945）年的中国派遣军》第二卷第一分册，第 57 页。

② 日本防卫厅防卫研究所战史室著：《昭和二十（1945）年的中国派遣军》第二卷第一分册，第 57 页。

③ 日本防卫厅防卫研究所战史室著：《昭和二十（1945）年的中国派遣军》第二卷第一分册，第 58 页。

溪方面，第 73 军猛攻洋溪南侧，第 45 团于 4 日晚将洋溪、西寨、边店全克服。①

日军于 5 月 7 日夜间开始全面退却。第 116 师团第 109 联队经过连日作战，伤亡惨重。按照日军当时的标准配备：一个联队为 3800 人，下辖三个步兵大队，每个大队 1100 人。而此时杉田大队包括伤员在内的所有战斗人员仅剩 196 人，宇梶大队只剩 238 人，平原大队和第 133 联队末永大队损失较轻。② 该股日军被中国军队第 100 军的 3 个师包围攻击，乃由望乡山方向拼死突围，13 日晨进入雪峰山东麓的一条狭窄的山谷——马胫骨内。"第 109 联队的先头两个大队进入了马胫骨，其余主力进入其北侧；但后方的两个大队被望乡亭附近之敌切断进路而陷于孤立，并遭到包围攻击，陷于苦战。部队因缺乏弹药，只好进行白刃战，粮食也已吃完，只能以杂草和水充饥。"③ 14 日，该联队在回龙寺、舫水洞、青山界、枚洞附近，"遭我五一师、六三师截击、尾击、侧击、围击"。④ 中国军队利用占据的马胫骨四周制高点，"以迫击炮及机关炮集中射击，而且美机用燃烧弹布成烟幕地带"，该联队"当时处境危殆已极……5 月 14 日弹尽粮绝，四周皆敌，联队已准备'玉碎'"。⑤

第 116 师团的另外两个联队在撤退途中也遭受王耀武方面军第 100、第 74 军"于宝庆公路及其两侧各地区坚强阻击、围攻……敌一一六师（团）师团长所率一三三团（联队）、一二○团（联队）残存约二千，被我七四军所部一三师、五八师、暂六师及一八军，于竹篙塘北山门沿水东西间地区围歼，删（15）日，我

---

① 《何应钦致蒋介石密电》（1945 年 5 月 9 日），见中国第二历史档案馆编：《抗日战争正面战场》（下），第 1370～1371 页。

② 日本防卫厅防卫研究所战史室著：《昭和二十（1945）年的中国派遣军》第二卷第一分册，第 70 页。

③ 日本防卫厅防卫研究所战史室著：《昭和二十（1945）年的中国派遣军》第二卷第一分册，第 67 页。

④ 《何应钦致蒋介石密电》（1945 年 5 月 20 日），见中国第二历史档案馆编：《抗日战争正面战场》（下），第 1378 页。

⑤ 日本防卫厅防卫研究所战史室著：《昭和二十（1945）年的中国派遣军》第二卷第一分册，第 68 页。

暂六师已攻占竹篙塘、洋溪两要点，包围圈益见缩小"。① 该两联队残部经过殊死突击，才于15日冲破了山门的窄路口。次日，退路又被暂编第6师截住，第116师团只得将师团直属队编组成1个司令部大队，激战一天后，大队的各中队仅剩下突击兵20余名。一直到和尚桥一带，第116师团的溃兵才得以喘息。

重广支队自5月8日奉命从洋溪附近回撤，9日夜由第2大队夺取小坡头、大坡头台地，掩护第1大队后退。10日，中国军队第15师、第77师所部"续攻洋溪南侧敌，获轻机枪一挺、步枪卅余支，毙伤敌三百五十余"。当夜，日军第1大队脱离塞边转向石渣牌前进。11日，第73军军长韩濬"亲临最前线督战指挥，士气旺盛，激战终日，卒将红岭附近敌完全击溃，毙伤敌二百余"。② 13日，日军以第2大队掩护第1、第3大队脱离红岭向南山塞撤退，直到15日才大致脱出包围圈，重广联队长受伤。17日在日军骑兵第47联队的接应下脱离险境。③

关根支队自5日起便溃不成军："5日晨以后，各队陷入混乱状态，几乎无法统率"。特别是独立步兵第115大队几乎全军覆灭。该大队"在万福桥附近遭到敌军奇袭时即已溃乱，接着又遭到优势之敌包围攻击"。该大队于7日至9日被中国军队第74军所部"分割包围在万福桥—湾头—李溪桥—牛角岭一带。侥幸脱出者向武冈及花园市方向溃走，被包围的各队到10日已不能进行有组织的抵抗……大队长小笠原大尉虽然逃到了泡洞，最后还是战死了"。④ 第217联队主力3个大队及独立步兵第117大队于6日越过雪峰山及麻子山山岳地带，向花园市及高沙市后撤，沿路迭遭中美空军的轰炸和第58师的尾攻和逆袭。从8日至10日晨，关根支队在"渤港、翟家祖、唐家岭、武家冲一带集中火力，

---

① 《何应钦致蒋介石密电》（1945年5月20日），见中国第二历史档案馆编：《抗日战争正面战场》（下），第1378页。

② 《何应钦致蒋介石密电》（1945年5月15日），见中国第二历史档案馆编：《抗日战争正面战场》（下），第1375~1376页；日本防卫厅防卫研究所战史室著：《昭和二十（1945）年的中国派遣军》第二卷第一分册，第92页。

③ 日本防卫厅防卫研究所战史室著：《昭和二十（1945）年的中国派遣军》第二卷第一分册，第92~93页。

④ 日本防卫厅防卫研究所战史室著：《昭和二十（1945）年的中国派遣军》第二卷第一分册，第85、88页。

作困兽斗之举，企图反攻"。李玉堂集团军第 121 师官兵"咸报必死决心，往
复冲击，战斗至为激烈。灰（10 日）午，敌四八师团一一七大队几乎全部就
歼，遗尸遍野，残敌仓皇退据高沙市顽抗……此役我一二一师毙敌大尉高勇、
少尉灰井义渥以下官兵七百余名……我仅亡连、排长十一员、士兵三百余
名"。① 13 日，该支队在七里村、关家桥、风神砦一带遭到李玉堂集团军第 5、
第 44 和第 121 师的围攻："（一）我四十四师之三十二团，于文（12 日）午占
领桃花坪……（二）我第五师之许团汪加强连，于关家桥阻击炮数门、人数约
五六百之企图突围之敌……该师唐团急进增援，协同一二一师于菁竹铺对该敌
围歼中。（三）我一二一师于文卯击破高沙市设有铁丝网之敌二千余，进占高
沙，续向残敌分途追击，于元（13 日）辰在风神岩（砦）、关家桥、冷水桥、
鲤鱼渡、七里村一带，发现敌一股约三千余，我一二一师及五师尾追堵战，激
战终日，敌我伤亡均重。迄晚，敌千余向东南逃窜，我第五师与四十四师同时
派队追击中。"② 面对中国军队优势兵力的强大进攻，"关根支队的指挥系统又
一次陷入混乱。以后各大队各自为战，15～17 日间先后突破敌阵，退向桃花坪
西南地区，好不容易才摆脱了敌军的追击"。该支队在撤退途中的伤亡近 2000
人之多，至 19 日才于桃花坪南面渡过资水。③

　　第 116 师团被重兵围困时，日军第 47 师团主力和第 34 师团都奉命开来增
援，以掩护其突围，但当两支部队抵达战场时，双方的交战已近尾声。6 月初，
日军悉数撤退，湘西地区又恢复到了战前的态势。是役持续两月之久，日军迭
遭重创，伤亡达 29940 人（日方自己承认的伤亡数字为 26516 人），中方伤亡

① 《何应钦致蒋介石密电》（1945 年 5 月 19 日），见中国第二历史档案馆编：《抗日战争正面
战场》（下），第 1377～1378 页。
② 《何应钦致蒋介石密电》（1945 年 5 月 17 日），见中国第二历史档案馆编：《抗日战争正面
战场》（下），第 1376 页。
③ 日本防卫厅防卫研究所战史室著：《昭和二十（1945）年的中国派遣军》第二卷第一分册，
第 85～86 页。

亦惨重，仅第 4 方面军的统计就达 11223 人之多。[①]

湘西会战（或"湘西战役"，亦称"芷江战役"，同时又因主战场在雪峰山地区，也称为"雪峰山战役"）中，日军前后投入的兵力约为第 116、第 47、第 34 师团又 1 个半旅团，大约 9 万人。中国方面直接参战的人数达 6 个军 11 师，近 20 万人。这是中国军队装备美国军械后第一次同日军的正面大交锋。日军兵员既少，火力上亦明显处于劣势。第 20 军司令官坂西一良仅根据豫湘桂作战时国民党军队不堪一击的印象就轻率攻击，不待第 47、34 两师团主力到达战场，仅以第 116 师团和不足两个旅团的支队在近 150 公里的广阔正面发动进攻，又全然不计雪峰山区的险峻地形和后勤保障上的困难，导致了最终的惨败。中国方面不仅在地面上占尽了人力、火力和地利的优势，而且又得到了中美空军的火力支援。50 多天里，中美空军飞机平均每天出动 60 架次，非但日军飞机不敢出动，炮兵亦力图避免阵地被炸。但中国方面在如此有利的情况下最终却未能全歼来犯日军，这主要是政治上影响的结果。5 月份，欧洲的德国已告投降，太平洋上的美军则登上了冲绳岛，日军的失败已在眼前。而日本一旦投降，国共间的矛盾就显得突出。清一色美械装备的新 6 军最终没能投入战场，一方面是因为最高当局没有能够及时洞察日军的退缩战略，另一方面则明显可看出蒋介石另有考虑。导致日军突出包围圈的最直接原因，并不是日军拼死突围的结果，而是战场上最高指挥官何应钦本人的急功好胜。雪峰山区的包围圈甫已形成，何应钦就认为胜利唾手可得，发出了告捷的电报。结果前方炮火方浓，陪都重庆就已到处响起了祝捷的震天锣鼓声。国民党六届一中全会的召开日期早已确定。5 月 28 日起，蒋介石"电催何回重庆，亲自向大会报告湘西大捷经过"。战斗仍在继续，大捷自然无从谈起，于是便在"军事要配合政治"

---

① 《第 4 方面军湘西会战敌我伤亡统计表》，见中国第二历史档案馆编：《抗日战争正面战场》（下），第 1384～1386 页；日本防卫厅战史室编纂：《日本军国主义侵华资料长编——（大本营陆军部）摘译》（下），第 588 页。

的借口下将洞口公路方面的口子放开，以利日军的出逃，尽快结束战争。① 政治因素之外，美械装备也并不能使国民党军队脱胎换骨。第 18 军在战后的总结中，一口气道出了军中的 10 多种弊端，"士兵易犯军纪，影响战力"，"我每克一地，部队即行紊乱，脱离掌握；敌多趁此反扑之例甚多"，距敌甚远，士兵即开始射击，藉壮胆量；下级亦不能适应射击时机，盲目乱放，徒耗弹药，"小部队多不能独立作战。守一据点，稍受猛击，若无官长亲任指挥，即形动摇"。②

湘西会战是第二次中日战争史上日军发动的最后一次会战。是役惨败后，日军在华战略便改为全面的收缩防守。中国军队虽未全歼入侵之敌，但仍有重要意义。有了自信心的中国军队以此为契机而转入大规模的反攻。4 月 27 日，第 2 方面军张发奎所部展开攻势，1 个月后收复南宁。第 3 方面军汤恩伯所部自桂西反攻，5 月 19 日夺回河池，6 月 14 日克复宜山。29 日，又协同第 2 方面军进入柳州。7 月 28 日，重镇桂林亦告收复。日军的士气已完全丧失。

---

① 邱维达：《我对湘西"雪峰山会战"的回忆》，见《文史资料选辑》第 90 辑，第 95～96 页。

② 《陆军第 18 军湘西会战战斗详报》，国民政府军令部战史会档案，中国第二历史档案馆藏。

第 5 章
反攻缅北滇西作战

一、反攻计划的形成和战前准备

1942 年 4 月中旬，缅甸战局急转直下。史迪威预料缅甸被日军攻占在即，遂于 16 日派格鲁伯（William R. Gruber）准将赴重庆见蒋介石，面呈"以收复缅甸为目标的作战计划"。他建议在印度组建中国的两个野战军，各辖 3 个师，另建 3 个炮兵团和战车、工兵、通信兵、空降兵等部队，用 4 至 6 个月完成部队训练。作战行动分两个阶段进行：第一阶段收复缅甸，从印度发起主攻，从中国滇西发动助攻；第二阶段将日军逐出泰国和越南。史迪威同时将此计划电告美国政府，得到了积极反应。4 月 29 日，蒋介石原则上同意收复缅甸作战计划。可是，英国态度消极，它不希望过多的外国军队涌进印度和缅甸，只希望中美军队在别处打败日本，以便从日本手中轻而易举地收复缅甸。因此，英国用种种借口拒绝中国军队入驻印度受训，对收复缅甸更是多方推托。嗣经联合参谋长委员会（由美英参谋首长组成，设于华盛顿，是同盟国最高军事决策机构）美方代表的交涉和力促，英方才同意将位于印度东北部比哈尔（Bihar）邦的兰姆伽（Ramgarh）军营划归中国军队使用。

兰姆伽在加尔各答西北 200 英里处，原为意大利俘虏营。蒋介石先后将由缅甸退入印度的中国远征军新 38 师、新 22 师所部 9000 余人调往印度接受军事训练，更名为驻印军。6 月 28 日，中国远征军第一路司令长官部及新编第 38 师入营；8 月中旬，新编第 22 师入营。8 月，国民政府军事委员会下令撤销"中国远征军第一路司令长官部"，成立"中国驻印军指挥部"，任命史迪威为总指挥，罗卓英为副总指挥。

驻印军的武器装备由美军提供，统一由美军供应处向中国驻印军供给，实行补给和供应到人的追送补给体制。中国驻印军采用美军装备和新的训练方法，火力配备、通讯能力、机械性能大为增强，官兵素质、战斗技能明显提高。此外，依照《中英财政协定》，英印政府为驻印军提供了布朗式机枪和履带式小型装甲车，供应驻印军服装、膳食、医药和薪饷，提供驻印军训练场地和其他部分后勤设施，如油料、水电、运输等，英国为驻印军总共花费了 1099676 英镑。[①]

从 9 月起，中国每天向印度空运官兵 400 至 500 人。迄至 1944 年 1 月，接受训练的中国官兵共有 32293 人。1943 年春，罗卓英奉调回国，蒋介石遂将这支部队扩编成陆军新编第 1 军，下辖 3 个师。以郑洞国为军长、孙立人为副军长兼新编第 38 师师长、廖耀湘为新编第 22 师师长、胡素为新编第 30 师师长。这是一支诸兵种合成的高度机械化部队，除了 3 个步兵师和 1 个独立步兵团外，还拥有 3 个炮兵团、1 个重迫击炮团、2 个工兵团、1 个汽车辎重兵团、1 个骡马辎重团、7 个轻战车营、1 个高射机关枪营、1 个独立通信兵营、1 个特务营、1 个独立宪兵营和 1 个徒步运输团。[②]

1943 年初，德军在非洲大败，盟军突尼斯登陆在即，攻取西西里势在必行；

---

① 王正华：《抗战时期外国对华军事援助》，第 285~286 页，第 165 页。
② 何铁华、孙克刚：《印缅远征画史》，第 13~14 页，时代书局 1947 年出版；"中国驻印军指挥系统（1943.1）"，见《国民革命军发展序列》，第 554 页。

苏联在列宁格勒和斯大林格勒对德军的反攻已取得决定性胜利，第二次世界大战正处于历史的转折关头，战胜德、意法西斯已大势所趋。美英双方遂将东亚对日作战列入重要议程，而反攻缅甸则成为对日作战的主题之一。1 月 14 日至 23 日，罗斯福、丘吉尔在卡萨布兰卡举行会议，作出收复缅甸的决定，其作战计划代号为"安纳吉姆"。2 月 9 日，宋子文、何应钦、安诺德、史迪威、朔莫维尔、魏菲尔、迪尔等集会于加尔各答，商讨实施"安纳吉姆计划"之步骤：（1）驻印军经胡康河谷（Hukawny Valley）夺取孟拱（Mogaung）、密支那（MyitKyina）、八莫（Bhamo）；（2）滇西 11 个师渡怒江，分取龙陵、腾冲后攻夺腊戍、八莫、密支那，与驻印英军会师；（3）英军 3 师攻缅北，主力攻若开（Arakan），并在仰光登陆，然后会师曼德勒（Mandalay）；（4）公路油管随驻印军向前修筑；（5）组建中英联合突击兵团，用于缅北敌后作战，由英军 3 个旅、华军 6 个旅组成。该计划期望于 1944 年 1 月攻克仰光。嗣因英军第 15 军在若开遭到惨败，延宕了该计划的实施。

为落实"安纳吉姆计划"，1943 年 4 月，中国远征军司令长官部在云南楚雄成立。陈诚任司令长官，同年冬，由卫立煌继任，黄琪翔任副司令长官，萧毅肃任参谋长。远征军下辖宋希濂第 11 集团军和霍揆彰第 20 集团军，其中第 11 集团军辖王凌云第 2 军（下辖第 9、第 33、第 76 师）、黄杰第 6 军（下辖新编第 39、预备第 2 师）、钟彬第 71 军（下辖新编第 28、第 87、第 88、第 200 师）；第 20 集团军辖周福成第 53 军（下辖第 116、第 130 师）、方天第 54 军（下辖第 36、第 198 师）。此外，远征军直属部队有何绍周第 8 军（下辖荣誉第 1、第 82、第 103、第 93 师）、陈纳德任司令的美国空军第 14 航空队（下辖 2 个中型轰炸机中队、3 个战斗机中队）以及 2 个重炮团、1 个重迫击炮团、4 个辎重兵团、1 个工兵团、1 个战车防御炮营、1 个高射炮营和 2 个通信兵营。① 国民政府军事委员会驻滇训练团也于 4 月 1 日开学，教官及训练实施由美军担任，美军为此设立了昆明训练

---

① "中国远征军指挥系统（1943.1）"，见《国民革命军发展序列》，第 556 ~ 558 页。

中心。学员来自中国远征军、第 1、第 5、第 9 各集团军及昆明行营直属部队。训练方式与内容同兰姆伽训练中心完全相同。另设将校班对赴印受训的将校及军官进行赴印前的准备教育，介绍印度、缅甸和英美军概况及外交礼节。① 远征军和第 5 军于 1943 年 10 月开始接受美械装备，由于空运量有限，其装备比驻印军稍差。"中国军队经过再训练与优良装备，其实力日趋提高"，② 为夺取缅北滇西反攻作战胜利奠定了基础。

为加强实施反攻缅北滇西计划，美英首脑于 1943 年 8 月在魁北克举行会议，再次把计划列入议程进行商议。美国强调必须按"安纳吉姆计划"实施。英国为把反攻缅甸的义务推给中国，仍反对"南北水陆夹击"的两栖作战计划。经反复磋商决定，反攻日期定为 1944 年 2 月，以夺取密支那、阿恰布（Akyab）和兰里岛（Ramree Island）为目标。至于英军在缅甸南部的"两栖行动"，必须视缅甸北部的战事进展及准备程度而定。会议同时决定成立东南亚盟军统帅部，由蒙巴顿和史迪威任正副统帅。10 月 2 日，蒙巴顿、朔莫维尔经印度飞至重庆，向蒋介石面呈丘吉尔致蒋介石密函及魁北克会议决议案。19 日，蒋介石、何应钦、蒙巴顿、史迪威、朔莫维尔等人在重庆黄山的蒋介石官邸开会，作出如下决定：（1）1944 年 1 月 15 日开始进攻；（2）作战部队进攻路线按"安纳吉姆计划"所定；（3）中印空运量维持每月 1 万吨；（4）南缅作战及水陆夹击正在准备。在此会议上，对于收复缅北作战，中、美、英 3 国均态度积极。但是，英国对实施南缅水陆夹攻，仍游移不定。不久，在 1943 年 11 月 28 日至 12 月 1 日举行的德黑兰会议上，美国为使英国全力投入欧洲作战，屈从英国要求，免去了英国在南缅实施水陆夹击的任务，这样，对侵缅日军实施反攻的任务，基本都落在中国军队肩上。③ 至此，反攻缅北滇西计划，历时年余的周折，几经变更，终于形成。

---

① 王楚英：《中国远征军印缅抗战概述》，见《远征印缅抗战》，第 107～119 页，中国文史出版社 1990 年版。

② 日本防卫厅防卫研究所战史室：《缅甸作战》（上），第 167 页，中华书局 1987 年版。

③ 《远征印缅抗战》，第 114～115 页。

二、驻印军反攻胡康河谷作战

按照"安纳吉姆计划"，中国驻印军反攻缅北的攻击路线是经胡康河谷①夺取孟拱、密支那、八莫。胡康河谷是一个低洼的盆地，位于缅北新平洋、孟关间，南北长 200 公里，东西宽 20 至 70 公里，标高 7000 英尺以上，大龙河（Tarung，又称塔隆河）和大奈河（Tanai）横贯其中，此地山高林密，河流纵横，雨季泛滥成灾。又是虎烈拉（Cholera，即霍乱）与恶性疟疾的巢窟，因此有"死亡溪谷"之称。② 为了运送反攻缅北军队及运输战备物资，1942 年 12 月，美军第 45 工程团、第 83 航空营先后到达雷多（Ledo），并于 1943 年春，会同中国两个工兵团，在极端困难的条件下，开始修筑由雷多至野人山（Jungle Mountains）区的中印公路。至 9 月上旬，中印公路修到南阳河附近。此时，中国驻印军新编第 38 师、新编第 22 师已开至雷多附近。

图 5.1　在印度兰姆伽受过丛林战训练的中国驻印军开往雷多，进入缅甸北部作战

据守缅甸北部地区的日军为缅甸方面军第 15 军第 18 师团，师团长为田中新一中将。该师团于 1937 年 9 月组建，同年 11 月即在杭州湾登陆；次年登陆广东大鹏湾后攻占广州。1939 年，该师团又在广西钦州登陆，投入进攻南宁的作战。1940 年，它被调往南洋地区进行丛林作战的特别训练。1941 年 12 月 7 日夜在马

---

① 又称"虎关谷地"。
② 何铁华、孙克刚：《印缅远征画史》，第 55 页。

图 5.2 施工中的雷多公路

来半岛登陆，参与攻占马来亚与新加坡的战斗。1942 年 2 月，该师团又被调往缅甸，编入第 15 军，4 月在仰光登陆，5 月占领曼德勒。由于该师团长期在热带丛林作战，于是奉命担任缅北密支那、八莫和胡康河谷地区的防守。该师团首要任务是"对云南方面敌军的进攻，应力求将战场置于密支那东方地区歼灭敌军"，另一方面还要"对胡康谷地方面敌军的进攻，应求得将战场置于遥远的印缅国境狭隘的路口附近以急袭一举歼灭之"。也就是说，要"保卫缅北，即使在最坏的情况下，也要特别确保密支那、甘马因①一带要地"。②

　　截至 1943 年 10 月底，日军第 18 师团在缅北的驻守情况如下：（1）师团主力 5 个步兵大队（步兵第 114 联队第 1、第 2 大队，步兵第 55 联队第 1、第 2 大队，步兵第 56 联队第 1 大队）部署在密支那以东地区；杰沙和腊戍地区各部署了 1 个步兵大队；步兵第 56 联队主力（第 2、第 3 大队）在孟关、孟拱地区驻防。③ 由于接到"宁宾（Ningbyen）守备队正与强大之敌交战中"的报告，田中师团长急令长久联队长率领第 56 联队主力及山炮兵第 2 大队向胡康河谷地区的大龙河畔疾进，"同时命令工兵、辎重、卫生队、野战医院、防疫供水部的各一部随后疾

---

① 即加迈（Kamaing）。
② 日本防卫厅防卫研究所战史室：《缅甸作战》（下），第 10 ~ 11 页。
③ 日本防卫厅防卫研究所战史室：《缅甸作战》（下），第 12 页。

追。"因为当时守卫宁宾的日军只有一个中队，而守卫胡康河谷地区的日军也仅仅据守着 4 个重要据点：于邦家（Yupong Ga）、太柏家（Taihpa Ga）、孟关（Maingkwan）和瓦鲁班（Walawbun）。①

10 月 24 日，新编第 38 师第 112 团奉命分为 3 个纵队，从卡拉卡（Hkalake）、唐卡家（Tangap Ga）一带，向缅北的新平洋（Shingbwiyang）、于邦家等地反攻，预期占领大洛（Taro）至大奈河与大龙河交会点、下老家（即辛隆嘎）之线，以掩护新平洋前进飞机场和中印公路的构筑及盟军后续兵团进出野人山之掩护。②

新 38 师第 112 团第 3 营为右纵队，由卡拉卡出发，经那醒、奴陆向大洛区攻击。11 月 1 日，"该营经一昼夜之猛攻，当将拉家苏敌阵攻占，尔后即确保该地，并不时分别派少数部队四出向大洛之敌行搜索袭击，而牵制该敌使其无暇与猛缓（Maingkwan）平原方面防守之敌相呼应"。③ 自此以后，该营即始终与敌保持接触。

第 112 团团部及第 1 营为中央纵队，10 月 24 日从唐卡家进发，以唐卡沙坎、清罗沙坎直趋南下，10 月 29 日攻克新平洋，30 日攻克宁干沙坎（Ningam Sakan），继而南下向于邦家之敌攻击。

第 112 团第 2 营为左纵队，10 月 24 日由唐卡家出发，"辟道经海条由北向南，主力对下老家（Sharaw，又称沙劳）、宁边（即宁宾）之敌同时攻略，使敌各据点守军无法相救援"。10 月 31 日，第 2 营主力开始攻击下老家阵地，苦战一旬，"迄十一月十一日下午，将下老（家）敌阵完全攻略。其一部第五连于十月卅一日亦接近于邦（家），与敌发生接触。为求迅速击溃大龙河右岸之敌，于十一月一日遂饬第一营以一连固守康道（Kantau）及宁干（沙坎），一连对宁边

---

① 日本防卫厅防卫研究所战史室：《缅甸作战》（下），第 13 页。
② 《中国驻印军新 1 军新 38 师司令部虎关区作战经过概要》（1944 年 11 月 14 日），见中国第二历史档案馆编：《抗日战争正面战场》（下），第 1444 页。
③ 《中国驻印军新 1 军新 38 师司令部虎关区作战经过概要》，见中国第二历史档案馆编：《抗日战争正面战场》（下），第 1444～1445 页。

之敌攻击，余即会同第五连对于邦（家）敌核心阵地攻击"。①

自此，占据于邦家的日军被第 112 团三面包围。

但 11 月 4 日以后，日军第 18 师团立即调整部署，除留第 114 联队固守密支那外，又命令第 55 联队主力向于邦家增援，星夜乘汽车赶赴大龙河；山炮兵第 18 联队及挺进重炮兵独立第 21 大队奉调赶赴胡康河谷地区；第 18 师团司令部亦由密支那推进到来乔家（Nchaw Ga）、太柏家之间，指挥增援部队强渡大龙河，向第 112 团反扑。迄至 11 月 22 日，日军两个联队全部渡过大龙河，第 112 团所部被日军分割包围，陷入苦战。而中国军队方面却因驻印军参谋长柏德诺坚信胡康河谷只有小股日军而拒绝了孙立人率军前往增援的请求："为解救当时之危局与情况不利之变化，当向指挥部申请将本师驻唐卡家、卡拉卡之第 114 团开赴增援。然总部以补给困难为词，并云敌决无此强大兵力在虎关作战，更不信敌有炮兵支援……自此以后，于邦（家）前线之攻击战斗，遂陷于苦战。"②

"我第一营自被敌增援部队包围后，敌先后对该营施行十余次步炮联合之大反攻，结果均被击退……我第一营官兵被围不惊，且勇敢沉着，时予优势来犯之敌以重创，始终保持其阵地，屹然不动……被围后饮水断绝，官兵即砍野芭蕉、毛竹、藤葛取水度日，虽处境艰危，然官兵泰然自若，毫无畏惧。"③

第 112 团官兵遂依靠砍芭蕉和树藤取水以及美国运输机的空中补给，同日军第 55 联队激战近 50 天，日军伤亡近千人，竟然始终未能攻克由 2 个营防守的中国阵地。最终，驻印军总指挥史迪威亲自乘飞机前往胡康河谷地区侦察，在确定了第 18 师团主力已经调往该地区后，史迪威决定由孙立人率新 38 师主力实施增援。

---

① 《中国驻印军新 1 军新 38 师司令部虎关区作战经过概要》，见中国第二历史档案馆编：《抗日战争正面战场》（下），第 1445 页。

② 《中国驻印军新 1 军新 38 师司令部虎关区作战经过概要》，见中国第二历史档案馆编：《抗日战争正面战场》（下），第 1446 页。

③ 《中国驻印军新 1 军新 38 师司令部虎关区作战经过概要》，见中国第二历史档案馆编：《抗日战争正面战场》（下），第 1446 页。

从12月14日起，新编第38师第113、第114团陆续赶赴胡康河谷前线，师长孙立人、总指挥史迪威先后亲赴宁干沙坎指挥部队作战。24日晨，新38师各部向于邦日军第18师团阵地发起攻击，"先以山炮向敌阵地施行一小时之攻击……继以步兵实行果敢之冲锋"，"如此经一周连续之攻击，卒于十二月廿九日晨将于邦敌阵完全攻占"。是役击毙日军管尾队长以下军官11员，士兵173名。至此大龙河右岸地区被新38师全部占领。[①]

1944年1月初，中国驻印军新编第38师已全部抵达大龙河两岸，新编第22师第1团也到达新平洋地区，从雷多修筑的中印公路也通车至新平洋。此时，驻印军命新编第38师为左翼，分三路进攻太柏家；新编第22师第1团为右翼进攻大洛。中国军队沿大奈河南岸急进，利用森林掩蔽，开路前进，出敌不意，迂回到百贼河敌后，将敌包围，经激战，于1月25日全歼敌冈田大队700余人，大队长冈田中佐跳河自杀，敌遗尸670具，被俘20余人。中国军队旋即占领大洛。新编第38师也于2月1日占领太柏家，在此前后还占领了丹般卡（Tumbong HKa）、拉安家（La–awn Ga）等地。至此，大龙河及大奈河沿岸的敌军已被完全肃清。中国驻印军又兵锋直指孟关。

孟关是缅北军事重镇，地处胡康河谷要冲。日军第18师团集结了7个步兵大队、2个山炮兵大队、1个重炮兵大队、1个战防炮兵大队于孟关地区，并在孟关及其外围据点构筑了坚固的防御阵地，企图据险固守，作持久抵抗，阻滞驻印军的进攻。

到2月下旬，胡素率新30师从兰姆伽抵达胡康河谷地区，给驻印军增加了生力军。另一方面，按照罗斯福总统和丘吉尔首相在1943年8月魁北克会议上达成的协议，英美分别为反攻缅甸成立的特种部队也已经到位，其任务为：以小规模兵力深入丛林，进行渗透，打击敌军后方。

英国于1943年组成缅甸远征军"钦迪特"（Chindits）远程突破部队，由欧

[①] 《中国驻印军新1军新38师司令部虎关区作战经过概要》，见中国第二历史档案馆编：《抗日战争正面战场》（下），第1447页。

德·温盖特（Orde Wingate）少将担任指挥官。1943 年 2 月初，该部队 3000 余人被空投到缅北日军后方，分成若干纵队进行游击战和袭扰战，其补给和装备主要依赖盟军的空投。该次行动又称"朗克娄斯作战"（Opration Longcloth）。"钦迪特"部队深入日军后方达 750 至 1000 英里的广大区域，但行动对于前方日军的牵制成效不大，遂于 4 月底将主力渡过钦敦江（Chindwin River）。此次行动"钦迪特"部队伤亡惨重：818 人战死、病死或被俘；600 人伤病治愈后无法返回部队作战。①同年 3 月初，该部队千余人在印度边境卡拉卡、唐卡家一线受到日军攻击，向后败退，新 38 师第 114 团奉命援救英军，"于三月九日即由雷多出发，深入野人山，宿露餐风，在阴雨泥泞中兼程前进，经十一日抵达卡拉卡、唐卡家之线，当向追击日军之敌猛烈反攻……英军得以安全后撤"。②

1943 年 8 月的魁北克会议上，罗斯福总统决定模仿英国"钦迪特"部队，在中缅印战区建立一支远程突破部队，该支部队的正式番号为美军第 5307 混成部队（the 5307th Composite Unit），部队代号为"加拉哈德"部队（Unit Galahad），其规模为一个团约 3000 人。部队指挥官为法兰克·麦瑞尔（Frank Merrill，亦称梅利尔或梅里尔）准将，故又称其为"麦瑞尔突击队"（Merrill's Marauders），简称"麦支队"。美国加勒比防守司令部提供了 960 名受过丛林训练的官兵；970 名经过丛林作战训练的官兵由美国本土的陆军部队中招募；还有 674 名是有丰富丛林作战经验的退伍老兵，他们在南太平洋瓜达尔卡纳尔岛和所罗门群岛诸战役同日军交过手。"麦瑞尔突击队"在新喀里多尼亚（New Caledonia）的努美阿（Noumea）集结时，西南太平洋战区盟军司令麦克阿瑟又将 274 名参加过新几内亚和布干维尔岛（Bougainville）战役的老兵直接分配到了麦支队。③

① Chindits：Special Force Burma 1942 - 44，http：//www. wolftree. freeserve. co. uk/Burma/Burma4. html

② 《中国驻印军新 1 军新 38 师司令部虎关区作战经过概要》，见中国第二历史档案馆编：《抗日战争正面战场》（下），第 1443～1444 页。

③ Merrill's Marauders，A Memorandum from the Operations Division（OPD）of the War Department dated 18 September 1943，OPD 320. 2.，United States Army Center of Military History，1990 [1945]，CMH Pub 100 - 4.

1943 年 10 月 31 日，近 2900 人的"麦瑞尔突击队"抵达印度孟买接受训练，期间补充了陆军航空兵和陆军通信兵，同样也补充了马骡与经验丰富的赶骡人。官兵们装备有全棉军服、工作服、野地鞋、丛林皮靴、各种帆布设备、毛毯、橡胶雨披等；轻武器包括加伦德式半自动步枪、狙击步枪、卡宾枪、汤姆生式冲锋枪、气冷式勃朗宁机枪；重武器有反坦克火箭筒、M2 型 60 毫米迫击炮等。突击队有包括骡子在内的 700 匹牲畜，主要用于运载重武器、弹药、粮食等。①

尽管麦支队为团级建制，下属 3 个营，但由于缺乏重武器的支持，意味着每个营的战斗力比美国陆军一个普通营要低。因此，麦支队将不得不依靠灵活和突袭的战术来击败强大的日军。在温盖特将军的建议下，麦支队又将每个营都分解成两支可以独立作战的分队，这样该支队就有了 6 个战斗分队（代号分别是红、白、蓝、土黄、绿和橘黄），每个战斗分队有军官 16 人，士兵 456 人，由一个步枪连、一个重武器排、一个工兵排、一个侦察排和一个卫生班组成。② 1944 年 2 月 24 日，在一次对日本军队的进攻中，麦支队的 3 个营共 6 支战斗分队约计 2750 名官兵进入了缅甸，开始了向喜马拉雅山巴特开山区（Patkai）长达 1000 英里的行军，并进入日军防线背后的丛林地带，即缅甸西北与印度接界的山区。另有 247 人留在印度。其任务是潜入日军后方，切断其补给与交通线。③

2 月 28 日，中国驻印军以新编第 38 师为左路纵队、新编第 22 师为右路纵队，向缅北门户孟关攻击前进。新编第 22 师主力直趋孟关，新编第 38 师主力则在敌后翼作大规模迂回。新 38 师左翼的美军麦支队也在新编第 38 师掩护下，避实就虚，"由无敌人之空隙中绕道，逐步向瓦鲁班方向渗遣前进"，形成了对孟关的三面合围。3 月 4 日，新 38 师第 113 团"迅速渡过拉曼河，经拉树卡、散道卡、山

---

① Merrill's Marauders, A Memorandum from the Operations Division（OPD）of the War Department dated 18 September 1943, OPD 320.2., United States Army Center of Military History, 1990 [1945], CMH Pub 100 – 4.

② 日本防卫厅防卫研究所战史室：《缅甸作战》（下），第 26 ~ 27 页。

③ Merrill's Marauders, A Memorandum from the Operations Division（OPD）of the War Department dated 18 September 1943, OPD 320.2., United States Army Center of Military History, 1990 [1945], CMH Pub 100 – 4.

那卡、卫树卡"迂回到孟关敌后，切断日军退路；①新编第 22 师随即由正面向孟关之敌发起猛攻，战车第 1 营纵横扫荡，打得日军遗尸遍野。驻印军于 3 月 5 日占领孟关，毙敌共 1400 人，残敌向瓦鲁班溃逃。

攻克孟关后，驻印军立即兵分两路，追歼逃敌。新 38 师迂回部队星夜兼程急进，穿过密林，绕到瓦鲁班以南的秦诺（Chanmoi），并于 3 月 7 日占领该地，切断了敌后方交通；新 22 师和新 38 师一部从东南围攻瓦鲁班。此时，美军麦支队在迂回进攻瓦鲁班途中，遭到日军两个中队的袭击而向卫树卡后撤，途中"遗弃枪械、炮弹、无线电话机及其他装备甚多。抛盔卸甲，其状颇为狼狈"。②孙立人立即派新 38 师第 113 团经两昼夜急行军，于 3 月 6 日占领拉于卡（瓦鲁班东北两公里），击退压迫美军的日军，"加拉哈德"部队得以解围后撤。3 月 8 日，新编第 22 师特遣支队从瓦鲁班西北冲进敌第 18 师团司令部，师团长田中信一仓惶逃命，师团作战课长等被虏获，敌死伤枕藉。3 月 9 日，新编第 38 师第 113 团攻占瓦鲁班。15 日，新编第 22 师一举攻占丁高沙坎（Tingkaw Sakan）。至此，胡康河谷日军被中国驻印军全部肃清，日军残部退守杰布班山隘口。

杰布班山（Jambubum Mountain）位于胡康河谷和孟拱河谷中间，海拔 1200 米，是两河谷的分水岭，北起丁高沙坎，南至沙杜渣（Shadutzup），全长 25 公里，只有一条狭窄的隘路从深谷中穿过，深谷两旁全是崇山峻岭，高树密林，均有日军据守，确有一夫当关，万夫莫开之势。

新编第 38 师第 113 团（附山炮 1 个连）于 3 月 14 日在瓦鲁班东北集结，当日在瓢泼大雨中攀登悬崖绝壁，向南急进，经过 14 天艰苦跋涉、开路爬行，于 27 日夜抵达沙杜渣以南 32 公里的拉班（Laban），28 日清晨"突然渡过南高江，向拉班攻击，敌猝不及防，仓惶应战，拉班敌阵遂被我一举攻略，敌后方主要交

---

① 《中国驻印军新 1 军新 38 师司令部虎关区作战经过概要》，见中国第二历史档案馆编：《抗日战争正面战场》（下），第 1449 页。

② 《中国驻印军新 1 军新 38 师司令部虎关区作战经过概要》，见中国第二历史档案馆编：《抗日战争正面战场》（下），第 1449 页。

通公路乃被我切断。继而向北急进，夹击杰布班山区之敌"。① 此时，新22师主力在战车部队配合下，从正面向沙杜渣展开进攻；新38师第113团则从南向北实施夹击。驻印军遂于29日将沙杜渣攻占，在此次战斗中，"史迪威军首次使用150毫米级的加农炮，通过空中观测，发挥了威力"。② 日军"恐遭聚歼，于是抛械弃弹，向南溃败"。③

从于邦（家）争夺战、孟关与瓦鲁班大捷，再到奇袭拉班与沙杜渣，新38师与新22师初露锋芒，将日军精锐部队第18师团赶下野人山、逐出胡康河谷，突破日军固守的杰布班山天险，把战线推进至孟拱河谷。此役"历时五阅月，向南进展二百余英里，占领面积二千五百平方英里。击败敌十八师团（55）、（56）两联队及其师团直属团队，毙命已查知者有（55）联队藤井小五郎大佐以下官兵三千二百员名"。④

1944年3月，"钦迪特"部队规模扩大到4个挺进旅约20000余人，由英军和英联邦士兵组成。3月5日前后，温盖特的"钦迪特"空挺兵团"在（第15）军的主力后方大举降落。因此在密支那沿线的莫罕、莫宁附近展开了激战，政使日军对第18师团的补给不但完全被切断，而且伤病员的后送以及人员的补充也都陷入极端困难之中"。⑤

3月23日，在日军第18师团"后方约20公里英开塘（Inkanghtawng）附近，出现美军部队（加拉哈德第2营），切断大道。师团当时没有迎战该敌的兵力，只好将预备的工兵中队，大队炮小队以及师团司令部的官兵和其他人员，集结起来（约两个中队），加上一个野炮中队，由师团高级副官森田利八中佐指挥，攻

---

① 《中国驻印军新1军新38师司令部虎关区作战经过概要》，见中国第二历史档案馆编：《抗日战争正面战场》（下），第1450页。
② 日本防卫厅防卫研究所战史室：《缅甸作战》（下），第30页。
③ 《中国驻印军新1军新38师司令部虎关区作战经过概要》，见中国第二历史档案馆编：《抗日战争正面战场》（下），第1450页。
④ 《中国驻印军新1军新38师司令部虎关区作战经过概要》，见中国第二历史档案馆编：《抗日战争正面战场》（下），第1451页。
⑤ 日本防卫厅防卫研究所战史室：《缅甸作战》（下），第30页。

击该敌。经激战勉强将敌击退"。①

三、中英美联军孟拱河谷与密支那作战

孟拱河谷地形狭长，被南高江劈成东西两半，南北长约 110 公里，东西宽度约 10 公里，河谷两边俱是悬崖峭壁，夏秋两季山洪暴发，平地尽为泽国，易守难攻。孟拱河谷东岸是重岩叠嶂、峭壁千尺的库芒山（Kumonbum Mountain），日军第 18 师团利用山势的起伏，构筑起星罗棋布的据点和工事。尽管前期历经中国驻印军的沉重打击，兵员奇缺，但由于得到第 2、第 53、第 56 师团两千多兵员的补充，加之炮兵 1 个联队、坦克 1 大队的增援，实力大为增强。此外，第 18 师团还有 2000 余名身体康复的伤病员也到达孟拱河谷地区投入备战。② 第 18 师团长以所部万余人沿河谷在丁克林（Tingring）、马拉关（Malakawng）、瓦拉（Wala）、大龙阳（Tarongyang）、蛮宾（Manpin，又叫芒平）、瓦兰（Warong）、加迈（又译作卡盟或甘马因）、孟拱一线作梯次配置，逐次抵抗，以待雨季来临。中国驻印军决计在雨季来临之前迅速歼灭当面之敌。

新 22、新 38 师于 4 月初向南进军，经 15 天激战，占领瓦拉渣迄丁克林之线。4 月 20 至 24 日，新 38 师第 112 团以"神速、秘密之"迂回渗透战术，"出敌不意，突然攻占瓦兰西侧地区以至芒平之线"，占领东瓦拉、拉吉等地，又绕道奇袭芒平，"完全截断卡盟至瓦兰及的克老缅间敌之主要交通线……使师正面及卡盟地区之敌感受奇重威胁"，于是，日军派遣第 56 师团第 146 联队 2 个大队支援第 18 师团一部，对芒平及瓦兰西侧中国军队实施反攻。③ 5 月 3 日，美军 36 架飞机配合作战，新编第 22 师由战车掩护向敌包围攻击，4 日，攻占英开塘。

日军分别退至马拉关以北和瓦拉等地据点。新 22 师于 5 月 5 日至 30 日，与日军第 56 联队激战 26 天，才进至马拉关地区；新编第 38 师各团围攻瓦拉、瓦兰

---

① 日本防卫厅防卫研究所战史室：《缅甸作战》（下），第 30 页。
② 日本防卫厅防卫研究所战史室：《缅甸作战》（下），第 31 页。
③ 《中国驻印军新 1 军新 38 师司令部全部卡盟区作战经过概要》（1945 年 1 月 15 日），见中国第二历史档案馆编：《抗日战争正面战场》（下），第 1452～1453 页。

之线，苦战半月，陆续攻占大龙阳、沙劳、瓦兰等要地。由于 5 月下旬的缅甸已经快到雨季，中日两军在马拉关一线陷于苦战。

5 月 20 日，孙立人从缴获日军信件中得知日军后方兵力空虚，当即命令第 112 团主力两个营"由敌配备之间隙，锥形突进，秘密迂回南下，偷渡南高江，① 切断卡盟（加迈）以南敌之主交通线，然后北上进击卡盟"。② 第 112 团"以果敢秘密之行动，攀高山，涉深溪，冒淫雨，日夜开路挺进，于五月廿六日十三时，在卡盟以南约四英里之地区，全部游泳渡过狂涛汹涌之南高江。廿七日该团以神速之行动，一举突占色当（Seton），并迅速沿公路向南北方席卷，将卡盟区敌军用物资总囤积地区一举占领，并截断卡盟区敌唯一主要之交通线——卡盟至孟拱公路……卡盟及其以北地区之敌，不仅陷于弹尽粮绝，且后方之通信连络、运输、指挥等机构，皆被我摧毁击灭，敌十八师团遂整个陷于纷乱、崩溃状态。"③ 西通（Seton，即色当）为孟拱河谷日军粮弹屯集处，原有守军 1500 余人。由于远处后方，疏于戒备，"一日之间，被我截路军击毙九百余人，夺获十五公分重炮四门，满载械弹的大卡车七十五辆，骡马五百余匹，粮弹库房十五座，汽车修理厂一处"。④ 西通失守后，马拉关、加迈（卡盟）一线日军的补给中断，5 月 28 日，日军急派刚刚抵达孟拱河谷的援军第 2 师团第 4 联队全部和第 53 师团第 128、第 151 联队各一部，约计 2 个联队兵力（7000 余人）驰援西通和加迈，该股日军配备着重炮 4 门、野炮 12 门、速射炮 10 余门和战车 10 余辆，向第 112 团南北两端阵地猛烈反扑。第 112 团官兵沉着应战，击退日军无数次进攻。经过 21 天的剧烈战斗，迄至 6 月 16 日，第 112 团官兵以伤亡连长周有良以下官兵 300 余人的代价，歼灭日军大队长增永少佐以下官兵 1730 余人。⑤

---

① 孟拱河上游称南高江。

② 《中国驻印军新 1 军新 38 师司令部卡盟区作战经过概要》（1945 年 1 月 15 日），见中国第二历史档案馆编：《抗日战争正面战场》（下），第 1456～1457 页。

③ 《中国驻印军新 1 军新 38 师司令部卡盟区作战经过概要》（1945 年 1 月 15 日），见中国第二历史档案馆编：《抗日战争正面战场》（下），第 1457～1458 页。

④ 何铁华、孙克刚：《印缅远征画史》，第 74 页。

⑤ 《中国驻印军新 1 军新 38 师司令部卡盟区作战经过概要》（1945 年 1 月 15 日），见中国第二历史档案馆编：《抗日战争正面战场》（下），第 1459 页。

6月4日至9日，新编第22师歼灭第18师团大部主力，前锋逼进加迈。与此同时，新38师第113团于6月9日攻克加迈对岸的支遵（Zigyun）。新编第22、第38师的两翼协同猛攻加迈（卡盟）。6月16日上午，新38师第113团第3营官兵依靠橡皮舟和烟幕弹，由支遵渡过南高江，并一举攻占加迈东南侧的637高地，"瞰制卡盟"，日军遂放弃加迈，向西南溃败。

在新22师、新38师第113团围攻加迈之时，新38师第114团则于5月28日从蛮宾（芒平）进入原始森林，不分昼夜地向南急行军，一路"超越四千尺以上高山，穿过万丈深坑之谷底，从杳无人烟、兽迹之原始丛林中，经悬崖绝壁，披荆斩棘而出"，[①] 于6月1日出敌不意地攻占了加迈和支遵以东10公里要地拉芒卡道（Lamongahtawng），断敌退路。随后一路向南，先后攻占丹邦家（Tumbongn-ka）、大高、卡当等地，15日将密支那与孟拱之间的交通要道巴稜杜（Parentu）占领。此地距离孟拱只有4英里。

其时在孟拱城东南2英里处有一支英印军部队，即伦泰恩兵团[②]第77旅，这是一支空降部队，之前在孟拱、卡萨之间的铁路沿线降落。该军由于孤军作战，一直受到优势日军的包围攻击，伤亡重大，士气沮丧。"该师当派少校参谋TY-ACKE，于十七日到达本师，请求支援，否则仅能支持廿四小时后即向东南山地后撤"。孙立人师长乃速令第114团"星夜向孟拱东北地区秘密开路，强渡南高江，支援英军，并攻击孟拱"。[③] 该团乘夜色冒雨挺进，于6月18日晨冒万险强渡水涨流急、浪势汹涌的南高江后，即以一部援救英军。主力于20日晨向建支（Kyaingyi）、汤包（Taungbaw）、来生（Loisun）、来鲁（Loilaw）等孟拱南部外围

① 《中国驻印军新1军新38师司令部卡盟区作战经过概要》（1945年1月15日），见中国第二历史档案馆编：《抗日战争正面战场》（下），第1459页。

② 即英军"钦迪特"部队。其指挥官温盖特少将于1944年3月24日因飞机坠毁而牺牲，由第111旅旅长伦泰恩接任。此时的"钦迪特"部队下辖三个挺进旅（第14、第77、第111旅）和一个据点防卫旅（西非第3旅），约20000余人。见日本防卫厅防卫研究所战史室：《缅甸作战》（下），第40页。

③ 《中国驻印军新1军新38师司令部卡盟区作战经过概要》（1945年1月15日），见中国第二历史档案馆编：《抗日战争正面战场》（下），第1463页。

据点实施攻击。经两昼夜激战，该团攻占了以上诸据点，切断了孟拱之敌的交通线。孟拱城内的日军已成瓮中之鳖。

另一方面，第 114 团第 1 营派一个排接替了英军第 77 旅第 1 营的战斗任务。当时"英方官兵不胜骇异，恐为兵力太小，似有轻敌之意"，不料"该排接防后，顺利攻击前进，且获极大战果"，英军官兵"始相信我官兵之战斗力坚强、战斗方法优越及战斗技术精良"。[①]

得知孟拱被围后，原由孟拱驰援密支那的日军 1 个大队及炮兵部队近千人又从南堤（Namti）杀回，企图与城内日军对第 114 团实施夹击。该股日军于 6 月 21 日晚被中国驻印军一个排所阻击。6 月 23 日，第 114 团第 1 营向孟拱城内发起进攻，"敌凭强厚之障碍物，拼死抵抗。我官兵奋勇冲杀，经肉搏四小时之久，将城区一半及车站全部占领。敌倾力反扑，企图夺回其阵地……经两日激烈之巷战，遂将残敌完全肃清"。[②]

6 月 25 日，缅北重镇孟拱被中国军队全部攻占。残敌向密支那溃退。

此次孟拱河谷战役，中国驻印军以新 1 军 2 个师为主体，在英美远程突破部队的配合下，采取攻击敌之后背的大迂回战术，经过两个月苦战，先后攻克马拉关、瓦拉、瓦兰、蛮宾、加迈、西通、孟拱等战略要地，取得了战略上的主动。是役总计击毙日军 9150 人，缴获坦克车 5 辆，重炮 15 门、野炮 6 门、山炮 5 门、战防炮 7 门、平射炮 7 门、榴弹炮 7 门、轻重迫击炮 16 门、高射机枪 3 挺，载重汽车 214 辆，轻重机枪、步枪和掷弹筒 2300 余支。而中国军队只有 678 名官兵阵亡，1510 人受伤。[③]

经过 8 个月的激战，日军第 18 师团"战力已消耗殆尽"，尤其是在加迈附近

---

① 《中国驻印军新 1 军新 38 师司令部卡盟区作战经过概要》（1945 年 1 月 15 日），见中国第二历史档案馆编：《抗日战争正面战场》（下），第 1464 页。
② 《中国驻印军新 1 军新 38 师司令部卡盟区作战经过概要》（1945 年 1 月 15 日），见中国第二历史档案馆编：《抗日战争正面战场》（下），第 1464 ~ 1465 页。
③ 《中国驻印军新 1 军新 38 师司令部卡盟区作战经过概要》（1945 年 1 月 15 日），见中国第二历史档案馆编：《抗日战争正面战场》（下），第 1462 ~ 1466 页。

的诸战斗中，"师团命脉也即将溃灭"，由于受到北面新 1 军和南面"温盖特"空挺兵团的夹击，第 18 师团"完全被包围在甘马因（加迈）、孟拱地区"。日本方面的资料显示，长时间的连续作战和撤退，加上后勤补给线不断被盟军切断，日军官兵"已极度疲劳。上衣破烂，衬衣撕碎，露出脊背；裤子已不成形，大腿、膝盖露在外边。拖着透底的皮鞋的步兵，满脚上长着一层'丛林疮'"。在部队战斗人员配备方面，"第一线中队的官兵，包括中队长在内，一般不足 30 人，甚至只有军曹以下十数人者。即使这些人，几乎也都是半病员状态，可以说全部患有疟疾和脚气病"。例如，"前进到东邦卡附近的第 1 大队，约 450 人中，损失近 400 人，几乎全军覆没；在孟拱附近的联队主力，约 1400 人中，损失约 500 人。"①

密支那位于缅甸东北部，同中国滇西重镇腾冲只有一山之隔。密支那是缅北行政中心，为缅北铁路的终点。沿此铁道线南下，可直达孟拱、曼德勒、仰光等要地。这里的公路四通八达：北通孙布拉蚌（Sum‑prabom）；南可直抵八莫和腊戍，连接滇缅公路而入中国云南；西至孟拱、加迈可抵达胡康谷地，而与中印公路衔接。日军还在密支那西面和北面修建了两个飞机场，可运送军队和物资。此外，恩梅开江和迈立开江在此合流，形成伊洛瓦底江航道，可乘船抵达杰沙、曼德勒等缅甸中部重镇，直抵南部沿海地区。因此，密支那是缅北水、陆、空交通枢纽，战略地位十分重要。早日攻克该城，可以加快打通中印公路的进程，大大改善中印空运航空线和空运能力，恢复国际交通线，使外援物资源源不断地运到国内。

密支那四周崇山环绕，其西北就是海拔 2000 米的库芒山脉，该山将密支那地区与孟拱河谷断开，形成最大的天然屏障。"山中无道可寻，即有亦属羊肠小径，草莽丛生，步履维艰，实为防御之有利地形，亦为进入缅甸必争之军略要点"。尤其是日军于 1942 年侵占缅北以后，"严密防御设施，岁月经营，迄今已二载有余，工事之坚，不言而喻"。②

---

① 日本防卫厅防卫研究所战史室：《缅甸作战》（下），第 38～39 页。
② 《中国驻印军奇袭密支那作战经过》（1944 年 7 月 16 日），见中国第二历史档案馆编：《抗日战争正面战场》（下），第 1467 页。

密支那守备部队为日军第 18 师团第 114 联队，指挥官为联队长丸山房安大佐。最初的兵力仅有联队本部以及 2 个步兵中队、1 个炮兵中队（炮 5 门）、1 个步兵小队、一个机关枪小队和 1 个通讯中队。5 月中旬，一直在密支那铁路沿线同英军"钦迪特"部队作战的第 3 大队（大队长中西德太郎少佐）奉命调回密支那参与城防。此外，该联队的第 2 大队主力驻扎于密支那以北 70 公里的瓦扎。①

早在 4 月下旬，即新 1 军同日军对峙于马拉关、蛮宾之线时，驻印军指挥部就作出了突袭密支那的决策。当时，经过整训的新 30 师蓄势待发，而从国内空运到缅北的第 14 师（师长龙天武）、第 50 师（师长潘裕昆），使得驻印军实力大增。与此同时，经过东南亚盟军总司令蒙巴顿同意，英印军第 14 集团军司令斯利姆中将（William Joseph Slim）决定将"钦迪特"空挺兵团划归驻印军指挥，这样的话，驻印军总兵力已达新 1 军 5 个师、英印军 4 个旅和美军 1 个团。

4 月 21 日，史迪威命令麦瑞尔准将在孟关东南约 50 公里的太克里（Taikri）组编了一支中美混合突击支队，下辖 3 个支队：第 1 支队由美军"加拉哈德"部队（第 5307 混成团）第 3 营和驻印军新 30 师第 88 团组成，支队长为金尼逊（Kinnison，亦称肯利生或基尼逊）上校，又称 K 部队；第 2 支队由"加拉哈德"部队第 1 营、驻印军第 50 师第 150 团、骡马辎重团第 3 连和新 22 师山炮兵第 3 连组成，支队长为韩特（Charles N. Hunter，亦称亨特）上校，又称 H 部队；第 3 支队由"加拉哈德"部队第 2 营和英军克钦侦察队组成，支队长为麦吉（George A. McGee，亦称马基）上校，又称 M 部队。突击支队的总人数为 6000 人，其中驻印军 4000 人、美军麦支队 1400 人②、英军克钦侦察队（Kachin scouts）600 人。③该突击支队的任务是翻越库芒山，直插密支那，占领机场和城市。

中美联军 K 部队和 H 部队于 4 月 29 日分别从太克里出发。"其时，马拉高（马拉关）未下，卡盟、孟拱犹在敌手，孤军挺进，从悬坡峻岭、古木蔽日之库

---

① 日本防卫厅防卫研究所战史室：《缅甸作战》（下），第 51～52 页。
② 经过 2 个月的作战，"麦瑞尔突击队"伤亡严重，已由原先的 2997 人减员到 1400 人。
③ C. Peter Chen, Battle of Myitkyina, 10 Mar 1944 - 3 Aug 1944. The World War II Database is founded and managed by C. Peter Chen of Lava Development, LLC.

芒山区，辟路深入百余里之地后，此种冒险行动，不唯敌意料所不及，以为世人料想不到"。① 依靠克钦族向导的指引，中美联军官兵们在茂密的原始热带森林中披荆斩棘、餐风宿露，在几乎无路的山间小径里艰难跋涉。在翻越海拔 2 000 米的库芒山脉时，"20 匹驮马由窄滑的泥道坠落谷底摔死……"除了经受着蚊虫、蚂蟥的叮咬和痢疾、疟疾等热带病的折磨外，还数度与日军交火。5 月 5 日，K 部队在雷班（Ritbang）同日军接触，经过 4 天激战，于 9 日占领了雷班。当 K 部队行进到丁克路高（Tingkrukawng）时，又受到日军第 114 联队第 2 大队的阻击；而 H、M 两支部队则在雷班西南的阿兰会合，合力击退了此地日军的进攻，继续南进。② 半个月后，在经历了长达 100 公里的急行军后，H 部队于 5 月 15 日抵达密支那城西两里的西飞机场附近，而日军毫无察觉。韩特上校立即命令美军第 1 营控制巴马地渡口，切断了密支那通往孟拱的公路。同时，支队无线电台立即向史迪威将军发出"草莓圣代冰淇淋"（strawberry sundae）的代码，这一暗语表明：中美联军现在可以对密支那城发动突袭。③ 5 月 16 日，美国空军的战斗机和轰炸机联合机群全面出动，对密支那进行了一天的密集轰炸。

5 月 17 日上午 10 时，K 部队开始进攻密支那西机场，首先冲入机场的为第 50 师第 150 团，日军机场守备队随即向密支那火车站退却。10 时 50 分，西机场被 K 部队完全占领。第 150 团立即对机场及其周围要点进行确实控制，并清理了日军在飞行跑道上设置的汽油桶、牛车、木材等障碍物。④ 韩特随即电告史迪威，机场已可起降飞机。当日"13 时许，大批运输机拖曳着滑翔机出现在西方天际，以纵列队形逐渐接近机场上空，滑翔机随即脱离运输机依次着陆。而且入夜后仍

① 《中国驻印军奇袭密支那作战经过》（1944 年 7 月 16 日），见中国第二历史档案馆编：《抗日战争正面战场》（下），第 1467 页。
② "史迪威将军中国日记"，见日本防卫厅防卫研究所战史室：《缅甸作战》（下），第 48 ~ 49 页。
③ C. Peter Chen, Battle of Myitkyina, 10 Mar 1944 – 3 Aug 1944. The World War II Database is founded and managed by C. Peter Chen of Lava Development, LLC.
④ 日本防卫厅防卫研究所战史室：《缅甸作战》（下），第 53 页。

然利用照明继续着陆"。① 当日空运到的驻印军有：新 30 师第 89 团、第 14 团以及炮兵、工兵各部队。以后陆续运达密支那西机场的部队还有第 14 师第 42 团、新 22 师山炮兵一部。②

18 日，史迪威抵达密支那机场。麦瑞尔准将信誓旦旦地向其表示，联军只需几天，就可拿下密支那。因为麦瑞尔确信防守密支那的日军"仅有步兵 300 名、联队炮 1 门、速射炮 2 门"。③ 由于得到错误情报，麦瑞尔产生轻敌思想，在第 150 团占领西机场后，即命令该团的两个营向密支那市区挺进。"这是因为据当时情报考虑，密支那市区的日军守备兵力只不过 300 名，仅以先头兵力足可占领"。然而部队又把方向搞错，"前进到市区北侧的锡达普尔，遭到日军急射。部队顿时大乱，开始自相射击，损失惨重，败退下来"。④

19 日，第 150 团的 3 个营再次对密支那发动攻击，该团一度占领火车站，但在日军的反击下，仍以惨败告终。失败原因，除了轻敌外，部队经过在缅北丛林中的长途跋涉而精疲力竭，没有得到及时休整和补充；更大的原因在于中美混合突击支队没有炮兵，缺乏攻城的重武器。

密支那遭受中美联军的突袭，让日军高层颇感震惊。第 33 军司令官本多政材中将急令调派第 56 师团第 148 联队第 1 大队和该师团第 56 步兵团团长水上源藏少将率领所部第 113 联队 1 个大队分别从孟拱和八莫增援密支那。截至 6 月初，增援密支那的日军已到达两个步兵大队、1 个步兵小队 2000 余人，附加山炮 4 门、野炮 2 门。水上源藏立即接任了密支那守备队长职务。由于得到增援，密支

---

① 日本防卫厅防卫研究所战史室：《缅甸作战》（下），第 53 页。

② 《中国驻印军奇袭密支那作战经过》（1944 年 7 月 16 日），见中国第二历史档案馆编：《抗日战争正面战场》（下），第 1467 页。

③ C. Peter Chen, Battle of Myitkyina, 10 Mar 1944 – 3 Aug 1944. The World War II Database is founded and managed by C. Peter Chen of Lava Development, LLC；日本防卫厅防卫研究所战史室：《缅甸作战》（下），第 55 页。

④ C. Peter Chen, Battle of Myitkyina, 10 Mar 1944 – 3 Aug 1944. The World War II Database is founded and managed by C. Peter Chen of Lava Development, LLC；日本防卫厅防卫研究所战史室：《缅甸作战》（下），第 53 页。

那守军已达到 4600 人，且装备精良。① 日军在密支那城四周强化工事，分成四个防御阵地，纵深配备，相互配合。

而中美联军方面的力量也不断得到加强。20 日，麦瑞尔准将因心脏病发作而被送回后方治疗，麦吉奉命接任。截至 23 日，到达密支那的中美联军共有美军第 5307 团，新 30 师第 88、第 89 团，第 50 师第 150 团，第 14 师第 42 团，还有新 22 师 1 个山炮连（75 毫米山炮 4 门）、1 个重迫击炮连（105 毫米迫击炮 8 门）。然而，从 20 至 23 日，中美联军的数次攻势都已惨重的损失而告终，麦吉将进攻不利的责任推给第 150 团长黄春城。

5 月 23 日，史迪威带领新 1 军军长郑洞国、新 30 师师长胡素、第 50 师师长潘裕昆、驻印军参谋长柏德诺（Hayden Boatner）准将等飞抵密支那。史迪威首先调整中美联军的指挥系统：柏德诺代表史迪威在密支那设立中国驻印军战斗指挥所，执行指挥；麦吉担任密支那各部队的战地指挥官；韩特担任第 5307 团指挥官；在密支那的中国驻印军则分别由新 30 师师长胡素和第 50 师师长潘裕昆指挥。原中美混合突击支队的临时编组予以撤销。

从 5 月 23 日到 7 月上旬，密支那战斗拉锯般地进行，但中美联军的几次进攻均遭败绩。"美中军虽然在陆续增加，攻击力亦日趋加强，但作为其基干部队的加拉哈德部队已疲惫不堪，战斗力明显下降……美中军既无强大炮兵支援，又无坦克配合，发动强攻的意念已气馁"。为了减少美机轰炸造成的伤亡，日军发动了坑道作战。由于日军第 18 师团官兵"多为北九州的矿工出身，对构筑坑道式地下工事甚为得心应手"，他们在地下十余米建成两处战斗指挥所，能承受美军飞机的狂轰滥炸；他们在第一线阵地也构筑了许多单人掩体（散兵壕），上面可以盖上马口铁板，以防被中美联军火焰喷射器的攻击；他们在各个地区储存了大量弹药和粮食。而中美联军后勤补给出现了大问题："当时所带的口粮，到 5 月

---

① Merrill's Marauders：February to May，1944m Diane Publishing（1990），ISBN 0 – 7881 – 3275 – X，9780788132759，pp. 109 – 110；United States Army Center of Military History，Merrill's Marauders February – May 1944，Third Mission：Myitkyina（1990）http：//www. history. army. mil/books/wwii/marauders/ marauders – third. html；日本防卫厅防卫研究所战史室：《缅甸作战》（下），第 61～62 页。

20日仅够三天用的，75毫米炮的弹药总数约350发，臼炮弹已所剩无几……到5月底，军需官手中的美军口粮已告罄，同时配给中国士兵和难民的大米、谷物，已有40%受潮霉烂。"① 更重要的问题在于，中国高级将领一直向柏德诺建议不要急于发起进攻，而应该先切断密支那日军与孟拱、八莫的交通，而柏德诺置若罔闻，结果中西、水渊两个大队和水上支队得以从孟拱、八莫等地抵达密支那。

史迪威遂于6月26日将柏德诺撤职，以韦瑟尔（Theodore F. Weasels，又叫魏赛尔）准将前往密支那担任最高指挥官。但此后密支那攻坚战的实际指挥官为郑洞国将军。他多次亲临前线，观察、分析日军守备部队的防守特点，当他发现日军是在依托坑道与工事进行作战时，立即针锋相对，提出了"掘壕推进，分割包围，逐个歼灭"的作战方针。同时要求各部队注意步、炮、空之间的协同。

6月25日，新38师攻占孟拱时消灭了从卡萨前往密支那增援的日军第56师团第148联队主力和独立炮兵第53联队一部。7月11日，新38师第113团从孟拱直捣密支那，并同新30师会合。7月12日，美国空军第119航空队的39架B-29轰炸机向密支那城内日军阵地投下了754吨炸弹。② 7月25日，新30师第90团也空运到密支那。这样的话，参加进攻密支那的驻印军部队有第50师2个团（第149、第150团）、新30师3个团（第88、第89、第90团）和第14师第42团。

在第50、第14师方面：7月11日，第150团1个营由森林地带攻入市街南端；第42团2个连"亦相机进入村落地带作战"。至29日，各部队"均以坑道攻击方式，每日前进一、二百码不等"。27日，第50师第149团由莫港调密支那参战。同日，"因闻敌二千人由八莫向密市参战"，故派第42团2个营强渡伊洛瓦底江，切断密支那至八莫公路的交通。27日，第150团1个营已进占街市第4条马路。在新30师方面：第88、第89团的4个连于7月25日前进至公路与铁道交叉点。27日进入村落战斗。"因敌凭村屋构筑强固工事，每一房一屋均有敌三四人防守，而我各部队之攻击要领甚差，以致前进受阻，伤亡颇大"。于是，第90

---

① 日本防卫厅防卫研究所战史室：《缅甸作战》（下），第62页。
② 日本防卫厅防卫研究所战史室：《缅甸作战》（下），第69页。

团又派出 1 个营继续攻击前进。①

7 月 30 日开始，各路部队联合围攻密支那城。第 50 师占领了第 7 条马路，新 30 师则占领日军营房西端及新街市一部。8 月 1 日晚，第 150 团攻占了第 9 条马路。同时，第 42 团渡江部队亦在宛貌同日军进行巷战。同日晚，第 50 师师长潘裕昆"因感敌凭强固工事顽抗，长此攻坚，收效甚少，牺牲甚大，乃决定组织敢死队，作果敢之攻略"。8 月 2 日，第 50 师敢死队百余人"携带轻便武器及通讯器材，当晚分组潜入敌后方，将敌通讯设施完全切断，继即猛烈攻击敌指挥所"。至 8 月 3 日上午，第 50 师第 150 团第 1 营及敢死队"已将街市全部占领，敌除少数渡江外，余均就歼"。同日，胡素指挥新 30 师所部奋勇攻击，"至午后三时，亦将敌人欲作最后死守据点之营房全部占领"。而在密支那城北实施进攻的美军加拉哈德部队两个营也于 8 月 3 日占领了西大坡（Sitapu），同新 30 师、第 50 师部队取得了联络。②

在 7 月中旬中美联军发动对密支那的全面攻势后，第 33 军司令官本多政材命令水上源藏"死守密支那"。然而，此时密支那守备队只剩下 1500 人。第 114 联队长丸山房安主张残余部队渡过伊洛瓦底江东岸，据守马扬高地。实际上，残余日军早在 8 月 1 日夜间就开始渡往伊洛瓦底江东岸，向八莫撤退。最终逃出密支那的日军约有 800 余人。丸山大佐逃脱，水上源藏自杀身亡。在密支那战役中，中美联军共击毙日军 790 人、击伤 1180 人、俘虏 187 人。③

中美联军的伤亡数字为：中国军队官兵伤亡 4344 人，其中战死 972 人、伤 3184 人、病员 188 人；美军官兵伤亡 2207 人，其中战死 272 人、伤 955 人、病员 980 人。④

---

① 《攻克密支那街市战斗经过》（1944 年 8 月 21 日），见中国第二历史档案馆编：《抗日战争正面战场》（下），第 1468 ~ 1469 页。

② 《攻克密支那街市战斗经过》（1944 年 8 月 21 日），见中国第二历史档案馆编：《抗日战争正面战场》（下），第 1469 页。

③ C. Peter Chen, Battle of Myitkyina, 10 Mar 1944 – 3 Aug 1944. The World War II Database is founded and managed by C. Peter Chen of Lava Development, LLC.

④ C. Peter Chen, Battle of Myitkyina, 10 Mar 1944 – 3 Aug 1944. The World War II Database is founded and managed by C. Peter Chen of Lava Development, LLC.

中国驻印军收复胡康河谷、孟拱河谷和密支那具有重要的战略意义。随着中国驻印军战线的向南推进，飞往中国的运输机可以避开风险极高的喜马拉雅山地区，而选择滇缅之间相对宽阔、低平、安全的航线。特别是密支那机场的开通，使得驼峰空运量迅速增长，由1944年5月的13686吨急速上升到6月的18235吨，7月的25454吨。①

比增大空运量更大的成果是，由于中国驻印军控制了胡康河谷、孟拱、密支那等地区，使得由雷多经新平洋、于邦家、孟关、孟拱到密支那的中印公路成功修通。1月10日，从雷多至密支那长265英里（约合426.5公里）的双线公路筑成通车，运输队每月可以载运7万至8万吨物资到中国。②

另外，随着中印公路修建与通车，直径为4英寸的中印输油管道也得以迅速延伸，该输油管道于1945年1月铺到密支那，最初每月输油几千吨到中国。③

四、驻印军攻占八莫与腊戍

中国驻印军攻克密支那后，反攻缅北作战第一期任务已经完成。中国驻印军遂利用缅北雨季进行整训补充，两个月后转入第二阶段作战。

此时，史迪威因与蒋介石矛盾激化，被召回国，魏德迈继任中国战区参谋长，史迪威的副手索尔登（Daniel Sultan）担任中国驻印军总指挥，郑洞国任驻印军副总指挥。中国驻印军所属部队也奉命编为新编第1、第6两军。孙立人任新编第1军军长，辖新编第30、新编第38等两个师；廖耀湘任新编第6军军长，辖第14、第50、新编第22等三个师。而在攻占密支那一周后，即1944年8月10日，美军第

---

① 日本防卫厅防卫研究所战史室：《缅甸作战》（下），第75页。
② 中国社会科学院近代史研究所中华民国史研究室编：《中华民国史资料丛稿》之《大事记》（第三十一辑）（1945年）第5～6页，中华书局1990年版。
③ 该输油管道从加尔各答起，经江江、雷多、密支那、八莫、畹町至昆明，全长3000多公里，是当时世界上最长的输油管。据统计，中印输油管道自1945年6月开始输油，至11月停止输油，7个月内共计向中国输入航空汽油、柴油等油料达10万多吨。

5073 混成团被解散。而同年 8 月，史迪威成立了一支新的美军战斗部队——马斯旅，又称美国第 5332 部队。下辖美第 475 步兵团、美第 124 骑兵团、中国别动团。①

1944 年 10 月初，缅北雨季刚过，中国驻印军立即开始进行反攻缅北的第二期作战，向八莫、南坎（Namhkam）等地发起进攻。

八莫位于密支那南面约 150 公里，为伊洛瓦底江流域仅次于密支那的第二大城市，为中缅边境要冲，更是中印公路的必经之地，战略地位十分重要。

按照最初的作战计划，新编第 1 军沿密（支那）八（莫）路南下，担任正面攻击任务；新编第 6 军从右翼南下瑞古，实施迂回攻击。但新 6 军 10 月 29 日攻占瑞古后，即在锡高停止待命，12 月间空运回国，参加国内战场的反攻作战。打通中印公路的重担便完全落在新 1 军的肩上。于是决定以新 38 师为第一线兵团向南推进 50 余英里，在丹邦阳（Tumbonyang）一线集中；以新 30 师为第二线兵团，暂时控制于湾幕（Waingmaw）、卡拉扬（Karayang）一线。②

日本方面，第 33 军为挫败中国驻印军打通中印公路的计划，仍然抽调兵力到八莫、南坎一线布防。当时八莫地区的日军守备队为由云南的第 2 师团抽调来的步兵第 16 联队第 2 大队（3 个步兵中队、1 个机关枪中队，约 600 人）、搜索第 2 联队（2 个步兵中队、1 个装甲车中队，约 350 人）、野炮兵第 2 联队一个中队（100 余人）等 1200 人，由搜索第 2 联队长原好三大佐担任守备队长。原支队于 8 月 13 日抵达八莫市区，分别赶筑工事，以待后续援军的到来，同时以 1 个大队以上兵力向北推进至庙堤（Myothit）、那龙（Nelong）公路间及两侧山地设防。③ 此外，日军在曼西（Mansi）、莫马克（Momauk）等地也有重兵把守，预计守军人数为 5000 人左右。④

---

　　① 日本防卫厅防卫研究所战史室：《缅甸作战》（下），第 214 页。

　　② 《中国驻印军新 1 军八莫区战斗经过》（1945 年 5 月 4 日），见中国第二历史档案馆编：《抗日战争正面战场》（下），第 1476 页。

　　③ 日本防卫厅防卫研究所战史室：《缅甸作战》（下），第 192～195 页；《中国驻印军新 1 军八莫区战斗经过》（1945 年 5 月 4 日），见中国第二历史档案馆编：《抗日战争正面战场》（下），第 1475 页。

　　④ 《中国驻印军新 1 军八莫区战斗经过》（1945 年 5 月 4 日），见中国第二历史档案馆编：《抗日战争正面战场》（下），第 1476 页。

10 月 15 日，新 38 师南渡伊洛瓦底江，21 日沿公路向八莫挺进，一路直下丹邦阳、那龙，主力由密八公路南下攻击前进，一部沿左翼山路，于 27 日抵达亚鲁本（Alawpun），包抄庙堤后路。新 38 师主力击破沿途所遇之敌，于 10 月 29 日黄昏一举攻占太平江北岸要地庙堤。11 月 1 日，新 38 师主力全部抵达大利（Tali），并准备渡过太平江。左翼支队则在太平江上游通过 SS3432 铁索桥渡过太平江，3 日攻占柏坑（Pharawn）北至太平江上游之线，直趋八莫东侧翼。孙立人在亲临太平江观察后，认为由庙堤渡江十分困难，毅然决定变更部署："将新卅八师主力由正面之大利以北地区秘密转移于左翼山地……由 SS3432 铁索桥渡太平江，由不兰丹（Pranghtung）及兴龙卡巴之线向八莫、曼西作旋回行动"。[①] 11 月 6 日，新 38 师一部以迅雷不及掩耳之势，一举攻占了新龙卡巴（Sinlumkaba，即兴龙卡巴）。而在庙堤正面实施佯攻的新 38 师一部也于 9 日强渡太平江，沿密八公路南下；新 38 师主力迂回部队经过 10 天激战，先后攻下莫马克、曼西等八莫外围据点。16 日，八莫市郊外围大小村落及飞机场被新 38 师所部完全占领，八莫被层层包围。

八莫市内日军阵地有东、南、北三大据点和复廓阵地，10 里长、6 里宽，呈椭圆形。城内外大大小小的湖泊形成许多龟背高地，彼此犬牙交错，相互策应。"日军的掩蔽部是用十四五层合抱不交的大树做基干，一层大树，一层泥土，中间还夹有钢骨的混合物建筑起来，一座座都像是地下堡垒。重炮弹落在上面，顶多能损坏其一层。掩蔽部里都装有水电，一切都是做死守的准备"。[②] 为了固守八莫，原好三大佐将曼西、巴朗等地的守军回撤，预备据守城垣，作困兽犹斗。

16 日，新编第 38 师除以部分兵力固守曼西，阻击南坎日本援军外，"当将主力全部调至对八莫城区被围之敌作紧密之包围，加强压力，配合空军轰炸，并集中各种大小口径火炮实行有计划之猛击。逐码前进，渐次缩小包围圈"。[③] 从密支

---

① 《中国驻印军新 1 军八莫区战斗经过》（1945 年 5 月 4 日），见中国第二历史档案馆编：《抗日战争正面战场》（下），第 1477～1478 页。

② 何铁华、孙克刚：《印缅远征画史》，第 96 页。

③ 《中国驻印军新 1 军八莫区战斗经过》（1945 年 5 月 4 日），见中国第二历史档案馆编：《抗日战争正面战场》（下），第 1479 页。

那机场起飞的美军空军轰炸机几乎每日进行轰炸,有时一天"竟达约 200 架次"。① 新 38 师的进攻战术是:"首先集中炮击,彻底摧毁我阵地后,再由步兵开始攻击。即,从黎明开始至黄昏,反复进行炮轰,薄暮开始以步兵攻击前进。步兵大量使用照明弹、曳光弹、信号弹,彻夜反复攻击。"② 面对新 38 师的猛攻,原好三只得收缩到城内各据点死守。同时,日军"死力顽抗,屡施逆袭,寸土必争,并集中所有各种火炮及战车疯狂反扑,白刃冲杀,战斗极为惨烈"。③

激战至 12 月 4 日,新 38 师各攻击部队已经推进到日军第一线阵地 500 米附近。至 14 日,新 38 师各部已将"敌城北据点最坚固之监狱、宪兵营房及老炮台等据点完全攻占。同时乘胜沿江岸马路果敢锥形突进,攻入敌腹廓阵地,直刺其心脏……整个防御机构被摧,军心动摇"。④

第 33 军司令部为了将陷入重围的原好三支队救出,于 11 月底派出第 18 师团第 55 联队联队长山崎大佐率所部步兵两个半大队及一个炮兵中队,以及第 49 师团吉田联队的一个步兵大队、一个炮兵大队,约计 3250 人,组成山崎支队,从南坎北上,"突袭八莫之敌背后,以利八莫守备队的突破退出。"但山崎支队在南坎西北约 35 公里的南苗高地受到中国军队的阻击,14 日后,山崎支队"逐渐陷入悲境"。⑤

同日,新编第 38 师主力又乘黑夜向腹廓残留据点进攻,激战竟夜,终将敌腹廓阵地攻占。原好三只得于 15 日 1 时率领守备队残部沿城西沙滩向南溃退,4 时"来到伊洛瓦底江中洲,企图顺着中洲外围迂回到敌阵地后方",⑥ 但被中洲东方堤上的城南攻击部队发现,"集中各种步兵火器及手榴弹向溃敌猛烈射杀,敌除

---

① 日本防卫厅防卫研究所战史室:《缅甸作战》(下),第 195 页。
② 日本防卫厅防卫研究所战史室:《缅甸作战》(下),第 196 页。
③ 《中国驻印军新 1 军八莫区战斗经过》(1945 年 5 月 4 日),见中国第二历史档案馆编:《抗日战争正面战场》(下),第 1479 页。
④ 《中国驻印军新 1 军八莫区战斗经过》(1945 年 5 月 4 日),见中国第二历史档案馆编:《抗日战争正面战场》(下),第 1480 页。
⑤ 日本防卫厅防卫研究所战史室:《缅甸作战》(下),第 199~200 页。
⑥ 日本防卫厅防卫研究所战史室:《缅甸作战》(下),第 203 页。

有六七十名乘黑泅水逃窜外，余均被歼，江岸沙滩布满敌尸"。[①] 12 月 15 日 12 时，新 38 师攻克八莫城。

在新 38 师围攻八莫之际，为争取战略主动，第二线兵团新 30 师绕道南下，对南坎（Namhkam）发动了攻击。南坎位于瑞丽江南岸，西距八莫 114 公里，南至腊戍 216 公里，东北 63 公里处即是中国云南边镇畹町。它是日军阻止中国驻印军与从滇西反攻的中国远征军会师，迟滞中印公路开通的最后一个坚强据点，具有重要战略价值。因此，日军第 33 军将主力集中于伊洛瓦底江以东、瑞丽江以南的南坎、孟密、腊戍地区，总共集结的部队有第 56 师团、第 18 师团山崎第 55 联队、第 49 师团吉田第 168 联队、第 2 师团—刘第 4 联队等，但迭经中国驻印军的打击，该军总兵力已减少到 19400 人。[②]

11 月 19 日，新 30 师分 3 个纵队，越过曼西（Mansi），沿八（莫）南（坎）公路及其两侧山地长途深入，直逼南坎。12 月 6 日，该师先头部队分抵八南公路三十九里路牌附近南北之线，在康曼（Hkangma）、南于（Namyu）、蚌加塘（Bumgahtawng）等地对日军南坎外围阵地实施攻击。时值第 55 联队联队长山崎大佐率军 3000 余人为增援八莫被围日军，向曼西突进，双方于 10 日发生遭遇战。11 日，新 30 师第 89 团归还建制，投入作战；新 38 师第 114 团也从八莫赶来增援，迂回到山崎支队右后翼实施攻击。为了全歼山崎支队，新 30 师派出一个团，由左翼蚌加塘实施迂回，向马支（Masi）攻击前进，切断日军退路。激战至 15 日，因八莫失守，山崎支队遂往南坎退却。[③] 12 月 17 日，迂回攻击部队消灭当面之敌后，将马支日军阵地完全攻占，切断了八南公路主要联络线，将山崎支队包围于八南公路隘路间。18、19 日，新 30 师所部先后攻占卡的克（Kaihtik）、卡龙（Hkalum）两处日军的坚固阵地，20 日与正面攻击部队会合，将山崎支队

---

① 《中国驻印军新 1 军八莫区战斗经过》（1945 年 5 月 4 日），见中国第二历史档案馆编：《抗日战争正面战场》（下），第 1480 页。

② 日本防卫厅防卫研究所战史室：《缅甸作战》（下），第 210 页。

③ 《孙立人致龙云代电》（1944 年 12 月 23 日），见中国第二历史档案馆编：《抗日战争正面战场》（下），第 1481～1482 页；日本防卫厅防卫研究所战史室：《缅甸作战》（下），第 205 页。

（两联队）完全击溃。21 日、22 日，又攻占渣邦（Zaubung）村落 3 处，"将八莫至南坎间山地高阳地区，亦即南坎西北外围山地之锁钥，完全攻占"。[①] 25 日，新 1 军各支队向日军发动进攻，激战至 27 日，将八南公路五十二英里路牌以西及潘林（Pangling）以北之敌全部肃清。此外，公路左侧的独立支队向南突进，一举攻占了南坎北面 5 英里的要地垒允（Loiwing，即劳文）及其西北的飞机场、原中央飞机制造厂、医院等坚强据点。[②]

1945 年 1 月 5 日，新 1 军在山炮兵强大火力的支援下，向日军发动总攻。激战至 1 月 9 日，"将瑞丽河以西、八南公路以北地区及公路南侧曼孔（Mankang）、拉生（Lapsing）诸据点攻占，并乘胜沿山岭间羊肠小道，向瑞丽河与八南公路三角地带敌最后之坚强据点茅塘（Mawtawng）攻击"。[③] 为尽快攻下南坎，新 30 师主力沿古当山脉向南坎以南秘密迂回，克服了山洪暴发、山路崎岖、泥泞、江水暴涨等困难，于 1 月 14 日进抵南坎南侧有利地带，"乘敌尚未察觉之际，即星夜钻隙突进"，1 月 15 日上午 11 时将南坎袭占。[④] 山崎支队残部退往南帕卡（Nampakka）。南坎战役共击毙日军官兵 1780 余人，缴获火炮 12 门、卡车 12 辆。[⑤]

在左纵队新 1 军接连攻占八莫、南坎的同时，右纵队新 6 军的进攻也是势如破竹，连战皆捷。新 6 军新 22 师，于 1944 年 10 月 9 日从和平出发，沿甘高山脉西麓南下，11 月 1 日进抵伊洛瓦底江畔，先后攻占皎基、摩首。5 日，从丁八佛因渡江，击溃日军第 2 师团、伪缅军各 1 团。7 日，攻占瑞古（Shwegu），12 日攻占曼大，14 日攻克西口（即锡高），并将防务交第 50 师接替后，以一部置于曼大、西口（锡高），主力继续南下，在西宇（Si－u）及其以南地区击溃守军第 18

---

① 《孙立人致龙云代电》（1944 年 12 月 23 日），见中国第二历史档案馆编：《抗日战争正面战场》（下），第 1482 页。

② 《孙立人致龙云代电》（1944 年 12 月 29 日），见中国第二历史档案馆编：《抗日战争正面战场》（下），第 1486 页。

③ 《孙立人致龙云代电》（1944 年 12 月 29 日），见中国第二历史档案馆编：《抗日战争正面战场》（下），第 1487 页。

④ 《孙立人致龙云代电》（1944 年 12 月 29 日），见中国第二历史档案馆编：《抗日战争正面战场》（下），第 1487 页。

⑤ 《抗日御侮》第 9 卷，第 211 页。

团第56联队后，于21日攻占同古。28日，新22师及第50师第148团受命进出贵街（Kutkai），向河西敌后迂回，切断腊戍至畹町公路，阻击南坎及滇西日军退却，并阻击腊戍方面日军增援。29日，新22师先头部队偷渡瑞丽江，先后攻克拉西、芒卡各要点。该师正以主力渡江东进，忽奉命集结，旋同第14师一道，于12月间从缅甸紧急空运回国。新6军留缅部队第50师以第148团守备拉西、芒卡一带，主力于1945年元旦由同古南下。8日，与日军激战于万好（Mwanhawn），至14日将其击溃，15日占领万好后，该师主力追敌南下，进攻南杜（Namtu）。①

左纵队新1军攻克南坎后，中印公路日军据点仅剩芒友一处。芒友为南坎、腊戍、畹町间交通要冲，是中印公路的转口和滇缅公路的咽喉。

1945年1月16日，新38师主力沿南（坎）畹（町）公路向东北进击，锋芒直指芒友。25日，该师以一部将扬班（Yawphan）、拉弄（Namlum）南北之线一带的山地完全占领。这里均为5000英尺（合1524米）以上的高山，可以瞰制南坎至腊戍公路的一切行动，造成居高临下控制芒友的有利态势。新38师主力则继续东进，在将木姐（Muse）攻占后，即以雷霆万钧之势猛攻芒友。日军利用南皮河及附近高地负隅顽抗，新38师从三面发动猛攻，于27日上午10时攻占芒友，同滇西反攻的中国远征军第9师、第88师、第36师胜利会师。"全国上下所深切期望之国际路线，始告打通，本军所负之艰巨使命，于兹差告完成"。②

1月28日，中美两军暨驻印军和远征军在芒友举行盛大会师典礼，中国远征军代司令长官卫立煌、中国驻印军总指挥索尔登、新1军军长孙立人等参加典礼。

9点整，穿黄卡其布的新1军和穿灰棉衣的滇西远征军分从不同的方向，向预定会师的广场集中，滇西远征军在向去祖国的那条路口竖起一个白布横额，大书"欢迎驻印新一军凯旋回国"。

广场正中搭起一座礼台，台用有色的丝质降落伞盖成顶棚，台前有一个V

① 《远征印缅抗战》，第134～135页。
② 《孙立人致龙云代电》（1944年12月29日），见中国第二历史档案馆编：《抗日战争正面战场》（下），第1487～1488页。

字，台的正对面是两根高竖的旗杆。右面距台不远有一个小山，滇西远征军为了攻占这个山头，曾有过一番壮烈的场面。

……首先是升旗礼，军乐队奏起中美两国国歌，星条旗伴随着青天白日满地红旗临风招展，礼炮响声在山谷中嘹亮的回旋着。

卫立煌将军致词说："今天的会师，是会师东京的先声，滇缅战场中美的合作是值得我们永远记忆的。同盟国不但在战时要合作，在战后更要合作来共建世界的和平。"索尔登将军……赞扬中国军队作战的英勇，和指挥官的指挥卓越有方。他也预祝："到东京会师去，让这两面国旗飘扬在东京的上空。"

散会前有一个呼口号的节目，台下轰起巨大的呼声：

"打到东京去！"①

驻印军和远征军分别攻占芒友与畹町，标志着从印度加尔各答经由雷多、新平洋、于邦家、孟关、孟拱、密支那、八莫、南坎、芒友通往中国畹町、腾冲、大理、昆明的中印公路成功通车，美国援华物资可以源源不断地通过中印公路运往中国西南大后方。

从印度开出的中印公路首批运输车队，在美军工兵指挥官皮克（Pick）少将的率领下，于 1 月 28 日下午 2 时驶入滇西边镇畹町。中国政府在畹町城举行盛大的欢迎典礼，由行政院代理院长宋子文亲自主持。参加通车典礼的车辆一共有105 辆、大炮数门以及弹药与汽油。与会嘉宾有索尔登将军、戴维斯将军、陈纳德将军、卫立煌将军以及孙立人将军等。在史迪威公路通车不久，中美两国政府就宣布了中印油管通油的消息。据不完全统计，中印公路从动工到通车，共牺牲3 万多人（不含前方作战阵亡将士），中印公路通车半年，共运进汽车 1 万多辆，军用物资 5 万多吨，有力地支持了中、美、英盟军反攻缅甸的战役。②

当天晚上 10 时，蒋介石在重庆发表广播讲话，宣布将中印公路命名为"史

---

① 何铁华、孙克刚：《印缅远征画史》，第 111 页。
② 何铁华、孙克刚：《印缅远征画史》，第 114 页；中国社会科学院近代史研究所中华民国史研究室编：《中华民国史资料丛稿》之《大事记》（第三十一辑）（1945 年），第 16~17 页。

迪威公路"，以"纪念他杰出的贡献，纪念他指挥下的盟军部队和中国军队在缅甸战役中以及修筑公路的过程中做出的卓越贡献"。同日，史迪威也在纽约发表广播演说，赞扬"中国军人已向世界证明，如彼等能获得适当之装备、训练及领导，并不亚于世界任何之部队"。[1]

芒友失守后，日军第56师团残部又沿滇缅公路的南帕卡、贵街、新维（Hsenwi）、腊戌一线构筑坚固工事，意图层层设防、节节抵抗。新维和曼牧（Manmau）隘路，有一夫当关，万夫莫敌之险，向南则有南育河横阻，新老腊戌与火车站三大据点互成犄角，而新维、腊戌居南而高，可以瞰制南育河两岸，易守难攻。

新30师神奇迅速，从南开河上游迂回偷渡，于1945年2月13日一举攻占贵街，残敌向南溃逃，该师乘胜追击。日军复在新维以北10里处，居隘路险要，重兵扼守。新30师与敌展开激烈战斗，血战4昼夜，击破顽敌，夺取了城北险隘山地。当新30师逼近城郊时，日军"以大量战车、重炮掩护，反复冲击九次"。19日晚，新30师官兵利用月夜突入新维城区，经一昼夜激战，于20日晨7时将新维完全攻占，"敌守军除少数零星向南渡河逃窜外，余大部被歼"。[2]

实际上，自从芒友失守后，日军第56师团即已丧失作战信心。1月24日，第56师团即向第33军司令部发出"决定烧毁大部积存的弹药，放弃线阵地"的电报，但日军司令部没有同意。[3] 南帕卡、贵街、新维的失守，最终使得日军第33军放弃了在缅北的抵抗，向曼德勒一线退却。

腊戌为第33军司令部所在地。此地位于中、缅、越、泰四国边境要冲，为滇缅公路重要的交通中心和战略要地。1942年4月底，日军正是以奇兵攻下腊戌和新维，使得中国远征军后路被切断，新38师和新22师黯然由缅北败退到印度。此次，新1军派新38师向腊戌发起进攻，可以说别有一番用意。

---

[1] 何铁华、孙克刚：《印缅远征画史》，第114页；中国社会科学院近代史研究所中华民国史研究室编：《中华民国史资料丛稿》之《大事记》（第三十一辑）（1945年），第16页。
[2] 《孙立人致龙云代电》（1944年12月29日），见中国第二历史档案馆编：《抗日战争正面战场》（下），第1489~1490页。
[3] 日本防卫厅防卫研究所战史室：《缅甸作战》（下），第210~211页。

2 月 23 日，新 38 师乘胜追击，向腊戍攻击前进。新维至腊戍为 50 公里山路，中间仅有一条狭路。该师官兵勇猛前进，将沿途顽抗之日军一一击溃。日军退据曼牧附近的隘路，据险顽抗。新 38 师官兵"经两日之惨烈奋战，终将敌阵攻破。死守腊戍之敌，乃以猛烈炮火，封锁南育河渡口两岸地区，拒止我军迫近腊戍"。但新 38 师主力仍于 3 月 6 日"在公路东侧附近施行强渡，继即向老腊戍进击，展开惨烈之城市争夺战……于十四时攻占老腊戍，并乘胜分兵向车站及新腊戍猛攻"。7 日晨，新 38 师一部攻占飞机场、火车站及新腊戍市郊，13 时 30 分，突破敌坚固据点工事冲入市区。"敌仍疯狂逆袭，展开白刃巷战"。新 38 师将士与敌彻夜肉搏格斗，将顽军悉数歼灭，于 8 日晨 8 时将腊戍完全占领。

此次新维、腊戍两次战役，攻击歼敌 917 名，夺获山炮 7 门、迫击炮 12 门、轻重机枪 41 挺、掷弹筒 17 个、步枪 591 支、战车 6 辆、卡车 33 辆、火车车厢 48 节、机车 3 辆，其他弹药、服装、文件、机器、仓库无计。新 1 军亦伤亡连长以下官兵 411 名。[①]

新 38 师攻占腊戍后，继续南进。3 月 16 日占领西保（Hsipaw），18 日攻占南泡（Nampowng），19 日攻克那兰（Nalang），[②] 23 日一举攻占通往曼德勒的要点康沙（Konghsa）。[③] 24 日 8 时 30 分，新 38 师在那派（Naphai）与新 6 军第 50 师第 49 团会师。[④] 之后，新 1 军新 30 师向东进击芒岩，27 日占领该地。[⑤] 第 50 师向西攻取皎梅（Kyaukme）。3 月 30 日，英军第 36 师由孟尤南下，和第 50 师在皎梅会师。至此，中国驻印军胜利完成反攻缅北任务，不久，遂相继回国。

---

① 《孙立人致龙云代电》（1944 年 12 月 29 日），见中国第二历史档案馆编：《抗日战争正面战场》（下），第 1489～1490 页。

② 《孙立人致蒋介石密电》（1945 年 3 月 21 日），见中国第二历史档案馆编：《抗日战争正面战场》（下），第 1491 页。

③ 《孙立人致蒋介石密电》（1945 年 3 月 23 日），见中国第二历史档案馆编：《抗日战争正面战场》（下），第 1492 页。

④ 《孙立人致蒋介石密电》（1945 年 3 月 24 日），见中国第二历史档案馆编：《抗日战争正面战场》（下），第 1492 页。

⑤ 《孙立人致蒋介石密电》（1945 年 3 月 29 日），见中国第二历史档案馆编：《抗日战争正面战场》（下），第 1492 页。

五、中国远征军反攻滇西作战

1942 年夏秋，中国远征军第一次入缅作战失利，在撤退途中，日军跟踪追击，沿滇缅路占领了中国云南西部的腾冲、龙陵、松山、平戛、芒市、遮放、畹町等地，并配置第 56 师团全部，第 2 和第 33 师团各一部分兵把守，利用有利地形，赶筑工事，储备粮弹，企图凭险据守，阻止中国远征军反攻西进，以屏守缅北，形成了敌我在中国滇西地区隔江对峙的局面。

1944 年，中国驻印军反攻缅北。为配合驻印军反攻、肃清滇西之敌和早日贯通滇西公路与中印公路，1944 年 5 月，驻扎滇西整训的中国远征军组成，以卫立煌代司令长官。远征军的任务是对怒江以西日军实施反攻。

中国远征军反攻滇西的作战部署是：

（一）以第 20 集团军为攻击兵团。所部周福成第 53 军（辖赵镇藩第 116 师、张玉廷第 130 师）为第一线攻击部队，方天第 54 军（辖李志鹏第 36 师、叶佩高第 198 师）为第二线攻击部队。

（二）以第 11 集团军为防守兵团。所部王凌云第 2 军（辖张金廷第 9 师、夏德贵第 76 师、杨宝毂［珏］新编第 33 师）、黄杰第 6 军（辖洪行新编第 39 师、顾葆裕预备第 2 师）、钟彬第 71 军（下辖张绍勋第 87 师、胡家骥第 88 师、刘铸军新编第 28 师）以及集团军直辖高吉人第 200 师分别固守怒江东岸第一线防御阵地。

（三）第 8 军（辖汪波荣誉 1 师、王伯勋第 82 师、熊绶春第 103 师）开滇西后，归远征军直辖，控制于祥云附近地区，为总预备队。

其攻击部署为：

第一步：渡河攻击战。第一线攻击部队（第 53 军）即以一部利用栗柴坝、双缸桥间个渡口一举强强渡，于怒江西岸占领桥头堡阵地，掩护主力渡河。

第二步：第一线攻击部队主力渡河成功后，即极力进占当面高黎贡山通陇川江谷地之各要道口，掩护第二线攻击部队（第 54 军）渡河，并继续向桥头、林家铺之线出击，务求于高黎贡山西侧获得而后攻击所要之展开地域。

第三步：第 53 军攻抵桥头、林家铺之线后，即占领有利阵地，一面构筑工事，一面为尔后攻击前进之准备，等待第 54 军到达，再向固东街、江苴街之线攻击。

第四步：攻占固东街、江苴街之线后，即构筑工事固守，并依状况调整部署续向腾冲攻击。

当我攻击部队攻击进展至固东街、江苴街各附近之线，而敌第 56 师团以其主力集中于腾北，企图向我攻击部队反击时，我第 2 军应相机以一个师之兵力由三江口以北地区渡河，乘虚奇袭龙陵，以策应腾冲之攻略。同时，第 71 军应以一个团之兵力由惠仁桥附近渡河，以期与我腾北部队合围腾冲之敌而歼灭之。

空军须派有力部队直接协助地面部队之攻击作战，并集中力量轰炸芒市、龙陵、腾冲、固东街、瓦甸街等地之日军及其间之交通线。①

1944 年 5 月 11 日黄昏，远征军第 53、第 54 军以及第 76、第 88、新 39 师各一个团分七处强渡怒江。新 39 师一个加强团在惠通桥上游率先强渡成功，12 日攻占红木树，揭开了滇西远征军反攻的战幕。是日拂晓，中国远征军第一线兵团全部成功强渡怒江，先后攻占马面关、桥头、平戛等据点。第 53 军还于 14 日攻占大塘子后，乘胜追击，越过了高黎贡山，进抵甸江、江苴街之线，断敌归路。

图 5.3　宋希濂率部渡过怒江

---

① 《徐永昌致何应钦转蒋介石呈稿（1944 年 4 月 19 日）》，见中国第二历史档案馆编：《抗日战争正面战场》（下），第 1503～1505 页。

在远征军主力渡过怒江后，日军第56师团在怒江西岸实施反击，其具体部署如下：

大塘子正面：由日军步兵第148联队（联队长藏重大佐）第3大队（大队长宫原春树少佐）驻守，主力占据大塘子东侧要地。

冷水沟正面：由日军步兵第148联队第2大队（大队长日限少佐）驻守马鞍山、灰坡、冷水沟一线。

红木树方面：由日军步兵第113联队（联队长松井秀治大佐）第1大队（大队长绀野忞少佐）在相膊子附近据守，以阻止红木树方面远征军的西进。

平戛方面：由日军步兵第146联队第1大队（大队长安部和信少佐）在平戛驻守。因第76师加强团于13日起包围了平戛，第56师团师团长松山祐三遂命令第113联队第2大队长原田万太郎大尉率领3个中队前往增援。

片马方面：由日军第18师团步兵第114联队第1大队（大队长猪濑重雄少佐）驻守。

滚弄正面：由日军搜索联队（联队长柳川大佐）固守霍班、农莫之线。[①]

但日军守备部队总计只有10个大队约11000人左右，要想阻击远征军20个团四五万人的攻击，根本没有可能。

渡河各攻击部队奏效后，重庆军委会鉴于中国驻印军已开始攻击密支那，判断日军难于短期内调动大量部队增援滇西，遂命令远征军迅速攻占腾冲、龙陵，与驻印军会师缅北。远征军司令长官部于5月20日调整作战部署，以第20集团军为右集团军，攻击腾冲；以第11集团军为左集团军，攻击龙陵、芒市。其具体作战部署如下：

（1）令第71军（欠1个师）向龙陵攻击。

（2）令第2军（欠新33师又1个团）以主力向芒市攻击，截断敌后方联络线，一部协力第71军攻击龙陵。

---

① 日本防卫厅防卫研究所战史室：《缅甸作战》（下），第92～94页。

（3）令第6军之预2师（欠1个营）由栗柴坝以北渡河，经明光、固东街协力第20集团军攻击腾冲。

（4）令第6军之新39师（欠第116团）由惠仁桥经龙江桥，协力第20集团军攻击腾冲。

（5）令第71军以1个师、第2军以新33师（欠1个团）及另一个团，及第6军之新39师第116团为防守部队，守备怒东原阵地各重要渡口，以防敌之袭击。

（6）令滇康缅特游击区郑坡部（配属预2师1个步兵营），经片马、拖角向密支那挺进。

（7）令第8军荣誉第1师即用汽车输送至保山集结，为预备队。[1]

6月初，第20集团军所属第198师会同第36师全力攻击腾冲北部咽喉要地——南斋公房和北斋公房。北斋公房是由日军第148联队驻守高黎贡山北的一个重要据点，海拔3000多米。中国军队"以有力一部牵制当面之敌，以主力向绝无道路可循之处，迂回攀登，艰难险苦，出生入死，冻饥致毙之人马，日以数百计。经十余日，始进出于桥头、马面关、瓦甸、江苴各附近之线，断敌归路。此时我围攻南北斋公房之部队，与迂回部队遥相呼应，开始隘路战"。[2] 至6月16日，第198、第36师在预备第2师一部的配合下，攻占北斋公房。其后，第20集团军所部又夺下被日军反扑夺去的桥头、马面关阵地，从而将高黎贡山北部地区全部控制。接着，第20集团军主力南下，猛追向南退却的日军，先后收复明光、瓦甸，21日又攻下南斋公房、江苴街。

第20集团军主力继续沿阳桥、固东两道向南进击，并迫近腾冲北郊。6月28日，第54军以迅雷不及掩耳之势，攻占南北宝峰山。7月3日，第53军一举攻占飞凤山，第54军亦于同日肃清宝峰山。至此，"我已打破腾城屏障，三面迫近城

---

① 《徐永昌再致何应钦转蒋介石签呈（1944年5月20日）》，见中国第二历史档案馆编：《抗日战争正面战场》（下），第1505～1507页。

② 《第20集团军腾冲战役战斗经过（1944年9月）》，见中国第二历史档案馆编：《抗日战争正面战场》（下），第1507～1508页。

郊"。此时，"残敌一部仓皇南窜，其主力编成一个混成联队，由第148（联队）联队长藏重大佐指挥，死守来凤山及腾（冲）城"。① 腾冲为滇西最坚固的城池，有来凤山为屏障。日军在此构筑了坚固工事及堡垒群，准备了充分粮弹，奉命固守到10月底，以待援军到来。

日第33军不甘心于在滇西的受挫，7月上旬，该军拟定了新的作战计划。其作战方针是"军要将主力集结于芒市周围，在龙陵方面击灭云南远征军主力之后，前出到怒江一线，在救援拉孟（即腊勐）、腾越（今腾冲）守备队的同时，切断印中联络路线"。由于这次作战目标是要切断印度（驻印军）和中国（远征军）作战部队的地面联络，又被称为"断作战"。② 日军的新攻势计划于9月上旬开始。

图5.4　拥有重机枪的中国远征军

7月26日，第20集团军主力"在我空军掩护之下，以优势之兵力，向敌最后唯一之屏障来凤山四个堡垒群同时猛攻"。官兵"前赴后继，血战竟日"，当晚攻占来凤山。27日晨又"将城东、南两城门外繁华市区之敌全部肃清。残敌龟缩城内，四门紧闭，深沟高垒，企图困斗"。尽管第20集团军已将腾冲城"四面包围"。但"该城之墙概为坚石砌成，高而且厚，又有大盈江及饮马水河环绕东西北面，形势天然，有险可凭，况城墙上端堡垒环列，其距离不过十公尺，而城之

---

① 《第20集团军腾冲战役战斗经过（1944年9月）》，见中国第二历史档案馆编：《抗日战争正面战场》（下），第1508页。
② 日本防卫厅防卫研究所战史室：《缅甸作战》（下），第125页。

四角更有坚固堡垒侧防"，① 这给攻城带来极大难度。

经过将近一个月的围困，攻击部队只得以空军对腾冲城实施猛烈轰炸，"陆续炸成缺口十余处，各部队即利用轰炸成果，冒敌浓密火网，先后登城，对城上之敌堡垒以对壕作业，逐次攻击"。腾冲守备队长藏重康美大佐于 8 月 13 日被中美空军炸死。至 8 月 20 日，攻击部队"始将东、南、西三面城墙上之敌大部肃清"，21 日晨向城内日军发起攻击。预 2 师、第 198 师、第 36 师、第 116 师各部主力突入市区，激烈的巷战于是展开。由于腾冲城内"人烟稠密、房屋连椽，大都坚实难破。且顽敌家家设防，街巷堡垒，星罗棋布，尺寸必争，处处激战。敌我肉搏，山川震眩，声折山河，势如雷电，尸填街巷，血满城沿"。第 20 集团军司令部不得已又将原来部署在南甸、腾龙桥防守的第 130 师调入城内增援。激战至 9 月 14 日，"终将困守腾城之敌全部歼灭"。②

第 11 集团军至 1944 年 5 月 22 日渡过怒江，向攀枝花、毕寨渡、火石地、葛蒲厂及平夏各地区集结，以第 71 军为右翼攻龙陵，第 2 军为左翼攻芒市。

由惠通桥向龙陵攻击，必须经过战略要地腊勐。日军在这里构筑了以松山和滚龙坡互为掎角的两大据点，阵地均设于海拔 3000 米的高地上。每个堡垒上有射击设备及交通壕，下为坑道式掩蔽部。其掩体分为四层，坚固无比，除重炮直接命中，一般山炮、野炮无法将其击毁。6 月 4 日，第 71 军新 28 师占腊勐。6 月 6 日，克阴登山。日军拉孟（即腊勐）守备队队长金光惠次郎少佐率领第 113 联队一个步兵大队和一个野炮兵大队退进松山既设坚固阵地，凭险据守。当时日军兵力为 1260 人，拥有火炮 20 门。③

新 28 师对松山高地发起 5 次进攻，均不能克服，且死伤过大。7 月 1 日，卫

---

① 《第 20 集团军腾冲战役战斗经过（1944 年 9 月）》，见中国第二历史档案馆编：《抗日战争正面战场》（下），第 1509 页。

② 《第 20 集团军腾冲战役战斗经过（1944 年 9 月）》，见中国第二历史档案馆编：《抗日战争正面战场》（下），第 1509 页。

③ 日本防卫厅防卫研究所战史室：《缅甸作战》（下），第 155~156 页；《何绍周致何应钦密电》（1944 年 9 月 10 日），见中国第二历史档案馆编：《抗日战争正面战场》（下），第 1511 页。

立煌下令由第8军军长何绍周指挥荣誉第1师第3团、第82师第246团以及第71军两个山炮连担任攻击任务。7月14日，第8军官兵采取"先以炮击迫敌于堡垒部内，步兵乃乘机……一举跃入敌壕，而以手榴弹、冲锋枪、机枪、火焰放射器消灭敌于掩蔽部"的战术，将滚龙坡日军完全肃清。但对松山日军的攻击却毫无进展。"作战两月，兵力由一个团迭次增至六个团，伤亡重大"。① 从9月1日起，该军令第246团昼夜不停地用小部队在松山顶峰周围向敌阵地扰袭，掩护该军工兵营在松山顶峰向日军阵地垂直下约3米处，掘进两条地道，构成两个炸药室，装进1吨TNT黄色炸药。9月8日，军长何绍周下令起爆，轰隆一声炸响，松山整个山顶被炸翻，② 在山内工事困守的日军拉孟守备队野炮兵第3大队大队长金光惠次郎以下官兵全军覆没。而中国军队血战百余日，伤亡官兵亦达6000余人。③

第71军主力第87、第88师于6月10日攻入龙陵城外的日军复廓阵地。日军龙陵守备队兵力当时只有两个步兵小队200余人，"仅凭西山坡、黄土坡、观音寺三据点，负隅顽抗"。第71军面对弱敌有所懈怠，未能一鼓作气歼灭这股日军，"将敌防御核心迅速扫荡"。④ 14日，日第56师团命令在腾冲的松井秀治大佐率步兵第113联队2个大队迅速南下；第56师团参谋永井清雄中佐指挥第53师团第119联队的两个步兵中队向龙陵东部高地的中国军队侧背发动攻击；野炮兵第56联队联队长山崎周一郎率联合步兵1个中队、装甲车1个中队、野炮兵1个中队从芒市向北上增援反扑。⑤ 16日，第71军被迫退居龙陵东北郊与敌对峙。

6月16日黄昏，日军突破第87师阵地，冲入龙陵。"各官兵目睹功败垂成，各个嘘声叹气"。宋希濂鉴于"现腾敌主力已南移龙陵……企图向我七十一军先行击破。为谋整顿态势，事先站稳脚步，即令七十一军……主力暂转移镇安街以

---

① 《何绍周致何应钦密电》（1944年9月10日），见中国第二历史档案馆编：《抗日战争正面战场》（下），第1511页。
② 王景渊：《血战松山》，见《远征印缅抗战》，第397页。
③ 日本防卫厅防卫研究所战史室：《缅甸作战》（下），第163～164页。
④ 《卫立煌致何应钦抄电》（1944年6月17日），见中国第二历史档案馆编：《抗日战争正面战场》（下），第1513页。
⑤ 日本防卫厅防卫研究所战史室：《缅甸作战》（下），第101～103页。

西垒田坝、赵家寨、五四五○高地及红木树之线"。①

第 87 师的败退是以该师第 261 团不明原因的溃逃引发的。由于该师突然败退到距离龙陵 5 公里的后方，17 日，第 71 军军长钟彬命令第 88 师也放弃龙陵附近阵地，撤至龙陵东北 13 公里外的地区。② 蒋介石接获第 71 军战败的消息，十分气愤，立即饬令卫立煌"查明放弃龙陵系何人所下命令"。③

20 日以后，日军在龙陵的兵力不断得到加强。由于第 1 大队（大队长武田）于 19 日夜到达龙陵，日军第 113 联队建制已经完备，拥有 3 个步兵大队、1 个炮兵大队又 1 个装甲车中队。此外，永井还指挥着原龙陵守备队藤木部队（步兵 1 个大队又 1 个中队）、第 18 师团的猪濑大队、奥仲部队（第 53 师团搜索第 53 联队主力）和第 119 联队的野中大队。④

卫立煌于 6 月 22 日命令第 11 集团军"应立即集结主力，击破当面敌之攻势，至少亦须于黄草坝以西地区利用地形，站稳脚跟……非有命令不得向东移动"。同时命令第 20 集团军乘日军主力南下之际，迅速攻占腾冲。⑤ 同日，卫立煌将荣誉第 1 师主力调往龙陵，荣 1 师 4 个营于 27 日加入第 88 师方面的战斗。第 6 军新 39 师也奉命调往龙陵以南张金坡、南天门防守，阻击从芒市向北增援的日军。

在得到增援后，钟彬率第 71 军在腾龙桥、达摩山、黄花坝、镇安街一线阻击日军向松山的增援。6 月 28 日，日军 2000 余人由龙陵向东进击，猛攻第 87 师阵地，第 205 团五二五五高地被日军突破。第 87 师师长张绍勋"目睹情形恶化，诚

---

① 《卫立煌致何应钦抄电》（1944 年 6 月 17 日），见中国第二历史档案馆编：《抗日战争正面战场》（下），第 1513 页。

② 日本防卫厅防卫研究所战史室：《缅甸作战》（下），第 113～114 页。

③ 宋希濂于 6 月 17 日致电卫立煌解释放弃龙陵原因："龙陵收复，本已指顾可期，惟敌工事坚固，决非步兵兵器所能摧毁，乃因连日天雨，飞机既未能输送弹药，又不能协力轰炸。兵站输力薄弱，亦不能及时追送粮弹，以致迁延数日，未能将敌防御核心迅速扫荡。又因二十集团军方面进展稍缓，未能同时进出腾冲附近，致藤敌抽出兵力二千附大野山炮，用汽车输送南下增援。"宋希濂将责任推得一干二净。参见《卫立煌致何应钦抄电》（1944 年 6 月 17 日），见中国第二历史档案馆编：《抗日战争正面战场》（下），第 1513～1514 页。

④ 日本防卫厅防卫研究所战史室：《缅甸作战》（下），第 105～106 页。

⑤ 《卫立煌致蒋介石密电》（1944 年 6 月 22 日），见中国第二历史档案馆编：《抗日战争正面战场》（下），第 1514 页。

恐无法挽回，乃愤而自杀"，但因"弹由左乳左胁下出"，自杀未遂，副师长黄炎代理师长职务。但第87师奋勇反击，当日即将高地夺回。①

8月上旬，远征军变更了攻击部署：新28师在古泽山；第87师在六山、东山；荣1师在北山；新39师在西山、一山、二山分别展开，锐意准备攻击。8月14日，钟彬调来新28师接替久战疲惫的第87师，对龙陵发起第2次围攻。"8月14日天明，全部火炮开始猛烈攻击，且在战斗机、轰炸机联合的34架的支援下，开始了全面攻击"。美军第14航空队当日出击6次，日军大队长荻尾勇少佐、片山次郎大尉、永末纯一大尉等均被炸死。激战至20日，第11集团军所部将龙陵外围据点全部占领。日军龙陵守备队长小室钟太郎中佐于23日致电第56师团师团长松山，称"最多还能坚持两天"。②

日第33军司令部于8月26日决定派第2师团主力从南坎出发，利用3天的夜行军，"跃进到芒市附近"，参与"断作战"，以救援龙陵、腾冲一线的日军第56师团。第2师团主力于8月29日抵达芒市。30日，本多政材下达了作战命令："军决定迅速击破龙陵周围之敌，前出到怒江线，首先救出拉孟守备队，继而营救腾越、平戛守备队"。日军的攻势定于9月3日拂晓开始。日军参与进攻的兵力包括：（1）第2师团6个步兵大队、2个炮兵大队、1个工兵中队约计6000人；（2）第56师团6个步兵大队、2个炮兵大队、1个工兵中队约计6000人；（3）军炮兵队榴弹炮2门、1个山炮中队，约500人；（4）军预备队3个步兵大队、1个工兵中队。③ 日军援军总人数达15000人。

日军第56师团长松山于24日即命令第148联队第3大队增援龙陵。该股日军千余人于27日下午突入龙陵。松山决定先进行龙陵解围作战，于26日夜率师团主力沿滇缅公路东西两侧向龙陵攻击挺进，遭到新39师和第76师的阻击。9

---

① 《卫立煌致蒋介石密电》（1944年6月27-29日），见中国第二历史档案馆编：《抗日战争正面战场》（下），第1515页。
② 日本防卫厅防卫研究所战史室：《缅甸作战》（下），第135~136页。
③ 日本防卫厅防卫研究所战史室：《缅甸作战》（下），第129~130页；《宋希濂致何应钦密电》（1944年9月25日），见中国第二历史档案馆编：《抗日战争正面战场》（下），第1519页。

月 3 日，第 2 师团主力从东南方向攻击龙陵，截至 9 月中旬，两军在龙陵外围阵地展开激战，均伤亡惨重。日军再从芒市出兵增援，夺回大部被占据点。

8 月 23 日，蒋介石将第 5 军第 200 机械化师及炮兵营从昆明调往保山，归远征军指挥，该师于 9 月初已经抵达黄草坝一线，迂回攻击日军龙陵、芒市间交通线。此外，蒋介石又下令将第 20 集团军的第 36 师划归第 11 集团军指挥，该师从腾冲南下，与荣誉 1 师夹击日军，迫使其停顿在龙陵南面。①

截至 9 月 14 日，由于日军腊勐守备队和腾冲守备队均被中国军队全歼，日第 33 军决定停止作战，集中精力救援平戛守备队。9 月 22 日，日军第 56 师团步兵第 146 联队突入平戛，将该部第 1 大队救出，退回到芒市。而日军龙陵守备队长小室于 16 日决定放弃龙陵，尽管后来在第 56 师团的严令下改变了命令，但小室中佐仍于 18 日自杀身亡。②

10 月 29 日，中国远征军向龙陵发起第 3 次攻击。"经五日之激战，将龙芒公路截断，并逐次攻略龙陵城区外围坚固据点"，11 月 3 日凌晨 2 时左右，第 11 集团军完全攻克龙陵。残余日军仅剩四五百人由小路突围，逃回芒市。③

图 5.5　黄维（右）与司徒德上校看望独自坚守阵地的第 71 军中士班长许庆瑞（中）。1944 年 11 月 2 日在龙陵的战斗中，他独自一人打退了日军对阵地的进攻

① 中国第二历史档案馆编：《抗日战争正面战场》（下），第 1516～1517 页。
② 日本防卫厅防卫研究所战史室：《缅甸作战》（下），第 150～152 页。
③ 《卫立煌致蒋介石密电》（1944 年 11 月 3 日），见中国第二历史档案馆编：《抗日战争正面战场》（下），第 1519～1520 页。

图 5.6　中国军队攻占龙陵，举行升旗礼

第 11 集团军第 2 军自 8 月上旬起即对芒市发起攻击，日军凭据坚固工事据守，加之日军第 2 师团于 8 月底抵达芒市，攻势不得不停顿。收复龙陵以后，第 9 师在第 71 军和第 6 军所部的支援下，于 11 月 19 日凌晨 3 时向芒市发动攻击，将老街、新街同时占领，迄至当日下午 4 时左右，"芒市境内余敌悉被我肃清，芒市完全克复"。① 远征军攻克龙陵、芒市后，以第 53 军、71 军主力、第 2 军一部及第 200 师向遮放追击前进。12 月 1 日攻克遮放。②

日军继续向西南退却，据守中缅边境最后的据点畹町，企图凭借回龙山与远征军作最后的抵抗。而远征军也于 12 月上旬在龙陵、芒市一带休整。蒋介石于 12 月 12 日命令远征军"迅速攻击畹町之敌"，而卫立煌则于 15 日复电蒋介石，声称现时进攻畹町存在困难。第一，经过半年作战，远征军伤亡惨重，现在共缺

①　《宋希濂等致蒋介石密电》（1944 年 11 月 20 日），见中国第二历史档案馆编：《抗日战争正面战场》（下），第 1520 页。
②　中国第二历史档案馆编：《抗日战争正面战场》（下），第 1520～1522 页。

额 12 万余人，尤其缺少下级干部。而日军在畹町有七千余人，轻重炮数十门，且地形险峻、工事坚强。"以本军现有兵力，发动大规模攻势，实胜算难操"。第二，需要充足的时间来运送弹药、汽油，抢修公路、桥梁，调配交通工具，筹集各种器材。第三，请蒋介石立即饬令兵役部"在最短期内设法空运补充兵六万名，并予以训练时期……一并收复畹町"。① 21 日，蒋介石电告何应钦、卫立煌，"畹町敌军数目不大，且驻印新一军自攻克八莫后，继续推进，颇为顺利"，命令远征军"从速进攻畹町，以期与驻印军早日会师"。②

　　远征军经过近一个月休整，从 12 月 28 日开始对畹町发动进攻，"敌惟步步凭坚固守顽抗，赖我官兵前赴后继，奋勇搏斗，进展尚称得手"。12 月 30 日攻占佛蚌，1 月 2 日克复戛中及黑猛龙，1 月 4 日占领猛卯，1 月 10 日至 19 日，又先后攻克回龙山、佛结、信结、南虎、佛棒、九谷及其东南高地。至此，远征军已从东、西、北三面包围畹町城。日军于 19 日晚向南突围，远征军又先后攻占大黑山、黑山门等要地，20 日中午将畹町完全攻占。③

　　1 月 27 日，中国驻印军和中国远征军在畹町附近的芒友会师，渗透了无数中国抗日将士鲜血的中印公路与滇缅公路至此贯通。

　　中国驻印军和远征军在恶劣的地理气候条件下，进行反攻缅北滇西作战，取得了巨大胜利。国民政府军事委员会于 1945 年 1 月 29 日发表战讯称，自 1943 年 10 月底以来，我缅北滇西部队"抱攻击决心，及勇敢拼战精神"，"先后发动攻势，转战迄今"，共损伤 79154 人，除毙敌 48858 人及大量房获品外，"打通封锁数年之中印交通，扫清滇缅敌寇，歼灭精锐师团，如第十八、第五十六两个师团

---

　　① 《蒋介石与何应钦卫立煌往来电》（1944 年 12 月），见中国第二历史档案馆编：《抗日战争正面战场》（下），第 1522 ~ 1523 页。

　　② 《蒋介石致何应钦、卫立煌密电稿》（1944 年 12 月 21 日），见中国第二历史档案馆编：《抗日战争正面战场》（下），第 1524 页。

　　③ 《宋希濂等致蒋介石密电》（1945 年 1 月 20 日），见中国第二历史档案馆编：《抗日战争正面战场》（下），第 1525 ~ 1526 页。

全被歼灭，第五十三、第二、第四十七等师团及第二十四混成旅团被击溃。此皆我滇西及驻印军健儿之丰功伟烈"。① 此役，中国军队俘虏日军647人，缴获步枪11644支、轻重机枪601挺、炮160门、战车12辆、飞机3架、汽车606辆、马1430匹②以及其他大量的军用物资。歼灭和消耗了日军的重要力量，配合了盟军反法西斯战场的作战。

---

① 中国社会科学院近代史研究所中华民国史研究室编：《中华民国史资料丛稿》之《大事记》（第三十一辑）（1945年），第17页。

② 何应钦著：《日军侵华八年抗战史》，台湾黎明文化事业公司1982年版，第257页。

第6章
战云笼罩下的大后方

一、经济的发展与萧条

1944 年 9 月，湘桂激战正酣，美国战时生产局局长纳尔逊（Donald M. Nelson）率领他的战时生产顾问团来到重庆。该团的主要目的之一在于援助中国的战时经济。抵渝之后，纳尔逊发现中国的经济已呈衰落之势，各类工厂的开工能力只占 20% 至 50%。[①] 其实，抗战后期国统区经济的衰落不仅表现为工厂开工数不足，而是体现在各个方面。国内外环境的变化和国民政府自身在经济发展方面举措的失当，已将抗战军兴后一度出现的繁荣局面彻底葬送。

抗战爆发后不久，由于上海等沿海城市的工厂大规模内迁，技术力量和资金亦同时流入了后方；战场上对军用物资的需求以及沦陷区民众大量涌入后方对日用品的需求都在猛增；在战争和交通不便的情况下，洋货和沦陷区物资难以进入

---

① 张宪文等编：《民国档案与民国史学术讨论会论文集》，第561页，档案出版社1988年版。

内地；风调雨顺的气候又使国统区连续两年获得了农业大丰收……这些因素都促使了大后方经济的一度繁荣，不仅新设了许多工矿企业，而且产品产量也迅速增加，轻重工业的同步发展（特别是重工业的发展）使中国初步形成了一个基本能够自给的较为完整的工业体系。

国统区经济自1942年起发生逆转。这一年，日军占领了缅甸，大后方与国外的陆上交通被切断。外国的机器零部件和进口原料俱告短缺，有限的空运远远无法满足国统区物资需求，国人忧心忡忡。一些工业企业家认为生产无利可图，转而从事投机买卖或囤积。恰逢农村粮食歉收，这一年的粮价猛烈上涨。国民政府的关税既失，盐税、货物税和其他新开的税源又无法应付庞大的军政开支，只有大量地印发纸币，恶性循环的通货膨胀至此便告形成。在上述诸种原因之下，国统区的各项工业衰落非常明显，以经济部公布的设厂指数而言，1944年较1943年的设厂指数减少约32.56%，其中机器工业仅为1942年的四分之一。除因豫湘桂战役遭受损失的1388家工厂以外，因资金短缺、原料缺乏、产品滞销、企业亏损、动力不足等原因，不得不歇业、改组、撤销、转让的工厂达326家，其中省营工厂26家，私营工厂300家。[1] 举凡钢铁、机器、采矿、炼油、酒精、纺织、印刷、卷烟、造纸、制糖、丝绸等行业，都呈现严重的下降趋势。[2]

农村方面，国民政府自1938年起曾采取了诸多振兴乡村经济的措施，如农业金融机构的设立，生产技术的改良和荒地的开垦等，一度促使了农业生产力的提高，但因封建剥削关系的存在，加之战争与自然灾害的影响，国统区的农村经济同样也陷入了危机之中。在狂涨的物价特别是粮价的吸引下，土地日渐集中于少数人之手。中国人素来就有投资于土地的传统，抗战军兴后有大量的官僚、地主、富商、退伍军官等携资来到内地，于是抢购土地的现象日趋严重。1940年代初的统计表明：土地的集中程度随土质的肥沃而增大，四川全省

---

① 丁日初等：《论抗日战争时期的国家资本》，见《民国档案》1986年第4期。
② 史全生主编：《中华民国经济史》，第486~490页，江苏人民出版社1989年版。

79.07%的土地集中在占人口 8.6%的地主手中；在土地较为肥沃的川西南地区，85%以上的土地被占人口 7.2%的地主所掌握；而在土地最为肥沃的成都平原，90%以上的土地竟被占人口 1.1%的地主所占据。① 土地的这种高度集中，自然就引起了乡村社会结构的变化。地主、富农数量增多的同时，带来的便是中农的没落和佃农、雇工队伍的扩大。在一般情况下，地主们采用增加租额的方式获取高额利润，抗战后期因为通货膨胀的原因便又要求农民重交押租，进而改交实物。农民陷入赤贫之中，生活水平较战前明显降低。据 1944 年 7 月的调查：在四川省璧山县附郭肆乡中，被调查的 261 家农户负债者即达 129 家，平均每户负债 9353 元。②

国统区经济的由盛转衰，是多种因素综合作用的结果。但就总体来说，人为的因素是主要的。在战时的"非常时期"里，为了保证军粮的供应和工业生产的维持，国民政府在大后方实行了战时经济统制政策。举凡粮食、日用必需品、工业器材、外销物资、专卖物资等都在统制之内。作为特殊手段，这些措施为支撑长期抗战起了一定的积极作用，但国民政府在制定管制政策和许多具体措施时，却过分注重了财政收入的增多，不惟消费者的利益无从顾及，即使为数众多的中小资产阶级的合法权益也不去考虑。比如矿产品的统制，在通货膨胀的影响下，矿产成本日高，而资源委员会的收购价格却不见提高，甚至压低，这种反差造成了各矿场的亏损。1944 年 3 月，云南个旧纯锡每吨的收购价格为 11 万元，生产成本则为 50 万元。同年，猪鬃的官价只相当于成本的 38%左右，丝、茶、桐油的产出概莫能外。农民因此不愿生产，致使猪鬃减至年产 20000 余担，为统制前的四分之一，蚕丝产量减至年产 2000 余担，不及统制前的十分之一，桐油产量则降至零。③

以重庆航运业为例。重庆市轮船商业同业公会所属会员公司共计 9 家，"均

---

① 史全生主编：《中华民国经济史》，第 491 页。
② 史全生主编：《中华民国经济史》，第 494 页。
③ 史全生主编：《中华民国经济史》，第 461 页。

因煤价黑市高涨，每吨约达1万元，而官价之煤供应大感不足，故每次长途航行中，往往客货运费所入尚不足煤价"。如民生公司一家，1944年12月赔本就"达7000万元之巨，大有不能维持之势，要求政府将运价管制改为议价办法"。[①] 1944年7至12月，四川省7家航运公司共计亏损1.5亿元，1945年1月物价上涨后，又亏损9000多万元。[②] 1月15日，重庆中国机器棉纺织工业同业工会致函行政院和经济部，申述纺织业困难，要求改善机构，调整棉价，解决原料供应问题。[③] 2月10日，重庆市26个工业同业公会理事长联谊会吁请政府"改善物价管制，不应只限成品，不限原料，只管制重庆，而放弃别处"。[④]

纳尔逊访华期间两次同蒋介石会谈，他直言"感觉中国经济情形甚为严重"，并指出"中国政府方面有若干政策阻碍生产"：（1）"现时财政政策过于紧缩，使生产无法发展"。由于通货膨胀的影响，资源委员会生产的物品价格提高，兵工署因经费不足而无法购买，致使中国"兵工生产因之遂减至百分之五十五"。这样一来，原本可以在中国生产的军工产品，不得不由印度进口，但受空运能力的限制却运不进来。如中国有极好的紫铜，也可生产炸弹和钢壳，"但因中国造价太高，现仍用外来者"。（2）运输问题。他坦言"若运输不能改进，中国经济实有崩溃之可能"。中国只有6000辆卡车，且一半因缺乏零件而无法开动。而美国军队一个军所拥有的卡车数量就不下6000辆。不仅如此，中国的卡车还缺乏燃料。（3）中国政府对私营企业态度存在问题。纳尔逊指出："现时中国商人，似对政府深怀畏惧之心。中国商人，似觉政府未予以深切注意，由于通货膨胀，商人之产品，每因政府限定价格，使其血本不得保

---

① 中国社会科学院近代史研究所中华民国史研究室编：《中华民国史资料丛稿》之《大事记》（第三十一辑）（1945年），第5页。
② 中国社会科学院近代史研究所中华民国史研究室编：《中华民国史资料丛稿》之《大事记》（第三十一辑）（1945年），第27页。
③ 中国社会科学院近代史研究所中华民国史研究室编：《中华民国史资料丛稿》之《大事记》（第三十一辑）（1945年），第8页。
④ 中国社会科学院近代史研究所中华民国史研究室编：《中华民国史资料丛稿》之《大事记》（第三十一辑）（1945年），第27页。

障，商人损失血本，其最严重性实如国家损失其军队。"纳尔逊强调："在战争期间，政府对于经营奢侈品及非战时需要物品之商人，当然不予以援助。惟对愿意协助生产战时需要物品之商人，则应予以支持。"纳尔逊通过美、中两国政府对待"正当商人""给予补助，或高价购买其产品"等不同态度进行对比，指出，"美国物价只较战前高出百分之二十或百分之四十"，而"中国物价则比战前高过五百倍也"。[①]

国家资本的膨胀，也对民间工商业造成了一定的损害。以"四行二局"的存款、外汇和黄金的储蓄而论，1940 年只占全国总数的 1%，至 1944 年升至 32%；以资源委员会而论，其下属的 96 个生产单位中自办的仅有 21 个，28 个来自对地方和私营厂矿的吞并，17 个自其他机关接办，30 个与地方或其他官僚资本合办。[②] 到 1944 年，它在钢铁、动力设备、电器制品、有色金属、石油及石油制品等部门的年产量均超过全国产量的 50%，在电力、焦煤、造纸等部门也取得了支配地位。[③]

农业方面，国家官僚资本除对经济作物和粮食统制外，于农村金融方面也确立了垄断地位。战前，乡间农民的借款绝大多数来自典当、钱庄、地主和高利贷者，抗战军兴后情况大变。国家金融机构对农村的放款 1938 年占农民借款来源的 27%，至 1943 年增加到 59%。[④] 这种农贷规模和范围的扩大多少缓解了乡村金融枯竭的状况，但因豪强地主对基层合作社等机构的把持，将这些低息贷款用于投机或转手放高利贷给农民，一般百姓得益甚少，甚至反多了一层负担。

国统区经济状况的恶化，严重影响了百姓的生活。农民生活苦不堪言，薪金收入者处境更惨。如以 1937 年的实际收入指数为 100，则 8 年抗战期间国统区各

---

① 《蒋主席与纳尔逊谈话记录（一）》（1944 年 9 月 19 日），《中华民国重要史料初编——对日抗战时期》第 3 编《战时外交（一）》，第 184~187 页。
② 史全生主编：《中华民国经济史》第 591 页。
③ 史全生主编：《中华民国经济史》第 465 页。
④ 史全生主编：《中华民国经济史》第 469 页。

阶层的实际收入指数变化如下：①

年份	农民	政府官员（重庆）	教授（成都）	士兵（成都）
1938	87	77	95	95
1939	85	49	64	94
1940	96	21	25	29
1941	115	16	15	22
1942	106	11	12	10
1943	100	10	12	6
1944	81		11	
1945	87		12	

年份	劳工	产业工人（重庆）	产业劳工（四川 8 县）
1938	143	124	116
1939	181	95	126
1940	174	76	66
1941	91	78	82
1942	83	75	78
1943	74	69	60
1944	65（4 月）	41（4 月）	89
1945			

　　但是，金融资本家、达官显贵、军政官员、奸商等社会生活中极少数人，却利用投机买卖、低息贷款、囤积居奇及套购官价的外汇、黄金等手段发了横财。他们的活动，是国统区政治腐败的主因之一。

二、国民党腐败的加剧

　　对国民政府来说，8 年抗战中危险最大、忧患最深的一年莫过于 1944 年。

---

　　① ［美］易劳逸：《毁灭的种子》，第 46 页。

"八个月来，国土丧失之广，战地同胞流离痛苦之深，国家所受耻辱之重，实在是第二期抗战史中最堪悲痛的一页……中国处境的艰危，不但是抗战八年中未有，亦是国民革命五十年以来未曾遭遇的险境"。① 在日军凶猛的攻势面前，国民政府的屡弱、军队的腐败、政府与民众关系极度恶化等悉数暴露无遗，抗战后期的国民政府已是病入膏肓。

表面上看，通过总裁制和国防最高委员会的设立以及国民政府组织法的修改等措施，蒋介石确立了至高无上的统治权威。但实际上，由于统治基础的极度薄弱、派系纠纷的困扰等因素，蒋介石无法在真正意义上行使其权威。1944 年 10 月 12 日，华南方面激战正酣，蒋介石在陪都重庆却发出了由衷的哀叹："党外的环境如此险恶，党内的情形如此泄沓，我们要在这种内外交迫的情况下，雪耻图强，恢复本党过去的地位，使社会民众对于本党仍旧像同盟会时代一样的尊敬仰慕，对我们党员表示诚意的欢迎，自动的接受我们领导，这简直是不可能的事！无论用什么办法，无论叫什么人来领导，都不能发生起死回生的效果了……"② 而且，蒋介石无法了解现代多元政治的模式，其经历中也无分权政治组织系统的思想准备。面对全面抗战以来以共产党为主体的民主力量的蓬勃兴起，蒋介石采取的却是一味的排斥和打击态度。一次次反共事件，当然使中共更加认清了国民党的本质，同时也使中间党派和民主人士感受到了强大的压力。这样一来，蒋介石和国民党的高度集权不仅产生不了任何效果，反而加剧了诸种社会力量与其疏离，使国民政府失去了凝聚民众的力量。

应该说，为了"抗战建国"，国民政府战时在政治方面作了多种努力。在基层，为解决统治基础薄弱的问题，于 1939 年起推行"新县制"；在中央，为了消弥派系纷争的危害，同时为了同中共争夺青年，又建立起了三青团组织；至于行政机构的改革、"三联制"的实行等更是最直接的措施，但所有这些都没有收到蒋介石所预想的效果，特别是三青团的设立，非但没能达目的，反而又额外增添

---

① （台）"国防研究院"等编：《蒋总统集》第 2 册，第 2157 页。
② （台）"国防研究院"等编：《蒋总统集》第 2 册，第 1494 页。

了党团矛盾。① 派系政治的动作与国家的发展目标南辕北辙，任何现代化计划都将无法真正地实行。在豫湘桂战役不断失利的刺激下，国民党内的派系纷争越发尖锐起来，甚至出现了以"南方军人"为核心的反蒋活动。战时的国民政府从来没有牢固地掌握过对国家领土、人民及资源的控制。1944 年，他们能够支配调拨的生产产品只占全国总量的 3%。② 即便是在这个政府能够控制的四川等地区，其触角也无法延伸到乡村基层中去——那里是地主豪绅们的天下。他们仅仅在剥削农民和镇压农民反抗这一点上才谈得到同政府合作，而政府建设和改造乡村的计划却常因触动其既得利益而招致抵制和反抗。虽然，痛斥地主豪绅的言辞在官方文牍和蒋介石的讲演中并不罕见，但百姓们遭受几重压迫的痛苦并没有因此而得到减轻。田赋、摊派、苛捐杂税、战乱和天灾的共同影响，将农民推向深渊。河南省于 1943 年刚刚经历了一场死亡数百万人的饥荒，1944 年便又面临了战火的洗劫。汤恩伯所部军纪极度败坏，成为河南百姓们苦难的渊薮之一。这样，对于豫西民众武力袭击国民党残兵的行为，就不难理解了。同样是在日军的"一号作战"中，湖北的百姓们又因粮税和劳役迭次造反。③

国民党在政治上的腐败，严重影响了军队的战斗力。1944 年 12 月 17 日，蒋介石也承认"现在一般部队暮气太深。习染太重，而毫无生气力量。尤其一般部队的官长很多精神颓唐，纪律废弛，甚至自暴自弃，不顾国家军队的利益，而只图自己如何升官发财……"④ 国民政府兵役制度的弊端更造成军民之间的尖锐矛盾。在征兵过程中，"部队的负责军官往往与地方乡绅、乡镇保甲长相勾结，强拉壮丁、受贿替换、冒名顶替及虐待壮丁等弊端层出不穷。农民一旦被征入伍，政府对被征壮丁家庭又无妥善补偿措施……引起民众反感。而被征壮丁往往受到非人的待遇，难得温饱，缺乏医护，还常受虐待、毒打。士兵被送往前线时形同

---

① ［美］易劳逸：《毁灭的种子》第 3 章。
② ［美］易劳逸：《毁灭的种子》第 1 章。
③ 《湖北省政府施政报告》（1943 年 10 月—1944 年 4 月），中国第二历史档案馆藏。
④ （台）"国防部研究院"等编：《蒋总统集》第 2 册，第 1496 页。

押解，一路上生病死去的和逃亡而去的比例高得惊人"。① 各县、区、乡强拉壮丁、买卖壮丁和欺压群众的现象十分严重。此外，更有些部队私自拉丁、拉夫，甚至吃缺额空饷。据兵役署视察室统计，1942 年 2 月至 1944 年 2 月的两年中，全国就有 2000 多起兵役违法事件。据统计，抗战期间国民政府总计征集壮丁 14050521 人，而送到各地成为士兵的只有 12138184 人，其中 1912337 人不知所终。②

蒋介石对此类弊端早有耳闻，亦深恶痛绝。当 1944 年 10 月，蒋介石因得蒋纬国密报，获知财政部税警团某部在重庆虐待新兵事件后，立即拘押了军政部兵役署中将署长程泽润，并以 "舞弊多端，并利用职权调派工兵建筑私宅" 的罪名，于 1945 年 7 月 5 日将其枪毙于重庆。③ 蒋介石的真正用意是想煞住征兵过程中的腐败之风。同年 11 月，蒋介石又将兵役署改为兵役部，委派鹿钟麟为部长，并下令改革兵役制度。

1945 年 1 月 2 日，鹿钟麟提出改革役政四大方针：（1）实行三平原则，（2）澄清兵役积弊，（3）改善新兵生活，（4）切实优待征属。他并对各级军官提出三点要求：（1）对士兵以父兄之待子弟，严禁虐待；（2）饷物及时发放，不得克扣；（3）实惠征属，违则军法严惩。④ 但真正具体的措施，却没有一项得到落实。国民革命军官兵的素质依然极度低劣。11 日，国民政府通令发动 "献金献粮运动"。财政部长俞鸿钧表示，此次政府发起全国大户献金运动的目的是要改善士兵的生活待遇。他表示要用 3 个月时间募得 200 亿元法币。⑤

上层达官贵人的腐化与底层民众、普通士兵的苦难形成明显反差："抗战日趋艰苦，战士生活艰困，亿兆人民水深火热。食草根树皮，饿殍载道；而后方玩

---

① 王建朗、曾景忠著：《中国近代通史》（第九卷）之《抗日战争（1937—1945）》第 463 页，江苏人民出版社 2005 年 11 月版。

② 何应钦著《日军侵华八年抗战史》附表 9–10。

③ 《中央日报》，1945 年 7 月 8 日。招募新兵时卖壮丁、吃空贪缺也是程泽润的罪名之一。

④ 中国社会科学院近代史研究所中华民国史研究室编：《中华民国史资料丛稿》之《大事记》（第三十一辑）（1945 年），第 2 页。

⑤ 中国社会科学院近代史研究所中华民国史研究室编：《中华民国史资料丛稿》之《大事记》（第三十一辑）（1945 年），第 9 页。

物丧志沉迷荒淫者，却食必数万金，一衣足敷一家灾民的终年温饱，一掷千金，毫无吝啬。"[1] 国民政府的抗战能力一步步趋于衰落；而当国民党对不断兴起的民主运动又持强烈的排斥甚至打压态度时，社会上层精英分子便站到了它的对立面。

三、民主宪政运动之再兴

抗战初期，大后方曾一度出现了抗日的民主气氛，宪政运动也以较大的规模开展起来，但不久即告消失。面对国民党的高压政策，中共方面在"有理、有利、有节"的前提下与之针锋相对地展开斗争，中间派人士则鉴于单个力量的薄弱，逐步走向联合。

1941年3月19日，中国民主政团同盟在重庆上清寺特园秘密成立，青年党、国社党、第三党、中华职业教育社、乡村建设派的领导人参加了会议。会议通过了《中国民主政团同盟政纲》和《中国民主政团简章》，选举黄炎培、张澜、左舜生、张君劢、梁漱溟、章伯钧、罗隆基、李璜、江向渔、冷遹、杨赓陶、丘哲、林可玑等13人为中央执行委员，黄炎培、左舜生、张君劢、梁漱溟、章伯钧等5人为中央常务委员；黄炎培为中央常委会主席，左舜生为总书记。同年9月18日，民盟机关报《光明报》在香港创刊。10月10日，《光明报》刊登了《中国民主政团同盟启事》，公开宣告中国民主政团同盟已经成立，并公布了成立宣言及"十大纲领"等政治主张。1942年，全国各界救国联合会加入中国民主政团同盟，形成了"三党三派"的具有政党性质的政治团体。民盟最初的政治主张是："实践民主精神，结束党治，在宪政实施以前，设置各党派国事协议机关。"[2]

1943年7月6日，中国民主政团同盟主席张澜[3]致函蒋介石，指出目前国内

---

① 《云南日报》社论，1944年5月27日。

② 中国民主同盟中央文史资料委员会：《中国民主同盟历史文献（1941—1949）》，第8页，文史资料出版社1983年版。

③ 黄炎培以赴南洋募集抗战资金为名辞职，张澜于1941年10月继任中国民主政团同盟主席职务。

政局之症结，"皆在政治之未能实现民主"。他认为"必须实行民主……而后可以挽救危局，复兴国家"。① 为了表示对国民党压制民主的不满，民盟领导人张澜、张君劢、左舜生等人长时间不参加国民参政会，"隐示抗议"。②

7 月 13 日，黄炎培利用蒋介石同部分国民参政员共进午餐的机会，向蒋介石提出尽快实施民主的建议，他强调"唯有以人民监督官吏，以人民监督人民……建国从民治下手自是康庄大道"。蒋介石当即表示"宪政自应提前办理"，但后又提出"希望统一军政与实施宪政同时办理"。③

随着这两股民主力量的急剧上升和抗战局势的演变，向国民党要求民主的呼声愈发高涨。盟邦出于共同对日的需要，也不满足于国民党的诸多举措，尤其是它对其他党派的高压甚至武力相向政策。美国政府对于国民党一党独裁的专制统治一直十分不满。早在 1943 年 9 月，罗斯福总统就向蒋介石提出三点建议：（1）"中国宜从速实施宪政"，（2）"国民党退为平民"，（3）"国内各党处同等地位"。④

同年 9 月 6 日至 13 日召开的中国国民党五届十一中全会，虽然通过了《关于实施宪政总报告之决议案》，决定"国民政府应于战争结束后一年内，召集国民大会制定宪法而颁布之，并由国民大会决定施行日期"，但同时还通过了《关于中国共产党破坏抗战危害国家案件总报告之决议案》，使得国共关系再度紧张。因此，在同年 11 月 23 日至 26 日召开的开罗会议期间，罗斯福总统至少两次批评国民政府不是现代民主政府，他对国民党"屯兵陕北围堵中共之措施，并未谅解"；当蒋介石告知罗斯福"中共并未真正抗日"时，"罗亦未能尽信"；罗斯福"请蒋在抗日战事结束以前，邀请中共组织统一而更民主之政府"，蒋介石表示

---

① 《中国民主同盟历史文献（1941—1949）》，第 16~17 页。

② 王建朗、曾景忠著：《中国近代通史》（第九卷）之《抗日战争（1937—1945）》，第 482 页。

③ 中国社会科学院近代史研究所中华民国史研究室编：《中华民国史资料丛稿》之《大事记》（第三十一辑）（1945 年），第 1 页。

④ 中国社会科学院近代史研究所中华民国史研究室编：《中华民国史资料丛稿》之增刊第 5 辑《黄炎培日记摘录》，第 39 页，中华书局 1979 年版；王建朗、曾景忠著：《中国近代通史》（第九卷）之《抗日战争（1937—1945）》，第 483 页。

"在制宪以前，组织国共统一政府，可以同意"，但前提是苏联必须"尊重东北四省之中国主权"。①

1943年9月18日，张澜公开发表《中国需要真正民主政治》一文，要求国民党立即设立一公开法定的协议机关，容纳各党派参政员及参政会外人士，共同审查宪法，促进宪政；立即宣布人民享有依法言论、出版、集会、结社、居住、身体之自由；立即承认国民党外各党派之合法存在与活动等。②

《新华日报》于9月19日发表社论，抨击了国民党的新闻检查制度，指出"民主自由的政治生活"是"实行宪政"所"必需的"，"如果说，要实行宪政，首先要训练人民，使他们有使用民权的能力，那么，（遭检——按：指国民党的新闻检查）民主自由的政治生活就是最好的训练所。（遭检一大段）这道理，和训练游泳最好的方法是投身游泳池一样的简单而明了。"③

《大公报》的社论则指出："民主政治的精髓在于言论自由"，"我们以为言论出版的限制，除非军事外交之涉及绝对机密者外，应该尽可能地把尺度放宽，不必作过分的取缔。"④

1944年元旦，青年党主席李璜在《新中国日报》发表文章，称"如果有野心家要想夺去四万万人的皇冠，来戴在他一个人或几个头上，那末四万万人也要起来把他打倒。以四万万人打倒少数人是很容易的事，袁世凯是一个例，张勋也是一个例"，其矛头直指蒋介石。⑤

国民党虽然挂起了宪政的大旗，但其诚意如何，中共的认识非常清楚。中共中央于1944年7月1日发出《关于宪政问题的指示》，一方面指出国民党"实施宪政"的欺骗本质，另一方面则又指出可利用这个机会冲破其封锁，将民主运动

---

① 梁敬錞：《开罗会议》，第115页，台湾商务印书馆1978年10月第4版。
② 王建朗、曾景忠著：《中国近代通史》（第九卷）之《抗日战争（1937—1945）》，第483～484页。
③ 重庆《新华日报》，1943年9月19日。
④ 《大公报》，1943年9月20日。
⑤ 张宪文等著：《中华民国史》，南京大学出版社2006年，第293页。

推向深入。10 天后，周恩来又提出了实施宪政的三大前提：一是保障人民的民主自由，二是开放党禁，三是实行地方自治。① 中共中央为达到团结抗战的目的，又派出林伯渠等人先后在西安、重庆两处与国民党进行谈判，尽管双方在军队编制、共产党的平等待遇、民主政治的实施等方面因分歧过大，无法达成协议，但这种谈判和协商本身就已达成了宪政运动的主要内容之一。豫湘战场的惨败，使国民党军事上的崩溃和政治上的腐败已无从掩饰。9 月份，为了"一新天下耳目，振奋全国人心，鼓励前方士气，以加强全国团结，集中全国人材，集中全国力量……将日寇打垮"②，林伯渠代表中共在国民参政会上提出了建立联合政府的主张。10 月 10 日，周恩来又在其《如何解决》的著名讲演中，就联合政府的人选、执政原则与职责等作了具体的阐明。在当时的情况下，中共的这一号召对国统区内蓬勃开展的民主运动来说起到了方向性的作用。当中共对宪政运动的推动与民主党派的活动汇合在一起的时候，大后方的民主运动便进入到了一个新的时期。

1944 年 8 月 26 日，罗斯福总统在华盛顿会见行政院副院长孔祥熙时表达了对中国国内政治局势的担忧。他问孔祥熙，"闻国民党内部青年分子对钧座有动摇之意，确否。"并强调"如内部有纠纷，则事态严重……倘内部有纠纷发生，英、苏乘机而起，则美将无词以对"。罗斯福批评国民党"只口说解释，不易征信外人"，要求国民政府"须事实表现举国一致民主精神，使谣言谎评均能改善"。③ 时值国统区民主运动风起云涌，美国舆论对于蒋介石及其国民党独裁批评甚多。正在美国访问的行政院副院长孔祥熙报告蒋介石："国内外籍记者因不明事实，或受人利用，仍有不利消息源源而来，此间应付，不免又增困难。前经电陈钧鉴，并分电布雷、寒操、铁城、厉生、显光诸兄改善。"孔祥熙特别关照："渝方检查制度④，遇有误解，随时改正，不必定予扣留，总使明白实情，免生误

---

① 周恩来：《关于宪政与团结》，见《解放日报》，1944 年 7 月 14 日。
② 《解放日报》，1944 年 9 月 22 日。
③ 行政院副院长孔祥熙致蒋介石电（1944 年 8 月 26 日），《中华民国重要史料初编——对日抗战时期》第 3 编《战时外交（一）》，第 184～185 页。
④ 指国民政府的新闻检查制度。

会，如此反感既少，事实亦明，决不致如现时之讹传也。"①

民主党派游离于国共两党之间，试图以自己的模式来改造中国，因其主要活动在国统区，对国统区民主政治的实施状况便尤为关注。第一次民主宪政运动在高压下失败后，他们并没有消沉，反而认清了国民党一党专制的本质。宪政运动既已重开，他们便以更大的热情投身其中。宪政实施协进会、民主宪政促进会、宪政研究会等团体分别出现于重庆、成都和昆明。山城重庆的气氛尤为热烈，沈钧儒等不仅召开了民主宪政的座谈会，还创办起《宪政月刊》、《民宪》等杂志，广为宣传民主思想。民族工商业的代表在要求政治民主的同时，又强烈呼吁生产的自由和取消统制政策。在昆明等处，知识分子们除创办《自由论坛》杂志外，还纷纷外出演讲，将自由民主的种子撒向年轻学子。至1944年下半年，面对前方惨败的现实，民主人士对国民党领导抗战的能力已不仅仅是怀疑的问题了。在9月初的国民参政会三届三次会议上，参议员们纷纷对国民政府提出质询，其用词之严厉，涉及问题之多，前所未见，举凡豫湘战败、通货膨胀、贪污舞弊、钳制舆论、反动教育等都在其中。在民主人士看来，没有民主，这些问题都无从解决，而民主又不是用磕头的办法可以磕出来的。② 在昆明数千名大学生的集会上，潘光旦、闻一多等名教授慷慨陈词，要求青年们"加紧争取民主、争取自由，不要吝惜任何牺牲"，"我们应该再来一次闹"来结束这"可怕冷静"。③

9月底以后，由于中共联合政府的号召和具体步骤的提出，民主自由的强烈呼吁便有了较为具体的内容。中国民主政团同盟为扩大自己的阵营，特易名为"中国民主同盟"，这样就可使那些爱国进步的无党派人士亦可入盟。10月25日，宋庆龄等72人发起重庆各党派各阶层数千人举行了追悼邹韬奋大会，又强烈呼吁向法西斯进攻。此后，要求民主和成立联合政府的呼声愈来愈高，斗争的形式愈发多样，日趋激烈，由座谈会、讲演会发展到游行示威，爱国民主运动的高潮，

---

① 行政院副院长孔祥熙致蒋介石电（1944年10月16日），《中华民国重要史料初编——对日抗战时期》第3编《战时外交（一）》，第197页。

② 张澜语，见《新华日报》，1944年9月6日。

③ 龚古今等：《中国抗日战争史稿》（下），第307页，湖北人民出版社1984年版。

一直持续到次年的春天。

1945 年 1 月 1 日，中华民族解放行动委员会（第三党）负责人章伯钧在重庆《新华日报》发表《1945 年新年献词》，希望中国成为"真正民主而又统一的国家"，并建议召开紧急时局会议，"树立以实行三民主义为最高国策之各党派的民主统一政府"。而黄炎培、褚辅成、王云五、冷遹、吴蕴初、潘序伦、史良等 60 余人在同一天的《新华日报》上联名发表献言，要求国民政府与各党派各界切实合作，挽救时局。①

国统区内第二次民主宪政运动的浩大声势，对国民党内也形成强大的冲击。一部分元老派和稍具民主色彩的人士都公开表达了对蒋介石国内政策的不满。1944 年 5 月 26 日，国民参政会秘书长邵力子先生要求"我们必须把一切不忠心于民主政治的人，清洗出去"。6 月初，他又向林伯渠表示："（1）非国共合作、国内团结，不能打倒敌人。（2）非开放党禁、实行民主、使各界人士参加政治，中国不能前进。（3）蒋先生非改变作风、排除包围，中央政治无法清明。"② 7 月 7 日，国民政府立法院院长孙科又发表了《我们的唯一路线》一文，这路线便是要"与美英苏三大盟国更加亲善切实合作，赶速施行民主政治，彻底发动全民力量。"③ 冯玉祥等人亦不断呼唤新的改革，以避免亡国之痛。地方实力派人物亦卷入到民主宪政的浪潮中。自 5 月份起，他们以《华西日报》（成都）、《云南日报》（昆明）、《新蜀报》（重庆）等为喉舌，强烈要求当局改弦更张，实行民主政治以挽救危机。

抗战后期国统区的民主宪政运动以如此巨大的规模展开，远远超出了国民党的预料之外。面对多方面的巨大压力，它不得不有所表示，但对民主宪政特别是联合政府这些具体条件来说，又无一能够真正的接受。

1945 年 1 月 1 日，蒋介石向全国发表元旦广播讲话，宣布"一俟我们军事形势稳定，反攻基础确定，最后胜利更有把握的时候，就要及时召开国民大会，颁

---

① 重庆《新华日报》，1945 年 1 月 1 日。
② "国民党党务机关档案"，中国第二历史档案馆藏。
③ 《华西日报》，1944 年 7 月 14 日。

布宪法……归政于全国的国民"。① 在蒋介石看来，"国民政府如将一切政权或责任交给各党各派，则中央政府权威必日日在风雨飘摇之中，其结果必使抗战崩溃，革命失败，将使国家引起可怖的变化。"② 在这样的考虑面前，国民党自己提及的"宪政"问题便被丢到一边了。

四、史迪威事件与中美关系的低潮

在中美关系的发展史上，1944 年是个至关重要的年份。自太平洋战争爆发起，美国政府的亚洲政策天平上，中国的分量就大大加重了。同国民政府联系的加强，巨额援助的增拨，很显然地有双重目的：首先是利用中国对抗日本，最大限度地减轻美军在太平洋战场的阻力及伤亡；其次是考虑到了中国的战略地位，尽管目前尚不能提供给美国以军事方面的支持，但在今后的 25 年或 50 年是非常有用的，一个友好的中国可以成为抵制苏联在亚洲进行扩张的缓冲地带。③ 而蒋介石为首的国民政府考虑的则是多多获取美国的援助，并促使美国改变"重欧轻亚"的战略，以尽早结束对日战争。

1941 年底，中国战区最高统帅部成立，以蒋介石任最高统帅。蒋介石就任后，立即通过驻美代表宋子文请罗斯福选派其亲信高级将领来华担任参谋长。蒋介石此举的目的非常清楚，即通过担任其参谋长的美国将领来同美国建立密切的联系，要求美国"尽速拟具中国战区整个作战之计划"，以寻求依赖美英力量，尽快结束战争。④ 他"不需要是远东问题的专家"，⑤ 但却要在美国有较高的地位和影响，能左

---

① 中国社会科学院近代史研究所中华民国史研究室编：《中华民国史资料丛稿》之《大事记》（第三十一辑）（1945 年），第 1 页。
② 《蒋介石在宪政实施协进会上的讲话》（1945 年 3 月 1 日）。
③ 迈克尔·沙勒著，郭济祖译：《美国十字军在中国，1938—1945》中译本，第 99 页，商务印书馆 1982 年版。
④ 梁敬錞：《史迪威事件》，第 59 页，台湾商务印书馆 1973 年出版。
⑤ ［美］巴巴拉·塔奇曼著，万里新译：《史迪威与美国在华经验》（上），第 341 页，商务印书馆 1985 年。

右其对华政策。但美国派遣军事代表来华的目的则在于"保障滇缅公路畅通,指挥分配给他的中国军队,帮助提高中国军队的战斗力和提高美国对中国政府的援助效用,以把战争打下去"。①

没想到,美国方面派来的却是陆军第 3 军军长史迪威中将。史迪威曾于 1926 年 9 月来华,担任美军驻天津步兵第 15 团营长。1935 年 7 月又来华任美国驻华武官,是美国高级军官中唯一精通汉语的人。抗战前期,他曾领导一个情报组向美国报告中国抗日战争进展情况,并在兰州、台儿庄、长沙、重庆等地考察战况。其 40 多年的军旅生涯有三分之一在中国度过。他性格刚直、坦率,对蒋介石及其政府了解甚深,因为深知蒋介石"更多的是关心自己,保住中国而不是关心使世界免遭轴心国的蹂躏",而对被选来华,开始并不乐意。而蒋介石对史迪威也早有所闻,对其性格和能力颇有微辞,只不过是出于外交礼貌,才接受美国政府的此项安排。② 史、蒋之间的关系,一开始就出现了矛盾的阴影。

图 6.1　中国战区参谋长史迪威

---

①　[美] 巴巴拉·塔奇曼著,万里新译:《史迪威与美国在华经验》(上),第 347 页,商务印书馆 1984 年版。

②　[美] 伊·卡恩:《中国通:美国一代外交官悲剧》,第 97 页,新华出版社 1980 年。

如果说国民政府同美国在对日战略问题上的分歧一开始就较为明显的话，那么蒋、史之间关系的演变就使得分歧越发扩大。

1942 年 1 月 19 日，美国陆军部长史汀生（Henry L. Stimson）向中国政府阐明了美国驻中国战区军事代表的职权：（1）办理所有在中国之美军贷援华事宜。（2）在蒋介石统辖下，指挥所有在华之美国军队，及蒋介石自愿交与指挥的某部中国军队，如遇此项军队有在缅甸参加作战之必要时，其作战计划应受魏菲尔之指示，但实行作战则由美军官指挥。（3）代表美国参加在华之一切国际军事会议。（4）维持及管理中国境内滇缅公路运输事。只有当蒋介石同意上述各项条件，美国才有可能增加华南、缅甸区域的空军力量，补充中国军队若干师的装备，维持滇缅公路；英国才有可能提供印度及缅甸的一切军事据点、路线、站所。史汀生还补充道，该军事代表兼任中国战区参谋长。①

蒋介石对于美国代表上述职权的表述非常不满。他于 1 月 21 日、22 日两次打电报给宋子文，要其向美方表明"其在华之美代表以及高级军官，皆应受中国战区联军参谋长之节制指挥，而联军参谋长须受统帅之命令而行"的态度。②

然而当史迪威于 3 月 6 日在重庆谒见蒋介石，向其陈述来华使命时，独独漏掉了中国战区参谋长一职，只是在蒋介石追问下，史迪威才作了肯定的答复。这使蒋介石极为不快。于是，从史迪威来华伊始，其身份与地位问题便引起了中美双方的争议。史迪威在华身兼美军驻华军事代表、在缅中英美军队司令官、对华租借物资管理统制人、滇缅路监督人、在华美国空军指挥官、中国战区参谋长等多职。然重点却不是蒋的参谋长，而是美军的代表。正如他自己所言："本人基本地位，为保持美国之利益。"③ 这样，美国利益与国民政府利益间的冲突，便以史、蒋个人之间矛盾的形式表现出来。

到 1942 年 7 月，终于导致了史迪威和蒋介石之间的第一次冲突。当时，蒋介

---

① 《中华民国重要史料初编：对日抗战时期》第 3 编《战时外交（三）》，第 110~111 页。
② 《中华民国重要史料初编：对日抗战时期》第 3 编《战时外交（三）》，第 113~114 页。
③ 梁敬錞：《史迪威事件》，第 68 页，商务印书馆 1973 年版。

石要调拨中国航空公司的两架运输机给军委会航空委员会使用，遭该公司美方官员的拒绝。他便要史迪威出面解决，史迪威认为蒋介石不能用命令方式去得到这些飞机。于是，他于 7 月 2 日致函蒋介石，再次陈述了自己在华的地位和职权，强调自己是美国总统的代表。更令蒋介石无法容忍的是，史迪威在信中以美国总统代表的身份同意蒋介石支配这两架美国运输机。①

蒋介石觉得自己受到了侮辱，从此拒不接见史迪威，并于当日致电宋子文，要他同美国政府商讨史迪威的职权问题。蒋介石称史迪威此举使"中国对租借物之受予形同乞怜求施"，指出中国战区参谋长"应服从统帅命令，所有其他地位皆不适"，指责史迪威"以总统代表资格挟制统帅"。② 7 月 9 日，蒋介石再次电告宋子文，称史迪威"在缅甸战败后，言行无常，似有神经病状态，望其在华尽职，恐非所能"，希望美国将其召回。③ 但美国政府坚持认为史迪威身份具有参谋长与美国政府代表的双重性，并表示，除了史迪威之外，美国派不出更适合的人选。罗斯福请宋子文转告蒋介石，史迪威信函中所坚持的立场没有错。尽管宋子文没敢转达，但蒋介石仍然获悉了罗斯福的态度，他指示宋子文，如果罗斯福认为史迪威信函中所言是正确的话，他就要辞去中国战区总司令一职，并取消中国战区。④ 罗斯福不得不让步，取消原议复电，改派居里赴华，调停蒋、史矛盾。居里访问重庆的结果，虽然缓和了两人的关系，但对史迪威的双重身份仍坚持不让步。这是蒋介石第一次向美国提出撤换史迪威的要求。

蒋介石同史迪威在缅甸作战问题上亦有较深的分歧。蒋介石由于对英国人存有戒心，一再叮嘱史迪威不要让中国远征军冒险突进，而应将远征军部署在曼德勒一线。但史迪威认为"缅甸之重要甚于英国，英国可失缅甸而中国则否"，力劝蒋介石倾全部兵力来保卫缅甸。史迪威主张以攻为守，在仰光失陷后，仍将第 5 军的新 22 师、第 96 师调往彬文那，支援第 200 师在东瓜的作战，并准备调动更

---

① 《战时外交（三）》，第 608~609 页。
② 《战时外交（三）》，第 609~610 页。
③ 《战时外交（三）》，第 611 页。
④ 《战时外交（三）》，第 614 页。

多的兵力，向东瓜之日军发起进攻。蒋介石对彬文那之战并不积极，暗中命令援军放慢前进速度。最后，由于多方面的因素，远征军在缅甸遭到失败。史迪威片面地把失败原因归咎于蒋介石"经常干涉和写信所造成的后果"以及"愚蠢、恐惧和单纯的防守态度"，①而蒋介石亦对史迪威的作战方案十分不满。他在给宋子文的电报中批评史迪威"仍以 15 年以前之目光视我国家与军人，故事多格格不入"，称缅甸战事失败之原因，"全在战略之失败"，对史迪威将责任推诿给中国高级将领的做法大加抨击，声称自己"从未曾见过推诿罪过逃避责任以图自保有如此之甚者也"。他还对史迪威在远征军撤退期间的表现很恼火，指责史迪威不顾远征军而"竟自赴印度"，"并未对我有一（中与史本约有特用密码本，平时皆直接通电）请示或直接报告，于情于理，皆出意外"。②

此外，在对待中国共产党及其军队的态度上，史迪威的做法引起蒋介石强烈反感。史迪威对蒋介石派几十万大军围困陕甘宁边区的做法非常恼火，为了增加中国军队抗击日军的能力，史迪威于 1943 年 9 月，连续 3 次向蒋介石提出建议，要求"使用中共军队在晋绥方面牵制日敌，以减轻平汉路国军之压力"，并表示愿以租借物资来装备中共军队。③ 更令蒋介石无法容忍的是，史迪威还建议"转移西北兵力来阻止日军"，派胡宗南部几个师向郑州、新乡进攻。④ 蒋介石因此对史迪威的印象极坏，指责他"不知共党 10 年来经过之历史，更不明了最近共党之内容及其阴谋之所在，徒听共党之煽惑，助长共党之气焰"。⑤ 于是，蒋介石第二次提出撤换史迪威的要求，只是由于美、英政府的坚决抵制，蒋介石才不得不暂时放弃这一要求。

最后，蒋介石对于史迪威控制美国租借物资深为不满。在史迪威来华之前，

---

① Theodore H. White, *Stilwell's Papers*, New York, 1948, p. 77.
② 《战时外交（三）》，第 603 ~ 604 页。
③ 梁敬錞：《史迪威事件》，第 63 页。
④ Charles F. Romanus and Riley Sunderland, *Stilwell's Mission to China*, *United State Army in World War Ⅱ*, Washington D. C., 1953, p. 367 ~ 369.
⑤ 《战时外交（三）》，第 632 页。

美国援华物资一经装船离岸，所有权即归中国，可以由国民政府和蒋介石个人任意支配。但史迪威及其助手们主张租借物资应受到美方严格监督，以防止国民政府不用这些物资抗击日本，而是"最终用来对付共产党和国内的其他敌手"。① 因此，史迪威订立的原则是：美援物资只给予那些同日军作战的部队。蒋介石后来气愤地谈到：在1944 年 6 月以前，"除云南远征军外，中国全部军队，并未得到美国租借案一枪一炮之供给"。蒋介石甚至将中国军队在豫湘桂战场的失败也归咎于史迪威，声称史氏进攻缅北，导致战事不利，要求中国增兵，致减弱其他中国战场之兵力，使"大部分之中国总预备军，其训练及装备良好者，几完全消耗于缅甸战场"，指责史迪威"置华东战场之成败于不顾，甚至华东最危急之时，彼犹坚拒拨发业已运抵云南可供华东战场应用之武器"。②

于是，蒋介石和史迪威的冲突最终全面爆发。

1944 年 4 月，日军发动"一号作战"，仅用了 1 个多月时间，就将河南 40 万中国军队击溃，占领郑州和洛阳，打通了平汉路。同年 6 月 18 日，长沙被日军攻占，战略重镇衡阳危在旦夕。美国对于中国军队的溃败十分不满，马歇尔为此于7 月初向史迪威征询解决中国危机的良策。史迪威提议由罗斯福总统写一封措辞强硬的信给蒋介石，迫使他授予史迪威指挥军队的全权，率军"从山西发动反攻，经洛阳向郑州和汉口进攻"，特别应强调共产党军队也应参加反攻。史迪威指出，罗斯福必须用最强硬的语气向蒋介石提出这些要求，"否则他将继续敷衍"。③

7 月 7 日，罗斯福致电蒋介石，对华中战局表示了忧虑，认为必须迅速采取紧急措施，即由史迪威"统率全部华军及美军，并予以全部责任与权力，以调节与指挥作战，用以抵抗敌人之进占"。罗斯福还表示要授予史迪威"调节盟国在华资力之全权，并包括共产党军队在内"。④ 对于罗斯福的要求，蒋介石不便公开

① 《美国十字军在中国》，第 110 页。
② 《战时外交（三）》，第 685～686 页。
③ ［美］迈克尔沙勒：《美国十字军在中国》，第 110 页。
④ 《战时外交（三）》，第 634～635 页。

反对，于是，他在7月8日致罗斯福的电报中，表示希望美国"能派遣一私人完全信任之有力的全权代表，且能有远大之政治目光与能力者，得以随时与余合作，并可调整余与史将军二人间之关系"。① 7月10日，蒋介石又通过孔祥熙转告罗斯福："国内之军队，性质复杂，决非任何外国军官所能了解，如一旦贸然交其指挥，不仅不能指挥如意，而难免发生意外。"他要孔祥熙向罗斯福强调："以物资支配权完全集中于史个人，而我政府不能预问，以及包括共产军在内二点，关系于合作前途最为重要，若不改正其观念，则必引起全国军民不良之反响，更使史迪威将来不能与中国军队之合作。"②

7月22日，美军观察组赴延安访问，此举得到史迪威支持，从而激化了蒋、史矛盾。23日，蒋介石命令孔祥熙向罗斯福转达任命史迪威统率中国军队的3个条件：（1）共产党军队能否在统率之列，"当视该军以后能否即时接受中央政府之军令与政令而定"；（2）在授予史迪威职权之前，必须确定其职权名称以及同蒋介石的关系；（3）租借法案物资的支配权应"完全归于中国政府或最高统帅"。③

8月间，中国战场局势进一步恶化。衡阳于8月7日失陷，日军沿湘桂铁路向广西进犯。23日，罗斯福急电蒋介石，要求他立即授予史迪威指挥中国军队职权，"苟再有稽延，则此或将对于挽救现存之军事危机，失之太晚"，同时表明了动员中共部队参加进攻的态度，指出"当此敌人正向吾人进迫之危险中，对于任何能打击日本者之助力，似不宜予以拒绝"。④

9月6日，美国特使赫尔利由印度飞抵重庆，史迪威同机到达。围绕史迪威的指挥权问题，中美双方进行了一系列秘密会谈，但广西战局的严重，反而使蒋史矛盾进一步激化。起因是：9月5日，日军驻滇西的第2、第56师团由芒市（今潞西）向龙陵附近的中国远征军发起反攻，意在先击败远征军然后转道进攻

---

① 《战时外交（三）》，第637页。
② 《战时外交（三）》，第638页。
③ 《战时外交（三）》，第646页。
④ 《战时外交（三）》，第654页。

密支那的中美联军，重新控制滇缅路。在广西方面，日军于 9 月 14 日攻陷全县，桂柳受到严重威胁。蒋介石因此而几次命令史迪威调驻印军由密支那南下进攻八莫，以缓解日军对滇西远征军的攻势，但史迪威以驻印军需要休整，拒绝执行该项命令。9 月 15 日，蒋介石将史迪威由昆明召回，要求他立即率驻印军进攻八莫，如一星期内不见行动，就要将远征军撤回怒江东岸。史迪威断然拒绝该项命令，并向蒋介石强调指出，围堵中共的胡宗南部队完全可以南下解救远征军。[①] 同日，史迪威向美国政府报告了蒋介石的这一举动。

美国当局接报后异常愤慨，罗斯福于 9 月 18 日向蒋介石发出一份措辞严厉的电报，警告蒋介石如"不立即补充缅北部队，或不立即派遣生力军协助在怒江方面之华军，则吾人将完全消失开放接济中国陆路之机会，而且直接危害现有之空运途径"，果然如此的话，蒋介石必须承担全部后果。电报批评蒋介石"延搁委任史迪威将军指挥中国所有之军队，致损失中国东部之重要土地，其影响之大殊非吾人所能预测"，电报要求蒋介石"立刻补充怒江方面之部队，加紧继续推进，同时立即委任史迪威将军授以全权指挥所有之中国军队"。[②] 更令蒋介石不能容忍的是，罗斯福的这份电报不是发给蒋介石本人的，而是由史迪威于 9 月 19 日当面转交的。蒋介石认为这种方式是对他本人和中国政府的侮辱。当晚，蒋介石召见赫尔利，要求美国立即召回史迪威，并称"史迪威在华一日，中美商谈一日不能进展"。[③]

9 月 24 日，蒋介石再次向史迪威阐明发展中美关系的三项原则：（1）不能使共产党赤化中国；（2）有损于中国主权的事决不允许；（3）"中美两国合作如不本乎友好和善之精神，而稍涉强迫之行径，则不仅于个人人格有损，于整个国家之尊严，更有大妨碍"。他指责史迪威缺乏政治与战略头脑，以其任中国战区全军统帅之责，"更非所宜"。[④] 次日，蒋介石又向赫尔利递交备忘录，重申调走史

① Theodore H. White, Stilwell's Papers, p. 330.
② 《战时外交（三）》，第 658~659 页。
③ 吴相湘：《第二次中日战争史》（下），第 1044 页。
④ 《战时外交（三）》，第 667~669 页。

迪威的立场。26日，蒋介石又致电在美的孔祥熙，表示史迪威"决难再留，如有人来说情，应严正拒绝"。① 当时，马歇尔等美国军方领导人仍对史迪威表示支持，认为此事问题"全在中美是否合作"。② 为此，罗斯福于10月6日致电蒋介石，同意解除史迪威中国战区参谋长和租借物资分配人的职务，但希望蒋介石同意仍由其指挥滇缅战场的中国军队。③ 但蒋介石加以坚拒。此时在中国的赫尔利也在向罗斯福施加压力。他在10月10日给罗斯福的信函中声称："如果你在这场争论中维护史迪威，你将失去蒋介石，并且你还会连同失去中国……如果我们让中国崩溃，如果我们不能让中国军队继续参战……美国势必在中国遭到失败。"④

罗斯福在权衡利弊后，决定向蒋介石妥协。10月19日，他致电蒋，同意将史迪威召回，并由魏德迈继任。10月20日，蒋介石会见了史迪威，对要求召回他一事表示遗憾，并称他们在性格上不合，而史迪威则告诉蒋介石，他的动机只是为中国好。⑤ 当天，蒋介石将中国的最高勋章——青天白日大绶章授予史迪威，但史拒绝接受。10月21日，史迪威离开重庆，经昆明、印度返回美国。

10月31日的《纽约时报》在头版发表驻重庆美国记者阿特金森（Brooks Atkinson）撰写的文章，批评美国政府召回史迪威，是中国"垂死的反民主政权的政治胜利"，它使美国对于"在中国越来越丧失民心和得不到信任"的政府至少必须给予消极的支持，这"实际上是要我们默认一个不开化的残忍的独裁政权"。⑥

史迪威事件爆发的深层原因在于开罗会议后美国轻视中国战场而导致蒋介石的不满，史迪威实际上是中美战略矛盾与冲突的牺牲品。德黑兰会议后，由于苏联允诺对日参战，中国战场的地位大大下降。随着美国海军在太平洋上的胜利和

---

① 《战时外交（三）》，第674页。
② 《战时外交（三）》，第683页。
③ 《战时外交（三）》，第677~678页。
④ ［美］迈克尔·沙勒：《美国十字军在中国》，第172页。
⑤ Theodore H. White, Stilwell's Papers, p. 346~349.
⑥ 陶文钊著：《中美关系史》（1911—1950），第327页，重庆出版社1993年。

中国军队在豫湘桂作战中的溃败，美国军方看淡中国战场未来的军事价值。马歇尔于 1944 年 5 月 27 日电告史迪威："阁下赴华之主要任务……已有变更，即今后中国战场之作战工作，均以支援太平洋与西太平洋作战为主，击败日本，最好勿在中国大陆苦战。"① 史迪威事件使中美关系出现严重危机，尽管美国政府屈从了蒋介石的意愿而将史迪威解职，但对于美国来说，中国战场的军事价值已经基本丧失。与史迪威政见相同的美国驻华大使高思（Clarence E. Gauss）也于 1944 年 10 月 31 日辞职。"那些在中缅印战区采访过的记者都发表了他们未写成或未获准发表的报道，新闻特写、社论、专栏作家和电台评论员的评论构成了'巨大幻灭情绪的突然爆发'，国民党一党专政、腐败无能的丑事统统被抖擞了出来。"②

五、美国与中共的关系

为了打破国民政府对陕甘宁边区的军事包围和经济封锁，中国共产党将对美关系放在非常重要地位。中共中央从对日作战的大局出发，早在太平洋战争爆发时就发布了《关于建立太平洋反日统一战线的宣言》，要求全党在"各种场合与英美人士诚恳坦白的通力合作"。③ 中共中央代表周恩来利用在重庆的各种机会同美国官员和记者广泛接触，向他们介绍中国共产党和八路军、新四军在敌后抗击日本侵略军的战绩。1942 年 5 月下旬，周恩来在重庆会见随同美国军事代表团来访的老朋友斯诺时，除了邀请该团和美国记者去延安参观外，还请斯诺给白宫行政助理居里带去一封信。该信一方面表达了中共不论在任何困难的情况下都必定坚持抗战到底、反对内战的决心，另一方面，该信也指出："中共领导的军队虽然两年来没有得到国民政府的任何补给，在装备上远逊于国民党军队，但却牵制

---

① 《开罗会议》，第 220 页。
② 陶文钊著：《中美关系史》（1911—1950），第 327 页。
③ 《解放日报》，1941 年 12 月 13 日。

着日本在华兵力总数的将近一半；为了有效地打击敌人，希望得到同盟国援华物资的一部分。"① 同年 11 月，周恩来在同美国驻华使馆参赞范宣德（John Carter Vincent）、二等秘书兼中缅印战区美军司令部政治顾问谢伟思（John S. Service）会谈时，表达了希望美国运用其影响力改善国共关系的愿望。② 此外，周恩来多次向美驻华使馆的官员建议在陕甘宁边区内设置领事馆，派遣军事观察组，并表示如蒙蒋介石同意，可派兵由史迪威指挥开赴前线。在周恩来看来，美国对国民党的影响是改变中国形势的唯一力量，希望利用此力量来促使国民政府的改革，以制止内战。③ 这些计划尽管都没能实行，但中共同美军的合作事实上已经展开了。中共军队不仅在各地营救起美军的飞行员，还将收集的情报转呈给史迪威的司令部。正是在与中共接触的过程中，史迪威及其助手戴维斯、谢伟思等对中共有了了解。为了掌握更多的第一手资料，他们希望能够进入共产党的区域内考察。1943 年 3 月，周恩来在同美国驻华使馆秘书戴维斯（John Davies）谈话时再

图 6.2　1944 年夏季，冀热辽军区记者罗光达在昌黎县采访被我军营救的美军飞行员

---

① 中共中央文献研究室：《周恩来年谱（1898—1949）》，第 532 页，中央文献研究室、人民出版社 1989 年版；陶文钊著：《中美关系史》（1911—1950），第 303 页。

② 陶文钊著：《中美关系史》（1911—1950），第 304 页。

③ 袁明主编：《中美关系史上沉重的一页》，第 79 页，北京大学出版社 1989 年版。

次表示，欢迎美国政府派一批军官作为观察员去陕西、山西等地搜集情报。他特别向戴维斯指出，这个观察组不是临时性的，而是常驻性的。①

驻华美国外交官在对蒋介石和国民政府失望的同时，对中国共产党和延安抗日根据地产生了浓厚兴趣。他们一致认为周恩来的建议是可取的。因此，谢伟思于 1943 年 1 月、戴维斯于 1943 年 6 月和 1944 年 1 月分别提出备忘录，要求美国政府考虑派一个观察组去延安和华北、西北敌后抗日根据地进行考察。为了引起罗斯福总统的重视，戴维斯将其 1943 年 6 月 24 所写题为《美国利益在于中国的团结》的长篇备忘录副本寄给了白宫特别助理霍普金斯（Harry L. Hopkins）和居里。②

罗斯福终于 1944 年 2 月决定派遣一个观察组去中共控制区进行考察。罗斯福力图通过这一举动，一方面能够推动国民党军队的积极抗日；另一方面也可以增加美国对中国共产党的影响。因此，他于 1944 年 2 月 10 日致函蒋介石，提出"立即派遣一美国观察团至陕北、山西以及至华北其他必要之地区"的建议。蒋介石于 22 日致电罗斯福，表示"已饬知军政部与史将军总部拟定此一视察团前往中央政府政治力量所及以及敌伪军队驻扎各处"。③ 这实际上等于含蓄拒绝了罗斯福的要求。3 月 9 日，罗斯福再次致电蒋介石，说美国中缅印战区司令部已准备在短期内派出一个使团赴共产党控制区进行考察。3 月 17 日，蒋介石致电罗斯福，声称"中国共产党表面虽宣称拥护中国政府抗日之政策，然自二月以来……已秘密调集各地之游击队，而集中于陕北，显然准备于有利时机，实行叛变，并夺取吾人黄河流域作战基地之西安"。而罗斯福于 3 月 22 日复电蒋介石，称"已令史迪威将军向贵国军政部长商订视察团旅行协定，俾得从早实行"。④

1944 年 6 月，美国副总统华莱士访华。在为华莱士访华准备的备忘录中，谢

① 陶文钊著：《中美关系史》（1911—1950），第 304 页。
② 《美国外交文件》，1943 年中国卷，第 258～266 页；陶文钊著：《中美关系史》（1911—1950），第 304 页。
③ 《战时外交（一）》，第 163～164 页。
④ 《战时外交（一）》，第 164～165 页。

伟思提出，美国应给予中国共产党的军队以援助与合作，同时改革蒋介石国民党政府。5月中旬，华莱士在美向参众两院议员表达了"对中共问题，颇为留意"的态度，并期望能够在重庆会见中共领导人。而中国驻美大使魏道明就于5月14日秘密拜会华莱士，"切盼其不与中共会面"。① 蒋介石遂于5月20日致电魏道明，要其向华莱士非正式表达这样的态度，即"华莱士副总统来华，如有调解中央与共产党合作之表示，则中国抗战局势不仅因之动摇，而以后共党势力必更加枭（嚣）张"。②

6月20日，华莱士飞抵重庆。美国务院远东司中国科科长范宣德、战时情报局太平洋分局局长拉铁摩尔（Owen Lattimore）、对外经济联络处对外供应科首席联络官哈查德（Hazard）等随行。华莱士一行4人在5天的逗留期间，于重庆与蒋介石进行了多次会谈，并到访了云南、兰州等地。华莱士访华是在美国政府充分认识到中国共产党的重要性和中国国民党拒绝与中国共产党接触的背景下进行的。在6月23日上午9时同蒋介石的会谈中，华莱士首先强调美国对"中国共产党并没有兴趣，我们有兴趣的是进行战争"。范宣德也指出，"美国陆军对共产党丝毫没有兴趣，但有迫切的原因要进行对日战争，驱逐日本出中国"。他要求将"蒋主席与共产党取得协议的问题与美国陆军取得情报的问题分开处理"。蒋介石"完全改变昨晚的态度，说：'可以这样做。'"③当天傍晚5时，会谈又重新开始。华莱士称他在重庆的美国大使馆接到罗斯福总统的信，"要他强求蒋主席批准陆军观察组出发"。华莱士随即"读罗斯福总统信给蒋主席听。范宣德先生将早晨的谈话作了简短的回述而且问蒋主席是否观察组一组成就可以启程？作了这样了解是否正确？蒋主席的回答是肯定的。"④ 蒋介石被迫同意了观察组的派遣。蒋介石主张用"军事视察组"名义，宋美龄建议改成"美国陆军调查组"，但最终定名为"美军中缅印战区驻延安观察组"，简称美军观察组。

---

① 《战时外交（一）》，第861页。
② 《战时外交（一）》，第862页。
③ 《中美关系资料汇编》（第一辑），第578页，世界知识出版社1961年版。
④ 《中美关系资料汇编》（第一辑），第579~580页。

　　1944 年 7 月 22 日、8 月 7 日，代号为"狄克西使团"（Dixie Mission）① 的美军观察组成员共计 18 人，分两批抵达延安。观察组长由包瑞德（David D. Barrett）上校担任，他自 1924 年任美国驻华公使馆助理武官起，一直在华任职，是战略情报局的"中国通"，时任中缅印战区情报官员。成员中有 16 名军人，分别由美国陆军、海军、战略情报局派出。谢伟思和卢登两名外交官担任政治顾问。观察组的使命包括搜集共产党军队所获取的日军作战情报，了解共产党军队的作战情况和物资装备供应情况，考察中国北部地区的气象、经济等情况，协助延安和几个主要的敌后根据地建气象站，为陈纳德的美军航空队提供可靠的气象情报，协调八路军和新四军对迫降在敌占区的美军飞行员进行积极救援，评估共产党对战争所能作出的贡献，探索与中共进行军事合作的可能性等。

　　中国共产党对美军观察组来延安给予了高度重视与热情接待。6 月 29 日，毛泽东主持中共六届七中全会主席团会议，就美军观察组来延安问题进行了专题讨论。会议决定：对美国军事使团表明，中国共产党需要合作抗战，抗战胜利后需要和平建国，民主统一。并规定观察组到后由毛泽东、朱德、周恩来等出面接待和谈判。会议还决定成立一个由杨尚昆任组长的负责接待美军观察组的外事组。周恩来将此举称作是中美关系史上的里程碑。② 毛泽东亲自修改审定了题为《欢迎美军观察组的战友们》的社论，发表于 8 月 15 日的《解放日报》。

　　美军观察组到达延安的前 7 个月，毛泽东、周恩来、朱德、彭德怀、叶剑英、陈毅、罗瑞卿等分别多次会见包瑞德与谢伟思，同他们进行坦率的交谈。另外，叶剑英、彭德怀、聂荣臻、陈毅、贺龙、林彪、罗瑞卿等向其成员做了 10 个报告。全面系统地介绍了中国共产党及其领导的敌后抗日根据地情况，表达了八路军、新四军愿意同美军积极合作的意向，阐述了国共两党关系的历史。此外，八路军总部还同观察组共同组成空军领导小组，负责处理空军情报。观察组成员包瑞德等还在延安地区给八路军指战员介绍美国陆军的训练方法、美国海军的发

---

① "狄克西"原指美国南北战争期间反叛的南方各州，这里暗指延安。
② 袁明主编：《中美关系史上沉重的一页》，第 79～80 页。

展、如何使用爆破材料等。从 1944 年 8 月起，美军观察组成员又分赴晋绥和晋察冀根据地进行实地考察，其中空军上尉惠特尔西（Henry C. Whittlesey）1945 年在太行山区访问时不幸与日军遭遇而牺牲。①

　　美军观察组成员在中共抗日根据地内获取了大量的第一手情报资料，他们根据所闻所见，依据自己的独立思考，撰写了大量报告。仅在头两个月就发送了 112 份报告，其中多数属于军事情报，包括日伪军战斗序列、作战行动；日军在华北的机场和防空力量；八路军的力量、分布、作战部署、训练状况；华北、西北的经济、气候等等。但更重要的还是包瑞德、谢伟思、戴维斯②、卢登发回了许多政治报告，其中仅谢伟思就写了 77 份。这些报告代表性的观点有：（1）他们相信中国共产党是真心抗日的。包瑞德称赞"这是一支年轻的、经过战斗锻炼的、经过良好训练、伙食穿着都不错的志愿军队"。（2）他们建议美国政府向八路军、新四军提供武器，与之联合作战。包瑞德认为这支军队如果得到充分的供应，"那就一定可以……收复许多重要地区，严重破坏［日军］铁路和交通线"。他一再建议中缅印战区司令部立即决定向中共军队提供援助的问题。（3）他们确信中共控制了敌后广大农村地区，确信中共得到了人民的拥护。观察组成员和被营救的美军飞行员几乎走遍了华北和华中所有的敌后抗日根据地，有 100 多位美国人安全通过了日军控制的铁路线。谢伟思因此得出的结论是：中国共产党控制着华北和华中的敌后广大农村。（4）他们通过国共两党的对比，确信中国共产党是生气勃勃的力量，中国的未来属于中共。他们的报告一致认为"国民党的领导政治上盲目，自私自利；中共领袖'坚定自信'、'廉洁奉公'"，"中国正处在蒋介石向共产党交权的边缘"，"中国的命运不是蒋的，而是共产党的"。（5）他们一致反对美国政府片面支持国民党的政策。戴维斯、谢伟思等指出，美国"不能无限期地担保一个政治上破产的政权"，美国片面援蒋政策只能促使国民党沿着现在不民主的趋势滑下去，加速中国内战的爆发。而这场内战对于中国、对于美

---

①　陶文钊著：《中美关系史》（1911—1950），第 306～309 页。
②　谢伟思于 1944 年 10 月奉召回美国，戴维斯来延安替补他的空缺，待了一个多月。

国在华利益、对于远东的和平都是灾难性的。①

美军观察组的这些报告对美国对华政策产生了较大影响。不仅美国国务院、陆军部、财政部的主管官员，连罗斯福也通过霍普金斯的推荐，阅读了谢伟思、戴维斯等人的政治报告。包括史迪威、高思、麦克卢尔（Robert B. McClure）在内的这批"中国通"对中共的客观看法，直接影响了美国政府的对华态度。就美国的利益而言，将来对日本本土的进攻，必须使用中国的华北战场，而控制这一地区的力量则是中共，所以必须与中共合作。至于同国民党的关系，由于其政府和军队如此的腐败，华莱士在其回国后的秘密报告中建议："蒋只宜视为我们短期投资之对象，故对华政策不宜只限于援蒋。"②

中共力量的急速发展同国民党军队一再溃退的反差如此之大，促使史迪威等人开始考虑以美国武器装备中共军队的问题。为了帮助汇总情报，美军向中共提供了近千台无线电发报机，并建立起了通讯联络网。中共亦指示各地的部队与美军建立工作联系，并向美军可能登陆的地区集结。③ 1944 年 12 月 15 日，包瑞德和战略情报局的伯德（Willis H. Bird）上校飞往延安。包瑞德带去了魏德迈的参谋长麦克卢尔的口信，及美军准备派一支四五千人的空降部队到中共控制地区开展游击战，又称"连云港计划"；伯德与中共领导人讨论了一项装备中共部队25000 人以及建立联合情报网的计划，又称"伯德计划"。12 月 27 日，包瑞德又赴延安，代表麦克卢尔与中共领导层磋商一旦美军在山东沿海登陆，由中共军队暂时照料后勤供应的可能性，这就是在山东建立美军登陆场的"麦克卢尔计划"。④

美国对中共的看法及举措，显然是蒋介石所不能容忍的。在他看来，"当时中国之敌有二：一为日本，一为共产党，而共产党尤为心腹之患"。⑤ 罗斯福的来电要史迪威统率全中国的军队，这不仅会削弱蒋的权力，而且将在事实上否定蒋

① 陶文钊著：《中美关系史》（1911—1950），第 309 ~ 312 页。
② ［美］伊·卡思：《中国通：一代外交官的悲剧》，第 140 页。
③ 袁明主编：《中美关系史上沉重的一页》，第 80 页。
④ 陶文钊著：《中美关系史》（1911—1950），第 345 ~ 346 页。
⑤ 梁敬錞：《史迪威事件》，第 244 页。

有领导抗战的资格，更会导致中共力量的进一步壮大。

美国政府对中国的了解终属有限，其对中国的援助虽然有十分积极的一面，在这点上蒋介石是依赖美国的，但对蒋介石处心积虑地树立其政府权威的努力和偏强的个性来说，美国政府就知之甚少了，这样，其露骨的扩张主义政策及控制中国的图谋便遭到了蒋的抑制。同样，美国政府对中共的了解也有偏颇。包括罗斯福在内的许多人都认为中共是"劳农党"，而不是真正的共产主义者，其制度是"土地民主或农民民主"。① 美国人只想按自己的模式来改造中国，要使其成为一个两党并存竞争的资产阶级共和国。赫尔利则把中共比作和自己一样的俄克拉亥马州共和党人，"在野党想成为在朝党，而……俄克拉亥马共和党人和中国共产党人之间仅有的差异是，俄克拉亥马共和党人没有武装起来"②。赫尔利来华前途经莫斯科，曾同苏联外交部长莫洛托夫谈到中共。莫洛托夫表示，中国有人自称共产党人，"但与共产主义不发生任何关系。只是对于他们的经济情况不满意的一种表示"。③ 这更加坚定了赫尔利对中共的认识。

史迪威被调回以后，赫尔利在华的作用加大。重要的是，由于赫尔利在蒋史冲突中明确站在蒋介石一边，因而深得蒋介石的信任。尽管赫尔利介入了国共之间的和谈，但中共方面提出了"联合政府"的号召之后，对美国的介入是欢迎的，毛泽东曾多次指示林伯渠等将中共的提案密送给美国方面。11 月 7 日，赫氏飞往延安，经过三天会谈，10 日同中共中央达成了《五条协议草案》，主要内容为将国民政府改组为包括所有抗日党派和无党无派政治人物代表的联合政府；所有抗日军队应遵照联合国民政府及其联合军事委员会的命令；中国联合国民政府承认中国国民党、中国共产党及所有抗日党派的合法地位。④ 毛泽东在协议文本

---

① Barbara W. Tuchman, *Stilwell and the American Experience in China*, *1911—1945*. New York, Macmillan Company, 1980, p. 621.

② ［美］约瑟夫·W. 埃谢里克编著，罗清等译：《在中国失掉的机会——美国前驻华外交官约翰·S. 谢伟思第二次世界大战时期的报告》，第 286 页，国际文化出版公司 1989 年版。

③ 《中美关系资料汇编》（第一辑），第 140 页。

④ 《延安协定草案》（1944 年 11 月 10 日），见《中共中央文件选集》第 14 卷，第 393～394 页。

上签了字，赫尔利也以证人身份签了名。中共最初亦高度评价赫氏的工作："这一协定的精神和方向是我们中国共产党和中国人民八年来抗日民族统一战线中所追求的目的之所在。"① 中共和美国的合作至此达到高峰。

但赫尔利带着这一协议从延安返回重庆后，蒋介石却拒绝这一方案。蒋介石说："如果同意成立联合政府，等于承认国民党被共产党'彻底打败了'，等于'把对政府的控制交给共产党'。"赫尔利并不认同蒋介石的看法，"他甚至建议，如果蒋不喜欢'联合政府'这个词，那就……叫'两党政府、多党政府或党派政府'都可以"。② 11 月 19 日，王世杰奉蒋介石之命向赫尔利提出三点反建议，主要内容有中共军队整编为正规国军，军饷补给与其他部队同等待遇，国民政府承认中共为合法政党；中共将其一切军队移交国民政府军事委员会统辖，国民政府指派中共将领以委员资格参加军事委员会等。③ 这个方案根本不提建立联合政府，而是要中共交出军队，当然无法得到中共方面的同意。周恩来明确告诉赫尔利："政府三项"与"延安五条"距离太远。周恩来于 12 月 7 日返回延安，此后一直拒绝返回重庆。以赫尔利为中间人的国共谈判中断。④

1945 年 1 月 9 日，毛泽东、周恩来接见美军观察组的罗伊·克罗姆利（Ray Cromley）少校，要求他向"美国最高当局"转达一个信息。同日，克罗姆利致电魏德迈："延安政府希望派一个非官方的（重复：非官方的）团体去美国，向美国感兴趣的民众和官员解释中国当前的形势和问题。以下完全是他们的非正式建议：只要罗斯福总统表示愿意在白宫作为中国一个主要政党的领袖接待毛和周，那末（么）他们二人或其中之一立即可以前往华盛顿参加探索性的会谈。"⑤ 发到重庆的这份电报注明"魏德迈亲启"，并引用了周恩来的话："绝对不能让赫尔

① 《毛泽东致罗斯福函》，见袁明主编：《中美关系史上沉重的一页》，第 81 页。
② 《美国外交文件》，1944 年第 6 卷，第 699 页；陶文钊著：《中美关系史》（1911—1950），第 334 页。
③ 《中共活动真相（四）》，第 293～294 页。
④ 陶文钊著：《中美关系史》（1911—1950），第 336～337 页。
⑤ 陶文钊著：《中美关系史》（1911—1950），第 346 页。

利将军得知此事。"赫尔利看到了电报，并认为存在着一个"由史迪威将军、高思大使以及他们的特工人员和官员酝酿的"中共—美国阴谋，其矛头是针对蒋介石和他本人的。[1] 于是，赫尔利开始整肃在华美国外交官和特工人员。

戴维斯于 1945 年 1 月被赫尔利勒令离开中国，其罪名是跑到延安去破坏他的调停工作；包瑞德被指控"向共产党人提供他们想要的东西：承认，租借物资，搞垮国民政府"。魏德迈随即撤掉了他的美军观察组组长职务，并永远失去了晋升准将的机会；而谢伟思因为不满赫尔利、魏德迈的做法，利用他俩回华盛顿述职的机会，于 2 月 28 日为大使馆起草了一份有关中国局势的报告，并直接发给国务院。报告批评赫尔利使华以来的事态发展使得蒋介石盲目乐观而不愿做任何妥协；中共对此作出了反应，这种状况发展下去，将加速中国灾难性内战的爆发。报告建议"总统以明确的语言告诉委员长，军事上的需要要求我们向共产党人及其他能援助对日作战的适当集团提供补给并与之合作，我们将为此采取直接的步骤"。当赫尔利返回重庆后，3 月 30 日将谢伟思调离重庆；稍后，临时代办小艾奇逊（Acheson）也被解职。[2]

至此，美国政府已转到了扶蒋反共的立场上，20 世纪 40 年代中后期的中美外交格局便大致形成。

---

　① 《美国外交文件》，1945 年第 7 卷，第 176 页；陶文钊著：《中美关系史》（1911—1950），第 347 页。

　② 陶文钊著：《中美关系史》（1911—1950），第 345～350 页。

小　结

　　对中日两国来说，1944 年战局的发展给双方都带来了至关重大的影响。利用"钻隙迂回"的惯用战术，日军的大陆交通线虽告打通，但在太平洋等其他战场处处失利的情况下，其狂妄的战略目标并未能实现，战线却越拉越长了。尤其是中国军队在缅北和滇西的反攻作战，不仅打通了中印缅交通线，而且给日军以重创，使大批美援物资输入内地。而对国民政府方面来说，日军"一号作战"以来的凶猛攻势，将其抗战以来在军事、政治方面积重难返的弊端暴露无遗。尽管在广大的中下级官兵中不时出现了浴血奋战的场面，但几千里战场上的溃败，人民生命财产的巨额损失，都充分说明了军政高层的腐败无能及整个国家机制的败坏。这种军事上的大溃败，对美外交中出现的危机，又导致了经济形势恶化的趋势，大后方的民主运动也以空前的规模开展起来。与此同时，中国共产党领导下的武装力量却在各地都对日军发动了猛烈的反击，力量迅速壮大。战后中国政治格局的演变亦由此初现端倪。

第二部分

敌后战场的战略出击

第 7 章
根据地的局部反攻

一、八路军山东军区部队的攻势作战

1944 年，世界反法西斯战争进展顺利。日军为进行打通大陆交通线的作战，从敌后抽调兵力，敌后战场伪军兵力增加，敌战斗力下降。各根据地军民在此有利条件下，向日伪发动攻势作战，开展局部反攻。

日军华北方面军第 12 军主力一部南调，其守备区山东境内因兵力不足，被迫采取"重点配备"。从 1943 年年底开始，"日军警备部队逐渐集中转向确保津浦、胶济沿线的态势"。① 大量伪军代替日军守备占领区，在山东地区只留第 59 师团及独立混成第 5 旅团等部约 3 万人，伪军 20 余万人。山东抗日军民经过过去一年的反"扫荡"、反"蚕食"，恢复和扩大了根据地，抗日武装力量得到迅速发展。山东军区根据上述敌我力量的转变，充分利用有利形势，贯彻中共中央军委"扩

---

① 日本防卫厅战史室编：《华北治安战》（下）第 411 页。

大解放区，缩小敌占区，打通各战略区的联系，夺取反攻阵地"的战略意图，组织主力兵团，基于民兵大部及作战地区附近的武装和民兵，向敌伪连续发动了春、夏、秋、冬攻势作战。

鲁中军区根据山东军区指示，于 1944 年 3 月下旬发起第 3 次讨伐伪军吴化文部的作战。吴化文为山东伪军的主力，总兵力万余人，主要盘踞在鲁山南麓，沂水西北之鲁村、南麻、悦庄及其周围地区。鲁中军区以第 1、第 2、第 4 团及滨海军区第 6 团担任主要突击任务，由东线进攻；以第 11、第 12 团分别由南北两侧攻敌侧翼；以第 10 团由西进攻，断敌后路。并以民兵 14 个中队配合作战。3 月 25 日夜，我军冒雨发起攻击，迅速突破外围阵地，控制东部制高点钻天崮，保证主攻部队一举突入敌之纵深，于石桥一带全歼伪第 7 军的 1 个师部和 2 个团，摧毁敌东线指挥机关。

鲁中军区第 12 团、第 10 团分别攻占公路要点及鲁山主峰，截断敌东西补给线。27 日，伪军四面防线均被击破，28 日，伪第 6、第 7 两军残部退至鲁村、悦庄之间狭小地区，等待求援。30 日，日军以两个大队 2300 余人在飞机配合下，向悦庄增援。鲁中军区部队组织小部队攻敌薄弱，实行各个击破，4 月 8 日，日军被迫回撤。15 日，鲁中军区主力围攻悦庄，歼灭伪军 49 师 1 个团。18 日，我军乘吴军主力东援，后方空虚之际，以 5 个团的兵力奔袭吴军后方。20 日，吴军被迫率其增援部队及 49 师残部由悦庄撤至鲁村一带。是役，鲁中军区所部共歼灭伪军 7000 余人，攻克伪军据点要塞共 50 余处，解放村镇 1000 余个，人口 30 余万，控制了鲁山山区大部，[1] 打通了沂鲁、泰、蒙各山区的联系。

山东军区为连续削弱伪军势力，控制各战略要地，在春季攻势打击伪军吴化文部取得胜利后，又组织了夏季攻势。鲁南军区于 5 月初发起讨伐伪军荣子恒部战斗。鲁南伪第 10 军荣子恒部 3000 余人，盘踞于费县南部崮口山区。5 月 1 日，鲁南军区集中第 3、第 5 团与 8 个独立营及区中队一部，乘夜迅速奔袭敌之侧后，

---

① 《抗日战争时期山东军区战史》（附件），第 79 页；军事科学院军事历史研究部编著：《中国人民解放军战史》第 2 卷，主要战役战斗一览表，第 34 页，军事科学出版社出版。

当晚 23 时发起攻击，第 3、第 5 团分别由南北两侧突入敌纵深。2 日晚，在我军连续猛攻下，伪军第 2 师师长刘国桢以下全部被歼，刘国桢被击毙。尔后我军乘胜歼灭柳行差头之伪军第 1 师第 2 团主力，并向东北面发展，威胁伪军第 10 军后方。伪军残部退至东崮口，等待增援。4 日，临沂日伪 600 余人进至东崮口接应。次日，荣军残部与来援日伪，分向费县、临沂撤退，我军恢复费县以南之崮口山区。崮口山区为鲁南重要山区之一，与天宝山、抱犊崮相呼应，控制崮口山区，对稳固鲁南抗日根据地，开展战略反攻具有重要战略意义。

6 月中旬，鲁中军区发起攻取沂水城战斗。沂水城是鲁中山区的重要城市，贯穿益都、临沂、蒙阴、博山、莒县等 5 条公路及飞机场，并设有日伪军指挥机关，有日伪军 5000 余人驻守。鲁中军区经过多次外围作战，完成对沂水城东、南、西三面包围。经过两个月的作战准备，8 月 15 日对沂水城发起大规模的攻坚战。鲁中军区以第 1、第 11 和第 4 团，向沂水城发起强攻，以第 2 团及地方武装，分别袭击城外据点，配合攻城作战。是夜，部队突入城内，经一夜巷战，至 16 日全歼伪军 1000 余人，俘县长以下 800 余人。[①] 第 4 团与敌展开激烈肉搏，将敌压缩于中心碉堡内。16 日，莒县日军乘 8 辆汽车在飞机掩护下驰援沂水，被第 4 团击退。16 日晚至 17 日晨，我军对敌碉堡连续爆破，全歼日军 50 余人，其中毙 31 人，俘 20 人。[②] 与此同时，沂水城外围据点全被攻克，我一举控制沂水城。是役，我军伤 490 余人，亡 130 余人。[③]

为报复八路军和夺回战略要地，日军第 59 师团立即以主力分数路向沂水城急进。鲁中军区部队对日军开展瓦解攻势，释放 7 名日军伤员，埋葬击毙日军尸体，葬后在其墓前书写"祭文"，晓以大义，尔后撤出城外待机歼敌。19 日，日军进城，目睹此状，士气低落。20 日，日军在我军围困打击下，借飞机掩护向莒县撤

---

① 军事科学院军事历史研究部编著：《中国人民解放军战史》第 2 卷，主要战役战斗一览表，第 35 页；《抗日战争时期山东军区战史》，第 220 页；《抗日战争时期山东军区战史》（附件），第 79 页。

② 军事科学院军事历史研究部编著：《中国人民解放军战史》第 2 卷，主要战役战斗一览表，第 35 页；《抗日战争时期山东军区战史》，第 220 页。

③ 参考《鲁中军区讨吴战役司令部工作总结》；《鲁中南军区战史》；《第三次讨吴战役要图》。

退。鲁中军区部队乘势解放沂水全境，使鲁中、滨海两区基本连成一片。

虽然日军在打通大陆交通线期间，将兵力"集中使用于主攻方面"，"对占领区的治安，不得不暂时在一定程度上作出牺牲"，但对掠夺重要资源和战争物资，"只能增加，不能减少"。① "日本对于战争必要的战略物资的增产和向国内的运送，要求非常迫切"。② 因此，抢夺小麦、棉花等战略物资，成为日军"1944年秋季山东作战"③ 目的之一。山东军区为扰乱日军抢购粮秣的企图，又发起秋季攻势。8月中旬，胶东军区以第13团、第16团各一部，以及军区特务营、4个军分区的独立团，轮番进行分区作战，对敌发起秋季攻势。19日晚，南海军分区独立团强袭敌重要据点平度县城东之古岘。25日，越过胶河，直逼胶济铁路。23日夜，第13团与西海军分区独立团突袭大泽山东麓旧店等日伪重要据点。尔后，连克大泽山周围马厂等据点，恢复了西海地区战略要点大泽山区。24日夜，东海军分区以独立团和第16团一部，强攻牟平城南水道日军据点，以爆破、突袭等手段与政治攻势相配合，全歼该处日军1个分队，迫使伪军两个中队投降。25日，东海独立团一部伏击了烟台增援牟平之日伪军，歼敌大部。这次战斗，使文登、荣成、牟平地区日伪军胆战心惊。30日，文登伪军在政治攻势下弃城而逃。④ 9月2日，荣成伪军6个中队被迫反正。至此，东海分区除烟台、威海、牟平等沿海地区外，全部获得解放。自9月2日至10日，北海军分区攻克龙江、黄县、蓬莱之外围据点10余处，同时出击烟（台）青（岛）公路，控制了烟青公路福山段近100公里。至9月下旬，胶东军区攻势作战胜利结束。此役共歼灭日伪军5000余人，收复县城两座，攻克与逼退日伪据点100余处，使胶东4个分区连成一片。⑤

在此期间，渤海军区集中主力部队直属团、特务营，在地方武装和民兵配合

① 日本防卫厅战史室编：《华北治安战》（下），第400页。
② 日本防卫厅战史室编：《华北治安战》（下），第439页。
③ 日本防卫厅战史室编：《华北治安战》（下），第412页。
④ 《山东捷报》，见《解放日报》，1944年8月30日。
⑤ 军事科学院军事历史研究部编著：《中国人民解放军战史》第2卷，主要战役战斗一览表，第37页；《抗日战争时期山东军区战史》第234页；《山东军区战史》（附件）第81页；《胶东四四年秋季战役攻势总结》。

下，于 8 月中旬发起秋季攻势。24 日至 27 日，先后攻下沾化以东及东南的富国、泊头等 11 处据点，控制了徒骇河下游地区。第 1、第 3 军分区部队于 27 日攻克乐陵县城，伪军 1 个中队反正，其余弃城逃窜。9 月 13 日，第 2 军分区部队攻克临邑城，全歼守城伪军。第 6 军分区部队同时解放了除县城以外的青城县全境。10 月 27 日，第 1 军分区部队一举攻克津浦铁路东侧的南皮县城，毙日军顾问佐滕，俘伪军一部。是役共歼日伪军 5000 余人，攻克县城 3 座，① 解放了广大村镇地区，打通了各分区的联系，威胁敌占大中城市天津、德州和济南。

在 1944 年的冬季攻势中，山东军区发起夺取莒县战斗。莒县位于滨海与鲁中之间，是日军"扫荡"鲁中、滨海根据地的重要基地之一。县城内设有日军机场、兵营、仓库及坚固的防御工事，城内及周围驻有伪保安大队莫正民 3500 余人及日军 1 个中队。滨海军区对莫部开展长期工作，争取其反正条件已成熟。山东军区遂集中滨海军区第 4、第 6、第 13 团，鲁中军区第 1 团，山东军区特别团主力，独立第 1 旅及 5 个独立营区 1 万余人的兵力，组成攻城、打援和扫清外围据点等 3 个梯队，于 11 月 14 日，一举攻入城内，莫部按预定计划立即反正，并引导攻击部队占领要道和制高点，将日军压缩至城中心，随即发起猛攻。16 日，日军在我猛攻下，退缩到最后两个碉堡内，绝望挣扎。此时，诸城日伪军 700 余人增援莒县，途中遭我打援部队阻击。18 日，日伪军集中 1000 余人，分数路南援，大部绕过阻援部队，进入莒县，一部被歼。滨海军区部队撤至城郊，包围城内日伪军，发动群众破袭莒县周围公路，切断敌人补给。被困日伪军于 29 日夜弃城北逃，莒县全境获得解放。此役共歼灭日军一部，伪军 3500 余人反正，根据地扩大 7000 平方公里，滨海、鲁中两区连成一片。② 这次我军战前开展争取伪军工作，战斗中采取里应外合，因而迅速取得胜利。

---

① 军事科学院军事历史研究部编著：《中国人民解放军战史》第 2 卷，主要战役战斗一览表，第 37 页。

② 军事科学院军事历史研究部编著：《中国人民解放军战史》第 2 卷，主要战役战斗一览表，第 38 页；《抗日战争时期山东军区战史》，第 239 页；《山东军区战史》（附件），第 82 页；《莒城战役经过及实施》、《莒城战役总结》。

八路军山东军区部队经过 1944 年的攻势作战，共歼灭日军 4800 余人、伪军 5400 人，争取伪军 11000 人反正，恢复县城 9 座。解放国土 4 万余平方公里、人口 930 万，民兵发展到 37 万人，胶济铁路以南的 3 个军区基本连成一片，路北两个军区也打破敌分割的局面。①

二、八路军晋冀鲁豫部队的攻势作战

1944 年初，日军为加强太平洋战场防御力量和打通大陆交通线，在晋冀鲁豫地区陆续抽调了 6 个师团。其兵力减少，守备力和战斗力均明显下降，不得不依靠伪军守备据点。晋冀鲁豫部队，利用这一有利时机，夺取敌人据点，扩大解放区。从 1944 年春季始，连续向伪军发动了攻势作战。

1944 年 2 月，太行军区向已围困 8 个月之久的蟠龙镇发起攻击，胜利后，又进攻榆社、武乡之敌。3 月底，收复蟠龙、榆社、临淇等地。4 月 1 日，太行军区第 5、第 7 军分区发起水林战斗。我军清扫了林县外围据点，切断林（县）水（冶）公路，断绝城内补给，使伪军惊慌动摇，于 14 日，弃城而逃。我军收复林县城，乘胜扫除林水公路沿线敌人据点，歼灭伪军 700 余人。与此同时，冀鲁豫、冀南及太岳军区主力，在地方武装及民兵支援下，亦连续向敌城镇据点发起攻势，先后收复朝城、沁水县城及据点 200 余处。②

5 月 11 日，冀鲁豫军区集中两个团及地方武装一部，发起昆（山）张（秋）地区攻势作战。经一周战斗，收复戴庙、寿张集等据点 50 余处，歼伪军 1200 余人。③ 5 月 29 日，又以一个主力团及地方武装一部奇袭清丰县城。是日，敌于城

---

① 军事科学院军事历史研究部编著：《中国人民解放军战史》第 2 卷，主要战役战斗一览表及《抗日战争时期山东军区战史》（附件）。

② 军事科学院军事历史研究部编著：《中国人民解放军战史》第 2 卷，主要战役战斗一览表，第 34 页。

③ 军事科学院军事历史研究部编著：《中国人民解放军战史》第 2 卷，主要战役战斗一览表，第 35 页。

内召开由日军顾问参加的伪河北省冀南道各县联络员会议。我军获悉情报后，以主力设伏于城外，在城内中共地下组织接应下，于敌开会当晚一举攻入城内，歼伪警备队 1200 余人,[1] 并将与会的日军顾问及伪冀南道道尹和各县知事等全部俘获。

6 月下旬，冀鲁豫军区以主力一部进攻微山湖以西地区日伪军，经过 10 天的攻势作战，攻克敌据点 11 处，歼日伪军 1300 余人，收复了单县、鲁台、丰县、沛县之间的广大地区。7 月底，又经主力一部攻克莘县。8 月上旬，冀鲁豫军区集中 4 个团主力及 7 个县大队的兵力，对郓城地区伪军刘本功部发起攻击。郓城是敌在旧黄河以南、运河以西地区的中心据点，由日军 1 个大队和伪军 5000 余人驻守。为歼灭该敌，打破郓城至鄄城敌封镇，向旧黄河以南发展，冀鲁豫部队布置了 3 个团、5 个县大队担任北线主攻，以 1 个团、21 个县大队在南线阻援。3 日至 8 日，我主攻部队发起进攻后，在猛烈炮火掩护下，先后攻取肖垓、付庄等重要据点。消灭刘部 4 个中队，敌战斗力最强的中队被歼，城内伪军十分恐慌，闭门死守。我军随即对梁山至鄄城百余里地区的伪军，开展军事、政治攻势，我军的连续打击，击溃了郓城、鄄城封锁线上各个据点的伪军。我阻援部队亦乘胜对郓城西南及鄄城东南发起攻势，攻克据点多处。至此，讨伐伪军刘本功战役取得胜利，共攻克据点 36 处，歼灭伪军 2900 余人。与此同时，我军主力一部还进攻东明、菏泽、曹县地区，攻克日伪军据点多处。[2]

太岳军区部队在春季攻势收复了沁水县城后，为贯彻中共中央向南发展的指示，于 6 月 11 日向济源、垣曲地区发起夏季攻势。6 日至 8 日，首先打击了济源北部伪军，攻克大杜、西承留等据点，伪军大部投降。8 月底，我主力又对济源以南发动进攻，攻克陈岭据点，迫使伪军 1300 余人放下武器。此役共歼灭伪军

---

① 军事科学院军事历史研究部编著：《中国人民解放军战史》第 2 卷，主要战役战斗一览表，第 35 页。

② 军事科学院军事历史研究部编著：《中国人民解放军战史》第 2 卷，主要战役战斗一览表，第 35 页。

图 7.1　1945 年 3 月沁水县郑庄召开太岳区首届参议会

8000 余人，攻克据点 20 多处。① 从而控制了济源以南的坡头镇至恒曲以东的芮村一带的黄河渡口，为豫西支队南渡黄河创造了条件。

日军在晋冀鲁豫部队春夏季攻势的沉重打击下，将参加打通大陆交通线作战的部分兵力调回华北，9 月起，对晋冀豫各根据地先后进行了 10 余次的局部性"扫荡"。晋冀鲁豫军区乘敌后方及交通线空虚之机，开展了夺取敌后方城镇及交通线的秋冬季攻势。太行、太岳、冀鲁豫各军区分别对平汉、正太、同蒲、道清、陇海线据点及津浦路西侧发动进攻，先后袭敌火车站多处，袭击和攻克敌城镇据点 10 余次，炸毁敌火车 6 列。在白晋线上，地方武装、民兵开展破袭战，毁坏敌厩亭至南关镇段铁路 20 余公里。

晋冀鲁豫边区八路军经过 1944 年的攻势作战，共歼灭日伪军 60000 余人，收复县城 11 座，解放人口 500 余万，收复国土 60000 余平方公里。②

华北八路军在各地的攻势作战，严重打击了日伪军。日军对华北中共抗日力量的发展"深感不安"，③ 惊呼"华北治安状况恶化"，④ 为此，从 1944 年下半年

---

① 军事科学院军事历史研究部编著：《中国人民解放军战史》第 2 卷，主要战役战斗一览表，第 35 页。
② 此处综合军事科学院军事历史研究部编著的《中国人民解放军战史》第 2 卷及解放军第二野战军战史编辑室编的《129 师暨晋冀鲁豫军区抗日战争史》等资料。
③ 日本防卫厅战史室编：《华北治安战》（下册），第 439 页。
④ 日本防卫厅战史室编：《华北治安战》（下册），第 440 页。

至 1945 年初，采取各种紧急措施，制定了"对华北紧急措施纲要"，要求"彻底收集华北战略物资，尽量多往日本运送，以支持战争"。为保证战略物资的收集和运输，必须加强"重要地区和铁路两侧的治安"。① 由于日军兵力密度下降，"只能考虑'点'和'线'的"控制，② 在此情况下，晋冀鲁豫部队根据中共中央"扩大解放区，缩小沦陷区"的战略方针，为开辟豫北、晋南新区，于 1945 年初，在春季攻势作战中，连续发起了道清战役和豫北战役。

为打破日军对太行根据地与豫西根据地的分割封锁，开辟道清铁路南北地区，1 月下旬，太行军区集中 4 个团及 3 个独立营的兵力，发起道清战役，以消灭盘踞于道清路南北地区的日伪军。1 月 21 日夜，主攻部队从修武以北九里山地区南下，越过道清铁路，奔袭路南的小东、宁郭两镇之敌。次日晨，先后攻克两镇，驻守的伪兴亚巡抚军及伪保安大队大部被歼。随后乘胜清扫沁阳以东、平汉路以西地区敌据点。至 31 日，连克武阁寨等据点 16 处。这时，日军第 117 师团 1 个大队，分由沁阳、博爱、焦作等地出动，企图分三路合击大油、樊庄一带八路军，太行部队以 3 个兵团主力于樊庄设伏，全歼由焦作南犯的日军 1 个中队。其余各路敌军在我阻击部队打击下，纷纷逃窜。太行军区部队胜利开辟了道清路以南地区。尔后，主力全部北上，转移至辉县以北南平罗一带，并增调两个主力团，准备消灭道清路北的日伪军。2 月 20 日凌晨，主攻部队 3 个团向伪军第 5 方面军独立第 14 旅旅部驻地五里源发起攻击，以两个团攻击其外围据点陆村。战至黄昏，我军发起总攻，一举攻入寨内。经激战，攻克敌大部据点，歼敌一部，残敌逃跑。攻克五里源后，攻击部队乘胜北上辉县地区，继续扩大战果。攻克敌多处据点，一度攻入辉县城关，解放了除县城以外的全部地区，歼灭日伪军 1000 余人。

敌在我攻势打击下，抽调兵力加强修武、获嘉、辉县等城防御，太行军区乘新乡、郑县（今郑州）、开封之间敌兵力空虚之际，向原武、阳武地区之敌开展

---

① 日本防卫厅战史室编：《华北治安战》（下册），第 439 页。
② 日本防卫厅战史室编：《华北治安战》（下册），第 440 页。

攻势作战。3 月 22 日夜，我以主力一部东越平汉铁路，突击原武外围据点，两度袭入原武县城，攻克据点 7 处，歼灭日伪军 600 余人，争取伪保安大队 300 余人反正，控制了除原武、阳武县城以外的广大地区。至 4 月 1 日，道清战役胜利结束。此役共歼灭日伪军 2500 余人，收复国土 2000 余平方公里，解放人口 75 万，[①] 使以新乡为交点的平汉、道清、新（乡）汴（开封）三条铁路均成为八路军的直接打击目标。

道清战役胜利后，太岳军区又集中近 4 个团的兵力及地方武装，于 4 月上旬发起豫北战役。战役从 4 月 3 日起至 4 月底结束，共攻克敌据点 40 余处，歼敌 2800 余人，争取 1700 余名伪军反正。[②] 控制了黄河以北除沁（阳）、孟（县）、济（源）等县城以外的大片地区。

晋冀鲁豫军区部队经过道清战役和第二次豫北战役，共歼敌 7900 余人，开辟了平汉、新汴铁路以西，黄河以北，五屋山以东 3800 平方公里的豫北地区，建立了 7 个县抗日民主政府，[③] 将黄河以北的太行、太岳根据地与黄河以南的豫西解放区连成一片。

1945 年 5 月，晋冀鲁豫边区部队向平汉铁路西侧及鲁西、晋南地区日伪军展开猛烈的夏季攻势，连续组织了东平战役、安阳战役及阳谷战役。

5 月中旬，为配合山东军区的反"扫荡"和攻势作战，冀鲁豫军区集中第 1、第 8、第 11 等军分区主力部队及地方武装，在鲁西地区发起东平战役。18 日凌晨，中路第 8 军分区一举攻入东平城，经激战，于 19 日全歼城内日伪军。此役共歼敌 1300 余人，[④] 解放了东平县城。左路第 1 军分区部队于 17 日一举攻入东阿

---

① 军事科学院军事历史研究部编著：《中国人民解放军战史》第 2 卷，主要战役战斗一览表，第 38 页。

② 军事科学院军事历史研究部编著：《中国人民解放军战史》第 2 卷，主要战役战斗一览表，第 39 页。

③ 此处综合军事科学院军事历史研究部编著的《中国人民解放军战史》第 2 卷及解放军第二野战军战史编辑室编的《129 师暨晋冀鲁豫军区抗日战争史》等资料。

④ 军事科学院军事历史研究部编著：《中国人民解放军战史》第 2 卷，主要战役战斗一览表，第 41 页。

城，歼灭伪军 260 余人。右路第 11 军分区等部，向金（乡）济（宁）路两侧日伪据点进攻，歼灭伪军 700 余人。① 至 24 日，东平战役胜利结束。

图 7.2　1945 年，八路军太行一分区部队攻克的冀西临城县冯村车站

　　东平战役胜利后，太行军区于 6 月底集中 5 个军分区共 9 个团的兵力，组成 3 个支队，在 3 万民兵和自卫队配合下，在平汉铁路西侧发起规模更大的安阳战役。驻守该地的日军独立混成第 1 旅团一部，伪"剿共军"第 1 路及伪第 6 方面军各一部，共 6000 余人。为打击该敌，我军决定首先攻取安阳以西由伪军守备的水冶、曲沟两个主要据点，尔后向积善、观台及天喜镇、西善应方向发展。6 月 30 日凌晨，太行军区第 1 支队向曲沟集之敌发起进攻。经激战数小时，全歼伪军第 3 旅旅部及其第 6 团，俘伪旅长以下 570 余人。第 2 支队进攻水冶镇之敌，经激战，全歼伪第 2 旅主力及日军分队。在此期间，担任阻援的第 3 支队进至于曲沟以北的北流寺，与出援日伪军一部相遇，当即将敌包围，敌五次突围，均被击退。至 17 日，全歼被围之敌。此时，安阳敌百余人再次出援，被我军第一支队击退。7 月 1 日，我乘胜进行第二阶段作战，攻取水冶镇南北各据点。第 1 支队向南夺取北当山、东善应等据点；第 2 支队向北进攻石官、东鲁仙各据点；第 3 支

队向众乐东、李家岗等处敌伪进攻。经激战两昼夜，敌在安阳以西据点全部被拔除。7 月 4 日起，又实施第三阶段作战。主力向观（台）丰（乐）铁路及汤阴地区发展。第 1 支队继续向南进击，攻克鹤壁集，歼灭伪第 6 方面军第 9 师第 26 团，连克大湖、鹿楼等据点，并争取了伪军两个中队反正。第 2、第 3 支队，在民兵配合下，破袭观丰铁路，扫除了沿线的日伪军据点，摧毁了观丰铁路，打退了丰乐出援之敌。至 7 月 9 日，安阳战役胜利结束。此役，共毙伤日伪军 800 余人，俘日伪军 2500 余人，击溃伪军 900 余人，攻克据点 30 余处，扩大解放区 1500 余平方公里，解放人口 35 万，威逼平汉铁路及安阳敌军据点。[①]

为配合安阳战役，冀鲁军区和太行军区也积极开展攻势作战。冀鲁豫军区以 6 个团和 5 个游击支队，在平汉铁路东侧之咸（安）临（漳）安（阳）地区发起攻势，连克安阳至咸安间敌据点北皋、回隆、马头等 20 余处，歼伪"靖安军" 1500 余人，毙日军 40 余人。[②] 与此同时，太行军区以主力一部，进攻平汉路沿线之元（氏）获（鹿）武（安）沙（河）及道清路沁（阳）博（爱）地区，攻克据点 10 余处，一度袭入赞皇县城和焦作车站。[③]

以安阳战役为中心的平汉路东西两侧大规模攻势作战，共歼灭伪军 6200 余人，歼灭日军 220 余人，攻克据点 70 余处；解放区扩大了 2000 余平方公里，人口约 40 万。[④] 经过上述作战，将日伪军进一步压缩至平汉铁路线，威胁安阳、石家庄两大据点，为八路军全面出击造成有利条件。

为摧毁日伪在根据地内的据点，7 月下旬，冀鲁豫军区在鲁西地区发起阳谷战役。阳谷县城工事坚固，是敌伸入冀鲁豫中心区的一个孤立据点，驻有伪华北"绥靖军"第 4 集团军一部及伪县警备大队等，共 3000 余人。为消灭该敌，冀鲁

---

① 军事科学院军事历史研究部编著：《中国人民解放军战史》第 2 卷，主要战役战斗一览表，第 43 页。

② 解放军第二野战军战史编辑室：《129 师暨晋冀鲁豫军区抗日战争史》（草稿），1962 年 2 月编印。

③ 解放军第二野战军战史编辑室编：《129 师暨晋冀鲁豫军区抗日战争史》（草稿），第 208 页。

④ 解放军第二野战军战史编辑室编：《129 师暨晋冀鲁豫军区抗日战争史》（草稿），第 208 页。

豫军区决定集中第 1、第 4、第 7、第 8 等 4 个军分区的主力，强攻阳谷，一面进攻临清至阳谷 80 公里之敌交通线，一面打击逃跑之敌，阻击敌人增援。7 月 20 日，我军在临清外围开展牵制作战。21 日凌晨，主攻阳谷之第 8 军分区主力向阳谷城东门发起猛攻。23 日夜突入城内，将伪军分割包围，在火力突击同时，开展政治攻势，伪军一部投降，大部被歼。此后共毙伪团长以下 300 余人，俘伪军 2000 余人，① 解放了阳谷县城。在此期间，策应阳谷作战的第 7 军分区主力于 21 日攻克堂邑县城，并向东发展，直逼聊城；第 4 军分区部队，攻克临清外围据点 9 处，威逼临清城下。日伪军在我攻势作战打击下，纷纷撤退，我乘胜收复了广宗、巨鹿、馆陶、冠县、武城等县城，以及除聊城至临清一线以外的广大地区。

与太行和冀鲁豫军区部队开展夏季攻势作战的同时，太岳军区部队为消灭中条山以西地区之敌，向同蒲路南段之晋南地区发起攻势。5 月下旬至 6 月上旬，主力部队连克新南庄、祁家河、梅村、安峪等据点 40 余处，歼灭日伪军 600 余人，并乘胜向南逼近黄河北岸。同时，围攻敌在根据地内的孤立据点，先后收复安泽、高平两座县城。八路军冀鲁豫军区部队在 1945 年春夏季攻势作战中，共攻克日伪据点 2000 余处，收复县城 20 余座，歼灭日伪军 37800 余人。② 将伸入冀鲁豫太行、太岳等根据地的日伪据点大部摧毁，加强了太行山区与冀鲁豫平原在豫北地区的联系，巩固和扩大了晋冀豫根据地。

三、八路军晋察冀军区部队的攻势作战

1944 年，晋察冀军区根据华北敌后日军兵力不足的情况，积极向游击区和敌占区伸展，连续发起以夺取敌占城镇为目标的攻势作战。

---

① 解放军第二野战军战史编辑室编：《129 师暨晋冀鲁豫军区抗日战争史》（草稿），第 209 页。
② 解放军第二野战军战史编辑室编：《129 师暨晋冀鲁豫军区抗日战争史》（草稿），第 209～210 页。

1944年1月起，北岳区部队开始向日伪军发起进攻。先后袭入易县坡下电灯公司、涞源煤矿、门头沟西北的大台煤矿、龙烟铁矿、定襄县城及忻口车站，至5月，攻克日伪据点350多个，日军被迫收缩了原平、崞县和定襄、河边段铁路支线。[①] 6月，我军北攻部队还开辟了桑干河两岸以北部分地区和雁北部分新区。主力部队进一步向敌纵深发起攻势，袭击了保定、望都、完县、涞源、灵丘等县城，再次袭入定襄县城。

冀中区部队1月上旬至2月上旬，以主力深入敌占区，攻克肃宁东北朱家庄等据点40余处，袭入肃宁、安新县城。同时，又在赵县东北发动攻势，连克大马圈等据点40余处。3月，袭入赵县城，开辟了赵（县）元（氏）宁（晋）地区。5月，冀中军区部队乘敌外出抢粮之机，包围任丘县城，迫使500余名伪军投诚，任丘县城获得解放。6月，冀中军区部队又在大城、深县、藁城、赵县、宁晋地区开展护麦攻势，先后攻克敌军据点40余处，歼灭日伪军1400余人，[②] 打击了抢粮之敌，保卫了夏收，巩固和扩大了根据地。

晋察冀军区部队取得春夏季攻势胜利后，又向敌铁路、公路沿线据点发起秋季攻势作战，以打破敌人的分割封锁。北岳区主力一部，在7至8月间，连克平山以西的回舍区敌据点14处，根据地扩大100余平方公里。主力一部突破晋冀边区的敌人封锁线。冀西八路军一部突破唐县、曲阳间封锁线，解放曲阳北部西大洋和下河地区村庄100多个。[③] 北岳区各军分区也积极开展攻势作战，包围平汉铁路西侧满城、完县、唐县、曲阳、行唐、灵寿、平山等县城。平西区，第11军分区部队，为破坏敌修筑大同至塘沽铁路计划，主力于8月下旬，在水关、沿河城、清水涧一线，展开破袭战，打破敌修路计划。平北区、平北支队于7月下旬至8月中旬，向敌全面出击，逼近北平北郊，攻克高丽营、香堂、八家、半壁店

---

① 军事科学院军事历史研究部编著：《中国人民解放军战史》第2卷，主要战役战斗一览表，第36页。
② 北京军区晋察冀战史编写组：《晋察冀军区抗日战争史》第455页，军事科学出版社1986年8月版。
③ 北京军区晋察冀战史编写组：《晋察冀军区抗日战争史》，第494页。

等据点，袭入十三陵之长陵据点。与此同时，主力一部积极向北发展，攻克宣化以东红石山据点，收复赤城的托拉庙等地，扩大了平北根据地。

8 月下旬，冀中区第 9 军分区部队向肃宁之敌发起攻击，主力在河（涧）肃（宁）公路北侧张庄设伏，全歼由河间返肃宁伪军 180 余人。当晚又集中地方武装 1000 余人，① 围攻肃宁。次日晨，部队突破城东关、西关，一举攻入城内，从东西两面向城中心突进，经 5 小时激战，全歼守城伪军。尔后乘胜扫除县城附近据点，解放肃宁全境。冀东区八路军为恢复蓟县等地基本区，向平津郊区及长城以外敌占区发起攻势作战。8 月下旬，在蓟县东南连克太平庄、新庄子、三岔口等据点 21 处，在蓟县西南收复了蓟县、平谷、三河之间的大片土地。进攻平津郊区部队，收复三河、通县公路以南和武清、宝坻、宁河三角地区，逼近平、津近郊。

图 7.3　1944 年蓟县盘山群众坚持武装斗争，被评为保卫家乡的民兵模范班

---

① 北京军区晋察冀战史编写组：《晋察冀军区抗日战争史》第 501 页；冀中军区：《关于攻克肃宁战役情况的综合报告》；中国人民解放军河北军区战史编辑室：《晋察冀军区冀中军区抗日战争史》，第 180 页，1957 年 10 月编印。

1945年初，为打破敌对冀热区长城内外的封锁，开辟雁北、察南，扩大解放区，晋冀军区部队向边缘区敌占城镇开展攻势作战。

冀中军区部队1945年4月中旬起，对敌发起连续攻势。13日，以第9军分区部队发起任（丘）河（间）战役，首先攻取任丘、河间之间敌坚固据点辛中驿，全歼守敌。23日，主力部队乘势进攻任丘城，在民兵配合下，包围守敌。此时，大城伪军出援任丘，我军佯攻大城，迫使援敌回撤，并在敌归途设伏截击，敌遭我伏击，伤亡惨重，任丘守敌因此更加恐慌，主攻部队经激战七昼夜，于30日攻下任丘，守城日伪军弃城逃往河间据点，途中被我追歼一部。与此同时，第8军分区部队向河间城发起进攻。部队首先攻克县城外围10余处据点，城内日伪军被迫退往沧县，被攻城部队截歼一部，5月9日，我军解放河间城，切断了北（平）大（名）公路，为东进北上创造了条件。

冀中军区为连续予敌打击，于任河作战结束前，即转移兵力东进北上。发起文新围攻战。为配合进攻文（安）新（镇），冀中军区以第8、第10军分区分向大城、霸县进攻，钳制该两地敌军，保护主攻文新部队两翼安全。第9军分区5月6日进攻新镇，新镇守敌依托坚固工事顽抗，攻击部队以军事、政治攻势相配合，一面实施爆破突击，一面劝敌投降。我军连续攻克北辛庄、单坦、安里、广陵、寨上、柳河等多处点，其余据点敌纷纷投降。新镇守敌在我军强大攻势下，一部投降，一部弃城而逃。第10军分区预伏部队于苏桥附近截歼逃敌一部。5月17日，解放新镇县城。此时，第9军分区部队集中兵力进攻文安，5月24日夜，攻击部队一举攻入城内，次日，守敌在日军汽艇，飞机掩护下突围，遭我攻城部队打击。30日，大城出援之敌600余人，进至文安，被攻城部队包围，该敌恐遭聚歼，乘雨突围折回。

冀中军区第7、第8军分区，为配合主攻文新部队在北线的展开，使敌顾此失彼，又在南线发起安（平）饶（阳）战役。为牵制各点之敌，使主攻目标陷于孤立，先以第6军分区部队袭击深县、晋县、石门（今石家庄）、辛集等，造成各处守敌恐慌。5月6日，第7、第8军分区部队围攻安平、饶阳。我军以主力一部，设伏于饶阳、安平之间的韩村铺，预歼突围逃跑之敌。13 日，饶阳之敌向安平撤退，进入我军伏击区，被歼 600 余人，攻城部队乘势解放了饶阳县城。尔后，我军又先后收复安平、武强、深泽等县城，逼近德石铁路一线。安饶战役总计毙伤俘日伪军 1700 余名，我军伤亡 150 余名。[①]

冀中军区经过春季攻势，共歼日伪军 3700 余人，收复县城 8 座，解放村镇 500 多个，[②] 将大清河以南、德石铁路以北、子牙河以西、潴龙河以东地区连成一片。

在春季攻势中，冀晋和冀察军区部队，也向根据地内及边缘区敌占城镇据点积极展开攻击。冀晋军区部队从 1 月开始，攻克和逼退敌据点 70 余处。[③] 主力一部在民兵配合下，先后袭入平山、繁峙、山阴等县城。3 月底，又以主力一部在冀察军区部队配合下。进攻灵丘之敌，攻克灵丘外围据点，争取伪军一部反正。30 日。灵丘日军被迫往广灵逃跑，灵丘县城的解放，为进一步开辟雁北创造了条件。在此期间，冀察军区部队以主力一部，在游击队、武工队和民兵配合下，围攻敌据点，袭入徐水、保定、崇礼等城，逼近北平城郊，收复了平西紫荆关和斋堂镇，开辟了张家口以南涿鹿、宣化、阳原之间的广大地区。

2 月起，冀热辽军区部队展开了反伪满军战役，至 5 月结束，共歼敌 5000 余人，[④] 粉碎敌"扫荡"及制造"无人区"的阴谋，将敌压缩至北宁铁路沿线。

四、八路军晋绥军区部队的攻势作战

1944 年春，日军为打通大陆交通线，将第 59 旅团大部及混成第 4 旅团调走，

---

① 中国人民解放军河北军区战史编辑室：《晋察冀军区冀中军区抗日战争史》，第 198 页；《攻袭安平战斗要报》。
② 北京军区晋察冀战史编写组：《晋察冀军区抗日战争史》，第 526 页；军事科学院军事历史研究部编著：《中国人民解放军战史》第 2 卷，主要战役战斗一览表，第 41 页。
③ 北京军区晋察冀战史编写组：《晋察冀军区抗日战争史》，第 526 页。
④ 北京军区晋察冀战史编写组：《晋察冀军区抗日战争史》，第 529 页。

以新编混成第10旅团接替。日军新兵增多，战斗力削弱，晋绥军区乘此时机对敌发起连续攻势。

晋绥军区从1944年初开始，在五寨、宁武、静乐、临县、离石、阳曲、忻县等地区，发动群众开展围困战。对敌据点实施紧缩包围，切断交通运输，阻断粮弹补给，对敌开展政治攻势，通过喊话，送宣传品，动摇敌人军心，使敌日夜不安。敌据点终因供应中断，难以维持，不攻自破。忻县西北30公里处的蒲格寨据点，守敌日伪军在我围困威逼下，难以生存，在突围撤退中，又不断遭到伏击，伤亡惨重，大部被歼。从1月至9月，先后拔除日伪军据点58处，[①] 在此期间，晋绥军区部队对同蒲铁路北段和神池至五寨、五寨至三岔、离石至岚县、忻县至静乐、静乐至岚县等公路线，先后8次展开全面破袭，获取电话线2万余公斤，[②] 破坏了敌军交通运输，予敌以沉重打击。在开展围困战、破击战的同时，还进行了护粮战，打击了麦收季节下乡抢粮的日伪军。7月15日，第8军分区部队在丰润以东之砚湾设伏，全歼运粮之敌，夺回全部被抢粮食。第8军分区部队6月下旬至7月上旬接连5次袭入娄烦，一度袭入方山的马坊，共夺回粮食5万余公斤。[③] 经过两个月护粮战斗，终于打破敌军抢粮计划。

8月下旬，晋绥军区部队，为拔除忻（县）静（乐）、离（石）岚（县）公路沿线据点，开展了秋季攻势作战。8月28日，第8军分区部队，一举攻克忻静公路上的丰润据点。9月3日，第6军分区部队收复静（乐）宁（武）公路上的沟口等据点，切断忻县至静乐和宁化堡至静乐的公路交通。4日起，第3、第8军分区部队进攻离岚公路敌据点，先后袭击和攻克了公路沿线的胡堡、峪口、横泉、圪洞（今方山）、马坊等据点，切断了离岚公路。随后，第8军分区部队对敌军事要点汾阳发起猛攻。汾阳城及其周围据点驻有日伪军1200余人，我军于14日夜，袭击汾阳外围据点火柴公司、飞机场、火车站以及城北的大营盘等地。

---

① 红二方面军战史编辑委员会：《抗日战争时期120师暨晋绥军区战史》，第167～176页。
② 红二方面军战史编辑委员会：《抗日战争时期120师暨晋绥军区战史》，第167～176页。
③ 红二方面军战史编辑委员会：《抗日战争时期120师暨晋绥军区战史》，第167～176页。

16 日夜，又袭击汾阳西北的协和堡重要据点，经激战，全歼守敌。此后，第 8 军分区部队经过强攻，连克静乐以南的娄烦、东六渡及交城以西的东社、五元城等敌据点，至 30 日，秋季攻势胜利结束，共拔除据点 48 处，歼日伪军 2000 余人。① 晋绥军区经过一年的攻势作战，共收复据点 100 余处，解放村庄 3100 余个、人口 40 余万，② 根据地得到巩固和扩大。

晋绥军区为扩大解放区，决定对根据地内主要公路沿线之敌展开攻势作战，收复离（石）岚（县）忻（县）静（乐）、神（池）五（寨）等 3 条公路沿线敌据点，把敌人挤到同蒲铁路和太（原）汾（阳）公路附近。2 月中旬，晋绥军区集中第 1、第 3、第 8 军分区等部共 4 个团 4 个支队，进攻离岚公路沿线敌人据点，以第 2、第 6 军分区部队分别出击神五、忻静公路沿线之敌，其他各军分区围困孤立据点，策应主要方向离岚线的作战。2 月 17 日开始，主攻部队先后包围离岚线上的赤坚岭、方山、胡堡、圪洞、峪口等据点，并设伏打击出援之敌及敌运输队。在我军事打击和政治争取下，3 月 4 日，圪洞伪军 1 个中队集体反正。5 日，离岚全线之敌被迫收缩，峪口、圪洞、胡堡及方山之敌仓惶撤往东村（今岚县），途中遭我预伏部队多次打击。接着，我收复赤坚岭、王狮村等据点，守敌逃进东村。3 月中旬，各部按照军区指示，对离岚线北端的东村、岚县、普明、寨子等据点，实施分割包围，封锁交通，利用地雷战、破袭战、打击出援之敌，敌在供应断绝，待援无望情况下，于 4 月 5 日撤出岚县、普明、寨子等据点，退缩到东村。攻击部队随即围攻东村，8 日，敌被迫逃往静乐。我收复岚县、东村等据点。至此，高岚公路除大武至离石段外均为我军控制。

离岚线上的胜利，震动了五（寨）三（岔堡）公路沿线之敌，3 月下旬，敌人开始向五寨收缩，并加紧向该地运粮。4 月 9 日夜，第 2 军分区通过里应外合，一举攻入五三公路上的小河头据点，切断该线交通。12 日、13 日，三岔堡、旧寨之敌遭我连续打击后，放弃运粮计划，慌忙逃回五寨。第 2 军分区主力一部乘势

① 红二方面军战史编辑委员会：《抗日战争时期 120 师暨晋绥军区战史》，第 167～176 页。
② 《中国人民解放军战史》第 2 卷，主要战役战斗一览表，第 36 页。

围困五寨、义井、小河头等据点。至24日，连克风子头、八角堡、贺职等据点，其余各据点伪军被迫先后集体投降。此时，五寨守城日军完全孤立。25日，该敌弃城逃向义井，沿途遭到民兵和伏击部队的打击。至此，五寨县境除李家坪一处，全部收复。

晋绥军区部队在历时两个多月的春季攻势中，共作战537次。共歼日伪军2400人，其中俘虏和与瓦解伪军810人，收复方山、岚县、五寨三座县城及其他据点54处，夺取离岚、五三两条公路，扩大解放区3840平方公里，解放人口9.4万。①

6月中旬，晋绥军区部队向忻（县）静（乐）、神（池）义（井）等公路沿线各据点之敌发起夏季攻势。19日，第6、第8军分区部队及第1军分区一部围困静乐县城，并向忻静公路两侧之敌展开全面进攻。第6军分区一部，袭入静乐以东的石河村据点，歼敌一部。第8军分区一部夜袭静乐以南的丰润据点，歼日军40余名，配合作战的民兵乘势冲入日军弹药库，夺取子弹100余箱。27日，黄家玛日伪军在静乐日伪军百余人接应下向静乐撤退，第1军分区一部于静乐以西的王端庄，伏击歼敌一部。随后，第8、第6军分区与忻静公路两侧武工队、民兵在数千名群众支援下，对忻静公路进行大破击，破坏公路80余公里，炸毁桥梁20余座，击毁汽车多辆，②切断敌各据点交通运输，予敌沉重打击。与此同时，神义公路第2军分区部队，在广大民兵配合下，以地雷战、伏击战，围困打击该线之敌。7月1日，神池日伪军运输队向被困据点义井运送给养，途中被歼一部。次日，该敌由义井进至李家坪南面的洪福寺，被第2军分区部队围歼大部。24日，义井向神池收缩之敌，行至凤凰山时，遭我伏击，被歼一部。为配合忻静、神义两线主力作战，第3军分区围攻离石以北之大武、石门嫣敌军据点，并以一部向柳林至李家垣一线之敌发起全面攻击，袭入柳林、穆村、李家垣等据

---

① 军事科学院军事历史研究部编著：《中国人民解放军战史》第2卷，主要战役战斗一览表，第39页；晋绥军区：《春季毙伤俘敌伪统计》、《晋绥军区部队一九四五年春季攻势战绩》。

② 《抗日战争时期120师暨晋绥军区战史》，第186页。

点，予敌以打击；第 8 军分区一部在太（原）汾（阳）和汾（阳）离（石）线上连续袭敌据点和运输队；塞北军分区歼灭了清水河以南之敌。至此，晋绥军区夏季攻势胜利结束。基本将敌逼退到同蒲、平绥铁路和太汾、汾离公路沿线。

五、华中新四军的攻势作战

华中新四军坚持根据地的艰苦斗争，粉碎了敌人"扫荡"、"清乡"和"蚕食"，出现了恢复和再发展的新形势。1944 年，日军从华中第 11、第 13 军所辖的 14 个师团中抽调 8 个师团参加湘桂作战，以新编独立步兵旅团和野战补充队接替调出师团的防务，华中日军总兵力由 21 万减至 17 万人，军队素质和战斗力下降。为弥补兵力不足，一面收缩防区，一面大规模地扩编伪军。华中伪军总兵力由 1943 年的 20 万人增至 35 万人。1944 年敌继续对华中根据地进行"清乡"和"治安肃正"计划。根据上述情况，华中新四军军部提出华中今后斗争任务，即继续坚持和恢复抗日根据地，利用有利时机，争取新的发展。① 为执行上述指示，华中各地新四军对敌开展攻势作战。

为打破日伪"清乡"、"屯垦"计划，加强苏中、苏北联系，恢复和扩大抗日根据地，新四军第 1 师兼苏中军区和第 3 师兼苏北军区，在春季攻势中，先后发起车桥战役和高沟、杨口战役。第 1 师兼苏中军区于 1944 年 1 月至 2 月间，向敌发起春季攻势，在高（邮）、兴（化）、宝（应）、东台以北及泰（州）泰（兴）如（皋）地区，相继攻克大官庄、王家营、安丰、运粮河、古溪等据点 17 处，同时展开政治攻势，争取了伪军 1000 余人反正。为打破敌对江都（今扬州）、泰州，海安及李堡以南的扩展"清乡"和在东台沿海地区的"强化屯垦"计划，新四军第 1 师兼苏中军区部队于 3 月 5 日，集中 5 个团的兵力发起车桥战役。车桥镇位于淮安东南，是苏中与苏北的联结点，也是日军第 65 和第 64 师团的结合部，

---

① 新四军军部：《1943 年华中敌伪情总结与今后斗争任务》，南京军区档案馆藏。

是敌在淮（安）宝（应）地区的重要据点，守敌500余人，据点四周大小土围环绕，明沟暗堡密布，工事坚固，外围筑有小据点以策应，易守难攻。第1师兼苏中军区采取攻点打援战术，将5个主力团组成3个纵队，一个主攻车桥，两个在外围打击增援之敌。3月5日夜，主攻部队绕开外围据点直插车桥，在猛烈炮火掩护下，突击队从南北两面同时进攻，一举突入镇内，经激战，歼伪军1个大队，守城日军被我压缩在3个核心碉堡内，继续顽抗。日军第65师团乘装甲车、汽车分五批增援车桥。5日下午，第一批增援日军乘7辆汽车，进至车桥以西的芦家滩，被我阻击部队歼灭一部，其余被迫退缩并进至我预设雷区，被地雷炸死、炸伤60余人。接着，新四军又连续打击了第2批至第5批增援日军，日军大队长山泽以下大部被歼灭。6日晨，车桥残余日军乘隙突围，我军乘胜扩大战果，至13日先后收复漕甸、泾口等据点12处。此役，共歼灭日军大佐以下460余人，伪军480余人，拔除据点10余个。[①] 在这次作战中，我军采取攻点打援战术，以主力一部直插敌人纵深，攻敌中心据点，以主力大部设伏，打击增援之敌，取得攻点打援的预想结果，打乱了敌人的"清乡"、"屯垦"计划，解放了淮（安）宝（应）大片土地，取得华中敌后战场空前大捷。车桥地区的解放，打通了苏中、苏北、淮南、淮北四块根据地的联系，改变了苏中抗战局面，也使华中对敌斗争形势开始转变，车桥战役的胜利，成为华中敌后战场局部反攻的起点。

5月，苏中第4军分区部队继续发动攻势，连克敌据点28处，歼灭日伪军近1000人，[②] 6月23日，第1师兼苏中军区主力及第1、第2、第3军分区及军区集中兵力进攻日伪军的"清乡"封锁线，配合第4军分区反"清乡"斗争。在地方武装和民兵支援下，新四军第1师兼苏中军区第3旅第7团，在如皋以东的海河滩，全歼日军1个中队、伪军1个大队，共500余人，[③] 26日，第1师兼苏中军

① 军事科学院军事历史研究部编著：《中国人民解放军战史》第2卷，主要战役战斗一览表，第63页。

② 军事科学院军事历史研究部编著：《中国人民解放军战史》第2卷，主要战役战斗一览表，第64页。

③ 马洪武等编：《新四军征途纪事》，第338页，江苏人民出版社1988年版。

区部队攻克敌重要据点南坑镇，共歼灭日伪军 200 余人，① 在日伪"清乡"封锁线上打开一个大缺口。与此同时，南通、海门、如皋等地军民发动为时 20 余天的破袭战，破坏公路 700 余公里，炸毁桥梁 50 余座。② 9 月，苏中第 4 军分区部队又组织了历时 45 天的攻势作战。

第 3 师兼苏北军区部队于 1944 年 1 月起对敌发起春季攻势，连克沭阳、涟水之间的塘沟、王集、徐溜等 10 余处据点，部分控制了沭（阳）淮（阴）公路。4 月，为进一步扩大根据地，第 3 师兼苏北军区乘日军撤离之机，集中第 10 旅主力和第 7 旅一部，进攻高沟、杨口地区伪军。高沟、杨口位于涟水县西北部，驻有伪徐海"绥靖军"第 72 旅和第 5 保安大队，不断骚扰我根据地。为歼灭该敌，4 月 19 日，我第 10 旅一部首先包围高沟，25 日，我改变夜袭惯例，于白昼突然发起强攻，一举攻克高沟。接着又集中兵力围攻杨口，28 日，攻占杨口大圩，残敌退守新宅小圩，至 5 月 3 日，日伪军多次增援均被击退，4 日，我军发起猛烈攻势，一举攻占新宅，守敌全部被歼。此役，共歼伪军 2000 余人，毙伤增援日军 140 余人，攻克高沟、杨 121 等据点 14 处，③ 收复了塘六河两岸地区，使淮海、盐阜两军分区完全连成一片。在高沟、杨口战役期间，第 3 师兼苏北军区部队攻克了灌河口重镇陈家港和陇海铁路南侧之高流镇，歼灭伪军 800 余人。④ 6 月下旬，我军又对滨海地区发动夏季攻势，相继攻克伪军重要据点大兴镇、合德镇等地，歼灭伪军 600 余人，⑤ 开辟了灌河和射阳河之间的地区。9 月上旬，我军又在运河线上一举攻克泗阳县西北敌重要据点林宫渡，打破敌人分割苏北与淮北战略联系的企图。

1944 年 3 月中旬至 5 月上旬，第 4 师兼淮北军区部队在东起运河、西至津浦铁路横宽数百里的广大地区，向日伪军据点展开春季攻势作战。在津浦路沿线，

---

① 马洪武等编：《新四军征途纪事》，第 338 页。
② 马洪武等编：《新四军征途纪事》，第 338~339 页。
③ 军事科学院军事历史研究部编著：《中国人民解放军战史》第 2 卷，主要战役战斗一览表，第 63 页。
④ 马洪武等编：《新四军征途纪事》，第 335 页。
⑤ 马洪武等编：《新四军征途纪事》，第 338 页。

我军于 3 月 21 日攻克宿县下店，歼灭守敌大部。4 月底，攻克凤阳、临淮关东北之小溪、香庙等据点，击退明光、五河等地出动"扫荡"的日伪军 600 余人。4 月中旬，逼退归仁据点日伪军，4 月底攻克蔡圩、灵璧北禅堂等据点，切断泗（县）睢（宁）、灵（璧）睢公路。5 月初，攻克睢宁北魏集据点，俘伪警卫中队长以下 150 余人。在运河沿岸，我军于 4 月底攻下淮阴西冯庄据点，全歼伪军营长以下 140 余人。在这次攻势作战中，新四军第 4 师兼淮北军区部队共进行大小战斗 60 次，攻克据点 51 处，歼灭日伪军 2000 余人，① 解放泗县、灵璧、睢宁之间广大地区。6 月下旬，第 4 师兼淮北军区部队又以主力一部对泗县以北之张楼伪军发动攻势，全歼守敌 500 余人，② 解放泗北地区。

第 16 旅部队 1944 年起，对敌发动攻势作战。8 月下旬，我军一度攻入长兴城，攻克其外围据点 13 处，并攻克金坛西薛埠镇及南京市郊六郎桥，曾攻入溧阳、溧水两城。尔后，又对溧阳、高淳、郎溪间展开攻势，先后攻克南渡、社渚等据点及宣（城）长（兴）公路线重要市镇泗安。

第 2 师兼淮南军区部队在攻势作战中，连克雷官集、瓜埠镇、三和集、殷家涧等据点，一度攻入盱眙、定远两城。

第 7 师兼皖江军区部队先后攻克十林庙，一度袭入腰铺、槐林镇、荻港等据点。

浙东游击纵队先后攻克敌军据点多处，多次打击伪中央警察总队，歼敌一部。

第 5 师，1 月间，开辟了嘉（鱼）蒲（圻）临（湘）地区，巩固和发展了鄂南。5 月、6 月间，向日伪军据点发动攻势，共作战 30 余次，先后攻克潜江之龙湾，石首之横堤市、黄冈之孔家埠等日伪军据点，歼日伪军 1000 余人。③ 鄂南指挥部武装总队袭击武昌日军飞机场，歼敌一部，武汉三镇日伪为之震惊。第 3 军分区部队于 8 月围攻监利之汪家桥敌军后，又于 9 月向沔阳沙湖地区伪军残部发

---

① 军事科学院军事历史研究部编著：《中国人民解放军战史》第 2 卷，主要战役战斗一览表，第 63 页。

② 军事科学院军事历史研究部编著：《中国人民解放军战史》第 2 卷，重要战役战斗一览表，第 63 页。

③ 马洪武等编：《新四军征途纪事》，第 336 页、337 页。

动进攻，歼敌一部。同时，鄂南军分区部队夜袭敌青山据点，逼近武昌。12 月，第 3 军分区部队在潜（江）沔（阳）边歼灭伪军一部，并以荆（门）潜（江）地方武装袭击长脑垸敌之据点。在此期间，第 2 军分区部队攻克李家店、同兴店等据点。第 5 师兼鄂豫皖军区经过一年攻势作战，根据地得到巩固和扩大。

1944 年春的敌我态势为：华中日军计有 16 个师团，26 万多人；新四军抗击了 9 个半师团，15 万多人，占华中日军总数的 59.5%（重庆国民政府军抗击 6 个半师团，10 万多人，占 45.5%）。① 新四军在 1944 年的攻势作战中，共歼灭日伪军 50000 余人，我军伤亡 10000 人，解放国土 7400 余平方公里、人口 160 余万，② 使津浦路东根据地连成一片。

1945 年春，日军为防止美军在华中沿海登陆，确保华中占领区，加强京、沪、杭三角地带和陇海、津浦、京沪杭等铁路沿线，及东南沿海、长江下游沿岸等要点守备，急忙调整部署，加强华中守备兵力，将关东军第 6 军司令部调至杭州。以 3 个师团的兵力在北起连云港，南到杭州湾的沿海地区，构筑防御工事。并将原驻开封地区的伪第 2 方面军孙良诚部调至苏北、苏中地区。

新四军根据中共中央"扩大解放区，缩小沦陷区"的指示，乘敌忙于调整部署立足未稳之际，集中部队主力向敌防守薄弱据点及交通线发起连续进攻，先后在苏北发动了阜宁战役，在苏中组织了三垛伏击战，打击日伪军。

第 3 师兼苏北军区部队和地方武装于 1 月下旬，向伪第 2 方面军孙良诚部展开攻击，至 3 月中旬，在沭阳以西、淮阴、灌云等地区，连克叶圩、周庙、三岔口、张家湾、五里庙等据点 20 余处，歼灭该部 1200 余人，解放了灌河以北广大地区，将伪第 2 方面军主力压缩于盐城、阜宁及其周围地区。3 月、4 月间，日军为收缩兵力又从盐城等地撤至长江下游，阜宁城及其以北地区据点由伪第 2 方面军第 5 军所部 5 个团 3400 余人接替守备。为歼灭该敌，苏北军区决定乘敌换防，

---

① 姜志良："国民革命军陆军新编第四军与中国抗战"，见《民国档案与民国史学术讨论会论文集》第 438 页，档案出版社 1988 年 9 月版。
② "新四军一九四四年对敌作战战绩统计表"，南京军区档案馆藏。

立足未稳，城内缺粮的有利时机，集中第8、第10旅和师特务团及5个县独立团共11个团的兵力，于4月24日发起阜宁战役。

24日夜，第8旅各部迅速包围阜宁城北各伪军据点，25日中午，先后攻克头灶、七灶、掌庄、大顾庄等据点。阜宁城内伪军第5军军长王清瀚率主力两个团分三路增援大、小顾庄，进至小顾庄以南地区，遭第10旅预伏部队迎头痛击，伤亡惨重，残部回辙。第8旅一部乘势追击，一举突入城内，占领了北门炮楼及护城河内侧要点，继续扩大突破口。主力部队3个团突入城内，展开巷战。至26日，守城伪军一部被歼，大部投降，阜宁城解放。伪军军部及其所属1000余人在南逃途中遭我截击，残部逃往盐城。我军乘胜收复了盐（城）阜（宁）公路沿线的大施庄、沟安墩、草堰口等据点。这次作战，我军共毙伤伪军300余人，俘伪副师长以下2000余人，攻克阜宁城及其外围据点22处，[1] 切断了联结苏北与苏中的南通至赣榆公路，扩大了苏北根据地。这次战役，我军采取避强击弱，先打外围分散之敌，后打集中较强之敌，并以运动中消灭敌人的战术，伏击出援之敌，乘出援之敌回撤之机，尾追突入城内，同时以强大的政治攻势配合军事，迫使大部伪军投降，以较小代价取得较大胜利。

第1师兼苏中军区于2月下旬，向兴（化）高（邮）宝（应）地区伪军据点发动进攻，4月，攻克兴化、宝应地区纱沟、崔垛等据点5处，共歼伪军900余人。4月下旬，又发起三垛、河口伏击战。驻宝应伪第5集团军独立团调往兴化县以南周家庄，并有日军两个中队护送。其路线是由宝应南下高邮，往东经三垛、河口至周家庄。第1师兼苏中军区侦悉这一情报，即集中第1军分区3个团又1个营的兵力，分为河南河北2个支队，预伏于三垛、河口之间的河道两侧。28日中午，敌进入伏击圈后，伏击部队即发起猛烈攻击，将其分割包围。经4小时激战，共歼灭日伪军2700余人。[2] 这次战役，我军战前掌握准确情报，集中主

---

① 军事科学院军事历史研究部编著：《中国人民解放军战史》第2卷，主要战役战斗一览表，第65页。

② 军事科学院军事历史研究部编著：《中国人民解放军战史》第2卷，主要战役战斗一览表，第65页。

力打伏击战，出其不意，速战速决，将敌消灭于运动之中，予敌以沉重打击。

2 月起，第 2 师兼淮南、第 4 师兼淮北军区部队连续打击了天长、五河、淮阴等地出动之敌。至 4 月中旬，敌被迫向高邮、五河撤退。我军乘势攻克五河东南之泗县等 10 余个敌据点，淮南部队歼敌近 800 人，粉碎敌人控制淮河下游及三河水上交通的企图。4 月中旬起，淮北军区部队，对洋（河）众（兴）、固（镇）灵（璧）和泗（县）灵（璧）等公路展开破击战，尔后向灵璧、睢宁之间的日伪军发动进攻，同时围攻涡（阳）永（城）的敌军据点。淮南、淮北新四军在近一个月的攻势作战中，共作战 25 次，歼敌 3000 余人，其中俘伪军团长以下 2500余人，攻克泗阳县城等据点 21 处，① 使睢宁等地之敌据点陷于孤立。与此同时，淮南部队对盱（眙）蚌（埠）公路沿线之敌发动攻击，攻克津里、石坝等据点多处。

第 5 师兼鄂豫皖湘赣军区部队和第 7 师兼皖江军区部队也发起了攻势作战，鄂豫皖湘赣部队在向湘鄂赣主要方向发展的同时，积极向敌占区伸展。4 月上旬，当敌对南阳、老河口地区发动进攻时，我军以 6 个团的兵力分别由大悟山和石角山向随县以南和信阳西南敌后挺进，牵制日军向老河口的进攻，恢复了白兆山和四望山根据地。分别在豫中、鄂中、鄂南等地歼灭伪军各一部，扩大了解放区。

1945 年夏，日军中国派遣军为进一步加强华中地区的守备，除原有兵力外，又从华北、华南调入 8 个师团，使华中兵力增加到 15 个师团、13 个独立旅团和 1个独立警备队，总兵力达 62 万余人。新四军根据以上情况，决定乘敌向沿海、大城市和主要交通线收缩之机，发动夏季攻势，打击敌守备薄弱据点。

淮北新四军在此期间，先后组织了宿南战役和睢宁战役。为扩大淮北抗日根据地，开辟宿（县）蒙（城）怀（远）地区，5 月下旬至 7 月初，新四军第 4 师兼淮北军区集中师部主力及 8 个县总队共 13000 余人的兵力，对盘踞安徽宿县以南伪第 4 方面军直属第 15 师发起宿南战役。5 月 21 日夜，第 11 旅一部进攻宿县西南袁家集伪军特务第 3 团，战至次日晨，歼灭伪军团长以下全部守敌。随后，

---

① 军事科学院军事历史研究部编著：《中国人民解放军战史》第 2 卷，主要战役战斗一览表，第65 页。

第 9 旅和师骑兵团各一部分别击退孙町集和芦沟集增援任集的伪军。24 日晨，第 11 旅一部向袁店集伪军第 59 团一部发起攻击，连续突破敌几道工事障碍，直逼敌核心据点，随即展开政治攻势，迫使伪营长以下全部投降。与此同时，第 9 旅一部在袁店集以东之神仙井设伏，驻孙町集伪军第 59 团团长率一个营增援，途中被新四军伏击部队全部歼灭。俘伪团长以下官兵 180 余人。敌在我连续攻势下，收缩兵力，全力坚守孙町集、界沟集等据点。6 月 30 日夜，第 11 旅等部为扩大战果，强攻驻守界沟集之伪第 57 团。至 7 月 1 日，歼敌一部，余敌在我军事打击和政治争取下，被迫投降。俘伪团长以下官兵 800 余人。宿南战役胜利结束。是役，共歼灭伪军第 15 师 1900 余人。[①] 开辟了宿南地区，使津浦铁路以西根据地连成一片。这次战役，我军采取"攻点打援"战术，取得胜利。

6 月中旬，新四军第 4 师兼淮北军区部队在津浦路东发起睢宁战役。睢宁县城位于陇海铁路南侧一线，是徐州东南重要外围据点，在宿南战役进行之时，睢宁日军被迫撤走，睢宁城仅留保安队千余人驻守。淮北军区乘此有利时机，集中地方武装在主力一部配合下，向该城发起进攻。6 月 19 日起，进攻部队首先扫除睢宁城外围据点，先后攻占城西之大王集、邢圩、魏大桥等据点，随后又攻占城东的沙集、高作等据点，切断睢宁与宿迁和徐州的联系，形成包围之势。7 月 7 日 2 时，由南北两个方向同时对睢宁城发起攻击，并争取守城北门伪军一个排反正，接应攻城部队攻占城垣碉堡多处，在内线策应下一举突破城垣，随即插向纵深展开巷战。将敌压缩于核心碉堡内，至黄昏，伪军乘暗弃城逃跑，在城外被我围攻部队全歼。至此，睢宁遂告解放。尔后攻击部队又乘势攻克睢宁城外围据点多处。至 7 月 10 日，睢宁战役结束。是役，共攻克睢宁县城及其外围据点 18 处，歼敌 2200 余人，[②] 扩大了淮北抗日根据地，威胁敌苏北战略要地徐州。

在宿南战役和睢宁战役期间，苏北、苏中、淮南、皖江、鄂豫皖赣军区部队

---

① 军事科学院军事历史研究部编著：《中国人民解放军战史》第 2 卷，主要战役战斗一览表，第 65 页。

② 军事科学院军事历史研究部编著：《中国人民解放军战史》第 2 卷，主要战役战斗一览表，第 66 页。

继续向敌开展攻势，攻克据点多处，瓦解大批伪军。

华中新四军在 1945 年春夏攻势作战中，共攻克阜宁、睢县城及重要据点 100 余处，歼灭伪军 3 万余人，争取了 4000 余名伪军反正投诚。新四军主力及地方部队，在攻势作战中发展到 31 万余人，民兵发展到 96 万余人。[1] 华中连续攻势作战，牵制了部分日军兵力，配合了太平洋战场盟军的作战。新四军 1945 年春夏季攻势作战的显著特点是在发挥我军游击战战术的基础上向攻坚战、运动战转变，为全面出击，开展大规模的正规作战准备了条件。

六、华南抗日武装向日伪军出击

1944 年初，日军为进行打通粤汉、湘桂铁路交通线的作战，并防备美军在华南沿海登陆，将华南日军兵力增至 2 个师团另 5 个独立旅团。华南各地抗日武装乘敌调整部署之际，向敌薄弱据点展开攻击，以牵制敌人，配合正面战场的作战。

广东人民抗日游击队东江纵队，自 1 月起，连续向广九铁路及其两侧之敌积极出击。1 月中旬，出击广九路常平车站，2 月中旬，袭击平湖凤凰山。2 月 25 日，我军向广九路全线展开破击战。日军虽派出重兵沿线守卫，但在我军连续打击下，广九铁路始终未能通车。与此同时，海上中队在大鹏湾、大亚湾的航线上，截击日军运输船队，威胁日军海上运输。2 月中旬至 3 月中旬，东江纵队以一部兵力北渡东江，挺进增城、博罗地区，袭击了广九线上的石滩伪联防队和警察所，歼敌一部。4 月上旬，我军在源头、茹屋地区打退敌人的进攻，毙伤日军少佐以下 70 余人。[2] 中旬，我对港九地区进行全面出击，先后在大埔、元瑚之间和吉坳地区打击敌人，并袭入九龙市区，炸毁九龙铁路大桥两座，中断敌交通运输，造成敌人恐慌。5 月上旬，日军步骑兵 500 余人，对东江纵队领导机关驻地

---

① "新四军对敌伪作战主要战绩和我军伤亡统计表"（1938 年 5 月至 1945 年 9 月 2 日），南京军区档案馆藏。

② 《东江纵队史》编写组编：《东江纵队史》，第 99 页，广东人民出版社 1985 年版。

梅塘进行"扫荡"。我军各部相互配合，对敌实行三面夹攻，敌在我有力打击下，施放烟幕弹，夺路而逃。这次战斗，毙伤敌 100 余人，我军伤亡 30 余人。① 5 月 15 日，东莞大队在民兵配合下，袭击日伪军据点厚街，全歼伪军 1 个连，俘伪军连长以下 70 余人。② 5 月 26 日，护航大队于大亚湾，营救出被日军击落的美军第 14 航空队 417 号轰炸机的 5 名飞行员。7 月 21 日，独立第 3 中队袭击平湖火车站，全歼伪警察大队，并歼灭日军增援部队一部。8 月 29 日，港九大队于新界、屯门夜袭敌船，全歼日宪兵先遣队。

7 月 25 日，中共中央指示东江纵队，在敌向北侵占地区，开展敌后游击战争，避免与国民党余汉谋发生摩擦，"尽力发展抗敌武装斗争"。③ 8 月间，东江纵队根据中共中央指示，积极向粤北敌占区展开游击，派出武装骨干组成北上抗日先遣队，从东莞出发，开赴增城，渡过东江，经过博罗，于 8 月底经从化、花县等地北上，途中不断袭击敌人。留在东莞地区坚持斗争的部队，于 8 月下旬至 9 月初，进行较大战斗 10 次，歼敌 200 余人，④ 粉碎敌 2000 余人的"扫荡"，并乘势广泛出击，先后在博罗、沙井等地打击敌人，并于新界、横门袭击敌之运输船只，威胁敌水上交通。11 月初，返回增城的先遣队奇袭新塘火车站，歼灭伪军 1 个连，俘日军物资供应站站长阿南中佐及伪军 30 余人。1944 年，东江纵队共作战 300 余次，毙日伪军 1500 余人，俘日伪军 1200 人。东江纵队发展到 7000 余人，民兵、自卫队 12000 余人。⑤ 1945 年 1 月，东江纵队各部连续向日伪军出击，先后进行较大战斗 10 余次。抗日军民 1000 余人在广九铁路两侧展开大规模的破击战，摧毁铁路沿线敌碉堡多处，破坏敌通讯设备，使日军两列火车相撞。东莞伪军警察大队 180 余人，在我军强大的政治攻势下，携械投诚。东江纵队在日军

---

① 《东江纵队史》编写组编：《东江纵队史》，第 98 页。
② 《东江纵队史》编写组编：《东江纵队史》，第 98 页。
③ "中央对东江纵队开展敌后游击战争的指示"（1944 年 7 月 25 日），《中共党史教学参考资料》第 17 册，第 463 页。
④ 《东江纵队史》编写组编：《东江纵队史》，第 129 页。
⑤ 此处综合《东江纵队史》编写组编的《东江纵队史》及军事科学院军事历史研究部编著的《中国人民解放军战史》等资料。

打通粤汉铁路后，组织了 3 支部队挺进粤北，开辟新区。2 月底，北江支队进至莫德后，破袭粤汉铁路线，歼敌 1 个团，尔后继续向北发展，开辟了英德、翁源、新丰、佛冈之间的新区。西北支队进至清远地区，攻克了横石圩、高田、石古墩等据点。东江纵队还以第 3 支队北渡东江，协同博罗地区部队，打击日伪势力，建立了罗浮山根据地，以便我军指挥中心北移，适应向北发展的方针。我军另以独立第 4 大队一部向海丰、陆丰、惠东地区发展，与海陆丰游击队会合，进一步开展了海、陆、惠、紫地区的抗日斗争。6 月 2 日，活动于稔平半岛海面的第 7 支队海上队，在民兵配合下，渡海直捣三门关伪军据点，毙伤伪军大部，缴获大批物资。7 月后，为与八路军南下支队会合，共同开辟五岭地区，东江纵队以 1000 余人，组成华北支队，向北挺进。同月，开辟五岭地区。

中山人民抗日义勇游击大队于 1944 年 2 月初粉碎了日伪军对中山县五桂山地区的"扫荡"后，积极向日伪军出击。4 月初，主力一部渡海袭击横门岛，俘伪军中校以下官兵 100 余人。6 月，炸毁石岐东南之大环公路桥，拔除敌人据点多处，并袭击新造伪军屯垦处、区署等机关。随后又进击伪军主要据点市桥、顺德等地，歼灭伪军一部。7 月下旬，粉碎了日伪 2000 余人对番（禺）南地区的"扫荡"，巩固了番南顺之抗日根据地，打通了该根据地与中山之五桂山根据地的联系。1944 年秋，中山抗日武装以主力一部挺进粤中，10 月中旬抵达新会地区，与中区抗日游击队会合，开辟了粤中敌后抗日根据地。

琼崖人民抗日游击队独立纵队于 1944 年以第 1、第 2、第 4 支队的主力大队编成挺进支队，进入白沙地区。挺进部队插向敌后方，出击日伪军重要据点。一部在白沙县的阜青、龙头乡，建立了阜龙乡文头山根据地；一部在那繁村、来苗村一带打击敌人。1945 年 1 月，琼崖纵队领导机关迁入阜龙乡根据地。挺进支队在朝阳村、芭蕉村等地击退日军反扑，并乘胜向儋县、临高等沿地区发展，牵制日军主力，巩固和扩大了五指山抗日根据地。

活跃在雷州半岛的南路抗日独立大队，积极向日伪军出击，袭击了江洪港、杨柑圩、企水港、新圩等地日伪军。1945 年 2 月，主力一部向廉江西部挺进，5

月，南路抗日武装整编为南路人民抗日解放军，并建立了遂溪北部、廉江南部的抗日根据地。

坚持潮汕地区抗日斗争的揭阳、普宁等抗日武工队，不断在九斗埔、流水埔、流沙（今普宁）、涂洋、鲤湖等地打击日伪军，部队得到发展。1945年1月，成立潮汕人民抗日游击队。7月中旬，成立抗日游击队扩编为广东人民抗日游击队韩江纵队，活动于饶平、潮安、流沙、惠丰之间，建立了流沙抗日民主政权。华南抗日武装坚持敌后艰苦斗争，抗日队伍不断发展壮大，从广州失陷到1945年8月，抗日游击武装从数百人发展到两万余人。建立了东江、珠江、粤中、琼崖抗日根据地，在远离中共中央，没有主力部队的情况下，仍能根据自身特殊环境，坚持中共抗日民族统一战线政策，团结爱国侨胞和港澳同胞及当地广大人民群众，利用水网和亚热带丛林特殊地理条件，开展敌后抗日游击战争，开辟和发展了抗日根据地，壮大了抗日力量，牵制了部分日军，对全国抗战及同盟军在太平洋战场的作战，起到了战略配合的作用。

第8章
解放区的扩大

一、发展河南，开辟中原

1944 年 4 月、5 月间，日军在打通大陆交通线作战中，侵占郑州、洛阳等大片地区。河南大部成为敌后。为发展河南，中共中央于 6 月、7 月间连续向八路军、新四军发出向河南敌后进军的指示和部署。指示八路军太行军区和太岳军区派精干部队开赴豫西，开辟抗日根据地；冀鲁豫军区发展水东（新黄河以东地区）、水西，扩大豫东抗日根据地。要求新四军第 5 师沿平汉铁路北上向河南发展，开辟豫南抗日根据地；第 4 师主力一部进入永城、夏邑、萧县、宿县地区，建立豫皖苏边区抗日根据地，打通与睢（县）、杞（县）、太（康）地区的联系，控制水东地区。并要求新四军第 3 师、山东军区及冀鲁豫军区一部牵制敌人，策应新四军第 4 师西进。[1]

---

[1]　"中共中央关于向河南敌后进军的部署致华中局、北方局、山东分局电"（1944 年 7 月 25 日），见《中共党史教学参考资料》第 17 册，第 464 页。

中共中央在作以上军事部署的同时，还对发展河南敌后工作的政策做了规定，指出发展河南与以往发展华北、华中有所不同，处在日军与国民党敌后军队当中，情况相当复杂。如何灵活适应具体情况，关键在是否正确实行以下政策：即坚持在敌占区及边缘区建立根据地，避免与国民党产生摩擦；其次，严格遵守群众纪律，做到"秋毫无犯"，与人民共甘苦，发动群众开展减租减息等民主运动，争取群众拥护和支持；同时，对新区地方政治势力及武装，亦采取争取和宽容态度，以争取同情，扩大影响。总之，为建立新区，站稳脚跟，须积极创造有利条件，团结一切抗日力量，包括开明绅士和知识分子。[1]

根据中共中央的指示，太行军区于 1944 年 9 月由第 3 团、第 35 团组成豫西抗日独立支队（即第 1 支队），由林县出发，挺进豫西。9 月下旬，到达济源西南之蓼坞渡口，突破敌河舫部队防守线，渡过黄河，越陇海铁路，涉洛河、伊河，沿途连遭敌人阻击和追击，我军冲破阻拦一路急进。在伊川以东之杨岭，设伏打退追敌。中秋节前夕，袭击登封日军机场，歼敌一部，解放民工数千人。随后又连续袭击了偃师东南之回郭镇、巩县西南之黑石关等据点，解放筑路民工，摧毁伪乡政权，建立了偃师、巩县、伊川、登封 4 个县的抗日民主政府。执行抗日民族统一战线政策，争取地方开明绅士的支持，得到人民群众的拥护，扩大了八路军的影响，初步打开了豫西抗日局面。11 月初，该支队以袭击、伏击打退向豫西抗日武装反扑的日伪军 2000 余人，[2] 并乘势建立了荥阳、汜水、密县、临汝、洛阳、广武等 8 个县的抗日民主政府。

太岳军区根据中共北方局和八路军总部的指示，以第 18 团、第 59 团等部组成豫西抗日游击支队（即第 2 支队），11 月初，渡过黄河，歼灭伪军河防中队，进入陇海铁路新安至渑池段南北地区，不断打击日伪军。11 月底，开辟了新安、渑池、陕县三陇海铁路南北地区的抗日根据地。12 月底，第 2 支队连续打

---

① "中共中央关于向河南敌后进军的部署致华中局、北方局、同东分局电"（1944 年 7 月 25 日），见《中共党史教学参考资料》第 17 册，第 465 页。
② 《129 师暨晋冀鲁豫军区抗日战争史》，第 196 页。

击敌军，将根据地发展到黄河以南、洛宁以北、陕县以东、新安以西的广大地区。

1945 年 2 月中旬，为增强豫西地区抗日力量，陕甘宁边区的八路军 385 旅以两个团组成豫西抗日游击第 3、第 4 支队，在王树声率领下挺进豫西，进抵宜阳西南之东赵堡时，留下一部与当地抗日武装组成伊洛独立支队，以加强伊洛地区，因东赵堡地处伊河、洛河之间，这一地区抗日力量的加强，对开辟豫西有重要作用。伊洛独立支队经连续作战，攻克敌据点多处，开辟了宜阳以南、嵩县以北和露宝寨山以东地区，建立了 3 个抗日县政权。第 3、第 4 支队主力南进至东、西白粟坪。2 月底，成立了河南军区。为加强这一地区军事力量，3 月下旬，太行军区以第 13 团主力组成第 6 支队进入豫西。至此，部队已发展到 1 万余人。豫西地区建立了拥有 3 个专署、3 个军分区、20 多个县政权、300 余万人口①的抗日根据地。

1944 年 6 月，冀鲁豫军区根据中共北方局关于加强水东、开辟水西的指示，组成南下大队，进入水东地区。7 月初，南下大队与水东坚持抗日的独立团合编，转战睢县、杞县、太康及淮阳、西华地区，攻克多处伪军据点，重创睢县出援日军，巩固和扩大了睢（县）杞（县）太（康）抗日根据地。8 月，成立了庆华、睢县、淮太西 3 个抗日民主县政府，为开辟水西创造了条件。

1945 年春夏之际，冀鲁豫部队一部，渡过新黄河，继续南进至商水、上蔡之间地区，连克砖桥镇、五亭寺等据点，歼灭伪军一部，建立了 5 个抗日县政权，打开水西地区抗日斗争局面。6 月，冀鲁豫军区为统一水东、水西两个地区的领导及执行八路军总部关于加强水东、向东向南发展的指示，成立了豫东指挥部，同时又以主力一部，攻克通许以东欧阳岗敌据点，扫除西进障碍。我军渡河部队渡过新黄河后，一举攻克扶沟县城。随后又在西华、商水、上蔡之间拔除敌军据点多处，扩大了水西根据地。至此，我军控制了陇海路以南、平汉路以东的豫东

---

① 陈廉编：《抗日根据地史略》，第 384 页，解放军出版社 1987 年版。

地区，成立了豫东指挥部，统一了水东、水西的指挥，加强了豫东地区的抗日力量，为我军继续向南发展，创造了有利条件。

为实现中共中央发展河南、绾毂中原的战略任务，新四军华中部队亦作相应部署。1944 年 6 月 23 日，刘少奇、陈毅指示新四军第 5 师准备向河南发展，第 4 师越津浦路西进。[①] 7 月 10 日，中共中央同意新四军和华中局的方针，并要求新四军第 5 师"首先沿平汉铁路两侧向北发展，以求得和华北八路军打通联系"。[②] 根据上述战略部署，新四军第 5 师自 7 月底始，首先以 1000 余人组成"豫南游击兵团"，开辟平汉路东汝（南）正（阳）确（山）地区；尔后，留一部巩固新区，主力则越平汉路开辟路西，准备向北发展。10 月下旬，与第 5 师第 45 团进入豫南部队合编为两个团挺进豫中。11 月初，"豫南游击兵团"改称"河南挺进兵团"。我军挺进河南途中，不断打击日伪军的阻截，取得胜利后，发动群众，建立抗日政权，组织地方武装。12 月间，为巩固新开辟地区，部队主力进行整训，以一部进入临颍、上蔡，策应冀鲁豫军区部队西进水西；另一部活动于襄城、郏县地区，以迎接八路军南下支队。1945 年 3 月间，挺进兵团与新四军第 5 师进入平汉路西的两个营会合，向舞阳、叶县一带发展。4 月中旬，我军在豫南敌后建立了 7 个县的抗日政权，开辟了豫南抗日根据地。

根据中共中央指示及华中局和新四军军部的部署，新四军第 4 师为恢复豫皖苏边抗日根据地，集中 5 个团的兵力西进。1944 年 8 月中旬，第 4 师师长彭雪枫率主力从泗洪县出发，在宿县以北越过津浦铁路进入萧县以南地区，途中粉碎日伪军 2000 余人的"扫荡"，[③] 攻克据点多处，恢复了萧县、永城、宿县之间的地区。9 月中旬，新四军第 4 师与国民党津浦铁路东之暂编第 1 军第 33 师段海洲部、陇海铁路以北之苏北挺进军第 14 纵队苗秀霖部在萧、永地区发生

---

① 刘少奇、陈毅："华中部队准备大发展"（1944 年 6 月 23 日电），见《中共党史教学参考资料》第 17 册，第 460 页。

② "中央同意五师巩固原地区并向河南湘鄂赣发展的方针"（1944 年 7 月 10 日电），见《中共党史教学参考资料》第 17 册，第 461 页。

③ 马洪武等编：《新四军征途纪事》，第 345 页。

摩擦，第 4 师师长彭雪枫在指挥作战中牺牲，由张爱萍继任。随后，我军打退了"扫荡"萧、永地区的日伪军。11 月下旬。我军又开辟了商（丘）亳（县）永（城）之间地区，建立了 8 个县的抗日政权，基本恢复了豫皖苏边抗日根据地。

八路军、新四军密切配合，经过半年多的艰苦作战，基本完成中共中央开辟豫西、发展豫南、扩大豫东、恢复豫皖苏边的部署，打通了华北与华中的联系，实现了发展河南"绾毂中原"的战略意图。

二、八路军挺进湘鄂赣边

1944 年下半年，日军在打通大陆交通线作战中，侵占了湘、粤、桂等省的大片国土。为增强华南抗日力量，开辟五岭（越城、都庞、萌诸、骑田、大庚岭）抗日根据地，八路军第 120 师第 359 旅 4000 余人组成南下支队，在王震、王首道率领下，挺进敌后，建立抗日根据地，开展游击战，配合正面战场对日作战。南下支队于 11 月 9 日从延安出发，东渡黄河，过同蒲铁路，再南渡黄河，越陇海铁路，进入豫西抗日根据地。尔后，在新四军第 5 师河南部队接应下，通过平汉铁路封锁线。1945 年 1 月，在河南击退日军阻拦，进入鄂豫皖根据地，27 日到达湖北大悟山与新四军第 5 师会合。南下支队经过约 4000 里的远征战，在大悟山进行休整，2 月 24 日继续南进。2 月 19 日至 23 日，从黄冈以东分批渡过长江，26 日在大冶西南之大田畈，击退日军独立混成第 84 旅团的追击。3 月 13 日，一举攻占大幕山，俘伪军 200 余人。[①] 6 日，攻克崇阳东南之金塘、大源，并协助新四军第 5 师一部开辟了鄂南抗日根据地。26 日，南下支队占领湘北平江，部队改称"湖南人民抗日救国军"，并扩编为 6 个支队。为避免与第 9 战区国民党部队的军事摩擦，于 4 月中旬撤离平江，随即转战于鄂南的通城、崇阳地区，在第 5 师一

---

① 马洪武等编：《新四军征途纪事》，第 371 页。

部配合下，连克岳阳东南的杨林铺、大汉湖、毛家埔等日伪军据点，全歼伪"和平救国军"第 1 师，俘伪军 600 余人。这次胜利震动鄂南伪军，太平塘地区伪军 100 余人反正。[①] 我军逐步打开鄂南抗日局面。5 月初，根据中共中央关于"创立湘鄂赣边区根据地，建立南北枢纽"的指示，成立了湘鄂赣军区，建立了 13 个县的抗日民主政权，开辟了大片新区。7 月初，"湖南人民抗日救国军"由咸宁出发，越过粤汉铁路，向湘南、粤北之间的五岭地区挺进，以完成创立五岭山根据地，打通与华南抗日游击队的联系的任务。8 月初，该部队进到衡山以南地区时，因抗战形势发生变化，而改变原定目标，北返鄂豫皖根据地，10 月上旬，与新四军第 5 师再次会合，10 月中旬恢复第 359 旅番号。

南下支队挺进湘鄂赣边，在近一年的时间里，挺进数千里，转战于陕、晋、豫、鄂、湘、赣、粤等 7 省，开创了湘鄂赣边抗日根据地，增强了华南敌后抗日力量，同时也付出了较大的代价，其中有一些失误和教训。

南下支队的任务是完成中共中央加强华南抗日力量，开辟五岭抗日根据地，"配合华北华中我军进行对日反攻作战"[②] 的战略意图，由于种种原因未能达到预期目的。其中抗战形势发生变化，日军迅速崩溃，在国共两党面临军事冲突的情况下，部队北返，是客观原因，然而主观上未能坚决坚持向敌占区发展，而在国民党军恢复地区争夺城池，以致造成军事上损失，政治上被动的不利局面，"没有能够更早的向南发展"，"丧失了好几个月一去不返不可再得的时机"。[③] 如攻打国民党鄂南专署所在地大源及进占平江的战斗等都消耗了较大的军事力量，延缓了南进的宝贵时间。部队一度陷入"纠缠不止的日益严重的摩擦战争"。[④] 中共中央也及时指出"在湖南中部不可久留，在此等地方不可能建立稳固根据地"，

---

① 马洪武等编：《新四军征途纪事》，第 376 页。
② "军委关于一年内创造五岭基地的指示"（1945 年 7 月 15 日电），见《中共党史教学参考资料》，第 17 册，第 580 页。
③ 王恩茂："南下支队湘鄂赣边斗争的教训总结"（1945 年），见《中共党史教学参考资料》第 17 册，第 569 页。
④ 王恩茂："南下支队湘鄂赣边斗争的教训总结"（1945 年），见《中共党史教学参考资料》第 17 册，第 571 页。

南下支队"应直达粤北","依五岭建立永久根据地"。① 南下支队在实际斗争中认识到只有坚决执行中共中央坚持向敌占区发展的指示，才能建立稳固的抗日根据地。

三、山东军区对伪军的讨伐

1945 年初，原担任山东方面警备骨干的日军第 59 师团调往上海方面，"山东半岛已无师团"。② 山东军区乘此有利时机，执行毛泽东提出的"扩大解放区，缩小沦陷区"的战略任务，积极讨伐伪军，首先消灭阻碍我扩大解放区的荣子恒、赵保原部等主要伪军。

1945 年 2 月初，鲁南军区发动第二次讨伐伪军荣子恒部的作战。伪暂编第 10 军荣子恒部，于 1944 年底由临（沂）费（县）边调到泗水县城及其周围地区，以加强津浦铁路沿线守备。2 月 1 日晚，鲁南军区集中主力第 3 团，费县独立营，尼山独立营和区中队、民兵各一部，进攻泗水城。战前侦知敌城西门守备薄弱，因而选择西门实施爆破，一举突入城内，主力部队进城后，即争夺各要点，直逼伪第 10 军军部及伪县政府驻地。经一夜激战，将伪军长荣子恒及日军顾问等分别围困于南门城楼上和伪县政府大碉堡内。当晚，攻击部队向被围之敌发起总攻，击毙荣子恒及其参谋长和日军顾问，伪军全部投降。与此同时，我军打退了滋阳（今兖州）、曲阜等地日伪军增援。此役，共歼敌 2600 余人，攻克泗水县城及其外围据点 10 余处，③ 威胁津浦路及滋阳敌据点。

胶东军区于 2 月 11 日至 19 日发起讨伐伪军赵保原部战斗。伪"剿共第 7 路

---

① 毛泽东："令启龙争取年底到达五岭与二王会合"（1945 年 7 月 22 日电），见《中共党史教学参考资料》第 17 册，第 581 页。

② 日本防卫厅战史室编：《华北治安战》（下），第 444 页。

③ 军事科学院军事历史研究部编著：《中国人民解放军战史》第 2 卷，主要战役战斗一览表，第 38 页；《抗日战争时期山东军区战史》，第 244 页；《抗日战争时期山东军区战史》（附件），第 83 页；"鲁南军区 1945 年各大战役及主要战斗详报"，军事科学院藏。

军"赵保原部共 1 万余人，盘踞于莱阳东南之玩底（今万第）为中心的周围地区，设有坚固防御工事，临近莱阳、即墨日伪军据点，胶东军区集中第 13、第 14、第 16 团，北海独立团、东海独立团、军区炮兵营等部共 5 个团又 5 个营的兵力，在 5 万民兵和群众配合下，于 12 月 11 日对玩底伪军发起大规模进攻，突破部分伪军防御，初因各部协同不够，未取得较好战果。经撤至外围调整布置后，12 日，主攻部队 4 个团对敌发起总攻，迅速突入伪军阵地，全歼玩底守军 5 个营。赵保原率其余残部逃往即墨。敌出动驻左村和乔家泊部队增援玩底，被我军歼灭。14 日，胶东军区主力部队，攻克左村，歼灭伪军 3 个团。15 日，我军乘胜清扫五龙河两岸残敌，继续扩大战果。至 19 日，战役结束。此役，共毙伤伪军团长以下 2000 余人，俘伪军 7300 余人，击溃伪军 2000 人，[①] 重创伪军赵保原部。

蒙阴是敌伸入鲁中根据地沂蒙山区的孤立据点。为摧毁敌对沂蒙根据地的"扫荡"基地，鲁中军区以第 1、第 4、第 9、第 10 等 4 个团，在地方武装一部配合下，于 3 月 8 日夜进攻蒙阴。攻击部队采取强攻，连克城东、西、北三关，9 日，新泰日军一个中队分左右两路驰援，左路进至城北之墩台，被我阻援部队击退；右路进至石泉庄，遭我伏击，日军伤亡一部，其余逃窜。当晚，我军从东、西、北三面对蒙阴再次发起总攻。突击部队在炮火掩护下，由西门架梯登城，打开突破口，接着各路部队从东、北、南三面突入城垣，经激烈巷战，至 10 日晨，全歼守敌，共歼敌 1200 余人。[②] 这次战役，我军由于攻城打援密切配合，使强攻取得迅速胜利，此役扫除敌人"扫荡"基地，使沂蒙与泰南连成一片，鲁中根据地得到巩固和扩大。

1945 年 4 月 1 日，美军在冲绳岛开始登陆。4 月 6 日，苏联废除《苏日中立

---

① 军事科学院军事历史研究部编著：《中国人民解放军战史》第 2 卷，主要战役战斗一览表，第 39 页；《抗日战争时期山东军区战史》，第 241 页，《抗日战争时期山东军区战史》（附件），第 83 页；"讨赵部队各参战部队战役检讨的书面报告"，军事科学院藏。

② 军事科学院军事历史研究部编著：《中国人民解放军战史》第 2 卷，主要战役战斗一览表，第 39 页。

条约》，欧洲战局对日本更加不利，为紧急应付美、苏作战，4 月上旬，日本中国派遣军新的作战方针规定，将上海附近和山东方面作为其"沿岸战备的重点"。①为完成此作战意图，日军从华北方面军抽调 5 个师团兵力到上海和东北，其华北兵力下降。随着精锐部队的减少，日军被迫采取"缩小警备地域，集中兵力"以实行机动作战的指导方针。② 1945 年 6 月以后，为加强大城市和主要交通线的守备，敌集中兵力防守北平、天津、济南等中心城市。根据八路军总部 5 月 29 日向各大战略单位发出的指示，华北各根据地八路军部队贯彻积极开展攻势，以消灭伪军为主的作战方针，开展了更大规模的夏季攻势作战，以夺取有利于全面出击的阵地。

1945 年 4 月 12 日，山东军区下达了以胶济铁路东段为重点展开大规模夏季攻势的命令。以破坏敌沿海防御计划，加强胶济铁路南北之联系，扩大全面出击的阵地。

6 月上旬，鲁中军区发动讨伐伪军厉文礼部的作战。伪鲁东"和平建国军"厉文礼部共万余人，盘踞在以潍县（今潍坊市）、昌乐、安丘为中心的胶济铁路两侧地区。鲁中军区集中 5 个团及地方武装一部共万余人，在万余民兵和群众支援下，首先攻取敌核心据点之一的夏坡。夏坡在安丘西南，周围密布大小据点，筑有坚固防御工事，我军采取分割包围各个击破战术，主力分数路插入敌之纵深，攻克夏坡及其周围 8 个主要据点，并以一部阻击安丘等地出援之敌。6 月 5 日傍晚，各路迅速攻入夏坡，经激战两昼夜，攻克夏坡及周围 8 个主要据点。与此同时，阻援部队击退安丘出援之敌。8 日夜，我军 3 个主力团北上，进攻昌乐地区张天佐部，歼敌一部。此时，潍县、昌乐、安丘之敌数千同时出援，我军撤出战斗。厉伪残部乘我军北上之际，在日军掩护下，重占夏坡。我北上部队改向夏坡东西两侧发展。17 日起，鲁中军区主力分三路再攻夏坡，在我猛烈攻击下，敌伪损失过半，我军再次收复夏坡。24 日，我军乘胜下诸城地区，向诸城西北斗鸡台一带伪军展开进攻，歼灭伪军张步云部两个团又一个营。此役，共歼日伪军

① 日本防卫厅战史室编：《华北治安战》（下），第 450 页。
② 日本防卫厅战史室编：《华北治安战》（下），第 453 页。

7300 余人，攻克据点 60 余处，解放了 1700 多平方公里的地区。[①] 这次战役，我军集中主力，对敌主要据点实施分割包围，同时进攻，以机动灵活战术迅速取得胜利。

7 月上旬，滨海军区发起讨伐伪军张步云部战斗。伪山东"国民自卫军"第 1 军张步云部共万余人，盘踞于诸城地区。7 月 15 日，滨海军区以第 6、第 13 团及鲁中军区第 1、第 12 团，共 4 个团的兵力，分两路，冒雨奔袭相州、双庙，16 日拂晓，攻克该两处据点。17 日，歼灭张步云主力大部。20 日起，我军分两路东渡淮河，继续扩大战果，一路北攻，歼高密伪自卫团一部，一路向南，在诸城以北埠头一带与伪军激战两天，全歼诸城保安队。至 30 日，战役胜利结束，共歼伪军 5000 余人，解放了诸（城）高（密）胶（县）之间 2500 平方公里的地区。[②] 胶济铁路以北胶东、渤海两军区连续发起夏季攻势，以策应路南鲁中、滨海两军区的攻势作战。6 月 22 日至 29 日，胶东军区以 4 个团及地方武装一部讨伐盘踞平度以西之敌，攻克台头、谷庄等据点 24 处，歼敌 3400 余人。[③] 7 月底，渤海军区在胶东军区一部配合下，对伪军张景月部发起攻势作战。伪第 3 方面军第 6 军张景月部共 15000 余人，盘踞在小清河以南地区。7 月 30 日，渤海军区集中直属团、新兵团、第 5 军分区基干团及地方武装共 7000 余人，向敌发起进攻。31 日，我军首先清扫外围据点，在民兵 5000 余人支援下，沿庄挖沟筑墙，构筑碉堡，与敌形成对峙态势。8 月 4 日，我军以炮火猛轰敌外墙工事，4 日至 11 日，连续攻下敌碉堡 10 余座，突破敌外墙防御。12 日，我军向内墙工事发起攻击，用坑道爆破，炸塌庄西北敌内墙碉堡，突入城内，展开巷战。经激烈战斗，打退敌数次突围，迫敌投降。13 日，我军乘胜发起总攻，收复据点 12 处，残敌大部被歼。至

---

① 军事科学院军事历史研究部编著：《中国人民解放军战史》第 2 卷，主要战役战斗一览表，第 42 页；《抗日战争时期山东军区战史》，第 252 页；《抗日战争时期山东军区战史》（附件），第 85 页。

② 《抗日战争时期山东军区战史》，第 256 页；《抗日战争时期山东军区战史》（附件），第 87 页；军事科学院军事历史研究部编著：《中国人民解放军战史》第 2 卷，主要战役战斗一览表，第 43 页。

③ 《抗日战争时期山东军区战史》，第 225 页；《抗日战争时期山东军区战史》（附件），第 86 页。

此，讨张作战胜利结束。此役，共歼敌 500 余人，[①] 打通了渤海东部与胶东、鲁中的联系。这次战役，我军运用的沟墙封锁、坑道爆破配合火力猛攻，取得攻坚战的胜利。

为配合胶济铁路东段作战，渤海军区从 6 月上旬起，在小清河以北平原地区积极发动进攻，共歼伪军 3400 余人，攻克蒲台、滨县、南皮、沾化、德平、庆云等县城 6 座，[②] 孤立敌惠民中心据点。在此期间，鲁南军区部队和鲁中、滨海军区部队各一部，于 5 月中旬开始，先后发起讨伪作战，收复邳县、郯城、费县等县城，逼近陇海、津浦铁路，威胁徐州。

四、晋察冀军民开辟雁北察南新区

晋察冀军区贯彻执行中共中央关于"向雁北、察哈尔、热河及冀东敌占区发展，扩大解放区"的指示，[③] 在 1945 年 2 月决定"将主要发展方向放在热辽和雁北地区"，以便开辟察北和东北地区。[④] 1945 年 4 月，苏联废除《苏日中立条约》，中共晋察冀分局指示各区党组织做好"积极配合苏联作战"的准备。[⑤] 尔后，晋察冀八路军，分别进行了开辟雁北、绥东地区及察南、察北地区的雁北作战和察南作战。

5 月 12 日，冀晋军区集中第 2、第 4、第 5 军分区共 6 个团和 6 个县支队的兵力，发起雁北攻势作战。盘踞于山阴、应县、浑源、广灵和桑干河两岸封锁线上的日军独立混成第 3 旅团、第 4 独立警备大队及伪军大同直辖警备队各一部，共

---

① 军事科学院军事历史研究部编著：《中国人民解放军战史》第 2 卷，主要战役战斗一览表，第 40 页；《讨张战役第一阶段的初步军事总结》。

② 《抗日战争时期山东军区战史》，第 259 页；《抗日战争时期山东军区战史》（附件），第 86 页；军事科学院军事历史研究部编著：《中国人民解放军战史》第 2 卷，主要战役战斗一览表，第 42 页。

③ 毛泽东："关于目前形势的估计及我军发展与扩大解放区指示致程子华电"（1944 年 12 月 18 日），见《中共党史教学参考资料》第 17 册，第 486 页。

④ 魏宏运主编：《华北抗日根据地纪事》，第 510 页，天津人民出版社 1986 年版。

⑤ 魏宏运主编：《华北抗日根据地纪事》，第 510 页。

9000余人。战役发起后，冀晋军区以第4军分区及4个县支队，向浑源、应县、山阴一线之日伪军展开攻击，25日，连克应县、山阴之间的南泉、茹越口、东安岭、胡峪口等据点，突破应县以南敌人封锁线。尔后，乘势逼退口前、水峪、大营等据点，一度袭入山阴县城。随即向东推进，拔除了北楼口、黄沙口等据点多处。6月25日，彻底摧毁敌西起广武、东至浑源沿长城80公里的封锁线。与此同时，第5军分区部队拔除桑干河南岸敌人一批据点后，即北渡桑干河，向敌纵深进击，先后攻克和收复安家屯等据点多处。尔后乘胜北进，在平绥铁路，炸毁日军火车两列，切断敌交通运输，在同蒲铁路，炸毁磨道河铁桥，一度袭入大同机场。在此期间，第2军分区在繁峙、代县、崞县、五台等地连克义兴、二十里铺、峪口等据点。冀晋军区为扩大战果，以主力一部越过平绥铁路，继续向北发展，在绥东之丰镇、兴和地区，建立了该两县的抗日民主政权。冀晋军区在50多天的连续作战中，共歼灭日伪军1100余人，攻克和逼退日伪据点40余处，扩大解放区5000多平方公里，解放人口约40万。[①]

为控制察南，并向平绥路两侧及察北发展，将冀察、冀晋新解放区连接起来，5月12日至6月30日，冀察军区以第1、第11、第13军分区共6个团和部分县游击支队，进行了察南作战。察南地区驻有日军独立混成第2旅团、伪华北"绥靖军"，伪满军各一部及伪警察大队，共14000余人，大部盘踞在宣化、怀来、涿鹿、蔚县、涞源等地区。5月12日夜，冀察军区各部向敌发起进攻。第13军分区部队攻克怀安县城及其外围据点及张家口南郊之沈家屯据点。第1军分区主力在地方武装及民兵配合下，收复涞源县城，歼灭日伪军300余人。在此期间，第1军分区以一个团攻击广灵外围据点，连克浮图村、郑家窑等据点16处，围困广灵、第11军分区主力和地方武装，进入涿鹿、怀来地区，对被围之敌连续进行围攻、爆破，并对敌开展政治攻势，攻克和逼退滦庄子、岔道、双树、倒拉咀等

---

① 军事科学院军事历史研究部编著：《中国人民解放军战史》第2卷，主要战役战斗一览表，第41页；冀晋军区："夏季攻势雁北战役经过"；北京军区晋察冀战史编写组：《晋察冀军区抗日战争史》，第537页。

据点，威胁涿鹿守敌。6 月底，战役胜利结束，共歼灭日伪军 670 余名，收复怀安、涞源两座县城及其他据点 40 余处。6 月中旬，冀察军区为进一步向北发展，开辟热河西南地区，又集中第 12、第 13 军分区部队，向察北龙关、赤城、崇礼、尚义一线展开攻击，连克永宁城、四海堡、黄花城、龙门所等据点 16 处，歼敌 700 余人，将独石口至四海一线之敌全部逼到长城以外，我军顺利进入热河西南地区。7 月初，第 13 军分区一部继续进攻察北日伪军，建立了万全、尚义两县抗日民主政权。冀察军区部队在两个月的攻势作战中，共歼灭日伪军 1900 余人，收复县城 3 座，拔除据点 110 个，开辟了大片新区，解放人口 57 万。① 在这次攻势作战中，冀晋八路军部队打破了日伪军由山阴至广灵和在桑干河岸上的封锁线；冀察主力打开了察北、热西、平西的局面，日伪军大部被压缩在张家口及铁路线上。

6 月 12 日，冀热辽军区为开辟热河和辽西地区，集中主力 5 个团及地方武装一部，分三路北出长城，在热河西部及锦（州）、承（德）铁路以南地区发动了热辽战役。6 月 27 日，西路挺进支队，由古北口附近出长城，向热河西北部进军。7 月初，进至隆化西北之围场县以西，御道口以南，大阁镇（今丰宁）以东，凤山以北的广大地区。中路挺进支队，于 6 月中旬由喜峰口、马兰峪出关，连克敌南天门、孟子岭、人虎岭等据点。至 6 月底，又攻克平泉以东、凌源以南及赤峰附近地区。经 20 多天的连续作战，摧毁了 19 个 "集团部落"②，解放了 100 多个村庄。东路挺进支队，由山海关西北之义院口等处出关，向热东和辽西的绥中、朝阳地区推进，攻克敌据点多处。八路军热辽攻势作战，对日伪打击很大。7 月中旬，敌集中 30000 余人对我军实行南北夹攻。7 月末，第 15、第 16 军区主力组成的中路和东路挺进支队，粉碎日伪军 "扫荡" 后返回长城附近。冀热辽军区部队在热河西部、中部及辽宁西南部的攻势作战，是在日军关东军和华北方面军

---

① 军事科学院军事历史研究部编著：《中国人民解放军战史》第 2 卷，主要战役战斗一览表，第 41 页。

② 《晋察冀军区抗日战争史》，第 541 页。

的结合部进行的，使敌大为震惊。我军开辟了锦承铁路南北大片地区，为我军进军东北打开了通道。

图8.1　1944年底，冀热辽根据地不断胜利，军民展开联欢大会

五、新四军创建苏浙皖抗日根据地

华中新四军在一年多的局部反攻作战中获得较大发展，华中根据地得到进一步巩固和扩大。苏南军民开辟了郎（溪）广（德）和长兴外围地区，为建立苏浙皖根据地创造了条件。华中日军在新四军连续打击下已成强弩之末，为挽救覆灭命运、压迫国民政府屈服、防止盟军登陆、加紧对东南沿海一带的控制，1944年9月上旬，攻占温州、福建，控制闽浙沿海地区，以确保其京沪杭三角地带占领区。

9月27日，中共中央要求新四军主力一部渡江南下，发展苏浙皖边及浙江沿海，为收复宁沪杭各大城市创造条件。11月26日，中共中央又指出：新四军"应以南进发展苏浙皖地区为主要任务，江北兵力应尽可能抽调向南"。① 中共华

① "中共中央给华中局的指示"（1944年11月26日），见军事科学院军事历史研究部编著：《中国人民解放军战史》第2卷，第435页。

中局根据上述指示，分析了当前的时局，及时提出"争取时间，迅速完成发展河南，控制中原，与发展东南控制苏浙的任务"，强调华中我军发展的主要方向是向南，并"由新四军独立担任"向南发展的任务。[①] 为此，中共华中局和新四军军部作了向南发展的战略部署。12 月 26 日，中共华中局要求新四军部队分批南下，"争取江南苏、浙、皖、闽、赣地区"，新四军当前的主要任务是"发展长江以南地区"，南到浙西天目山、西至黄山山脉及赣东北。对北夺陇海沿线、西取平汉沿线的任务，"只担任配合责任"。[②] 12 月 27 日，粟裕率领新四军第 1 师 3 个主力团及地方干部 300 余人渡江南下。1945 年 1 月 6 日到达长兴仰峄岭，与第 16 旅会合。13 日，成立苏浙军区，粟裕为司令员，部队整编为 3 个纵队，主力向苏浙皖敌后挺进。2 月 12 日，第 1 纵队按布置向敌后莫干山地区挺进，打击了安吉、梅溪等地出扰日伪军，控制了武康、德清两城，冲破了敌人的拦截，开辟了莫干山地区。3 月初，第 3 纵队第 7 支队进至广德以南地区，与第 1 纵队协同作战，完成配合任务，控制了天目山地区。第 2 纵队主力以四明山为基地逐步向西挺进，以打击和牵制敌人，策应主力部队南进。

新四军第 1 师南下苏浙皖，经顽强作战，打击了日伪军，完成了发展东南的战略任务，苏浙皖边抗日根据地得到巩固和扩大，为全面打击和收复京、沪、杭各大城市创造了条件。

---

① "华中局关于时局与华中党的任务的指示"（1944 年 11 月 7 日），见《中共党史教学参考资料》第 17 册，第 480 页。

② "对发展东南面准备工作的意见"（1944 年 12 月 26 日电），见《中共党史教学参考资料》第 17 册，第 487 页。

第9章
敌后战场的全面出击

一、晋察冀军区部队进攻大中城市

1945 年，敌后战场春夏季攻势作战取得胜利，各抗日根据地进一步巩固和扩大。我军经过 1944 年冬季整训，提高了进行大规模运动战、攻击战的作战水平，为全面打击日伪军，争取抗日战争的最后胜利，做了必要的准备。8 月 9 日，毛泽东发表《对日寇的最后一战》的声明，指出"对日战争已处在最后阶段"，最后消灭日本侵略者的时机已经到来，为"配合苏联及其他同盟国作战，八路军、新四军及其他人民军队，应在一切可能条件下，对一切不愿意投降的侵略者"，"实行广泛的进攻，猛烈地扩大解放区，缩小沦陷区"。[①] 10 月 11 日，中共中央两次发出指示，要求各区立即组织主力向日伪进行广泛进攻，迅速扩大解放区，占领大小城市及交通要道。朱德总司令也同时命令我军就近限敌投降，对拒投降

---

① 《毛泽东选集》第 3 卷，第 1119 页，人民出版社 1991 年第 2 版。

之敌予以坚决消灭。① 各根据地军民积极响应中央指示，对被围之敌展开全面出击。

8 月 11 日，晋察冀军区部队向日军华北方面军司令官下村定发出通牒，限其在 48 小时内令其所属日军缴械投降。日军宣布投降后，我军即以主力 11 万余人、民兵 60 余万，向北平、天津、张家口、唐山、承德、山海关等地日伪军展开全面出击，并以一部挺进东北。8 月 12 日，进攻平津方向的冀察、冀中、冀热辽军区 6 个军分区主力，从东、南、西三面包围北平。8 月 19 日，冀中军区集中第 8、第 9、第 10 军分区的主力组成 13 个团的兵力，以天津为重点，向平津路之杨村至津浦路的唐官屯一线日伪军展开猛烈进攻，一举攻克天津外围据点杨柳青、韩柳墅，占领杨村火车站，一度控制扬村飞机场，切断了平、津之间的铁路交通。主力一部在天津西面、南面进抵市郊与敌激战三昼夜，攻占了陈官屯、唐官屯，一度占领静海县城。我另一部主力在天津以东连克日伪军据点，逼近塘沽附近，天津日伪军处于西、南、北三面包围之中，伪军在我有力打击下，纷纷投降。冀晋、冀中、冀热辽军区连续进攻保定、石家庄、唐山等地，以策应围攻平津部队，先后攻克保定外围北大冉、张登等据点，袭击保定西关伪"绥靖军"第 6 集团军司令部，歼灭日伪军 1100 余人。② 经连续进攻，扫除石家庄外围据点多处，占领唐山周围克冶、赵各庄等据点，歼伪军 2000 余人，③ 一度攻入唐山。

8 月 20 日，冀察军区第 12、第 13 军分区主力，为配合进攻张家口的部队，向该城的东、南、西三面发动进攻。第 12 军分区以两个团的兵力，迅速突破日伪军阵地，占领清水河以东市区，控制了车站附近地区。22 日，张家口日军夺路东逃，进攻部队乘势攻入市中心，迫使伪"蒙疆司令部"官兵 600 余人投降，一部向万全方向逃跑，敌突围部分被我全歼。万全城和张家口遂告解放。是役，共歼灭日伪军 2000 余人，缴获 70 余座仓库的弹药物资，俘获伪"蒙疆政府"副主席

---

① 魏宏运主编：《华北抗日根据地纪事》，第 527 页。
② 北京军区晋察冀战史编写组：《晋察冀军区抗日战争史》，第 553 页。
③ 北京军区晋察冀战史编写组：《晋察冀军区抗日战争史》，第 553 页。

及伪张家口市市长。[1]

冀晋军区部队于 8 月 22 日解放集宁，24 日攻克阳高，部队一部在商都与苏蒙联军会师。随后，晋察冀军区部队又攻克平绥铁路沿线及附近的宣化、天镇、新保安、怀来、延庆、永宁、龙关、赤城等地。

冀热辽军区主力一部挺进东北，一部分两路向热河挺进，一路于 8 月中旬向热河承德进攻，先后解放了围场、隆化、丰宁、滦平、兴隆、承德，在承德与苏军会师。争取伪满热河军管区西南地区伪满军 4 个团、7 个讨伐大队和警察共10000 余人起义。[2] 另一路于 8 月中旬由喜峰口出长城，向热河平泉、凌源、赤峰、朝阳推进。在平泉外围解放除伪满军 1 个旅的武装，连续收复了 8 座县城，俘日伪军 5000 余人。[3]

图 9.1　1945 年，八路军政工干部给投降的伪满洲国伪军讲述形势与政策

冀热辽军区向东北挺进的部队分前后两个梯队，前梯队由九门口出关，在绥中与由赤峰南下的苏军等先遣队会师。8 月 30 日，当限令山海关日伪军投降遭拒

---

①　北京军区晋察冀战史编写组：《晋察冀军区抗日战争史》，第 555 页。
②　军事科学院军事历史研究部编著：《中国人民解放军战史》第 2 卷，主要战役战斗一览表，第45 页。
③　军事科学院军事历史研究部编著：《中国人民解放军战史》第 2 卷，主要战役战斗一览表，第45 页。

绝后，我军在苏军炮兵一部掩护下，从南北两翼向日伪军2000余人驻守的山海关城发起猛攻。当晚9时，日军一部北逃，大部被歼。共毙俘日伪军2000余人，[①]缴获大批武器及军用物资。日军盘踞12年之久的长城要隘山海关获得解放。此后，进攻部队沿北宁铁路向锦州、沈阳、吉林挺进。

晋察冀军区部队根据中共中央军委避免与国民党发生摩擦，改变原来作战方针，重点夺取小城市和广大乡村的指示，一面以一部兵力活动于平、津、保、石、唐等各大城市附近和平津、平绥、平汉、北宁、津浦、德石等铁路沿线，威胁敌大城市及交通要道；一面以大部兵力回师根据地，巩固解放区。

晋察冀部队在8月11日至9月3日的全面出击作战中，共收复28座大中小城市，包围了北平、天津、保定，解放了察哈尔省的全部和河北、辽宁省的一部。

二、晋绥军区部队向日伪军广泛进攻

晋绥军区为贯彻中共中央军委占领太原及其以北之同蒲路，占领归绥及其以东之平绥路的指示，向敌占城市和交通要道积极进攻。8月11日，晋绥军区向区内日伪军发出限令投降的最后通牒。24小时后，晋绥军区分南北两线向敌出击。北线向以归绥为中心的平绥铁路及其两侧展开全面进攻。8月12日至17日，骑兵第2团先后收复平绥铁路以北之陶林、武川县城；第9团、第27团分别攻占了归绥以西平绥铁路的重要车站察素齐、毕克齐和归绥外围据点；绥中游击队占领了归绥市东西两面铁路沿线敌据点。至此，归绥东西之铁路均被切断，归绥守敌陷入四面包围之中。18日，我军主力向归绥市发起总攻，第9团、第24团迅速攻入城内，并将伪蒙军1000人、日军300余人包围于大十字街。此时，国民党晋绥军由包头东进逼近解放区，为避免内战，八路军于当晚撤出归绥。在此期间，独立第2旅第36、第37团，向清水河城发动进攻，激战一昼夜，全歼伪军1000

---

① 军事科学院军事历史研究部编著：《中国人民解放军战史》第2卷，主要战役战斗一览表，第46页。

余人，俘伪军300余人，解放了清水河城。① 第5军分区部队占领右玉及朔县两城，周围据点敌人闻风而逃。我军乘势收复各据点，同蒲铁路被我切断，晋绥与晋察两根据地连接起来。尔后，北线部队重点向敌中小城市展开攻击。独立第2旅第32团及第36团分别攻克左云县城和林格尔。至此，北线日伪军被压缩到大同及其以北一线。

北线全面出击展开后，南线部队向太原及汾离公路线日伪军发动全面进攻。第8军分区部队在晋察冀军区和太行军区部队各一部的配合下，分三路向太原市日伪军发起猛烈进攻。8月15日至19日，先后收复太原市外围据点古交、河口、石千峰、陈家峪、恩西村、皇后园及汾阳附近的协和堡，并一度攻入太原市以南的晋源县城，对太原市形成包围，第6军分区部队为配合对太原市的进攻，向南起忻县、北至宁武的同蒲路东西两侧敌据点展开积极进攻，15日至19日，连续攻克忻县外围据点奇村、合索及忻县以北重要车站，并连克忻口镇、宁武以南的贾庄，楼板寨、朔县东南的大涂臬及静乐外围强固据点西马坊、介桥，直逼静乐城。与此同时，晋冀鲁豫军区部队逼近太原以南，太原陷入我军四面包围之中，8月31日，我军向太汾公路文水城伪军发动强攻。次日，攻城部队在山炮猛烈火力掩护下，竖梯登城，向敌发起冲击，一举突入城内，经激烈巷战，当晚胜利结束战斗，共毙伪县长以下150余人，俘伪保安副司令以下官兵600余人，② 解放了文水城。9月4日，第358旅渡过黄河，分别进攻柳林、离石。5日，收复柳林镇；9日，攻克离石；12日，收复静乐县城。晋绥军区部队在8月、9月的全面出击中，共毙日伪军16000余人，俘日伪军5100余人，收复了离石、文水、静乐、神池、朔县、平鲁、清水河、左云、右玉、和林格尔、武川、陶林等10余座县城及大批村镇，解放了北起左云、右玉，南至离石的西北广大地区。

---

① 军事科学院军事历史研究部编著：《中国人民解放军战史》第2卷，主要战役战斗一览表，第44页；红二方面军战史编辑委员会：《抗日战争时期120师暨晋绥军区战史》，第256页。
② 军事科学院军事历史研究部编著：《中国人民解放军战史》第2卷，主要战役战斗一览表，第47页。

三、晋冀鲁豫军区部队向日伪军全面出击

晋冀鲁豫边区部队于 8 月 13 日开始展开全面出击。太行军区以第 7、第 8 军分区 8 个主力团组成道清支队,向道清路进击;以 7 个团组成西进部队,向西挺进;以第 2 军分区主力向榆次、太谷逼近;以第 1、第 5、第 6 军分区向平汉铁路西侧进击。8 月 14 日,道清支队包围博爱,向日伪军发出通牒,敌顽固抵抗,拒不投降。16 日晚我军发起攻击,全歼日军千岛中队及伪军 800 余人。① 随后又先后攻克辉县、获嘉两城,切断道清铁路。8 月底,连续攻占武陟、温县。9 月初,全歼焦作伪兴亚巡抚军队及矿井队 1000 余人,② 并解放了修武、沁阳等县城。至此,我军收复黄河北岸大部重要渡口。在此期间,太行第 3、第 4 军分区部队先后攻克潞城、襄垣两县城,并收复白晋线多处据点,切断白晋铁路。沿平汉铁路西侧进攻的太行第 1、第 5、第 6 军分区部队,8 月 20 日、21 日相继攻克昔阳、赞皇两县城,及沿线敌重要据点 50 余处,并破坏了平汉铁路线石家庄、元氏段及其他铁路支线。太行第 2 军分区在正太铁路以南地区向日伪军展开进攻,收得站尚、马坊、长凝、范村等据点,逼近榆次、太谷,策应晋绥军区部队攻取太原市。

8 月 20 日,太岳军区主力兵团,到达平遥东南之东泉镇地区。破击同蒲路、平遥、介休段,攻克邢村及张美镇据点,配合晋绥军区部队进攻太原。同时,太岳军区第 1、第 3、第 4 等军分区部队,在当地群众武装配合下,先后扫除同蒲铁路沿线灵石、霍县、赵城、洪洞、绛县等县城的外围据点,并切断了介休至临汾段的铁路交通。8 月 13 日,太岳军区第 5 军分区部队攻占运城盐池,全歼伪军 4

---

① 军事科学院军事历史研究部编著:《中国人民解放军战史》第 2 卷,主要战役战斗一览表,第 44 页。

② 军事科学院军事历史研究部编著:《中国人民解放军战史》第 2 卷,主要战役战斗一览表,第 49 页。

个中队。[1] 16日，收复夏县，歼日伪军300余人。[2] 17日，攻克平陆县城及其以东的黄河重要渡口茅津渡，歼伪日军700余人。[3] 8月29日，第4军分区部队收复垣曲。

冀鲁豫军区部队以第1军分区部队配合山东军区部队围攻济南，其余组成中、南、北3路军，向日伪军展开进攻。于8月19日中路军第1纵队包围延津县城，经一夜激战，全歼守敌1500余人。[4] 21日，攻占阳武（今原阳），切断新汴铁路。第2纵队强攻封丘县城，全歼日军1个小队及伪军共2000余人。[5] 第3纵队于21日进至长垣以南鲁岗地区，进攻陇海铁路北侧地区日伪军。与此同时，南路军进至开封东南之陈留地区，并切断了郑州至开封段的陇海铁路，对开封形成包围之势。在此期间，北路军第1、第2、第3、第4、第5梯队向平汉铁路东侧地区展开进攻。8月22日，连克平乡、鸡泽、曲周、广平等县城；第6梯队向德石铁路进攻，先后收复冀县、武邑、景县，切断德石铁路交通。第1军分区部队于8月14日至21日，先后攻克东阿、平阴、肥城3县县城。第8、第9、第10、第11等军分区部队于8月15日至20日，先后收复沛县、鱼台及鄄城等县城，并攻占陇海铁路之黄口和李庄车站，切断陇海铁路。

冀南军区部队对运河以东伪军展开进攻。8月28日，攻克清平县城。8月31日，进攻临清城。经激战攻城部队突入城内，守城伪军乘雨夜出城，大部被歼。此役共俘伪山东保安第32旅旅长、伪40旅旅长以下2000余人。[6] 临清伪军被歼后，驻守城东胡里庄、刘家庄一带伪军1000余人闻风而逃。

---

① 李达：《抗日战争中的八路军129师》，第374页，人民出版社1985年8月版。
② 李达：《抗日战争中的八路军129师》，第374页。
③ 军事科学院军事历史研究部编著：《中国人民解放军战史》第2卷，主要战役战斗一览表，第44页。
④ 军事科学院军事历史研究部编著：《中国人民解放军战史》第2卷，主要战役战斗一览表，第44页。
⑤ 军事科学院军事历史研究部编著：《中国人民解放军战史》第2卷，主要战役战斗一览表，第45页。
⑥ 军事科学院军事历史研究部编著：《中国人民解放军战史》第2卷，主要战役战斗一览表，第47页。

晋冀鲁豫军区部队在 8 月 11 日至 9 月 20 日的出击作战中，共歼灭日伪军 50000 余人，收复县城 59 座，攻克伪军据点数百处。太行、太岳、冀南、冀鲁豫 4 个抗日根据地连成一片，全区面积达 18 万平方公里，人口 2400 余万，军队近 30 万人，民兵 40 万人。[①]

四、山东军区部队向日伪军全面出击

8 月 11 日，山东军区将主力与基干部队编成山东野战兵团，共 8 个师、12 个警备旅和 1 个海军支队，并动员了 10 万民兵组成数十个临时脱离生产的"子弟兵团"，配合主力部队作战；动员了 10 万民工，组成支前大军，保证前线运输。全区广泛开展动员参军，支援前线和维持后方治安等项工作。山东军区一面向日伪军发出通牒，令其停止一切抵抗，无条件投降；一面以 5 路大军向日伪展开全面进攻。以鲁中军区部队组成的第 1 路大军，向济南及胶济铁路西段、津浦铁路济南至兖州段沿线日伪军展开进攻。8 月 19 日，一举攻占临朐县城。23 日，解放军事要点莱芜，重要矿区博山及胶济铁路之益都。25 日，解放临川县城。26 日、28 日，先后攻占胶济铁路之章丘、周村，切断了胶济铁路西段多处的交通。31 日，攻克新泰。鲁中军区在连续攻城作战中，歼日伪军一部，俘伪军 5000 余人，[②] 乘胜逼近济南城郊。

以滨海军区部队组成的第 2 路大军，分南北两线，向陇海铁路东段沿线和胶济铁路东段沿线日伪军进攻。南线部队于 8 月 21 日解放赣榆、青口，切断了陇海铁路，逼近了海州、新浦和连云港，控制了南起新浦北至日照一带的海岸，与新四军进攻部队配合，对海州、连云港形成南北夹击态势。北线部队于 8 月 19 日至

---

① 李达：《抗日战争中的八路军 129 师》第 385 ~ 386 页；陈廉：《抗日根据地史略》，第 139、213 页；红二方面军战史编辑委员会：《129 师暨晋冀鲁豫军区抗日战争史》，第 218 页。

② 军事科学院军事历史研究部编著：《中国人民解放军战史》第 2 卷，主要战役战斗一览表，第 44、46 页。

22 日攻克胶济铁路重镇胶县，俘伪军 2000 余人，迫使伪军 700 余人缴械投降。[①] 胶县的解放，使滨海区与胶东联系起来。在我军强大攻势下，守敌弃城而逃。9 月 5 日，驻诸城日军向高密收缩，留伪军张步云军部以下 4000 余人防守。滨海军区第 1 师趁日军撤退之机，乘夜向诸城发起进攻。6 日晨，向伪军发出通牒，限其投降。当晚，向拒降伪军发起总攻，迅速占领全城，毙伤伪军 300 余人，俘伪军 2100 余人。[②] 9 月 8 日，驻日照日伪军慌忙撤出。至此，滨海区北部除诸城东南的泊儿镇外，全部解放。9 月 10 日，滨海军区部队和鲁中军区各一部，以 2000 公斤炸药炸开临沂坚固的城墙，突击部队从十余米宽的缺口处迅速攻入城内，经激烈巷战，至 11 日晨，歼灭伪军 2000 余人，[③] 解放临沂县城，至此，鲁南、鲁中、滨海三个根据地连成一片。

以胶东军区部队组成的第 3 路大军，向胶济铁路东段沿线及沿海各城市的日伪军展开进攻。8 月 17 日，解放胶济铁路线之福山。20 日，攻克沿海重镇龙口。21 日，连克黄县、招远、莱阳等地。24 日，解放重要商港烟台市。从而使胶东半岛东海、北海地区全部获得解放。26 日，攻克即墨城，俘伪军 3000 余人，[④] 突破崂山防线，向青岛市郊进逼。胶东军区部队攻克招远、莱阳县城后，该两城伪军残部先后逃入平度县城。9 月 1 日，掖县伪军亦退到该城。此时，平度城内共有伪军 6000 余人、日军 600 余人。为肃清聚集该地伪军，胶东军区发动了平度作战。以第 5 师及警备第 5 旅组成两个梯队，于 9 月 7 日向平度城发动进攻，迅速占领了东西两关。8 日，日军逃往高密，攻城部队突入城内与伪军展开激战。

---

① 军事科学院军事历史研究部编著：《中国人民解放军战史》第 2 卷，主要战役战斗一览表，第 45 页。

② 军事科学院军事历史研究部编著：《中国人民解放军战史》第 2 卷，主要战役战斗一览表，第 48 页。

③ 军事科学院军事历史研究部编著：《中国人民解放军战史》第 2 卷，主要战役战斗一览表，第 44 页。

④ 军事科学院军事历史研究部编著：《中国人民解放军战史》第 2 卷，主要战役战斗一览表，第 46 页。

至 10 日晨，全歼守军，计毙伤伪军 700 余人，俘伪军 5000 余人，[1] 摧毁了胶东腹地最后一个日伪重要堡垒，解放了平度县城。至此，胶东半岛除青岛、即墨外，全部获得解放。

以渤海军区部队组成的第 4 路大军，向津浦铁路济南至沧县段及胶济铁路西段沿线的日伪军发起进攻。8 月 17 日，攻克寿光县城。19 日，解放临邑县城。20 日，连克高苑、桓台、博兴、广绕、昌邑等 5 个县城。21 日，攻占长山县城。22 日，攻克阳信及津浦铁路沿线之吴桥县城，威胁德州以北铁路交通。23 日，攻占临淄县城及辛店、淄河等车站，切断了胶济铁路西段交通，从东北方向逼近济南城郊。渤海军区部队在连续作战中，共歼灭日伪军 4800 余人。至 9 月上旬，渤海军区部队又连克邹平、青城、齐东、济阳、惠民、宁津、盐山等县城。9 月 10 日，进攻部队在惠阳、阳信、滨县、青城四县边区，包围伪"皇协护民军"4000 余人，歼灭其大部。9 月 13 日，渤海军区主力一部发起无棣作战，将伪武定道"皇协军"6000 余人包围于无棣城内，17 日夜，攻城部队发起总攻，一举突入城内，毙伤日伪军 1000 余人，击毙伪"皇协军"司令，俘副司令以下 5000 余人。[2] 在此期间，渤海军区主力另一部发起了西河作战，从 9 月 5 日，主力部队包围该城，在地方部队和广大民兵配合下，挖掘封锁沟，构筑围城工事，对敌实施围困，同时展开政治攻势，经 21 天的围困，敌军心动摇，我军乘其内部混乱，精神疲惫，于 26 日发起总攻，一举突入城内，全歼守军，除毙伤者外，俘伪军旅长、团长以下 4500 余人。[3] 至此，渤海腹地县城均获解放。

以鲁南军区部队组成的第 5 路大军，向津浦铁路徐州至兖州段沿线之日军展开进攻。8 月 18 日，攻克兖州以南之官庄车站，切断津浦铁路交通。19 日，攻克

---

① 军事科学院军事历史研究部编著：《中国人民解放军战史》第 2 卷，主要战役战斗一览表，第 48 页。

② 军事科学院军事历史研究部编著：《中国人民解放军战史》第 2 卷，主要战役战斗一览表，第 50 页。

③ 军事科学院军事历史研究部编著：《中国人民解放军战史》第 2 卷，主要战役战斗一览表，第 48 页。

泗水。25 日，攻克台儿庄，从东北方向直逼徐州。9 月 8 日，攻克徐州外围孤立据点峄县，威胁徐州。

山东军区的全面出击，共歼灭日伪军 60000 余人，解放了县城 46 座，攻克烟台、威海卫等沿海城市和港口 6 处，攻占火车站 35 处，切断了胶济、津浦、陇海等铁路，对济南、青岛、徐州、连云港形成包围之势。

五、新四军各部队的全面出击

新四军各部队根据中共中央和华中局指示，在全面出击前，进行了紧急动员和组织工作，在华中解放区广大人民的支援下，向日伪军展开了全面进攻。

在长江以南，苏浙军区部队主力在地方武装、民兵的配合下，分路向日伪军发起进攻，先后攻克东坝、定埠、固城、曹塘、狸头桥、梅渚等市镇，歼灭伪军两个团。8 月 19 日，又连克溧阳、溧水、金坛、长兴等县城。23 日，攻克句容、安吉县城。24 日，解放宜兴县城。25 日，收复郎溪县城。28 日，连克高淳、广德两县城。在此期间，连续收复张渚、戴埠、南渡、天王寺等大小据点 100 余处。[1] 浙东游击纵队在宁波近郊连克江桥、西城桥及三北地区之周巷、浒山、观海卫、庵东等市镇数十个。皖江军区部队沿铜陵、繁昌向东北方向推进，一度攻入芜湖市区。尔后，进攻淮南铁路南段之日伪军，收复裕溪口、沈家巷、铜城闸、东关等地，并解放了巢县以南广大地区。

在长江以北，第 4 师兼淮北军区部队攻克宿县西南之孙瞳集，迫使五河东北之双沟镇守敌全部投降。[2] 宿迁、泗县、泗阳守敌惊慌而逃，我军于 8 月 18 日、19 日乘势收复该三座县城。24 日，攻占五河县城。29 日，收复永城。接着，淮北军区部队先后攻克灵璧、萧县两县城及时村、永安集、灰古集据点，歼伪军支

---

① 马洪武等编：《新四军征途纪事》，第 385～395 页。
② 马洪武等编：《新四军征途纪事》，第 392 页。军事科学院军事历史研究部编著：《中国人民解放军战史》第 2 卷，主要战役战斗一览表，第 65～67 页。

队司令以下 4000 余人。并争取了伪第 18 师全部 4000 余人投诚。① 淮南军区部队
8 月中旬进占定远、盱眙、来安三县城。20 日，收复天长、六合两县城，并积极
出击津浦铁路、淮南铁路沿线据点，连克张八岭、施家郢、三界镇及下塘集、朱
巷、炉桥等地，争取了南京外围的伪警卫第 3 师全部投诚。尔后，主力一部进逼
蚌埠南郊。9 月至 10 月，新四军第 2 师、第 4 师主力部队与地方武装、民兵协同
作战，对津浦铁路徐州至宿县段，滁县至浦口段，展开大破击，攻占曹村、夹沟、
四堡、符离集、乌衣等车站，使该两段铁路完全破坏。

第 3 师兼苏北军区部队攻克沭阳、涟水两县城，随后，新四军第 3 师在苏北
地方武装和民兵配合下，发起两淮战役。8 月 27 日，第 3 师一部与苏北地方武装
向淮阴外围敌据点发动进攻，至 29 日扫清外围据点，包围了淮阴城。9 月 6 日，
攻击部队在守城伪军拒降后发起总攻，攻城部队突入城内，与敌展开激战，全歼
伪军 8300 余人。收复淮阴后，我军乘胜南进，包围了水陆交通枢纽淮安城。9 月
22 日，攻击部队在炮火掩护下，向淮安城发起猛攻，我军迅速攻入城内，对敌实
施分割包围，激战终日，全歼伪军 4000 余人，解放了淮安城。两淮战役共歼灭伪
军 14000 余人，② 控制了苏中、苏北、淮南、淮北之间的枢纽地区。

苏中军区部队连续攻克三垛、河口等城镇，并攻入黄桥、姜堰，收复芦庄，
迫使掘港、马塘及扬中之日伪军惊慌撤退，于 8 月 19 日收复扬中。23 日解放宝
应县城，俘伪军 2000 人。③ 9 月 1 日攻占兴化县城，全歼伪军师长以下 5000 余
人。④ 此役震动兴化周围伪军，苏中军区部队乘敌恐慌之际连续收复东台、靖江、
海门、启东等县城及湖垛、拼茶、丰利等重要市镇，并先后攻克泰兴、如皋县城

---

① 马洪武等编：《新四军征途纪事》，第 392 页。军事科学院军事历史研究部编著：《中国人民
解放军战史》第 2 卷，主要战役战斗一览表，第 65～67 页。

② 军事科学院军事历史研究部编著：《中国人民解放军战史》第 2 卷，主要战役战斗一览表。第
66 页。

③ 军事科学院军事历史研究部编著：《中国人民解放军战史》第 2 卷，主要战役战斗一览表，第
66 页。

④ 军事科学院军事历史研究部编著：《中国人民解放军战史》第 2 卷，主要战役战斗一览表，第
67 页；马洪武等编：《新四军征途纪事》第 396 页。

及海安、安丰、白蒲、林梓、大中集等重要据点。

第5师兼鄂豫皖湘赣军区部队，于8月中旬向附近日伪军发出限令投降的通牒后，即对拒降之敌展开全面出击，攻克日伪据点多处。

河南军区以主力一部组成陇海支队和平汉支队，分别向该两铁路之日伪军发起进攻。先后攻占密县、登封两县城及偃师东南之回廓镇和大金店、顺店等日伪军据点多处。

华中解放区军民在全面出击中取得了重大胜利，共计收复县城30余座、重要市镇400余个，歼灭日伪军20000余人，解放区人口达到4300余万，新四军部队发展到31万人、民兵80余万人，[1] 使苏中、苏北、淮南、淮北解放区基本连成一片。

六、华南各抗日游击队的全面出击

中共广东区党委接到朱德总司令关于粤汉路、广九路、潮汕路两侧之我军向敌大举进攻的命令，立即指示各部队集中兵力，动员民兵，向日伪军进行全面反攻，切断敌交通线，包围敌占据点，解除日伪武装和收缴其物资。华南各游击队立即紧急动员，向日伪军展开全面进攻。

广东人民抗日游击队东江纵队集中主力分几路向广九铁路和潮汕铁路沿线、东江沿江及沿海地区日伪军全面出击。8月13日，我广九路路西部队包围宝安以北之北栅据点，歼灭伪军1个连。17日，收复宝（安）太（平）线之重要据点西乡、固成、包围宝安县城。20日，解放广九铁路重镇深圳，伪宝安县长、第三区区长及伪县警全部投降。同时，解放东莞三厚街，解除伪联防队的武装。广九路路东部队于8月11日进攻惠阳之平海镇，一举收复该镇。20日，解放惠阳之田寮。21日，攻占港九地区的长洲岛和大屿山，迫使日本宪兵队和伪自卫队投降。

---

① "对敌伪作战主要战绩和我军伤亡统计表"，南京军区档案馆藏。

22 日，包围增城。23 日解放重镇沙关角。9 月 8 日，继收复白花、平海、暗街据点后，又向稔山日伪军发动进攻，歼灭伪军大部，收复稔山，至此稔平半岛全部解放。

广东人民抗日解放军（珠江纵队）挺进思（平）、开（平）平原，向恩开公路沿线日伪军展开攻击。

广东南路人民解放军在雷州半岛向日伪军全面出击。主力一部在当地民兵配合下，围攻遂溪日伪军飞机场。我军攻入机场后，打开机场仓库，缴获机关炮、重机枪、步枪及大批弹药、物资。

广东省琼崖人民抗日游击队独立纵队（琼崖纵队），向日伪军展开进攻。各支队从五指山分头出击，在当地人民武装和群众支援下，取得彻底的胜利，先后攻克县城两座，解放大小市镇 180 余处，建立了遍及全岛 16 个县的抗日民主政权，解放人口达 100 多万，主力军发展到 5 个支队共 7700 余人，各县区地方人民武装 2000 余人。①

---

① 《冯白驹研究史料》，第 566 页；陈廉：《抗日根据地史略》第 538 页。

小　结

　　1944 年敌后战场，八路军、新四军和华南抗日游击队，分别在华北、华中、华南三大敌后战场开展大规模的攻势作战，进行了声势浩大的局部反攻。自 1944 年春至 1945 年夏连续发动 5 次攻势，予敌沉重打击，巩固和扩大了解放区。敌后军民在攻势作战中，共歼灭日伪军 47 万余人，攻克城市 70 余座，收复国土 32 万平方公里，在战略上配合了正面战场的作战，有力地支援了同盟军在太平洋战场的作战。敌后战场局部反攻取得重大胜利的原因主要有三个方面：一是世界反法西斯战争形势的重大变化；二是中国抗日战争形势的顺利发展；三是敌后战场抗日力量的日益壮大。中共中央和中央军委利用上述有利因素，适时展开攻势作战，采取内线与外线结合战术，取得局部反攻的重大胜利，为全面出击和彻底打败日本侵略者做了必要的准备。

　　1945 年 8 月 9 日至 9 月 2 日，敌后战场各根据地军民在中共中央和中央军委的指挥下，向日伪军开展了全面出击，随后又继续消灭拒降之敌。至年底，共歼灭日军 13700 余人，伪军 385000 余人，收复县以上城市 250 多座，切断平绥、北宁、同蒲、平汉、津浦、正太、德石、胶济、陇海、广九等铁路线，取得了全面出击的重大胜利，为抗日战争的彻底胜利作出了巨大的贡献。

第三部分

抗日战争的胜利

第 10 章
世界反法西斯战争的胜利发展

一、苏联的战略大反攻与欧洲第二战场的开辟

斯大林格勒战役后，苏德战场上的军事行动主动权转移至苏联红军手中，但是"德国侵略者还在疯狂抵抗，进行反扑，企图守住防线，并可能进行新的冒险"。[1] 他们策划在 1943 年夏季对部署在苏联中部库尔斯克弧形地带内的苏军集团发动大规模的进攻，企图夺回战略主动权，使战局发生对他们有利的转变。为了实施这一战役，希特勒孤注一掷，调来了战斗力最强的兵团——50 个精锐师，其中包括 16 个坦克和摩托化师。结果在持续两个月的库尔斯克会战中，德军遭受了毁灭性的失败。苏联红军共歼灭了德军 30 个师，其中包括 7 个坦克师，德国陆军部队损失 50 多万人、1500 多辆坦克，3000 多门火炮，3500 多架作战飞机，迫

---

① 《斯大林文选》，第 338 页，人民出版社 1963 年版。

使希特勒在整个苏德战场上完全转入了战略防御。① 在此后的5个多月中，苏联红军通过秋季攻势又击溃了敌军118个师，为进行新的大规模进攻战役创造了有利条件。

1944年初，苏联红军开始了战略大反攻，通过诺夫哥罗德战役、克里米亚战役和科尔松—谢甫琴科夫斯基战役等被称为"十次打击"的主要战役，解放了列宁格勒，收复了第聂伯河岸的乌克兰地区，逼近罗马尼亚边界，解放了克里米亚和敖德萨。同年5月，苏联红军根据最高统帅部的战略追击方针，越过国境，攻入德国法西斯占领的其他欧洲国家。7月，苏军解放了白俄罗斯，进入了波兰领土，8月，苏军解放了西乌克兰，逼近捷克斯洛伐克边境。9月、10月间，苏军解放了波罗的海东岸的大部分地区。苏联红军的战略大反攻，不仅收复了被德国侵占的国土，而且有力地配合了欧洲各国人民的反法西斯武装斗争，为取得反法西斯战争的胜利奠定了基础。

苏联红军的越境作战，"已使人毫不怀疑，希特勒德国正走向不可避免的崩溃，苏联能够单独地依靠自己的力量，彻底打败希特勒德国并解放整个欧洲"。正是这一点促使盟国"终于在1944年6月'匆促'开辟欧洲第二战场"。②

从战略上看，英美两国在苏德战争进入第三阶段的关键时刻，在欧洲开辟它们向苏联允诺的第二战场，是必要的也是可能的，可是在危急之际，丘吉尔、罗斯福却改变了初衷。

丘吉尔主张在北非大陆作战，以代替第二战场。"丘吉尔'深谋远虑'是期待苏联和德国两败俱伤，其间，由北非经过西西里岛进攻意大利，以便将来侵入多瑙河流域和巴尔干半岛，把这一地区置于自己控制之下"。罗斯福也是把北非作战当作"总统胸中的秘策"。③ 尽管后来斯大林再三催促英美尽早开辟第二战场，却因盟军以种种借口，一再迁延。当苏联的威信日益提高，未来的欧洲格局

---

① ［苏］亚·米·华西列夫斯基：《毕生的事业》（下），第414页，生活·读书·新知三联书店1977年版。

② ［苏］亚·米·华西列夫斯基：《毕生的事业》（下），第501页。

③ 日本历史学研究会编：《太平洋战争史》第4卷，第4页，商务印书馆1965年版。

对其不利时，英美才重又考虑开辟第二战场。1944 年初开始，美英政府着手开辟欧洲第二战场的准备工作。5 月中旬，盟军对被称为"霸王"行动计划的开辟欧洲第二战场的准备工作，作了最后一次审查。"霸王"作战计划规定：盟军在法国西北部夺取登陆场，占领那里的港口，保障盟军的主力部队登陆；再向东进攻，占领法国西北部；然后与在法国南部登陆的美英部队协同发起新的进攻，切断法国西南部德军的退路，突破齐格菲防线，肃清莱茵河以西地区的敌军，并强渡莱茵河，向德国内地进攻。① 美英经协商决定，任命美国艾森豪威尔将军为盟军最高司令官，指挥进攻欧洲大陆的海陆空三军，英国的泰德空军上将担任最高副司令官，蒙哥马利任英军地面部队司令，布莱德雷任美军地面部队司令，英国的拉姆齐任海军总司令，利·马洛里任空军总司令，美国的史密斯任参谋长。

盟军司令部经过权衡利弊，把在欧洲的登陆场选择在法国西北部塞纳湾的诺曼底地区。在这一地区登陆，对盟军的有利条件较多：德军统帅部判断盟军必定在加来海峡沿岸登陆，因此诺曼底是德军西线防御的薄弱地区，盟军比较容易突破。同时塞纳湾内的登陆地段离英国海空基地不远，便于战略物资的运输。这样，既可以使盟军确保制空权和制海权，又可以保障盟军在西欧顺利发展进攻，牢牢掌握战争的主动权。② 盟军准备投入"霸王"战役的陆海空三军总兵力达 287 万多人，包括 6500 余艘战斗舰艇和运输船只，约 11000 架作战飞机，2300 架运输机以及近 2600 架滑翔机。③

由于德军统帅部的错误判断，忽视了诺曼底地区的防御，只部署了 9 个步兵师和 1 个坦克师，空军也仅有 500 架飞机，用以对付盟军"可能"进行的"牵制性进攻"。同时希特勒仅以遥控的方式在伯希特斯加登指挥整个西线作战，所有这些，都使德国军队在西线防御作战中陷入了被动的境地。

1944 年 6 月 6 日，目标在于开辟"第二战场"的"霸王"行动正式开始。盟

---

① ［美］艾森豪威尔：《远征欧陆》，第 256 页，三联书店 1975 年版。
② ［苏］库利什：《第二战场》（1944 年～1945 年西欧战役），第 99 页。
③ ［苏］洛托茨基等著：《战争史和军事学术史》（上），第 423 页，战士出版社 1980 年版。

军登陆部队势如破竹，未遇德军强有力抵抗，顺利渡过英吉利海峡，并很快与空降部队会合，突破了希特勒西线防御，为"霸王"计划的实现创造了良好的开端。

美英联军在诺曼底登陆后的一周中，不仅巩固了登陆阵地，而且开辟了一个正面宽约80公里、纵深17公里的统一登陆场。盟军数十万登陆部队，数万辆汽车和无数战略物资源源不断越过海峡运往诺曼底地区，初步建立了第一个大反攻基地。

德军统帅部为了摆脱被动地位，向诺曼底地区增调了3个师的兵力，并且向盟军发起猛烈反击，但始终未能夺回被盟军占领的登陆场。德军统帅部为了阻止盟军向法国北部推进，还首次使用新式武器V-1飞弹，轰炸英伦三岛，妄图转移盟军作战目标。V-1式飞弹的使用，使英国蒙遭巨大损失，伦敦25000幢房屋被炸毁6000人丧命。[1] 德军统帅部转移作战目标的图谋，未能阻止盟军在法国西北部的攻势，到7月初，在诺曼底的盟军总兵力已达100万人。

盟军扩大登陆场的进攻作战打得也很艰难。7月中旬，蒙哥马利指挥的英加军队攻打冈城的战斗，是西线战役中最大的一次坦克进攻战。盟军动用了2000架轰炸机，向敌人阵地投下了7000吨左右的炸弹，英加军队4个步兵师、3个装甲师激战3天，付出了重大的代价才占冈城。由于盟军掌握了制空权和制海权，在兵力上占绝对优势，处于战争的主动地位，终于在7月24日胜利完成了诺曼底登陆。

在一个多月的登陆作战中，盟军付出了重大代价，损失兵力122000人（其中英国和加拿大49000人，美国73000人），[2] 盟军击毙、打伤和俘虏德军113000人，击毁2117辆坦克和345架飞机。[3]

在盟军登陆作战过程中，法国人民以反对德国法西斯占领的实际行动，使德

① ［法］亨利·米歇尔：《第二次世界大战史》下册，第297页，商务印书馆1981年版。
② ［苏］费·波基尤：《最高统帅部》，第208页，莫斯科1959年版。
③ 苏联国防部军事历史研究所：《第二次世界大战史》（1939～1945），第9卷，第251页。

军在法国北部后勤供应遭到严重破坏，有效地配合美英盟军的登陆作战。

盟军在诺曼底的登陆作战，是西欧第二战场正式开辟的标志。第二战场的开辟，牵制了法西斯德军大批兵力，支持了苏军在欧洲战场的战略反攻，鼓舞了世界反法西斯人民的斗志，促进了德国法西斯的垮台。欧洲各国人民纷纷举行武装起义，罗马尼亚、捷克斯洛伐克、保加利亚、希腊等国人民先后取得了独立和解放。1945 年 4 月，意大利人民的武装起义，加速了意大利法西斯的灭亡，墨索里尼被送上了历史的断头台，法西斯德国陷入了孤立无援的境地。

二、雅尔塔会议和雅尔塔密约

1942 年 8 月，美国驻苏联大使哈里曼（William Averell Harriman）拜会斯大林，转达了美国政府希望苏联早日参加对日战争的请求。斯大林当时明确表示：日本在历史上就是俄国的敌人，日本的彻底失败对苏联来说具有重大意义。但在打败纳粹德国前，苏联不可能亦无条件对日本开战。但实际上，"斯大林几乎每天都关心日本的动静及其所有的情报，并要求总参每次都作出最详细的报告。我们注意到，甚至在日本发动太平洋战争并遭到失败而转入防御时，它也没有减少在满洲和朝鲜的军队（相反，还经常有所增加）。清除远东的战争策源地对苏联来说是国家和民族的头等大事（之一）"。① 斯大林一再强调："在把主要注意力放在苏德战场各方面军作战的同时，我们任何时候都没有忘记远东。我还可以说得更明白一点：在同德国法西斯侵略者作战的危急关头，我们更加倍地注意着日本。"②

1942 年，苏军总参谋部专门设置了负责远东军事事务的副总参谋长一职。在总参作战部内亦设立了由少将级军官领导的远东处。1943 年 6 月，远东处处长被

---

① ［苏］A. M. 华西列夫斯基：《华西列夫斯基元帅战争回忆录》，第 490 页，解放军出版社 2003 年版。
② ［苏］C. M. 什捷缅科著：《什捷缅科大将战争回忆录》，第 322 页，解放军出版社 2003 年版。

调往苏军远东方面军任副参谋长，以具体了解、熟悉苏日前线态势和状况。同时，苏军远东方面军副参谋长接替远东处处长一职，以使总参能够把握住远东的具体情况和特点。同期，苏军还把在西线经过实战锻炼的将领调往远东，出任远东方面军领导，以备不测之需，并将远东方面军司令员等调往西线，经受实战锻炼与考验，以备未来之用。①

在 1943 年 11 月底举行的德黑兰会议上，美、苏、英三国首脑最终达成了在欧洲开辟第二战场的具体协议。会上，斯大林也代表苏联政府坚定承诺：在打败希特勒德国后，苏联将转战东线，参加对日战争，彻底打败日本。会前，罗斯福还向斯大林通报了开罗会议内容，并将开罗宣言文本交给斯大林看。斯大林对于开罗宣言始终抱"完全同意"的态度，认为"朝鲜独立，满洲、台湾、澎湖交还中国，均是正当办法"。罗斯福自德黑兰回到华盛顿后，还在一次太平洋战事会议上宣布："琉球应归中国，已得斯大林完全同意。"②

由于得到斯大林在欧战结束后半年内参加对日作战的承诺，中国战场的地位大大下降。随着美国海军在太平洋上的胜利和中国军队在豫湘桂作战中的溃败，美国军方愈加看轻中国战场。史迪威事件使中美关系出现严重危机，尽管美国政府屈从了蒋介石的意愿而将史迪威解职，但对于美国来说，中国战场的军事价值已经基本丧失。随着世界反法西斯战争的迅速进展，美国军方预计，如果美军投入收复中国战场和攻占日本本土的作战，伤亡人数将会超过 100 万。为了避免美国人的生命牺牲，美国一方面决定采取空中轰炸的方式，同时希望苏联能够迅速出兵，击败日本陆军的主力——关东军。

1944 年 9 月底的一天，当苏军总参作战部部长什捷缅科向斯大林作完每日的例行汇报后，斯大林明确指示他：要做好在远东集结兵力的计划，并计算好这些部队的运输及其所需要的保障。斯大林接着说："看来很快就需要这些计算资料

---

① ［苏］C. M. 什捷缅科著：《什捷缅科大将战争回忆录》，第 323 页。

② Foreign Relations，Conference of Cairo and Teheran，GPO，Washington，1962，p. 869，N. 10.

了。"① 苏军总参谋部在 10 月初完成了这些计划。同年 10 月中旬，丘吉尔与艾登飞抵莫斯科与斯大林会谈，以协调双方在未来雅尔塔会议上的立场。② 斯大林向丘吉尔表明：一、苏联政府再次确认在打败纳粹德国 3 个月之后对日本开战的义务。二、苏联需要 3 个月的准备期限，并且在 3 个月内可以做好准备。但希望盟国可以充分利用苏联的太平洋港口，帮助苏联在远东储备 2～3 个月使用的燃料、粮食和运输工具（主要是汽车的储备，以减少苏军移师东线的运输量，也可以保证苏军如期投入战斗）。丘吉尔认同斯大林的理由，并承担了提供部分储备物资的义务。③

图 10.1　英国首相丘吉尔、美国总统罗斯福和苏联领袖斯大林出席雅尔塔会议

几经磋商，罗斯福、丘吉尔和斯大林于 1945 年 2 月 4 日至 11 日在苏联克里米亚半岛的雅尔塔里瓦几亚宫召开三国首脑会议，商讨迅速结束战争的有关事宜。三国首脑在雅尔塔会议上，讨论通过了关于击败德国、德国的占领与管制、消灭德国军国主义和纳粹主义、惩办战犯等问题的决议。关于德国赔偿问题，会上没有达成协议，遂决定成立专门委员会进行讨论。

①　［苏］C. M. 什捷缅科著：《什捷缅科大将战争回忆录》，第 324 页。
②　"二战"期间，美苏立场比较一致，而苏英、美英之间常有分歧。
③　［苏］C. M. 什捷缅科著：《什捷缅科大将战争回忆录》，第 324 页。

雅尔塔会议接受了敦巴顿橡树园会议草拟的联合国组织方案，"三国同意于本年 4 月 25 日在旧金山举行联合国会议"，确认"中国及法国政府将被邀与美英苏三国政府会商并共同召集此一会议"。① 中国在联合国五大常任理事国的地位再次得到了确认。

会议期间，罗斯福和斯大林单独讨论了远东对日作战问题。美国鉴于太平洋战场上的对日作战中伤亡很大，为了减轻压力，渴望苏联尽快参战。可是"斯大林告诉罗斯福，如果他的条件不能满足，便很难向俄国人民解释为什么他们必须去同日本作战。他说，俄国人民都清楚地理解他必须同德国人打仗，以捍卫他们祖国本身的生存，但是他们都看不出有来自日本人的这种威胁。"又说："如果能满足必要的政治条件，那便不难由他向最高苏维埃和人民作出解释，他们与远东战争攸关的利害正是什么。"②

2 月 8 日下午，罗斯福和斯大林就苏联参加对日作战举行会谈。会上，斯大林提出了苏联参加对日作战的政治条件，美英两国首脑同意了苏联提出的参战条件，并于 1945 年 2 月 11 日由斯大林、罗斯福和丘吉尔联名签署了《关于苏联参加对日作战之协定》（雅尔塔协定）：

苏联、美国及英国三强领袖兹经协议，在德国投降及欧洲战事结束后之 2 或 3 个月内，在下列条件下，苏联应即参与盟国方面对日本作战：

一、外蒙古（蒙古人民共和国）之现状应予维持。

二、因日本在 1904 年之侵攻致受损害之俄国原享权益应予恢复，是即：

甲、库页岛南部及其附属岛屿将交还苏联。

乙、大连商港将改建为国际港口，并保障苏联在该港口内之各项特殊权益，且恢复苏联对旅顺港海军基地之租借。

丙、中东铁路以及通往大连之南满铁路，将由中国及苏联合组之机构共同经

---

① 《雅尔塔会议及其结果》，国民政府军令部战史会档案，中国第二历史档案馆藏。
② ［美］舍伍德：《罗斯福与霍普金斯：二次大战时期白宫实录》（下），商务印书馆 1980 年，第 527 页。

营。三国了解，苏联之特别权益将予保障，而中国将继续保持在满洲之完整主权。

三、千岛群岛将交予苏联。三国了解，对上述有关外蒙古及海港与铁路之协议，尚待蒋介石委员长予以同意。在斯大林元帅之建议下，罗斯福总统将设法取得此项同意。

三强领袖经已协议，在战败日本之后，苏联之此等要求应毫无疑问地予以满足。

在苏联方面，则表示愿与中国国民政府签订一项友好同盟条约，俾得以武力协助中国自日本之蹂躏下获得解放。①

罗斯福为争取苏联尽早参加对日作战，同意了斯大林的要求。双方还约定，有关内容暂时对中国"保密"。雅尔塔会议的召开，虽然对推进反法西斯战争起了积极作用，但苏美两国在中国未参加的情况下，以中国的领土主权作讨价还价的筹码，在历史上留下了不光彩记录。

两个月后，苏联红军在英美联军的配合下完成了对柏林的包围，希特勒搜罗几十万军队，企图在柏林作最后挣扎。但在苏联红军的强大攻势下，柏林德军于 5 月 2 日全部投降。5 月 8 日，德国正式签署了无条件投降书，欧洲反法西斯战争胜利结束。

5 月 23 日，美国总统杜鲁门派霍普金斯前往莫斯科，同斯大林就敦促苏联参加对日战争及战后苏美继续合作问题进行会谈。5 月 28 日，斯大林在与霍普金斯的会谈中表示，苏联对日参战的时间不迟于 8 月 8 日，但苏联最终能否参加对日作战，还取决于中国方面是否愿意接受雅尔塔会议上所作的建议。斯大林表示希望在 7 月 1 日前见到中国行政院长兼外交部长宋子文，以便中苏两国政府直接谈判。同时盼望美国向蒋介石提出这个问题，实际上是要求美国方面压迫中国，接受美苏在雅尔塔会议上所作的严重损害中国利益的秘密协议。斯大林在会谈中，还对美国明确表示，"将尽最大努力来促进中国在蒋介石领导下的统一"。他认为"没有一个共产党领袖是那么强有力而足以统一中国"。他并特别地表明："美国

---

① 《关于苏联参加对日作战之协定》（1945 年 2 月 11 日），见《外交部档案丛书——界务类》第二册中苏关系卷，第 35 页，台湾外交部编印，2001 年 12 月。

是唯一有办法在经济上对战后中国进行援助的国家。"斯大林关于中国及远东问题上的态度，使美国"很受鼓舞"①，对战后中国政局的演变带来了一定的影响。

实际上，早在协定签订前的2月5日，美国代理国务卿格鲁就在华盛顿致电在雅尔塔的美国国务卿斯退汀纽斯，声称："蒋委员长及宋子文已经通知赫尔利，苏联政府已同意以蒋委员长私人代表身份接待宋子文，为时在二月底或在三月初。谈判范围将包括建立密切关系，苏联参加对日作战，中苏在韩境及满洲之关系，战后经济问题及中苏边界问题等。"② 而此时的中国政府并不知道美苏英三国正在密议损害中国战后利益的《雅尔塔协定》。抗战胜利之初，国民政府依然是想利用国际力量来制衡苏联、制约中国共产党的发展。此时的中国虽然是四强之一，但真正的国际地位事实上很低。《雅尔塔密约》则体现出中国国家利益再次被出卖的窘境。

根据王永祥的研究，斯大林和罗斯福有约在先，"何时通知中国知晓《雅尔塔密约》内容，由苏联决定"。因此，罗斯福回到美国后将该密约一直锁在白宫的保险柜里，连副总统杜鲁门也不知道。③ 但中国政府也耳闻三国瞒着中国达成了某种协议，蒋介石估计协议内容涉及东三省，因此非常担心。因为居里曾于1942年8月在重庆告知蒋介石："华盛顿一部分人之感想，以为中国东北应作为战后日俄两国间之缓冲国，盖华盛顿之印象，已有不将中国东北认为中国一部分者。"④ 4月15日，宋子文在华盛顿同霍普金斯谈话后，报告蒋介石："关于苏联问题，霍谓在雅尔塔会议，史达林（斯大林）从未对东三省有何要求，仅对旅顺及中东路恢复苏联权益二点，盼与我方商定办法。外传苏联欲得东三省，实无其事。"⑤

最先将《雅尔塔协定》内容透露给中国政府的是美国驻华大使赫尔利。赫尔

---

① ［美］舍伍德：《罗斯福与霍普金斯：二次大战时期白宫实录》，第571页。
② 《代理国务卿（格鲁）致国务卿电文》（1945年2月5日，节录），见《外交部档案丛书——界务类》第二册中苏关系卷，第34页。
③ 王永祥：《雅尔塔密约与中苏日苏关系》，第74页，台湾东大图书公司2003年版。
④ 《事略稿本》（民国三十一年八月三日），蒋中正总统文物，002000000647A，典藏号：002-060100-00167-003，台湾"国史馆"藏。
⑤ 《宋子文呈蒋委员长密电》（1945年4月15日），蒋中正总统文物·革命文献——"雅尔塔密约有关交涉及中苏协定"，典藏号002-020300-00048-008，台湾"国史馆"藏。

利于 4 月 29 日和 5 月 21 日两次以私人谈话的性质向蒋介石详述了密约内容。6 月 9 日，杜鲁门总统在华盛顿接见宋子文时，向其宣读了《雅尔塔协定》内容，并告诉宋子文说，已电令赫尔利大使将协定文本面陈蒋介石。杜鲁门同时要求宋子文"在七月一日以前"必须到达苏联。①

三、美军在太平洋上的攻势

1944 年上半年，美军攻占了马绍尔群岛、加罗林群岛，并以伤亡 15000 余人的代价攻占了马得亚纳群岛。接着美军一鼓作气又夺取了被称为日本"海上长城"心脏的重要军事基地关岛。从 10 月开始，美军进攻菲律宾，此时，日本"空、海军的主要战斗力已经丧失；只好主要依靠地面兵力进行战斗了"。② 在美军强大攻势下，日军被迫放弃马尼拉。随着吕宋岛美军空军基地的建立，日本的南北海上运输很快陷入困境。由日本驶往南方的船队被迫停航；向北航行的船队也几乎有百分之七十至八十被击沉。到 1945 年 3 月下旬，南北海上运输完全停顿，往日本运回南方的物资遂告终止。③

图 10.2　美军收复菲律宾，图为麦克阿瑟将军（前排中）登陆海滩

---

① 王永祥：《雅尔塔密约与中苏日苏关系》，第 81、83、86 页。
② ［日］服部卓四郎：《大东亚战争全史》第 4 册，第 1362 页，商务印书馆 1984 年版。
③ ［日］服部卓四郎：《大东亚战争全史》第 4 册，第 1301 页。

1945 年 2 月中旬，美军发动了攻占硫磺岛战役。距东京约 1200 公里的硫磺岛，虽然只是个面积不大的缺水窄岛，但其中部和南部设有机场，是连接马里亚纳基地和东京的唯一战略中继基地，一旦该岛被占领，东京及日本东部的重要地区即将暴露在美国飞机奇袭攻击面前。美国为攻占这个战略地位极为重要的小岛，派出了 3 个师的部队，动用了 2000 架飞机，经过一个多月的激烈争夺，占领了硫磺岛，守岛日军全部覆灭。

3 月 23 日凌晨，美军对冲绳群岛发动了突然袭击，参加作战的美军舰船达 1457 艘（其中运输船 430 艘），陆军和海军陆战队总兵力达 183000 人。日军已经没有进行有效反击的战斗力。[①] 4 月 1 日，美军在冲绳岛登陆成功，并迅速占领全岛。冲绳为美国空军压制日本西部提供了条件，成为进攻日本本土的重要基地。

图 10.3　走投无路的日本要飞行员驾机撞击美国军舰

至此，日本本土外围防线全部崩溃。当美国海军冲向日本大门时，中国抗战给予美国极大支持。被中国战场拖住的日本陆军主力共有 2 个方面军 9 个军，辖 27 个师团、34 个旅团、10 个独立警卫队，计 104.9 万人（另一支主力关东军 70

---

① ［日］服部卓四郎：《大东亚战争全史》第 4 册，第 1425、1537 页。

万人亦远在中国东北)。① 日本国内的军事力量很薄弱。

与此同时，美军加紧了对日本本土的空袭。4 月至 6 月，美空军以燃烧战术，对日本本土大城市进行重点反复空袭，对日本的重要港湾、海峡空投机械水雷等。6 月 2 日，杜鲁门总统指出：要最大限度地动员陆海军兵力，毫不留情地加重对敌军的压迫，不给敌军以喘息之机。此后，美空军对日本的一些中小城市也开始施行燃烧弹轰炸。至 7 月，由于遭连番空袭，日本的内海交通濒于断绝。关东、东海、东京一带的日本空军基地、铁路、船舶、工厂也成为美空袭的目标。日方"完全干挨轰炸，当时根本没能进行反击"。② 美军在太平洋上的攻势和对日本本土的空袭，加速了日本法西斯末日的到来。

---

① 张宏志：《论中国抗战的国际地位》，见《中国历史与抗日战争》，第 79 页，辽宁人民出版社 1994 年版。

② ［日］服部卓四郎：《大东亚战争全史》第 4 册，第 1425、1537 页。

第 11 章
日本帝国主义的垂死挣扎

一、日军对苏联参战的判断和对策

日本一直将苏联当作强大的假想敌，在南方战线节节败退的情况下，北方苏联的动向成为其关注的焦点。

1945 年 4 月 6 日，苏联通告日本废除《日苏中立条约》。5 月 8 日，德国宣布无条件投降，接踵而来的噩耗，使日本政府意识到苏联参加对日作战势在必行。日本根据苏联将其欧洲兵力经西伯利亚铁路东运的迹象判断，苏联至迟将在当年夏秋之交发动作战。于是关东军在中苏边界加强警戒，不分昼夜地窥视苏军的动向，加紧对苏作战的准备。

关东军对苏作战计划主要内容是："利用地形和设施，尽力将入侵之敌消灭于国境地带（指从北朝鲜东部山脉—牡丹江西侧山脉—小兴安岭—大兴安岭—齐齐哈尔，四平铁路线外侧的广阔地带）；然后利用满洲、朝鲜的广阔地区和地形，击退、阻止或妨碍敌军的入侵，作持久打算。至不得已时，也应牢固地确保自南满至北朝鲜的山岳地带，抗战到底，以利于全面战争的指导。"①

据此计划，关东军转变原来的兵力部署，决定首先将作战的智囊机构转移到后方地区，从正东面着手进行。5 月中旬将第 3 方面军司令部从齐齐哈尔移到奉天（沈阳），将关东防卫军司令部从奉天移到辽源（郑家屯），将第 4 军司令部从孙吴移到齐齐哈尔，并将第 125 师团从黑河附近移至通化附近。为保守机密，关东军决定总司令部仍驻在新京（长春），准备在开战之后，根据战况再向后方转移，将通化作为第二道防线的中心地区，并秘密地设置战斗指挥所。

5 月 30 日，日本大本营下达了关东军的战斗序列令，并命令从朝鲜、中国派遣军等有关方面抽调兵力增援东北。关东军打算 9 月下旬基本完成对苏作战的准备工作。然而，日军"因部队的调转、改编、变动频繁，以及物资器材不足等原因，进展非常迟缓"。② 至 7 月末，中苏边境的后方工事，仅仅完成了主要火力的阵地，而连接各火力点的阵地体系还没有建成。东北内地的工事构筑及以通化为中心的第二道防线地区的工事构筑仅是纸上谈兵，无甚进展。

日军在积极进行对苏作战准备的同时，也幻想用其他方法阻止苏联参战，以避免来自北方的致命打击。由首相铃木等 6 位内阁要员组成最高战争指导会议决定对苏谈判，是鉴于"目前日本与英美之间，正在倾注国力进行交战，在这种情况下，如果苏联参战，必将制帝国于死命"。虽然日方已意识到，此刻再想取得苏联积极友好为时已晚。但是又认为"不去探求在某些对日本有利的方法上来利用苏联，也是不明智的"。为此，日本打算"作相当大幅度的让步"，③ 作为改善日苏关系的代价。

6 月初，日本前首相、外相及驻苏大使广田弘毅奉命拜见苏联驻日大使马立克，对改善日苏关系进行试探。6 月下旬，广田又携带日本政府提出的对苏让步条件提案走访马立克。日本政府的提案主旨是：提议日苏两国间缔结关于在维护

---

① ［日］服部卓四郎：《大东亚战争全史》第 4 册，第 1510、1513 页。
② ［日］服部卓四郎：《大东亚战争全史》第 4 册，第 1501、1513 页。
③ ［日］服部卓四郎：《大东亚战争全史》第 4 册，第 1573、1574～1618 页。

东亚和平中互相支持，以及确定两国间互不侵犯关系的协定。具体让步条件包括：（1）"满洲国"的中立化；（2）以供给石油作为交换条件，放弃渔业权；（3）考虑苏联希望的其他各项条件等。① 马立克答应转达本国政府，但时隔半月，苏联对日本的提案仍没有任何答复，日本政府急不可待，训令驻苏大使佐藤尽快探明苏联对日本提案的态度。此时，苏外交人民委员（外长）莫洛托夫正在莫斯科与中国行政院长宋子文进行会谈，对日本的提案十分冷淡，表示在未深入研究之前，不能给予答复。

此后，日本政府又打算派遣特使前往苏联，以便赶在波茨坦会议之前有条件地结束战争，遭到了苏联拒绝。

7 月 27 日，日本政府收到敦促其无条件投降的《波茨坦公告》后，仍未放弃请求苏联"斡旋和平"的幻想，7 月 30 日，佐藤大使奉命向苏方表示，如果避免无条件投降的方式，只要其名誉和生存得到保证，宁愿在广泛的妥协条件下结束战争。

二、日本的"本土决战"计划和准备

1945 年初，日本大本营陆军部已经预见到当年 9 月以后，盟军必将进攻日本本土。因此，按照新的作战方针，煞费苦心地制订了本土作战计划。这个被称为《"决号"作战准备纲要》的本土作战计划以《帝国陆海军作战计划大纲》为基础，于 3 月中旬制订完毕。

《"决号"作战准备纲要》由作战兵力运用、国内抗战、国内警备、交通通讯、兵站等各项计划组成。其中"本土"作战区域划为七个方面，中国被占领土也被纳入日本"本土作战"的范围。

日本将战备的重点置于关东和九州。以太平洋与中国海正面为主战方面。

---

① ［日］服部卓四郎：《大东亚战争全史》第 4 册，第 1573、1574 ~ 1618 页。

"在本土重要地区迎击主敌美军的入侵"。"灵活运用国土的特点,尤其是应发扬全国皆兵的传统精神,以期实现作战的目的"。在兵力动用上,日本考虑到海上战斗力的丧失和空军兵力的缺乏,可以作为机动兵力的只有陆军,故不得不从中国战场抽兵,并新设了若干决战师团。

为了加强本土决战的统帅组织,4 月 8 日大本营下令撤销了原统一指挥日本国内各军的防卫总司令部,在大本营直接管辖下,新设了第 1 总军司令部、第 2 总军司令部和航空总军司令部。

5 月,美军在冲绳登陆后,对日本本土的空袭日益加剧,"本土交通阻碍,产业瘫痪,通货膨胀加剧,人心焦虑不安等情况,日趋严重"。① 日军已陷于被动防御的地位。大本营认为,日本"本土决战"是日军最后的决战,日本陆军把建军80 年来"光荣"赌在最后一战上,企图在本土决战中取得胜利。

6 月 6 日,大本营陆军军部颁发了《国土决战战法手册》,将作战主旨向官兵进行解说,还向国民发布了"国民抗战必携",要求国民"以一亿人奋起特攻的精神"为保卫国土而战斗,并在国民中组成"国民义勇战斗队",以协助军队作战。

6 月 8 日,最高战争指导会议及御前会议讨论通过了"本土决战"的基本政策即《战争指导的基本大纲》。《大纲》确定了"以誓死尽忠的信念为动力,借助地利和人和,坚决把战争进行到底,以维护国体,保卫皇土,确保民族将来发展的根基"的方针。其基本要领是:(1)集中日军的主要兵力,以对主要敌人美国的战争为重点,同时考虑北方局势的突变;(2)灵活适应世界形势转变的微妙关系,有力地执行各种对外政策,特别是对苏中的政策;(3)健全贯彻国民战争精神的各种体制。首相铃木要求阁员以"事不成则剖腹的高度责任感"实现这一"基本大纲"。

7 月下旬,日本配置的陆、海军兵力约达 240 万(其中 40 万为特别警备,其

---

① [日] 服部卓四郎:《大东亚战争全史》第 4 册,第 1468 页。

他为特别召集）。但是，由于空袭的加剧，物资的匮乏，战备工作的实质性内容，部队的装备和训练进展十分迟缓，就是列为本土决战重点地区的九州、四国方面，军队的装备补充也仅达 70%。

三、日本摆脱困境的对华战略

1944 年豫湘桂作战后，日军虽然打通了华北到华南交通线，炸毁了粤、汉、湘、桂沿线的中国机场，但是由于牵制过多，已丧失了在中国战线上的优势和主动地位。中国空军在美军协助下，对老河口和芷江前进机场的空袭活动仍十分活跃，对京汉、津浦、粤汉、湘桂各铁路和长江航运的干扰日趋严重。

由第 6 方面军司令官新升任中国派遣军总司令官的冈村宁次，根据"一号作战"的成果和重庆国民政府的困窘情况，企图作一大胆的冒险行动，派总参谋长松井回国，向大本营建议，于 1945 年 1 月 5 日发动进攻四川的作战，给蒋介石的嫡系部队以决定性打击，进而"创造同重庆政权单独议和或使之脱离战争的良好时机"。① 大本营考虑到盟军力量在东亚不断增强，重庆国民政府尚有继续战斗的意志，没有采纳冈村宁次的意见。

日本分析中国方面的作战态势是：重庆方面将致力于打开和保持印度、中国的陆上交通；随着战斗力的恢复和增强及军队装备的美式化，将策应美国作战，实行对日反攻。特别是延安方面对日本占领地区的活动将越来越加强。②

为了"将中国大陆的作战，转变为以美军为主要敌人的作战"，③ 日本政府决定：军事上，迅速加强东南沿海的战备，重点为广东周围地区；加强长江下游地区，特别是上海周围地区的战备；确保大陆的重要地区，为了促使重庆势力衰亡，扼制美驻华空军势力的活动，可对中国腹地使用多数小部队进行长期的奇袭

---

① ［日］服部卓四郎：《大东亚战争全史》第 4 册，第 1345 页。
② ［日］服部卓四郎：《大东亚战争全史》第 4 册，第 1319 页。
③ "帝国陆海军作战计划大纲"，见复旦大学历史系日本史组编译：《日本帝国主义对外侵略史料选编》，第 491 页，上海人民出版社 1975 年 3 月第 1 版。

作战。

政治上，必须采取必要措施，扶植汪精卫伪政权，维持其支援战争的态势。

经济上，制定《建立中国战时经济的对策》与《与中国物资统一调拨要领》，以保证军队自给自足，独立作战，以及对日本、"满洲国"提供援助为首要任务；将华北和华中两地铁路，交由中国派遣军总司令官管理，从 1945 年 4 月 1 日起实行军事管理，以确保大陆同日本内地的重要物资的运输。①

军事部署上，在华日军处于一种矛盾的境地：一方面他们对中国军队仍保有一定的优势，甚至幻想再给中国军队致命一击；另一方面，他们又被迫抽掉部队去参加"本土决战"及对苏作战的准备，兵力更显单薄。因而，虽然 1945 年采取了收缩防御，确保重点的战略，但在收缩的规模及地域方面却一直存在着争论与分歧。

收缩兵力首先从华南开始。这是因为日军判断在美军占领冲绳之后，可直接攻击日本本土，无需要经过华南，"华南方面对本土防卫价值低"，遂将沿海战备重点放在华北、华中。4 月，驻海南岛等地的日军撤到广州，驻广州的两个师团则北调南京附近。日本大本营不但希望放弃湖南，甚至准备自武汉附近撤兵，催促中国派遣军从速进行。②

驻华日军对此极不情愿，为给中国军队最后的打击，以保证收缩过程中不致遭受中美空军轰炸，3 月底至 5 月初，日军第 12 军和第 20 军分别对中美空军机场的所在地——老河口、芷江发动长途奔袭。第 12 军于 4 月 8 日占领了老河口，但作战中遇到中国军队的强烈抗击，损失颇重。第 20 军在芷江作战中，参战部队差一点被全部歼灭，伤亡达 26516 人。③ 与此同时，第 11 军也曾有局部出击行动。

---

① 日本防卫厅战史室编纂：《日本军国主义侵华资料长编——（大本营陆军部）摘译》（下），第 519、520、553 页。

② 日本防卫厅战史室编纂：《日本军国主义侵华资料长编——（大本营陆军部）摘译》（下），第 519、520、553 页。

③ 日本防卫厅战史室编纂：《日本军国主义侵华资料长编——（大本营陆军部）摘译》（下），第 588、631、604、528 页。

然而，都不能挽救其必败的命运。

5 月 28 日，日本大本营再次命令驻华日军尽速撤出湖南、广西、江西占领地区，将兵力集中于华北、华中，并做好将一个军调往东北的准备。6 月 4 日，日本陆军参谋长梅津美治郎亲自召集关东军总司令山田与中国派遣军总司令冈村等在大连开会，商讨作战事宜。会后，中国派遣军确定了新的作战方针："（1）派遣军以主力控制华中、华北要域，在对苏联、中国策划持久战，并歼灭来攻沿海要域的美军，以使日本本土决战顺利进行。（2）对美战备重点，首先为华中三角地带，其次为山东半岛，但应注意识破敌对华中、华北登陆企图，力图及时将派遣军主战力集中于该地。（3）在万不得已时，也必须确保南京、北京、武汉等附近要域。"① 日军在全面战争濒于失败的前夕，不得不采取收缩策略，准备在苏联参战、美军登陆的情况下"行持久战"，策应其"本土决战"的实施。但是，由于战局突然急转直下，日军的战略根本没法实行。

在进行军事部署的同时，日军还加紧了争取与中国政府有条件"和平"的"谋略工作"。冈村宁次领导之下开辟了几条与重庆无线电联络线，并与何应钦间有使者来往。4 月 20 日，日本确定了"对中国政治谋略"："运用当前对中国的战略优势，加强实行对重庆政治工作和对延安的谋略工作，努力实现与重庆停战。"② 企图利用"谋略"来挽救其战场上的败局。但在与重庆的接触中，冈村宁次发现"双方意见完全对立，无所收获"。③ 日方的"政治谋略"也告失败。

四、汪伪政权的垂死挣扎

随着日军在军事上的失败，日本方面更加注意发挥汉奸政权的作用。早在太

---

① 日本防卫厅战史室编纂：《日本军国主义侵华资料长编——（大本营陆军部）摘译》（下），第 588、631、604、528 页。

② 日本防卫厅战史室编纂：《日本军国主义侵华资料长编——（大本营陆军部）摘译》（下），第 588、631、604、528 页。

③ 日本防卫厅战史室编纂：《日本军国主义侵华资料长编——（大本营陆军部）摘译》（下），第 588、631、604、528 页。

平洋战争爆发后不久，汪精卫"国民政府"多次向日本提出"参战"的要求，遭到日本政府的拒绝，日本方面认为，脆弱的汪精卫的"国民政府"帮不了日本军事上的大忙。

1942 年 1 月，太平洋战局开始恶化，日本对重庆政府的诱降活动，没有明显的成效。在败退的困境中，日本帝国主义开始改变对汪精卫伪国民政府的态度，提出了所谓"对华新政策"。不仅欢迎汪精卫伪国民政府"参战"，还决定放宽对汪伪政府的某些政策，妄图以汪伪政府参战"为打开日本和中国的现状的一大转机"，于是以"交还租界"、"废除治外法权"等措施加强汪伪政府的政治力量。日本新政策中的"对华经济措施，以增加获取战争必需物资为主要目标"，① 赤裸裸地暴露了日本帝国主义加强汪伪"政治力量"的目的，是加强对沦陷区政治、经济的统一管理，充分利用一切人力、物力，挽救"大东亚圣战"的失败。而汪精卫伪国民政府也已被绑在日本的战车上，"死中求生，亡中求存"。

1943 年 1 月 9 日，汪精卫"国民政府"发出对英美两国《宣战布告》，同时转告轴心国政府，汪精卫"国民政府"与日本由前后方关系进至并肩作战的关系。同日，汪精卫与重光葵签订了《中日共同宣言》，双方表示为完成对英美作战，在军事上、政治上及经济上实行"全面合作"。

1943 年元月，汪精卫"国民政府"打着"有钱出钱，有力出力"的旗号，在沦陷区各地成立了"参战后援会"，决定开展"献金购机"运动，向各地派定献款金额，如派定汉口市"参战后援会"100 万元，"江苏参战后援会"64 万元。6 月中旬，汪精卫"国民政府"在南京成立了"献铁运委会"，以支援日本军工生产。汪精卫"国民政府"对日本在太平洋地区作战的支持配合，没能挽救日本在太平洋上的败势。

1943 年 11 月 5 日，东条英机纠集汪精卫、张景惠（"满洲国"代表）、旺·威泰耶康·瓦拉旺亲王（泰国）、劳威尔（菲律宾）、鲍斯（印度）等奸傀头目

① 复旦大学历史系日本史组编译：《日本帝国主义对外侵略史料选编》（1931～1945 年），第 420 页。

在东京召开所谓"大东亚会议"。这是日本帝国主义为挽救失败进行的垂死挣扎。汪精卫不仅接受了日本交给的对重庆劝和诱降的任务，而且向日本表示，要在中国沦陷区"就政治力所能达到的地方树立起一个模范"，"做到肃正思想，保障治安，增加生产"。所谓"肃正思想"，汪精卫的解释是"以东亚人的自觉心，一心一意为东亚人的共存共荣而奋斗"；"保障治安"，即以中国作为日本"大东亚战争的后方，必须使治安确保，使盟邦的前线将士，无后顾之忧"；"增加生产"，是使一切经济计划、财政计划有了重心，"增加总力决战的力量"。①

"大东亚会议"上，汪、日、满、泰、缅、菲等傀儡政权，共同签署了《大东亚共同宣言》，宣称："大东亚各国要互抱敦睦，紧紧提携，普行沟通文化，进而开放资源，建设共存共荣之秩序。"

为贯彻"大东亚会议"，以与日本"紧密提携"、"共存共荣"，汪精卫在沦陷区采取了一系列的措施。

政治上，汪精卫对沦陷区人民进行欺骗宣传，鼓吹"大东亚会议"是强者对弱者扶助的会议，是东亚民族为其生存独立而奋斗的会议。对重庆政府，汪精卫一面公开劝说"重庆方面极力反省"、"毅然来归"，一方面积极进行诱降活动。1944年4月初，由周佛海委派国民党在上海的情报人员葛湛侯去重庆，向蒋介石转达日本关于实现"中日全面和平"及"蒋汪联合反共"的意见。与此同时，汪精卫"国民政府"为"肃正思想"、"保障治安"，进一步加强了在沦陷区的"清乡"反共活动。周佛海会见胡宗南驻沪代表洪复礼，讨论联合反共和阻止长江南北两岸地区新四军发展问题，并在上海附近修筑了长达50多公里的封锁线。为了把"清乡"地区变为"大东亚作战前线"，周佛海下令汪伪政府保卫部门"移重点对付共产党"。汪精卫在病榻上奄奄一息之际，仍发表书面谈话，声称要"拿出热诚和力量与盟友共同奋斗"。

经济上，汪精卫"国民政府"为日军在沦陷区想方设法筹粮筹款，搜集战时

---

① 《大东亚宣言与满洲国》，第11页，建国印书馆。

物资。汪精卫在上海召见金融、实业、教育、文化界人士，呼吁他们"鼓起责任性，增加负担力，实现同盟条约"。1944 年春，汪伪财政部规定在南京、上海等 15 个县市征收战时消费特税，税额 4% 至 40% 不等。不久又在沦陷区发行了总额 6 亿元的建设公债。1944 年 3 月，汪精卫赴日就医前，特聘请日方小正恒为汪伪最高经济顾问，以利日军更好地控制、利用沦陷区经济。5 月 8 日，汪伪"米粮统制委员会"撤销了日伪分区采购粮食的规定，为日军在沦陷区任意掠粮，提供方便。

11 月 10 日，汪精卫在日本因病毙命，根据日本占领军方面的意见和汪精卫生前安排，陈公博继任"国民政府主席"、"行政院长"、"军事委员会委员长"等职务。

陈公博上台后，一方面公开宣称：要以汪精卫"手定之政策"为他奉行之政策，一方面私下散布"我不称主席而代主席，是我对重庆方面表示的一种姿态。汪先生上演的这台戏，已近尾声，所谓人亡政息，应该结束了。我来继位，是来办理收场的，不是来继续演出的。"① 他以所谓"党不可分，国不可分，国必统一"作为逐步结束汪伪政权的执政方针。

但是陈公博的"收场"没能摆脱充当日本鹰犬的地位。他和周佛海一起充当日本侵略者对重庆的"诱和"工具。陈公博主动向日本方面建议，让重庆担任日美战争的调停者。但由于日本将进行调停和结束战争的希望放在苏联政府身上，陈公博白忙了一场。

为了给自己留下一条后路，陈公博在"收场"过程中将主要精力用于与重庆当局的联络上，并以调整伪政权的军事布局、默契反共作为日后给重庆方面的见面礼。但是这一切尚未部署完毕，8 月 15 日，日本政府宣布无条件投降。翌日，陈公博在慌乱中宣布"国民政府"解散。

抗战胜利后，陈公博、王克敏、周佛海等日本扶植下的汉奸傀儡政权，随着其主子的失败而土崩瓦解。汉奸伪政权头目均被捕受审。卖国求荣者永远被钉在了历史的耻辱柱上。

---

① 黄美真主编：《汪伪十汉奸》，第 177 页，上海人民出版社 1986 年 10 月版。

第 12 章
抗日战争的伟大胜利

一、胜利前夕的国内政治力量

国民党军队在豫、湘、桂战场的溃败，已无法掩饰国民党政府在政治、经济上的腐败。

1944 年 9 月 15 日，国民参政员林伯渠在三届三次国民参政会上，代表中国共产党向国民政府和全国人民正式提出了结束国民党一党专政、组织各抗日党派联合政府的主张。这一主张得到了各民主党派及全国人民的热烈响应，国民党统治区民主宪政运动走向新的高潮。

在强大的政治压力下，1945 年元旦，蒋介石发表了广播讲话《新年文告》。他强调国民党要履行"对革命的责任"，实质是寡头专政，拒绝建立联合政府的要求。

为了揭穿蒋介石玩弄"还政于民"的骗局，实行真正的民主政治，促进全国的团结统一，1 月 11 日，中共中央通过赫尔利向国民党政府提出召开由国民党、共产党、民主同盟三方参加的党派会议，作为"国是会议"预备会议的建议。

1 月 15 日，中国民主同盟发表时局宣言，反对国民党以抗战前选出的国大代表及国民党圈定的"当然代表"来匆忙召开国大，并向国民党指出结束一党专政，建立联合政府，尊重人民自由权利等十条要求。

各界人民纷纷以演讲、集会、联名发表宣言、通电等形式，支持召开党派会议，协商国是，成立联合政府。

1 月 24 日，中共代表周恩来抵重庆。经与民盟领导人及国民党代表王世杰等先后会谈，于 2 月初起草了关于召开政治协商会议的建议草案。主要内容是，召开一次由各党派代表和无党派人士参加的政治协商会议，商讨组织联合政府等问题。但是这一提案遭到了国民党的拒绝。蒋介石认为，"召开党派会议等于分赃会议，组织联合政府，无异推翻政府"，① 他公开宣布，在国民大会召开召集以前，不能结束"训政"，将政治上的责任和最后决定权移交给各党各派。他独断地宣称，国民大会拟于 1945 年 11 月 12 日召开。

针对蒋介石的上述言论，民主同盟发言人于 3 月 10 日重申了民盟要求国民党政府召集各党派领袖会议，反对匆忙召开国民党包办的国民大会的主张。

中国共产党于 4 月下旬在延安召开"七大"。毛泽东在会上揭露了国民党坚持包办国民大会的目的，是抵制联合政府，维护独裁统治。他重申中国共产党废止国民党一党专政，成立"一个由国民党、共产党、民主同盟和无党无派分子的代表人物联合组成临时中央政府，发布一个民主的施政纲领"，将来再"经过自由的无拘束的选举，召开国民大会，成立正式的联合政府"的主张。②

5 月，国民党在重庆召开了第六次全国代表大会，会议拒绝各党派和全国人民成立联合政府的要求，一意孤行地决定在 1945 年 11 月 12 日召开国民大会。

对此，中共中央负责人发表谈话，公开声明中共参政员将不出席定于该年 7

---

① 《黄炎培日记》，见《中华民国史资料丛刊》增刊，第 5 辑，第 61 页。
② 《毛泽东选集》合订本，第 970 页。

月召开的第四届国民参政会，以抗议国民党坚持一党专政、坚持独裁的顽固态度。国共两党谈判也就此中断，国共关系陷入僵局。

为了调停国共关系，和共产党共同商量解决办法，7月初，由各民主党派和无党派人士推举了黄炎培等几名国民参政员代表，经国共双方同意，赴延安访问。在延安期间，6名参政员和中共中央领导人举行了会谈，双方都同意在召集国民大会之前，从速召开政治会议的主张。①

7月上旬，四届一次国民参政会在重庆召开，国民党本来预定要在会上利用国民党参政员多数通过一项于当年11月召开国民大会、制定宪法的决议。但是，由于民主同盟、中华职教社、青年党等各党派参政员和许多无党派参政员的反对和斗争，不得不在决议上写上"关于国民大会之日期，本会同人意见未尽一致……由政府酌情决定"的字样。②

国民参政会一闭幕，国民党便调集了几个师的兵力，对陕甘宁边区发动了大规模的进攻。中共中央驻重庆代表奉命向大后方各民主党派、民主人士、新闻界和各国使节，披露蒋介石挑起内战的事实，呼吁共同起来制止内战。

7月28日，民主同盟发表《对时局宣言》，严厉谴责国民党发动内战的行为是"重私斗而忘公仇"，"抑何词以对我数万万支掌抗战多灾多难之同胞"。③8月3日，民盟主席张澜在重庆举行外国记者招待会，强调民盟"绝对反对国民党与共产党之间发生内战"，呼吁全国人民和国际友人共同起来制止内战。张澜还强调指出："中国如不实行民主，任何政治问题、党派问题、经济问题、物价问题、军事问题，以及其他一切教育文化问题，必都不能圆满解决。"④

同日，救国会的领袖沈钧儒也发表了谈话，呼吁全国人民加强团结，反对内战，要求立刻召开政治会议，并组织调查在陕甘宁边区发生的大规模冲突事件。⑤

---

① 金城："六参政员五日来去"，见《人民政协报》，1985年1月25日。
② 《国民参政会资料》，第228～229页。
③ 《中国民主同盟历史文献》，第49页、第52～56页。
④ 《中国民主同盟历史文献》，第49页、第52～56页。
⑤ 《中共中央南方局大事记》（讨论稿），第121页。

抗战胜利的前夜，蒋介石继续坚持一党专政和反共、反人民的方针，已为战后的国内形势蒙上阴影，也为内战的爆发埋下了祸根。

二、苏联出兵东北

虽然与日本签订了《苏日中立条约》，但这只是斯大林与苏联政府避免亚欧东西两线同时作战的权宜之计。因为他们知道日本是一个毫无信义且穷凶极恶的国家。《苏日中立条约》签署未几，这一恶劣印象就被强化：纳粹德国入侵苏联后，代表日本政府在条约上签字的日本外相松冈洋佑竟然公开鼓吹配合纳粹行动，北犯苏联。所以斯大林一直强调：我们自己也有账要和日本人算。他的这一思想对苏军最高统帅部、总参谋部的核心成员们多次表露过。后来，在苏军出兵中国东北后，斯大林于 8 月 15 日发表了《告苏联人民书》，陈述了需要和日本人清算的账。

第一，日本侵略中国及发动太平洋战争，不仅损害了苏联的盟国中国、美国、英国的利益，而且对苏联也造成了严重损害，包括掠取了苏联在历史上形成的在东北的权益，即中东路权益。而且一直驻重兵于东北，威胁苏联的东部（东线）。这是要和日本人算的第一笔账。第二，日俄战争的账。1904 年 2 月，当谈判还在进行的时候，日本利用沙皇政府的软弱，未经宣战就向俄军发动了进攻。打败沙俄后，日本夺取了南萨哈林群岛并在千岛群岛站稳了脚跟，从而封锁了俄国通往北太平洋的出口。这次失败给俄国造成了巨大的物质和精神上的损害，令俄国在全世界蒙羞。斯大林说道，这一失败给我们留下了痛苦的回忆，给我们的国家留下了污点。我国人民相信击溃日本，洗雪污点的时间将会到来。我国人民，老一代的人们，等待这一天已经有 40 年了。这个时刻终于来到了。这是最重要的一笔账。第三，斯大林还提到，十月革命后，日本向苏联发动进攻，掠夺苏联远东地区长达近 4 年之久 [1918 年夏、秋，日本趁苏联国内大革命造成的一定混乱之机，出兵海参崴，并不断增兵，最多时达 7 万之众。一度占领了海参崴

（符拉迪沃斯托克）、布拉戈维申斯克、哈巴罗夫斯克、贝加尔湖以东的西伯利亚铁路沿线，甚至深入了北萨哈林群岛。当时，新生的苏维埃政权无暇东顾，日寇在占领区烧杀抢掠，恣意横行。1920 年始，苏军开始反攻，远东各地的游击队也频繁出击，日军节节败退。严寒的气候，疾病的蔓延，死伤人数剧增，官兵士气低落，加之苏军的发展壮大，日军在毙命 5 千多人、伤病 2 万多人后，于 1922 年仓惶撤兵]，这笔账也要算。第四，日本关东军在"二战"全面爆发前夕在张鼓峰和诺门坎（哈拉哈河）的挑衅，其目的是想截断苏联的西伯利亚铁路干线，切断苏联西部对东部的增援，最终侵占苏联远东地区。这是必须和日本人算的第四笔账。

　　1945 年 5 月，反法西斯战争的西线（欧洲—大西洋—北非—地中海）战场胜利终结。为如期履约，苏联开始抓紧向东线（远东）调兵遣将，回师东进。"还在准备去雅尔塔时，斯大林要我（华西列夫斯基元帅，时任苏军总参谋长）和安东诺夫（时任苏军副总参谋长）考虑如何最大限度地缩短对日作战的准备时间。在和红军总后勤部长赫鲁廖夫讨论后，我们的结论是：如果（东调）部队的汽车（苏军早已实现机械化，其步兵开进和后勤补给均依靠汽车）不用东运的话，对日作战的准备期限可以缩短到欧战结束后的两三个月。在雅尔塔会议上解决了这个问题。罗斯福总统答应不仅给我们向远东（太平洋）港口运送我们所需的汽车，而且还有机车（火车车头）。"[①] 如前所述，这一问题在 1944 年 10 月丘吉尔赴莫斯科时斯大林已当面向其提出过，丘吉尔也有承诺。如此，大大减少了苏军东调的运输量。苏联对日作战的准备其实也早已开始，欧洲战场尚未结束，1945 年 3 月至 4 月，苏联已更新了远东部队（即长期驻于远东的部队）的大部分武器装备和物质器材，调运去了 670 辆 T－34 型坦克（苏军最好的坦克，日军没有任何坦克可与之匹敌）和其他大量技术兵器。但即便如此，运输量依然是惊人的。"具体地说，仅从西线调到远东的 3 个诸兵种合成集团军和一个坦克集团军的编

---

　　① ［苏］A. M. 华西列夫斯基：《华西列夫斯基元帅战争回忆录》，第 490 页。

成内，就有 12 个军，39 个师和旅。此外还调运了其他部队。结果，到开战前，苏军在远东和外贝加尔的兵力差不多增加了一倍"。[①] 第 5 和第 39 集团军是从对德作战的第一线东普鲁士调来的，他们非常善于突破敌人的防御。近卫坦克第 6 集团军和第 53 集团军是从布拉格调来的，他们善于在山地和草原、丛林的广阔空间展开突击。所调部队均为苏军精锐。特别值得一提的是近卫坦克第 6 集团军。苏军部队打得好打得出色者，方可荣获"近卫"称号。苏军有众多坦克军、师，均配属于步兵集团军，但仅有 6 个强大的、独立的坦克集团军，作为最重要方向上的方面军的主力。近卫坦克第 6 集团军就是这样一个坦克集团军，而且拥有"近卫"称号。该坦克集团军亦是苏军在欧洲战场打完最后一仗的部队之一。苏军攻克柏林后，欧洲战场基本结束。但纳粹元帅凯塞林仍指挥 20 万德军盘踞于捷克斯洛伐克顽抗。苏军迅速进军捷克斯洛伐克，近卫坦克第 6 集团军一马当先，所向披靡，德军望风而降。该集团军司令员为克拉夫钦科坦克兵上将。在"二战"转折点斯大林格勒战役的大反攻中，他当时指挥的近卫坦克第 4 军是第一支投入反攻的部队，并最终与苏军机械化第 4 军胜利会师，封闭了对德军的包围圈，合围了整整 22 个德国师，33 万德军。这些德军最后被全歼。这就是震惊世界的斯大林格勒大会战最后反攻阶段的"惊人的胜利"（丘吉尔语）。克拉夫钦科功不可没。

运输量还包括这些部队的全部装备、后勤给养，以及苏军调往或长期驻于远东的海、空军的部分装备、技术兵器的零备件以及部分后勤给养。为防日本背信弃义，突然袭击——日本是经常这样做的——自苏德开战以来，苏联也在一直加强其远东驻军，在中苏、中蒙、苏朝一线，共计陆续部署了 8 个集团军，分属其滨海集群（太平洋沿岸沿线）和远东方面军。这些部队的部分（更新）装备及后勤给养也须运送。运输量确实大到简直难以想象，特别是运输时间又很短暂（几个月），而运输距离又特别长——从欧洲战场将部队运送至远东对日作战前线，

---

① ［苏］A. M. 华西列夫斯基：《华西列夫斯基元帅战争回忆录》，第 493 页。

最近距离 9000 公里，最远达 12000 公里。苏军总后勤部和总参谋部密切协同，制订了科学的运输计划——总参将各个部队的集结、部署地域分期分批（为保密起见）——通报总后，总后组织运力，将这些部队逐一一次性运送到位，连同其后勤辎重，避免了重复运输和运输浪费，使其所运输部队逐一准确地抵达长达 4000 公里战线的各自的集结地和未来进攻的出发点。为了保密以及火车运输的局限性（无铁轨处无法进入，而铁轨不可能铺设至每一个前沿阵地），将所运部队运达最接近部署地之车站后，部队即下车，自行（有时是步行）前往集结。1945 年 5 月至 8 月，短短 4 个月内，苏联从欧洲向远东运送了 135756 节车皮的部队和作战物资，平均每天达 1130 节车皮。[①] 如此遥远的距离，如此巨大的运输量，这真是一个惊人的记录，完全堪比美国从其东海岸至印度加尔各答港、吉大港的运输。苏军挥师东进的大运输和美国援华的大海运及驼峰航线，均乃反法西斯同盟国为打败日本法西斯的壮举，是永垂人类史册的浓墨重彩的一笔。

至 1945 年 8 月初，苏军在远东共集结并展开了 11 个合成集团军、两个战役集群、一个坦克集团军、3 个空军集团军、3 个防空军集团军和 4 个独立航空兵军。此外，还有太平洋舰队（包括北太平洋分舰队）、阿穆尔河区舰队，计划还使用内务人民委员部的边防支队。根据苏军最高统帅部的决定，所有集中在远东的部队（海军除外）编成 3 个方面军：1. 外贝加尔方面军，辖 1 个坦克集团军，3 个诸兵种合成集团军，苏蒙混合骑兵机械化集群，1 个空军集团军及防空集团军。这是兵力最多、装备最好、战力最强的方面军，司令员为马利诺夫斯基元帅。2. 远东第 1 方面军即原滨海集群，8 月初正式改为此序列名称。辖 4 个诸兵种合成集团军，机械化第 10 军，1 个空军集团军及防空集团军。司令员为麦列茨科夫元帅。3. 远东第 2 方面军即原远东方面军，亦于 8 月初正式改为此序列名称。辖 3 个诸兵种合成集团军，1 个空军集团军及防空集团军，以及堪察加防区。司令员为普尔卡耶夫大将。三大方面军均由华西列夫斯基元帅协调、指挥。太平

---

① ［苏］A. M. 华西列夫斯基：《华西列夫斯基元帅战争回忆录》，第 494 页。

洋舰队拥有 427 艘舰艇，其中大型舰只 34 艘，潜艇 78 艘，还拥有 1618 架飞机，主要基地为符拉迪沃斯托克（海参崴）、苏维埃港、彼得罗巴甫洛夫斯克。司令员为尤马舍夫海军上将。阿穆尔河区舰队共有 169 艘舰艇，70 多架飞机，主要基地为哈巴罗夫斯克（伯力）。除这些主力部队外，苏军还有属于内务人民委员会的边防支队和乌苏里江巡逻艇支队。苏军总兵力，除海军和边防支队外，达 1577700 余人。这些部队共计装备火炮 26137 门，坦克 5556 辆，飞机 3446 架（不含海军和边防支队的装备）。外贝加尔方面军的兵力最强，达 60 余万，还得到蒙古人民共和国 8 万余骑兵的配合、加强（蒙古人民共和国的骑兵全部编入该方面军的苏蒙混合骑兵机械化集群，由苏军统一指挥），总兵力几近 70 万。中国抗联撤退至苏联境内的千余人，担负了苏军大反攻的部分侦察任务和向导工作。5、6 月份，苏军最高统帅部更换了原驻防远东的大部分集团军的司令员和参谋长，由调自西线即苏德战场的富有实战经验的高级将领出任。6 月，苏军元帅华西列夫斯基、麦列茨科夫、马利诺夫斯基赴远东履新。为保密起见，三人赴远东时均卸下了元帅肩章、领章而佩戴了上将肩章、领章，并均使用了化名。未几，苏军最高统帅部派遣苏联海军总司令库兹涅佐夫元帅赴海参崴（符拉迪沃斯托克），统一指挥远东海军部队即太平洋舰队和阿穆尔河区舰队。鉴于远东战场远离苏联经济、政治中心，且幅员辽阔，自然条件复杂，参战部队众多，还涉及苏蒙、苏中、苏朝关系等，苏联国防委员会为了利于远东军事行动的战略领导、指导及协调，于 7 月 30 日发布国防委员会命令，成立远东苏军总指挥部及其参谋部，任命华西列夫斯基元帅担任远东苏军总司令，伊万诺夫上将出任参谋长，统一指挥、协调远东苏军的行动。

与强大的苏军对峙的是号称日本陆军的最精锐部队关东军。计有：1. 第 1 方面军，又称东满方面军，辖 10 个师团和 1 个混成旅团，部署于中苏边境的太平洋沿岸方向及地区。2. 第 3 方面军，又称西满方面军，辖 8 个步兵师团，3 个混成旅团，2 个坦克旅团，部署于沈阳西、北方向即中满以及中蒙边境一线。3. 独立第 4 军，辖 3 个步兵师团和 4 个混成旅团，部署于北满、中满以北地区，居于上述两个方面军之间以随时策应之。于上述部署可见，关东军的战略重心也是一直指向苏联的。4. 第 17 方面军，又称朝鲜方面军。原来并不受关东军辖制，是一支独立的方面军。1945 年 7 月底 8 月初，日军大本营将其划归关东军指挥，辖 9 个步兵师团。以及关东军预备队，辖 1 个步兵师团，1 个混成旅团，1 个坦克旅团。5. 关东军还辖有日本空军第 2 军，拥有飞机 1200 余架，但大部分因被击伤、零配件短缺等原因已不能作战。日本空军第 5 军驻于朝鲜，隶属朝鲜方面军。随朝鲜方面军划归关东军统辖，空军第 5 军也归于关东军指挥，其拥有飞机 600 余架。关东军总兵力 75 万余，其中，朝鲜方面军 10 余万，驻于中国东北境内的达 60 余万。关东军的兵力一直存在不同说法，即使华西列夫斯基元帅和什捷缅科大将（时任苏军总参作战部长）的说法也不同，华氏言 70 余万，什氏称 100 多万，美军曾经也估计达百万，中国学者说法从六十余万（驻东北境内的）至八九十万不等。综合各方面资料（包括日方资料），华氏说法应较准确，驻朝鲜境内的与驻东北境内的，共计 70 余万。日军还有驻旅顺基地的海军，但基本已无战力，精锐均调往并覆灭于太平洋战场。剩、残余部队龟缩于基地内，开战之后，迅即被苏军歼灭，或投降。关东军总司令是日军大将山田乙三，参谋长是秦彦三郎中将。关东军同时是日军大本营的战略总预备队，是日寇的最后依靠和指望。其强悍性于此亦可见一斑。此外，隶属关东军指挥的，还有伪满洲国以及内蒙和绥远的伪军，计有 8 个步兵师，7 个骑兵师，14 个步兵旅和骑兵旅，总兵力近 30 万。"这些军队不能和日军相比，训练和装备都差"。① 同期，日军大本营（参谋本部、军部）还指示平津日军约 6 至 8 个师团，在关东军情况、态势危急时予以增援。日军在南萨哈林岛即南库页岛和南千岛群岛还驻有第 5 方面军，辖 3 个师团，1 个混成旅团，若干个独立的步兵团和坦克团。日军第 5 方面军基本不属于远东苏军陆军的作战对象，而属于苏军太平洋舰队的作战对象。苏联宣战后，太平洋舰队迅速包围、封锁了南萨哈林岛和南千岛群岛，并展开进攻。在原驻防于

---

① ［苏］C. M. 什捷缅科：《什捷缅科大将战争回忆录》，第 329 页。

北萨哈林岛的苏军陆军的南下配合下，日军第 5 方面军一部分被歼灭，余部向苏军及苏联海军太平洋舰队投降。

苏军总参谋部（作战部）根据苏日两军态势提出了基本战略设想并拟定了具体的战役计划。然后提交给各方面军司令员及其参谋部以及太平洋舰队、阿穆尔河区舰队研究、讨论、修改、细化（具体化），经过若干次总参与各方面军及两大舰队的反复交流与修改，最后由苏军远东总指挥部确定总战略方案及总战役计划，然后报苏军最高统帅部批准。"经过总参与各方面军司令员共同进行的创造性劳动的结果，1945 年 6 月 27 日苏军最高统帅部批准了远东战略、战役计划，其基本内容就决定了下来。"① 苏军的总战略意图是：以三大方面军构成苏军总的右翼（北方方向）、中路（东北方向）、左翼（东方方向），右翼、左翼担纲主力，担任主攻，全力突破，实施相向突击，钳形攻势，会师于长春、沈阳一线，封闭、合围除辽东半岛外的全东北日军，围歼之。中路全力突进，配合策应左、右两翼主力，分割、包围、扫荡上述大合围圈内的日军。三大方面军的进攻务必使全东北（除辽东半岛外的）日军没有逃路，没有生路。右翼主力在进攻开始之际，还须迅速派出部队进占张家口、多伦一线，以警戒并消灭胆敢东援的华北日军，特别是平、津地区日军。左、右两翼会师于长春、沈阳一线后，除了与中路突进的大军共同消灭、扫荡合围圈的日军外，还要以强有力的部队封闭、切断辽东半岛、朝鲜半岛日军与被合围日军的联系，待被合围日军被歼灭后，苏军乘势南下，解放辽东半岛和朝鲜半岛北部地区②。苏军太平洋舰队以其一部包围、封锁旅顺口、北朝鲜，防范关东军逃离。以主力进攻南萨哈林岛、千岛群岛。苏军在北萨哈林岛原来就驻有部队，属苏军远东方面军即后来的远东第2方面军，由他们南下配合太平洋舰队的进攻以解放南萨哈林岛。阿穆尔河区舰队将全面进攻、封锁黑龙江、松花江、图们江流域及河口，摧毁在其上航行的所有日军舰艇和后勤运输船队；炮击沿岸的日军筑垒地域即堡垒和要塞，配合陆军攻占之；严

---

① ［苏］C. M. 什捷缅科：《什捷缅科大将战争回忆录》，第337页。
② 北纬38°线以北地区。北纬38°线以南地区由美军解放，这是《雅尔塔协定》的作战分工之一。

防小股日军出河口外逃。两支舰队还将协同陆军部队强渡、航渡乌苏里江、阿穆尔河（在中国境内称黑龙江）。这一战略意图堪称完美无缺，堪称驻东北和朝鲜（北纬 38°线以北）日军的覆灭计划、死亡图。苏军决定以外贝加尔方面军担纲右翼，远东第 1 方面军担纲左翼，远东第 2 方面军实施中路进攻。

苏军的具体战役计划是：作为苏军右翼的外贝加尔方面军沿中蒙、中苏边境一线发起突击，以苏蒙混合骑兵机械化集群迅疾进攻并占领多伦、张家口一线，以警戒（也是警告）、防范华北，特别是平津地区的日军。其主力全速南下，多路并进：左路沿海拉尔（今呼伦贝尔）、扎兰屯、齐齐哈尔一线进攻，指向哈尔滨，与远东第 2 方面军会师于哈尔滨。中路直下长春（当时伪满称为新京）、沈阳（奉天）一线，与远东第 1 方面军会师于此，形成对东北日军（除辽东半岛外的）大合围，并切断、封锁辽东半岛与朝鲜半岛，防被合围日军逃窜，亦防两个半岛上的日军北犯增援。右路直插锦州、锦西、山海关一线，切断山海关，防关外日军逃入关内，同时，与苏蒙混合骑兵机械化集群一道，防范关内日军增援关外。若关内日军斗胆增援，山海关一线苏军与张家口、多伦一线苏军刚好对其形成南北夹击、合围歼灭之态势。慑于此，关内日军连增援关外的念头也没有产生过，尽管日军大本营早就给其下达过在必要时策应、增援关东军的任务。外贝加尔方面军的主力，乃近卫第 6 坦克集团军。作为苏军左翼的远东第 1 方面军沿中苏边境太平洋沿岸一线发起突击，直指敦化、安图、牡丹江、吉林、长春、沈阳一线，与外贝加尔方面军于此一线会师，合围东北境内除辽东半岛外的全部日军。中路进攻的远东第 2 方面军沿中苏边境一线发起突击，直指佳木斯、哈尔滨与外贝加尔方面军左路会师于哈尔滨，待被其合围的日军消灭后，再一路西进、南下，配合外贝加尔方面军和远东第 1 方面军，分割、包围、消灭全部日军。太平洋舰队和阿穆尔河区舰队的战役任务如上所述。

华西列夫斯基元帅到任后，匆忙奔波于三大方面军，进行视察、检查战备，并与各方面军司令员研究实施进攻的具体战术细节。经详尽考察后，他相信苏军已在各方面都做好了充分准备，旋即飞往莫斯科，向刚刚开完波茨坦会议的苏军最高统帅斯大林建议，对日军的宣（开）战时间，可以定在 8 月 5 日至 9 日或 10 日之间，但不能迟于 8 月 10 日，以防天气转坏，恶劣，影响苏军的首轮突击。斯大林很满意地采纳了他的建议。另外在视察外贝加尔方面军时，华西列夫斯基认为，原来由总参下达的近卫坦克第 6 集团军务必于进攻发起之日起的 10 天内越过大兴安岭、前出至东北平原的命令不妥。根据近卫坦克第 6 集团军的优秀素质和优势装备，5 天内就可以、也应当达此目标。经与外贝加尔方面军司令员马利诺夫斯基元帅和近卫坦克第 6 集团军司令员克拉夫钦科上将研讨、商量后，他们也均同意将实现这一目标的时间缩短至 5 天内。这在客观上也要求远东第 1 方面军加快进攻速度，以实现与外贝加尔方面军及近卫坦克第 6 集团军会师于长春—沈阳一线的战略、战役目标。他们迅速将这一调整报告了总参和最高统帅部，旋即获得批准。这一变更，后来被证明大大加快了整个战役的实施进度。远东苏军蓄势待发。

1945 年初，美军在南太平洋地区展开强势反攻，重新夺回菲律宾。苏军已深入波兰、东普鲁士，纳粹垮台已指日可待。日本统治层、领导层亦自知命在旦夕，遂想请苏联充当中间人，劝说美、英、中与日本媾和。4 月 5 日，因《苏日中立条约》到期，苏联政府发表声明，宣布不再延长、不再续签，在实质上废除了这一条约。4 月 20 日，日本新任外相东乡拜会苏联驻日大使马立克，表示想访问苏联，会见苏联外长莫洛托夫。还言什么日苏两国在战争期间一直保持着友好关系，这是日本的希望所在。实际上，在暴日强征所谓"慰安妇"和万恶的 731 部队以活人做实验的恶行中，都有苏联的受害者。他们大多来自日寇对于中苏边境沿线苏联边民的掳掠。苏联完全清楚这些事实，但为了全力以赴西线战事，隐忍不发。所以莫洛托夫指示马立克，对于日本方面欲访问莫斯科的任何要求，均不予理睬。德国投降后，日本海军部（省）竟然还派人拜访了马立克，提出以日本的诸多大型战舰交换苏联的飞机和石油。马立克以请示国内为由，含糊其辞。5 月 15 日，日本宣布 1940 年德意日三国签订的、代表法西斯三国结盟的三国公约已失效；三国于 1936 年签订的《反共产国际协定》也已失效。想以此取悦苏联及国际社会，苏联对此未作出任何表示。随后，日本外务省还制定了自说自话的《日苏谈判要领》，提出不仅要竭力防止苏联参战，而且要争取苏联以中立的立场成为对日本有利的调停者。要提醒苏联，若将来发生苏美对抗，日本会对苏联有利。6 月，日本前首相广田受现任内阁指使，四次拜会马立克。称《日苏中立条约》虽停止了，但日本还是希望与苏联签订一个长期的友好协定。并说日本愿意以橡胶、锡、铅、钨等战略资源交换苏联的石油。日本还愿意放弃在苏联水域的捕鱼权等，马立克仍未予答复。7 月初，日本听说苏美英三国又将举行首脑会议，决定派特使赴莫斯科请求苏联调停其与美、英、中的关系。裕仁决定派前首相近卫作为特使前往。莫洛托夫立即以将赴波茨坦开会为由而拒绝之。日本竟然表示可以等待。7 月 21 日，日本外相东乡电示日本驻苏大使佐藤，强调近卫特使赴苏的主要目的是想请求苏联充当调停者以结束战争。日本无论在什么情况下都不会接受无条件投降。日本的狂妄无知以及心存侥幸于此暴露得淋漓尽致：无条件投降是反法西斯盟国达成的一致原则，三个法西斯国家必须无条件投降。否则，反法西斯盟国就会一直打下去，一直打到它们无条件投降。反法西斯盟国的任何国家均不会与任何法西斯国家单独媾和，这也是明明白白写在 1942 年 1 月的《华盛顿宣言》里的。

三、波茨坦会议与《波茨坦公告》

1945 年 7 月 17 日至 8 月 2 日，斯大林、杜鲁门（罗斯福总统于 4 月去世，由副总统杜鲁门继任美国总统）、丘吉尔于距德国首都柏林西南方 30 公里处的波茨坦，举行了代号为"终点"的秘密会议。会议期间，杜鲁门决定发布美国早已拟定的敦促日本无条件投降的公告。7 月 24 日，杜鲁门与丘吉尔就公告草案进行了磋商并达成一致。他们还同意邀请中国作为公告签署国与发布国之一。随后，杜鲁门将公告文本电传蒋介石征求意见并请其签字，蒋介石赞同并签字。同时提出，希望在公告发布时，将他的名字排在丘吉尔之前，以凸显中国对日作战的主战场之一的地位（另一主战场当然是太平洋战场），杜鲁门表示同意。1945 年 7 月 26 日晚 9 时 20 分，杜鲁门、斯大林、艾德礼在德国柏林近郊的波茨坦举行会议，敦促日本无条件投降。

图 12.1　波茨坦会议现场

美、中、英三国向日本发出由杜鲁门、蒋介石、丘吉尔签署的《促令日本投降之波茨坦公告》。因为苏联当时尚未对日宣战，与日本并没有处于交战状态，所以斯大林没有在《波茨坦公告》上签字（美、英也向苏联通报了公告内容，并与苏联进行了磋商）。苏联对日本宣战后，很快宣布参加《波茨坦公告》。

《波茨坦公告》称："余等美国总统、中国国民政府主席及英国首相代表余等亿万国民，业经会商并同意对日本应予以一机会，以结束此次战事"。公告指出："美国、英帝国及中国之庞大陆、海、空部队业已增强多倍，其由西方调来之军队及空军，即将予日本以最后之打击，彼等之武力受所有联合国之决心之支持及鼓励，对日作战不至其停止抵抗不止。"公告警告日本政府："吾等之军力加以吾人之坚决意志为后盾，若予以全部实施，必将使日本军队完全毁灭，无可逃避，而日本之本土亦必终归全部残毁。"[1]

公告敦促日本政府应立即宣布无条件投降；公告强调"《开罗宣言》之条件必将实施，而日本之主权必将限于本州、北海岛（道）、九州、四国及吾人所决

---

① 王正华编：《蒋中正总统档案·事略稿本》（61），民国三十四年六月至七月，第 612～613 页。

定其他小岛之内"；必须永久铲除日本"欺骗及错误领导日本人民，使其妄欲征服世界者之威权及势力"；日本"制造战争之力量"必须毁灭；盟国必须对日本实行占领；日本军队必须"完全解除武装"；日本战犯必须交付审判，受到法律制裁；阻止日本人民民主的所有障碍必须消除，等等。[1]

《波茨坦公告》的发布表明，日本军国主义者丧钟已经敲响了。这对正在奋力抗战的中国人民，无疑具有巨大的鼓舞作用。

《开罗宣言》早已确认在战胜日本后，中国将收复对于台湾、澎湖列岛以及东北的主权。在波茨坦会议召开的第一天，苏联就再次表明将很快履行对日作战的承诺及义务。苏军总参谋长安东诺夫大将还向美、英通报了苏联在远东的行动计划，美、英也报告了各自的计划。会议期间，杜鲁门暗示斯大林美国已拥有原子弹，但未提及其使用计划。7 月 27 日晨 6 时，裕仁和日本政府、大本营均收听了《波茨坦公告》全文。当天，日本首相铃木主持召开了最高战争指导会议，讨论日本对于公告的立场。以陆相阿南惟几为代表的军方态度十分蛮横，某些有军职的皇族成员也非常骄狂，他们提出为了不影响日军进行决战的士气，不要公布这一公告。如果必须公布，也要附上日本的声明，表示坚决反对。铃木屈服于军方压力，在第二天举行的记者招待会上声明：《波茨坦公告》不过是《开罗宣言》的改头换面。因此，日本政府认为公告并无任何实际价值，只有对之置之不理。我们只能为战争（进行）到底向前迈进。

日本这种痴人说梦般的狂妄顽抗立场，惟有毁灭一途。本已很愤怒的美国被再次激怒；同时美国认为再拖延战争至攻占日本本土，可能还需要 1 至 2 年的时间，美军将士还将伤亡几十万人；为了敦促、威慑、震慑日本接受《波茨坦公告》，8 月 6 日，美国在日本广岛投下了第一颗原子弹，广岛顿成废墟。8 月 7 日，美国总统杜鲁门发表声明称：6 日投在广岛的原子弹，将使战争发生革命性的变化。假若日本仍不接受无条件投降的话，美国将继续对日本的其他城市投掷原子

---

[1] 王正华编：《蒋中正总统档案·事略稿本》（61），民国三十四年六月至七月，第 614～616 页。

弹。8 月 9 日，美国对日本长崎投下了第二颗原子弹，长崎也遭彻底毁灭。美国研制原子弹的计划，代号"曼哈顿工程，"最终一共生产了三颗原子弹，一颗试爆于新墨西哥州的沙漠中，两颗投向了日本。美国还通过其他渠道传话日本，若日本仍不接受《波茨坦公告》，美国将抓紧原子弹的生产，生产一颗对日本投掷一颗，直到日本无条件投降。

　　1945 年 8 月 8 日下午 5 时（莫斯科时间。远东时间已是晚上 10 时），苏联外长莫洛托夫紧急召见日本驻苏大使佐藤，告诉他有一份苏联政府给日本的通知。佐藤竟然一厢情愿地认为是苏联接受日本请求，决定出面斡旋停战的通知，没想到是苏联对日本的宣战书。苏联政府宣布：同盟国促令日本无条件投降的要求已被拒绝，因此日本请求苏联调解远东战争的建议已经失去了一切根据。自 8 月 9 日起，苏联与日本进入战争状态。苏联对日本宣战。佐藤手足无措，头脑一片空白地回到大使馆，急电告知首相铃木。铃木接电后哀叹，日本已完全陷入绝境，不可能再继续进行战争。8 月 9 日，铃木发表声明："苏联今晨参战，使我们最终处于绝境，已不可能继续作战。"[①] 8 月 10 日，蒙古人民共和国对日本宣战。随后，苏联宣布加入《波茨坦公告》。该公告最终成为美、中、英、苏四国联合公告，也是四国联合对日本发出的最后通牒。作为远东苏军总司令，华西列夫斯基元帅在苏军进攻开始前发表的致中国人民的公告中说："红军是伟大的苏联人民的军队，它是来帮助中国盟友和友好的中国人民的。它在东方高举着自己的战旗，是把中国满洲、朝鲜从日本的压迫和奴役下解放出来的军队。"中国政府、中国共产党对苏联参战表示欢迎。

四、苏联红军进军东北

　　斯大林于 8 月 7 日 16 时 30 分签署了远东苏军在 8 月 9 日发起进攻的指令。8

---

① 　[苏] A. M. 华西列夫斯基：《华西列夫斯基元帅战争回忆录》，第 503、501 页。

月 9 日零时 10 分（远东当地时间，莫斯科时间为 8 月 8 日晚 7 时 10 分），外贝加尔方面军的先头部队开始行动。1 时，远东第 1、第 2 方面军的先头部队也开始行动。凌晨 5 时，三大方面军主力沿中蒙、中苏边境，在长达 4000 公里的战线上发起全面进攻。苏军将进攻的中心指向长春、沈阳一线。长春既是伪满洲国首都，又是关东军司令部所在地。沈阳则是东北最大、最重要的工业中心，一直是苏军确立的一号目标。长春、沈阳一线，驻有关东军主力，也是苏军左、右两翼主力的会师线即对东北日军大合围的完成线、封闭线。为达成此最重要战役目标，以及不给朝鲜日军留任何喘息之机，苏军对战役计划作了若干调整：1）外贝加尔方面军主力全速南下，快速越过大兴安岭，进入东北平原，尽快前出至沈阳、长春一线。然后分出部分主力，直接转进、南下辽东半岛，解放辽东半岛。2）由第 2 远东方面军攻占哈尔滨。3）第 1 远东方面军全力、全速西进，尽快与外贝加尔方面军会师于长春、沈阳一线，完成对日军的大合围。然后分出部分主力直接转进、南下朝鲜半岛，消灭北纬 38°线以北的全部日军。4）太平洋舰队抽调部分主力，封锁北朝鲜沿岸，占领重要港口、基地，配合陆军解放北朝鲜。

各方面军的进攻均按战役计划展开：截止至 8 月 14 日，外贝加尔方面军在其所担负的四个主要战役方向上，均取得突破性进展，苏蒙混合骑兵机械化集群已顺利突进至绥远；另一路主力已经赤峰指向辽东；此两路苏军达成的战役目标，除解放了其进军沿途的东北城乡外，还彻底断绝了华北日军增援关东军的念头。方面军先头部队在 8 月 11 日就越过了大兴安岭，其后，方面军主力近卫第 6 坦克集团军也迅疾越过了大兴安岭，并与苏军第 39 集团军协同，于 8 月 14 日前出至东北平原中部，锋芒直指长春、沈阳一线。方面军左路在迅疾攻克海拉尔后，直指齐齐哈尔。远东第 1 方面军在通行困难的深山老林条件下，强力突破了日军的强大防御地幅，攻占了日军 7 个重要筑垒地域，[①] 开始进攻牡丹江市，其强大主力则直趋长春、沈阳一线。远东第 2 方面军则沿齐齐哈尔、佳木斯一线进攻，在

---

① 苏军称谓的筑垒区域即要塞区，即坚固的防御区。

该线的日军筑垒地域全线崩溃，方面军主力直指哈尔滨。"这样一来，在我军发动进攻的第 6 昼夜结束时，关东军已经被分割成几个孤立的部分。"① 远东苏联空军也全力出击，猛烈轰炸日军的筑垒地域、坦克及机械化部队、机场、指挥中枢、交通枢纽等。致日军几近陷于瘫痪，有力地配合、支持了陆军的进攻。

图 12.2　苏军飞行员

对于苏军的进攻，8 月 9 日晨 6 时，关东军司令官山田乙三下令全线抵抗。苏军三大方面军主力，也是于晨 5 时开始全面进攻的。所以，"苏军的进攻是在日军顽抗的条件下进行的。虽然如此，苏军还是在所有主要方向上出色完成了任务"，实现了战略目标。顽抗苏军进攻的日军均被全部消灭（击毙、击伤、俘虏）。苏联海军也顺利出击，不仅帮助陆军强渡、航渡了乌苏里江、阿穆尔河，消灭了试图阻挡的日军舰艇，封锁了松花江、图们江，还在原驻萨哈林岛北部苏军（现属远东第 2 方面军）的支持下（其沿岛南下，攻击日军），攻占了萨哈林岛南部。为实现突袭性，海军还派出空降部队，空降萨哈林岛南部。水面、陆地和空中的立体突击，使南萨哈林岛日军迅速瓦解。一切都在按战役计划进行，"战争一开始，到处都很顺利"。②

①　[苏] A. M. 华西列夫斯基：《华西列夫斯基元帅战争回忆录》，第 504 页。
②　[苏] C. M. 什捷缅科：《什捷缅科大将战争回忆录》，第 347 页，解放军出版社 2003 年版。

图12.3　为苏联红军当向导的东北民众

随后几天，苏军扩大、发展进攻并大大加快了进攻速度。8月10日，即苏联对日宣战的第2天，关东军司令部"决定将主要城市的日本人撤到通化地区（后改为平壤）避难"，[①] 同时准备10列火车供输运，由于事出仓促车站一片混乱。

就在苏军进攻的第2天、第3天，日军方面军和军一级的司令部就失掉了对下属部队的控制。"关东军前线官兵，像雪崩似的溃退下来"，"到战役第一周结束时，灾难和覆灭已成定局，整个关东军变成了被分割成一群群和散布在广大地区的乌合之众"。[②]

在外贝加尔方面军宽达1000余公里的进攻正面上，所有部队都实现了预定战役目标。至8月19日，方面军主力已前出至长春、沈阳一线，并攻克了齐齐哈尔。远东第1方面军于8月16日攻克牡丹江市。在解放牡丹江的战斗中，歼灭关东军4万多人。随后，方面军主力一分为二，一路直接西进，指向吉林（市）、长春、沈阳一线。另一路转进北朝鲜。8月17日，攻占了吉林通往北朝鲜的要冲汪清。旋即在海军的协同下，攻克日军在北朝鲜的重要海军基地清津，并切断了

①　日本防卫厅战史室编纂：《日本军国主义侵华资料长编——（大本营陆军部）摘译》（下），第676页。

②　［苏］别洛鲍罗多夫：《突向哈尔滨》，第37页，军事译文出版社1984年6月版。

驻北朝鲜日军的所有交通线，使之成为孤军。大量驻北朝鲜日军被消灭。远东第
2 方面军在解放了佳木斯之后，在阿穆尔河区舰队的配合下，沿松花江向哈尔滨
展开了进攻。日军空军实力本已远逊于苏军空军，飞行员素质也较低下，除被消
灭者外，残存者基本未敢升空作战，所以苏军空军在整个战场上始终牢牢掌握着
制空权，强有力地支持了陆军和海军的作战。8 月 15 日，华西列夫斯基命令隶属
远东第 2 方面军的堪察加防区部队，在太平洋舰队的支持下，占领南千岛群岛。
受命部队随即出发，与太平洋舰队协同，于 2、3 天后，与太平洋舰队的海军陆战
队一道，占领了择捉、国后、色丹和齿舞岛。"就其任务完成之迅速、灵活和勇
敢来说，也是相当惊人的。"① 华西列夫斯基如此评价道。太平洋舰队主力彻底控
制并封锁着北朝鲜沿岸和辽东半岛沿岸，完全掌握了制海权。入朝远东第 1 方面
军主力在其大力协同下（太平洋舰队还派出了海军陆战队），迅速并且顺利地攻
占了日军在北朝鲜的所有海军基地，包括雄基、罗津、元山，还有清津。日军驻
朝第 17 方面军主力基本被歼，余部外逃无路，一部向苏军投降，一部撤往汉城
（今首尔）地区，与原驻南朝鲜的日军汇合，后向美军投降。9 月初，苏军据
《雅尔塔协定》，抵北纬 38°线。随后，美军亦抵达此线。朝鲜全境从半个多世纪
的日本殖民统治下获得解放。

　　关东军崩溃之速，令世人叹为观止。在苏军发起进攻的 3 天内，关东军的方
面军和军一级的司令部、指挥部失灵，关东军前线官兵大面积溃退。苏军神勇进
展的原因是多方面的。第一，计划周密，准备充分。从调兵遣将，运送部队，展
开部署，研讨战术，侦察敌情，勘察地形等，均如此。华西列夫斯基举例说：
"外贝加尔方面军走的是难以通行的地区，连中国人和日本人都没有多少像样的
地图。我们的制图部门花了九牛二虎之力才终于保证了指挥员们拥有了必要的详
尽资料。"② 第二，其战略、战术水准均远远超越日军。战略意图战役计划之完
美，前已所述，自不待言。其战术水准，亦远非日军能及。对于某些日军最重要

　① ［苏］A. M. 华西列夫斯基：《华西列夫斯基元帅战争回忆录》，第 503 页。
　② 《华西列夫斯基元帅战争回忆录》，第 502 页，解放军出版社 2003 年版。

筑垒地域，苏军为减少伤亡和提高进攻速度，均不予以正面攻击，只在佯攻后绕过去，置日军要塞于身后，切断其与其他日军的联系，使之成为孤军，又无能力出击，遂坐以待毙，最终投降。苏军对日军的阿尔山要塞区就实施了这一战术。苏军这一战术与美军在太平洋战场上的跳岛作战战术颇为类似，是否受其启发，不得而知。第三，苏军的装备、战斗技能、战力也远远高于日军。加之完全取得了制空权、制海权，致日军陷入无望之绝境。第四，日军大势已去，士气低落，军心涣散，加之由于对苏联调停存在幻想，诸多筑垒地域之工事尚未完成，亦利于苏军的神勇推进。

8月14日，日本政府向美、英、苏、中四国政府发出照会，称："天皇陛下已就日本政府接受《波茨坦公告》条款事发出诏书；天皇陛下还准备命令所有陆海空军当局和所有在他们统辖之下的各地部队停止作战行动，缴出武器。"8月15日中午，裕仁发布"终战诏书"即《停战诏书》，被迫接受了《波茨坦公告》。但关东军的顽抗并未停止。8月16日晚，关东军于司令部召开高层指挥官及幕僚会议，提出了应对裕仁《停战诏书》的三套方案：1. 作战到底。2. 继续作战，在有利条件下相机停战。3. 立即停战。会上，竟然同意第一种方案的人占了多数。关东军参谋长秦彦三郎支持第三种方案，并言："作为军人，除服从陛下命令，别无忠节之道可言。"关东军司令官山田乙三也说，既然圣断已下，我们只能奉戴圣旨，全力以赴终战。但主战派依然议论纷纭。华西列夫斯基对日军的顽抗已有察觉，在向斯大林汇报并与之商谈了这个问题后，决定以苏军总参谋部的名义于8月16日在《真理报》上发表声明。声明指出："1）日本天皇8月15日关于日本投降的公告只是关于无条件投降的一般性宣言。对武装部队还未发出停止战斗行动的命令，日本武装部队依然继续抵抗。因此，日本武装部队还没有真正投降。2）只有当日本天皇命令自己武装部队停止战斗行动并放下武器，而且这一命令确实付诸实行时，日本武装部队才算投降。3）有鉴于此，苏联远东武装力量将继续同日本作战。"① 此后，苏军仍全力进攻。

---

① ［苏］A. M. 华西列夫斯基：《华西列夫斯基元帅战争回忆录》，第505、507页。

8 月 17 日下午 5 点（当地时间），山田乙三致电华西列夫斯基，称关东军奉天皇之命，停止军事行动。晚 7 点，山田派出飞机，在苏军驻地投下了两个通信筒，筒内装有关东军第 1 方面军司令部对其下属部队停止军事行动的要求。华西列夫斯基当即致电山田："日本关东军司令部曾发报给远东苏军司令部提议停止军事行动，但只字不提满洲的日本武装部队的投降问题。同时，日军在苏日战线的一系列地区转入反攻。兹向关东军司令官提出从 8 月 20 日 12 点起在全线停止对苏军的任何战斗行动，缴械投降。之所以提出上述期限，是为了使关东军司令部能将停止抵抗和投降就俘的命令下达到自己的所有部队。一旦日军开始缴械，苏军将停止战斗行动。"[①] 同时，华西列夫斯基命令远东第 1 方面军派出代表飞赴日军驻地，授权他们通知关东军，只有当日军开始投降就俘时，苏军才会停止军事行动。8 月 18 日 3 点 30 分，山田通过电台答复苏军总指挥部，称准备履行一切投降条件。8 月 18 日，日军在前线许多地区开始缴械、投降、就俘。为了加速解除已投降的日军的武装并解放日军占领区，8 月 18 日晨，华西列夫斯基命令外贝加尔方面军和远东第 1、第 2 方面军："鉴于日军的反抗已被摧毁，而道路阻塞的情况却严重阻碍我军主力迅速前进完成既定任务，为了立即占领长春、奉天（沈阳）、哈尔滨这几个城市，必须立即派出专门编组的、装备精良的快速支队。还必须用这些支队或类似的支队来完成各项后续任务，不要害怕它们离自己的主力较远。"[②] 各方面军及其所属指向不同进攻方向的各集团军按此命令，迅速组建起了自己的快速支队。快速支队一般达到师级规模，由坦克部队、自行火炮部队、反坦克歼击炮兵分队和乘坐汽车的步兵分队组成。各方面军还创造性地执行了华西列夫斯基的命令，他们经与配属于各方面军的空军集团军商量，决定向作为重要战役目标的各大城市派出营、团级规模的空降兵。考虑到日军的猖狂性及其反复无常，为防范日军武力顽抗，最终向各大城市派出的空降兵均为团级甚至团以上规模。

---

① ［苏］A. M. 华西列夫斯基：《华西列夫斯基元帅战争回忆录》，第 505、507 页。
② ［苏］A. M. 华西列夫斯基：《华西列夫斯基元帅战争回忆录》，第 507 页。

图 12.4 苏联红军占领哈尔滨火车站

如上，此后苏军向各重要战役目标的快速推进分三波次进行。其一，空降部队。快速空降战役目标（多为大城市）的中枢：机场、火车站、交通枢纽要道、通信中心、日军指挥部等。其二，快速支队快速跟进，支持、强化、巩固空降部队对于中枢要害的占领与控制。其三，大部队跟进，全面占领、控制战役目标即各大城市。空降兵、快速支队到达后，立即接受所占领、控制区域的日军的缴械、投降、就俘。大部队抵达后，全面接受该地区日军的缴械、投降、就俘。8月19日，苏军空降兵空降沈阳，在机场俘虏了伪满洲国皇帝（又称第一执政）溥仪和他的日本顾问，他们正在等候飞机，准备逃往日本。8月18日，苏军空降兵以师级规模空降哈尔滨，旋即占领。在机场，意外地遇见了关东军参谋长秦彦三郎，他是由长春（关东军司令部）飞往哈尔滨来贯彻关于关东军投降缴械的命令的。鉴于关东军数量庞大，还有数十万伪军，不可能全部集中于几个大城市缴械投降，必须要指定其他的苏军受降集中点。因此，苏军空降部队的指挥官奉命要求秦彦三郎及其随从乘坐苏军飞机赴苏军远东第1方面军司令部，以便商谈关东军投降的具体事宜。秦彦三郎答应了这一要求。8月19日15时30分，华西列夫斯基等远东苏军高层领导与秦彦三郎一行及日本驻哈尔滨领事宫川会见，苏军提出了关于关东军投降程序的具体要求：指定了日军投降的集合点、日军到达集合点的行动路线和时间。秦彦三郎接受了全部条件。他还向华西列夫斯基解释：

某些日军部队之所以没有执行缴械命令，是由于关东军司令部未能及时把投降命令传达下去，因为关东军司令部在苏军进攻的第二天就失去了对许多所属部队的指挥及控制。苏军警告秦彦三郎，关东军必须有组织地缴械投降，包括所有军官在内。俘虏的伙食在投降初期由日军自行安排。其后，日军必须将伙房及其存粮移交苏军手中，由苏军安排。日军将领必须同其副官及一切个人必需用品一起到达投降现场。苏军声明，保证将对全体战俘采取人道主义态度。秦彦三郎要求在苏军部队到达前，准予在满洲和朝鲜的个别地区的日军保留武装，因为那里的居民不可靠。苏军严正回答：苏军会保证满洲和朝鲜（北纬38°线以北）的秩序，不会允许有任何非法的无节制的行为。"在整个谈判过程中，秦彦三郎和他的随行人员相当沮丧，武士道的自负精神已荡然无存。昨天还很傲慢的'满洲太上皇'表示俯首听命，甚至显得卑躬屈膝。我们每说一句话，他们都连连点头。显然，他们在心理上已完全消沉了。"[①] 在确定了关东军投降的细节后，秦彦三郎及

图 12.5　1945 年 9 月 2 日，苏军远东最高指挥官华西列
夫斯基（中间者）乘飞机抵达哈尔滨

---

① ［苏］A. M. 华西列夫斯基：《华西列夫斯基元帅战争回忆录》，第 509 页。

其随从乘坐苏军飞机并在苏军军官陪同下，返回长春关东军司令部，向山田乙三传达苏军的指令，并协同山田乙三执行。随后，苏军空降长春，其快速支队进占长春。同期，苏军空降了吉林（市）（8 月 19 日）、旅顺（8 月 21 日）、大连（8 月 22 日）。苏军空降后，其快速支队亦迅疾抵达，随后是大部队。自 8 月 19 日起，关东军络绎不绝地到达苏军指定的受降集中点，缴械投降。苏军全面控制了东北及北朝鲜，东北全境及北朝鲜获得解放。苏军进军沿途之各地区，均即获得解放。

在解放东北和北朝鲜的战役中，苏军伤亡官兵32000 多人，毙、伤日军91000 余人，俘虏日军594000 余人，其中将级军官 148 名。[1] 30 万伪军土崩瓦解，溃散逃窜。在朝鲜南部即北纬 38°线以南的关东军余部即关东军第 17 方面军余部，向美军缴械投降。

战后，苏军将其缴获的关东军武器装备，基本都移交给了林彪、罗荣桓领导的东北民主联军即后来的第 4 野战军。"仅我两个方面军缴获的并转交给中国人民解放军（原文如此，其实当时称为东北民主联军）的战利品有：3700门火炮、迫击炮和掷弹筒，600 辆坦克，861 架飞机，约 12000 挺机枪，680 座各种军用仓库，以及（日军）松花江舰队的船只。后来又给了他们大批苏联武器。苏军指挥部很重视这些武器的完好无损，我记得中国人民解放军的代表曾向我表示过对苏联的感激之情。"[2] 据指

图 12.6　苏军指挥官查看缴获的日军防御器材与武器

① ［苏］A. M. 华西列夫斯基：《华西列夫斯基元帅战争回忆录》，第 509 页。
② 参见"曾克林将军的回忆"。

挥八路军首批出关部队的曾克林将军后来回忆，仅苏军移交的沈阳苏家屯军火仓库，就有步枪 20000 余支，机枪 1000 挺，还有 150 门各种口径的迫击炮、野炮和山炮。他和广大指战员们拉了 3 天 3 夜。苏军移交的武器，不仅装备了到达东北的八路军、新四军，而且还向山东运送了一大批武器弹药。可见，苏军解放东北，也有力地支持了中国的新民主主义革命事业。

五、《中苏友好同盟条约》的签订

在美国政府的坚持下，蒋介石和国民政府最终同意雅尔塔协定中有关外蒙古、旅顺、大连和中东铁路的安排，立即同苏联就签订友好互助及同盟条约进行谈判。1945 年 6 月 30 日，国民政府行政院长宋子文一行由德黑兰飞抵莫斯科，旋即就订立中苏友好同盟条约及其相关事宜同斯大林、莫洛托夫等举行会谈。

图 12.7　行政院长宋子文、外交部长王世杰抵达莫斯科，
苏联外交部长莫洛托夫到机场迎接

7 月 2 日晚，宋子文、蒋经国等拜谒斯大林，谈话长达 3 个半小时之久。双方"对东三省比较满意，外蒙问题则成僵局"。斯大林谓"外蒙人民不愿受中国政府统治，希望独立。故盼中国承认外蒙现状，苏联不欲并吞外蒙，亦盼中国准许外蒙脱离"。宋子文指出："苏联曾屡次承认外蒙为中国领土。"斯大林称"现为苏联国防关系，不得不在外蒙驻兵"，并希望中国政府能同意外蒙古独立。宋子文当即表示"盼史（大林）亦不提此难题，因中国任何政府如丧失土地完整，

必为国人不谅"。斯大林当即表示"如此吾人不能有任何协定"。①

7月3日，斯大林对宋子文表示："外蒙有若干人意图结合内蒙，成立蒙古人区域，可能威胁中国北部。"同日，宋子文同美国驻苏联大使哈里曼晤谈时，哈里曼表示："罗（斯福）总统从未曾考虑外蒙问题，并不知中国因内政概不能承认外蒙独立。"哈里曼还提到，关于中东铁路问题，罗斯福"只提合办，并未承认苏联所有权"；罗斯福"主张以大连为自由港，从未计及作为予苏联以特殊权益之港口"。② 为打破外蒙问题僵局，宋子文当日建议准许苏联"在外蒙驻兵"、"予外蒙以高度自治"、"授权外蒙军事、内政、外交自主"。③ 次日，宋子文致电蒋介石，表示"万一史坚持外蒙必须由我国承认其独立，则只可中止交涉"，并征求蒋介石的意见。④

7月6日，蒋介石召集孙科、邹鲁、戴季陶、于右任、吴稚晖、陈诚致商议，"最后决定主张外蒙独立事可让步"。此外，蒋介石也征求了王世杰的意见，王世杰认为"东三省等问题如确能得到不损领土主权之解决，则承认外蒙人民于战后投票自决亦尚合算，因外蒙实际上已脱离中国二十余年"。⑤ 蒋介石于是致电宋子文，提出中国方面"最低之期望"。蒋介石强调："外蒙独立问题，关系于我国前途之成败，实等于我东三省无异。若我国内（包括东北与新疆）真能确实统一，所有领土主权及行政真能完整无缺时，则外蒙独立或可考虑……但国内统一尚未巩固之今日，则无法使之实现。"这实际上是在向斯大林施压，要其在东北和新疆问题上让步。蒋介石进一步指出"所谓国内必须统一巩固之程度"是指：1. "东三省之领土主权及行政必须完整"，其中包括旅顺军港之行政管理权须归中国主管之下、大连为自由港且行政管理权归中国、中长铁路干线可与苏联共同经

---

① 王正华编：《蒋中正总统档案·事略稿本》（61），民国三十四年六月至七月，第268~269页。
② 王正华编：《蒋中正总统档案·事略稿本》（61），民国三十四年六月至七月，第320页。
③ 王正华编：《蒋中正总统档案·事略稿本》（61），民国三十四年六月至七月，第321页。
④ 王正华编：《蒋中正总统档案·事略稿本》（61），民国三十四年六月至七月，第331页。
⑤ 林美莉编辑校订：《王世杰日记》（上），第712页，"中央研究院"近代史研究所2012年，台北。

营，但绝非双方共管。2. "新疆之伊犁以及全疆各地被陷区域完全恢复、中苏边境双方匪患应照前约互助协剿、阿尔泰区应仍属新疆范围"。3. "中共对军令政令必须完全归中央统一"。4. "中国必须统一至如此程度，则政府遵照三民主义原则，愿自动提出外蒙问题，拟由外蒙人民用投票方式解决。如其投票结果为外蒙独立，则政府即正式提请国会，由国会正式通过后，政府乃正式批准予以独立。但必须在抗战胜利以后"。蒋介石指示宋子文，"如果中国无切实统一之保障，……不惜停止交涉"。① 同日，蒋介石致电蒋经国，要其 "一切行动应遵院长指示奉行。如交涉停止时，儿当随院长回国为要"。蒋介石亦向蒋经国表示："至余是否与史达林元帅约晤，当视协定是否成立而定。但余甚望有机与彼面晤也。"②

到了 7 月 7 日，蒋介石明确电令宋子文告诉斯大林："我国之要求两点，即东北领土主权及行政之完整与对中共及新疆变乱不再做任何之支援。" 只有苏联答应做到这两点，中国愿意在外蒙古问题上做出 "极大牺牲"。③

宋子文在 7 月 9 日晚同斯大林会谈时，将蒋介石提出的中国方面 "最低之期望" 告诉了斯大林。斯大林对中国在外蒙独立问题上的表态 "甚表满意"，并同意外蒙独立 "于战败日本后再宣布"。同时，斯大林允诺在苏新（疆）边境 "禁止私运军火，堵截边境……助我解决匪患"；斯大林表示 "此后援助中国一切武器及其他物资，均以中央政府为惟一对象，不供给武器于中共"；斯大林重申苏联 "尊重东三省领土主权及行政完整"，并表示 "可以书面表示"。④ 这算对于蒋介石要求的两点，给了较积极的回应。7 月 11 日，斯大林表示："东北、新疆、中共三点，俟一切问题双方商妥后，史允以书面表示。"⑤ 因斯大林要赴柏林参加波茨坦会议，中苏谈判暂告停顿。宋子文于 17 日回到重庆。

---

① 王正华编：《蒋中正总统档案·事略稿本》(61)，民国三十四年六月至七月，第 342～345 页。
② 王正华编：《蒋中正总统档案·事略稿本》(61)，民国三十四年六月至七月，第 348 页。
③ 王正华编：《蒋中正总统档案·事略稿本》(61)，民国三十四年六月至七月，第 370 页。
④ 王正华编：《蒋中正总统档案·事略稿本》(61)，民国三十四年六月至七月，第 417～420 页。
⑤ 王正华编：《蒋中正总统档案·事略稿本》(61)，民国三十四年六月至七月，第 461 页。

7 月 24 日，美国驻华大使赫尔利向蒋介石转呈杜鲁门总统柏林来电的译文。电文曰："余曾请阁下执行雅尔达协定，但余未曾请阁下作超过该协定之让步。如阁下与史达林委员长对于雅尔达协定之正确解释意见不同，余望阁下设法使宋氏回返莫斯科，继续努力以达到完全谅解"。① 这封电报耐人寻味，美国政府是在批评蒋介石让步太多，还是对中国迟迟不同苏联签订协议表达不满？让人费解。但凑巧的是，宋子文于当天提出辞去他所兼任的外交部长职务。蒋介石对王世杰说，"子文因中、苏谈判及承认外蒙战后独立之事，颇畏负责，其所以先行返渝亦正为此"。②

7 月 30 日，宋子文辞外交部长职，由王世杰接任。同一天，国防最高委员会还解除了盛世才农林部部长的职务。8 月 1 日，宋子文对王世杰说："将来中苏约文应由予（指王世杰）签字。"③

8 月 5 日，宋子文、王世杰、蒋经国、熊式辉等由重庆经由印度加尔各答、伊朗德黑兰，于 8 月 7 日飞抵莫斯科。当晚，宋子文、王世杰、蒋经国即同斯大林会谈。会商结果如下：（1）"旅顺区域以史达林前次所画红线为界，界内主要民政人员由中国任用，惟须顾及苏联利益。军港共同使用办法，苏方对于设置军事委员会一节允予考虑"。（2）"旅顺港外一百公里岛屿问题，史达林似可放弃其原议，惟对于距港甚近岛屿，或尚另提办法"。（3）"大连市问题经辩论后，苏方主张由华人任市董事会主席，俄人任港口管理局长，我仍坚拒，尚成僵局，将续谈"。（4）"中东路董事长及两局长问题，我方提议或可被接受"。（5）"外蒙疆界问题，我已将丁文江等外蒙地图，及一九二六年苏联旧图出示，史氏允细阅后答复"。（6）"同盟条约，史氏应允不加列德国为对象"。（7）"军事问题，史氏允即指定专人另与天翼④兄晤商"。（8）"关于日人在满产业机器作为对华赔偿一

---

① 王正华编：《蒋中正总统档案·事略稿本》（61），民国三十四年六月至七月，第 601 ~ 602 页。
② 林美莉编辑校订：《王世杰日记》（上册），第 716 页。
③ 林美莉编辑校订：《王世杰日记》（上册），第 718 页。
④ 即熊式辉。

节，史氏允予以同情考虑，并允续谈其事"。①

8 月 8 日，苏联对日本宣战。8 月 9 日，宋子文、王世杰致电蒋介石，认为因"苏已对日宣战，形势趋紧"，签约问题"不容过事迁延"。② 就在苏军出兵东北的第二天，即 8 月 10 日，斯大林告诫中国谈判代表宋子文，中国政府最好尽快同意达成协议，否则，中国共产党就要进入东北了。因而宋子文不得不在大连问题以及其他协定的细节上作出让步。③

10 日晚，代表团与斯大林继续会商。结果，斯大林同意大连市"市政权全归中国，不设中苏混合董事会"；苏方愿意放弃对于旅顺口外岛屿的要求；关于苏军于战后三个月内撤出东北、苏联不干涉新疆内政、苏联尊重中国对东三省主权、苏联的一切援助只能给予中央政府等项，苏联"已同意用书面表示"。但斯大林在外蒙边界问题上不肯接受中方所提地图，坚持中东铁路与南满铁路局必须以苏联人担任局长，不同意在旅顺设立中苏军事委员会。④

8 月 12 日，蒋介石连发 3 封电报给宋子文、王世杰，坚持"外蒙疆界必须此时有一图底，并在承认其独立以前，勘定界线，否则外蒙问题之纠纷仍不能解决，则承认其独立不惟无益而且有害，虽停止交涉亦所不惜"。⑤ 宋子文、王世杰当即告知苏方暂停当日晚同斯大林的最后一次会商，同时致电蒋介石，表示"外蒙疆界问题确已无法照钧示办到，其因颇多，似非苏方故意预为将来留一惹起纠纷地步"。电报同时向蒋介石指出，"职等及同来诸人一致认为，中苏条约必须缔

---

① 《宋子文、王世杰电蒋主席商谈之结果》（1945 年 8 月 7 日），见《外交部档案丛书——界务类》第二册·中苏关系卷，第 44 页。
② 《宋子文、王世杰电蒋主席》（1945 年 8 月 9 日），见《外交部档案丛书——界务类》第二册·中苏关系卷，第 45 页。
③ ［美］F. C. 琼斯、休、博顿等：《1942–1946 年的远东》，第 272 页，上海译文出版社 1979年版。
④ 《宋子文、王世杰电蒋主席》（1945 年 8 月 10 日），见《外交部档案丛书——界务类》第二册·中苏关系卷，第 45～46 页。
⑤ 《蒋主席电宋院长》（1945 年 8 月 12 日），见《外交部档案丛书——界务类》第二册·中苏关系卷，第 47～48 页。

立，倘再迁延，极易立即引起意外变化"，要求蒋介石授予他们"权宜处置之权"。①

8月13日，王世杰致电蒋介石，分析苏联在外蒙划界问题上不让步的原因。王世杰认为，斯大林"认二十五年来外蒙疆界并无纠纷，现如提出，徒引起外蒙人之种种要求，我如要求先定界而后承认独立，则为故意延宕"。王世杰认为，"默察苏方态度，似非蓄意与我为难，其欲藉此次缔约改进中苏关系之心似属相当诚挚，就我方利益而言，则此次缔约可以稳定中苏关系，减少中共之猖獗，保证苏军之撤退，限定苏军在东北之权益，凡此种种皆为统一及建国所必须，倘再停止谈判则形势必立变，前途隐忧甚大"。同时，王世杰向蒋介石要求"将外蒙疆界以现在疆界为限之字句列入换文中"，以显示中国"不承认民国八年以前属于外蒙之疆土为外蒙疆土。"② 蒋介石于当日致电宋子文、王世杰："对于外蒙及其他未决事项，准授权兄等权宜处置。"③

8月14日零点至2时30分，宋子文、王世杰等同斯大林做最后一次商谈。首先谈外蒙问题，王世杰要求将"外蒙独立应以现有疆界为界"之语列入换文中，斯大林当即表示同意。此后，在中东铁路和南满铁路、旅顺、大连等问题上，斯大林都作了让步。④

经过艰苦的谈判，《中苏友好同盟条约》终于8月15日早晨6时在莫斯科签订。⑤

《中苏友好同盟条约》共计八条款、两个换文和四个协定。

条约内容包括缔约国"协同其他联合国对日本作战直至获得最后胜利为止"；

---

① 《宋子文、王世杰电蒋主席》（1945年8月12日），见《外交部档案丛书——界务类》第二册·中苏关系卷，第48页。
② 《王世杰电蒋主席宜权宜接受苏联各项条件文》（1945年8月13日），见《外交部档案丛书——界务类》第二册·中苏关系卷，第48~49页。
③ 《蒋主席电宋子文、王世杰权宜处理各项谈判意见》（1945年8月13日），见《外交部档案丛书——界务类》第二册·中苏关系卷，第49页。
④ 林美莉编辑校订：《王世杰日记》（上册），第724~725页。
⑤ 林美莉编辑校订：《王世杰日记》（上册），第725页。

缔约国"不与日本单独谈判";缔约国"在对日本作战终止以后,共同采取其力所能及之一切措施,使日本无再事侵略及破坏和平之可能";缔约国之一方"不缔结反对对方之任何同盟,并不参加反对对方之任何集团";缔约国"顾及彼此之安全及经济发展之利益,同意在和平再建以后,依照彼此尊重主权及领土完整与不干涉对方内政之原则下,共同密切友好合作";缔约国"为便利及加速两国之复兴及对世界繁荣有所贡献起见,同意在战后彼此给予一切可能之经济援助";缔约国"为联合国组织会员之权利及义务不得因本条约内所有各事项之解释而受影响",等等。①

换文(一)为莫洛托夫和王世杰互换的照会,就下列事宜达成谅解:(1)"苏联政府同意予以中国以道义上与军需品及其他物资之援助,此项援助当完全供给中国中央政府,即国民政府"。(2)"关于大连与旅顺口海港及共同经营中国长春铁路,在会商过程中,苏联政府以东三省为中国之一部分,对中国在东三省之充分主权,重申尊重,并对其领土与行政之完整,重申承认"。(3)"关于新疆最近事变,苏联政府重申,如同盟友好条约第五条所云,无干涉中国内政之意"。②

换文(二)为中苏两国外长关于外蒙古的照会:"兹因外蒙古人民一再表示其独立之愿望,中国政府声明,于日本战败后,如外蒙古之公民投票证实此项愿望,中国政府当承认外蒙古之独立,即以其现在之边界为边界。"③

四个协定分别是中苏两国《关于中国长春铁路之协定》、《关于大连之协定及议定书》、《关于旅顺口之协定》、《关于苏联军队进入中国东三省后苏军总司令与

① 《国民政府公布中苏友好同盟条约及换文照会》(1945 年 8 月 14 日),见中国第二历史档案馆编:《中华民国档案史料汇编》第 5 辑第 2 编外交,第 302~303 页,江苏古籍出版社 1997 年 9 月。
② 《国民政府公布中苏友好同盟条约及换文照会》(1945 年 8 月 14 日),见中国第二历史档案馆编:《中华民国档案史料汇编》第 5 辑第 2 编外交,第 304~305 页。
③ 《国民政府公布中苏友好同盟条约及换文照会》(1945 年 8 月 14 日),见中国第二历史档案馆编:《中华民国档案史料汇编》第 5 辑第 2 编外交,第 305~306 页。

中国行政当局关系之协定》。①

中国国民政府基本上接受了苏联政府在《雅尔塔协定》中就外蒙古地位和其在中国东三省权益所提出的要求。8月24日，该条约由国民党中央常务委员会和国防最高委员会批准通过。

中苏双方还以"记录"的方式谈及苏联军队自东北撤军——"斯大林统帅声明，在日本投降以后，苏联军队当于三星期内，开始撤退。宋院长询及撤退完毕需要若干时间，斯大林统帅谓彼意撤军可于不超过两个月之期间内完竣。宋院长继询是否确在三个月以内撤完，斯大林统帅谓最多三个月足为完成撤退之期。"②

六、中国战场的战略出击

国际反法西斯战争的胜利，鼓舞了中国人民获取抗日战争最后胜利的信心，也为中国战场上的战略出击提供了条件。

1945年初，正面战场上没有重大战事，中国军队虽在豫湘桂作战中受挫，但随着美式装备的不断增加及日军在太平洋战场的连连溃败，仍保有一定的战斗力。重庆国民政府利用日军在中国战线上的优势和主动地位的丧失，决定于同年秋"开始使用中国战区内的所有之陆军空军及后勤机构，对在华日军予以强烈紧密之进攻"，目的是"遮断在华敌军与越南及以南地区之陆上交通，并夺取中国西南海岸之港口，使增加中国战区陆空军之物资供应"。③

中国军事当局也开始考虑中国战场的反攻甚至结束战争的问题。从总的战略方针上看，蒋介石等仍抱着依赖盟军援助，甚至由盟军在中国沿海登陆作战的幻想。军令部所制订的《中国陆军作战计划大纲》中对1945年的作战指导方针为：

---

① 《国民政府公布中苏友好同盟条约及换文照会》（1945年8月14日），见中国第二历史档案馆编：《中华民国档案史料汇编》第5辑第2编外交，第306～314页。

② 《中苏两国签订友好同盟条约》（1945年8月14日），见中国第二历史档案馆编：《中华民国档案史料汇编》第5辑第3编外交，第698页。

③ 何应钦：《八年抗战之经过》，第193页。

"中国陆军以开辟海口之目的，于盟军在东南海岸登陆之同时，向桂湘粤转取攻势，特须保持于黔桂路方面，攻取宜山、柳州，与盟军会师西江。"① 为争取盟军的支援配合，何应钦在昆明与美国的柏德诺将军多次会商。

5 月，德国投降，欧洲反法西斯战争胜利结束。国民政府判断日军"随时有投降的可能"，故打算在日军突然投降时将上海、大沽、广州、青岛、汉口、岳州作为先行占领的目标。②

鉴于在华日军收缩兵力，不断从南方抽调部队到华北、华中的形势，中国军队遂将华南作为反攻的突破口。6 月底，中国军队收复了柳州，7 月初，中国陆军总部在美军人员的协助下，制订了反攻广州的计划，决定"先以有力部队攻略桂林，夺取雷州半岛，再分别攻击衡阳、曲江，并牵制粤北之敌，以主力沿西江流域攻略广州"。③ 该计划分三个阶段实施：第一阶段，8 月 15 日前攻下桂林，9 月 15 日前攻下雷州半岛；第二阶段，11 月 1 日攻下衡阳、曲江；第三阶段，1946 年 3 月 1 日前攻下广州、香港。④ 为实施该计划的兵力部署是，由卢汉、张发奎、汤恩伯、王耀武组建 4 个战斗力较强的方面军，在滇、桂、粤展开军事运动，攻略上述军事要点，尔后出击广州。各战区相应发起攻势，阻止日军兵团转用，中美空军协助地面部队作战，以阻止日军从海上增援。

有关部队分头进行作战准备，8 月初，张发奎的先头部队进入梧州以西地区；汤恩伯的部队沿贺连公路进至贺县附近地区，该部挺进兵已达全县附近。其余参战部队亦按部署陆续推进。但是，未及部署就绪，日本已宣布无条件投降。

在敌后战场，中国共产党根据国内形势的变化，提出的 1945 年敌后战场的任务是："扩大解放区，缩小沦陷区，我们必须把一切守备薄弱、在我现存条件下

---

① 《军令部拟中国陆军作战计划大纲》(1945 年 2 月 12 日)，国民政府军令部战史会档案，中国第二历史档案馆藏。

② 《国民党关于敌突然投降时进军计划稿》，国民政府军令部战史会档案，中国第二历史档案馆藏。

③ 何应钦：《八年抗战之经过》，第 193 页。

④ 《何应钦致蒋介石报告》(1945 年 7 月 18 日)，国民政府军令部战史会档案，中国第二历史档案馆藏。

能够克服的沦陷区，全部化为解放区……等到各方面条件成熟了，就将敌人完全驱逐出去。"①

5 月，八路军各部陆续展开了猛烈的夏季攻势，先后发起许多攻城夺点的战斗，将深入敌后根据地的日伪军大部消灭。

同年春夏季，新四军为执行"扩大解放区，缩小沦陷区"的战略任务，在华中各解放区连续发动攻势作战，使华中各根据地基本连成一片，克复了许多城镇据点。

春夏攻势作战，日军被压缩在铁路沿线和大中城市，敌后战场人民军队发展到近 100 万人，民兵发展到 200 余万，解放区扩大为 19 个，总面积达 95 万平方公里，人口接近一亿。全国的重要城市，如北平、天津、南京、上海、杭州、广州等地，均处于人民军队的包围之中，为转入战略反攻创造了条件，敌后战场已成为全国大反攻的"最前面的战略基地"。②

8 月 8 日，苏联对日宣战，促进了敌后战场战略大反攻的到来。8 月 9 日，毛泽东发表了《对日宣战的最后一战》的声明，号召中国人民的一切抗日力量举行全国规模的反攻。8 月 10 日和 11 日，延安总部发出七道受降和进军命令，并向被八路军、新四军包围的日军发出了限期投降的最后通牒。旋即，敌后解放区发起了大反攻。

当时国民党正规军队"多偏处西南各省"，③ 抗战前线的战略要点非唾手可得。为抢夺抗战果实，蒋介石在美国支持下，与日伪合流。④ 8 月 11 日，蒋介石连下三道命令：要国民党军向已被敌后战场军民包围的城市和交通要道"积极推进，勿稍松懈"；

---

① 毛泽东：《一九四五年的任务》（1945 年 12 月 15 日），见《中共党史参考资料》（5），第 290 页，人民出版社。

② 朱德：《论解区战场》（1945 年 4 月 25 日），见《中共党史参考资料》（5），第 396 页。

③ 中国陆军司令部编：《中国战区中国陆军总司令部受降报告书》，第 6 页。

④ 美国总统杜鲁门在撰写的《杜鲁门回忆录》第 2 卷第 72 页中披露，当时"我们采取了异乎寻常的步骤……命令日本人守住他们的岗位和维持秩序。等蒋介石的军队一到，日本军队便向他们投降，并开进海港，我们便把他们送回日本。这种利用日本军队阻止共产党人的办法，是国防部和国务院的联合决定而经我批准的"。

要伪军"应就现驻地点，……不得擅自移动驻地，且不得受未经本委员长许可之收编，负责维持地方治安"；要第 18 集团军"所属部队应就原地驻防待命，勿再擅自移动"。① 对此，中国共产党方面拒绝执行。

在东北，冀热辽军区的八路军主力沿北宁路东进，与由海上兼程挺进东北的山东方面八路军配合苏联红军与关东军作战；在华北晋察冀方面，八路军已先后解放了张家口、秦皇岛、山海关等重要城市，包围了北平、天津、保定；晋绥方面，八路军向平绥路西段，同蒲路北段进攻，攻占了归绥和太平外围据地；晋冀鲁豫方面，八路军向平汉路中段、陇海路中段进军，并解放了许多城镇；山东方面，八路军向津浦路中段、胶济路和陇海路东段进攻，并进逼青岛、海州和连云港；华中新四军向京沪、沪杭甬、浙赣、淮南等路及津浦路南段陇海路东段进攻，直逼上海、南京；华南抗日游击纵队向广九、潮汕两路进攻，直指广州、汕头地区。

关内关外陷入中国人民持久战泥沼中的日军仍然企图垂死挣扎。8 月 12 日，中国派遣军总司令官冈村得知日本政府准备接受《波茨坦公告》的消息后，紧急致电大臣、总长，表示"七百万皇军仍于本土和大陆健在，派遣军的百万精锐日益振奋斗志"，要"不惜全军覆没，为实现战争目的而迈进"，还强硬地表示："向重庆的残兵败将投降，这是在任何情况下都不能听命的。"② 日军的顽抗，无法阻止敌后战场解放区的扩大，据不完全的统计，敌后战场的战略反攻中，"共毙伤日伪军 35 万多人，收复了张家口、邯郸、邢台、焦作、菏泽、烟台、威海、宝应、淮阴、密县、宝安等中小城市 250 余座，并一度攻入保定、石家庄、归绥、天津西站、上海西站，逼近包围北平、天津、太原、大同、开封、新乡、徐州、青岛、济南、南京、上海等大中城市，切断北宁、平绥、津浦、平汉、正太、同蒲、陇海、胶济、广九等铁路，解放了大片国土"。③

① 王正华编：《蒋中正总统档案·事略稿本》(62)，民国三十四年八月至九月，第 82～83 页。
② ［日］服部卓四郎：《大东亚战争全史》第 4 册，第 1677 页。
③ 中国人民解放军军事科学院编：《中国人民解放军大事记》，第 220 页，军事科学出版社出版。

七、日本投降与中国战区受降

美国投掷原子弹及苏军参战，使日本统治者在惊恐之余不能不考虑投降问题了。8 月 9 日上午，日本最高战争指导会议开会，讨论"和平的条件"，会上争论不休，未能达成共识。当天深夜，天皇召开"御前会议"，决定以保天皇为附加条件，接受《波茨坦公告》。次日，外务省通过瑞士、瑞典政府向中、美、英、苏四国转达了上述意向。13 日，盟国的答复是：同意日本保留天皇体制，但须在"盟军最高司令的限制下"，并限令日本尽快答复，否则将对其本土进行"总攻击"。

图 12.8 《朝日新闻》报道日本接受《波茨坦公告》向盟国投降，裕仁天皇下诏宣告战争终结

对于投降问题，日本上下一直有激烈的争论，狂热的军国主义分子主张不惜进行"本土决战"，玉石俱焚，绝不投降。在此期间，美军飞机继续对日本进行轰炸，苏联红军予关东军以毁灭性的打击。8 月 14 日上午 11 时，天皇再次召开"御前会议"，决定结束战争。天皇指出："关于国体，敌亦承认，毫无不安之处，关于敌之保障占领，虽不无可虑之处，但如继续战争，则国体与国家之将来同归于尽，一无所存。""如现在停战，将来发展的根基尚存。"[1] 15 日，天皇对日本

---

[1] 日本防卫厅战史室编纂：《日本军国主义侵华资料长编——（大本营陆军部）摘译》（下），第 703 页。

全国播音，宣布日本投降。但当时日本国内，尤其是少壮派军人，仍不甘心失败，曾试图发动政变，继续战争。

中国派遣军总司令冈村宁次收听了日本天皇的投降诏书后，立即以派遣军总司令名义致电参谋总长，表示"派遣军拥有百万大军，且连战连胜。战争虽已失败，但在作战上仍居于绝对能获胜之地位。以如此优势之军队而由软弱之重庆军解除武装，实为不应有之事"。日本大本营于 8 月 16 日晚再次下达了"应立即停止战斗行动"的命令，但命令又指出："停战交涉期间，敌若来攻时，在不得已情况下，为自卫可采取战斗行动。"① 8 月 18 日，日本大本营再度下达第 1385 号命令，指示日本各地区司令官应"停止行使一切武力"，并告诫他们"严禁轻举妄动"。② 嚣张的日本军阀，终于被迫放下屠刀。

日本宣布无条件投降后，按照盟国规定，中国战区受降范围是：中国本土（东北除外，东北由苏联受降）、台湾及越南北纬 16 度以北地区（北纬 16 度以北的法属印度支那地区，于 1945 年 12 月 26 日，经英、法、中三国协议，中国军队撤出后，和南部法属印度支那一起，由法军负责接管）。日军投降代表为日军驻中国派遣军总司令官冈村宁次，其所辖投降兵力分布在华北、华中、京沪、广东、台湾、越南北

图 12.9　抗战胜利以后，中国军队进入武汉，民众涌上街头欢迎

---

① 日本防卫厅战史室编纂：《日本军国主义侵华资料长编——（大本营陆军部）摘译》（下），第 727～728 页。

② 日本防卫厅战史室编纂：《日本军国主义侵华资料长编——（大本营陆军部）摘译》（下），第 731 页。

纬 16 度以北地区，共约 128.32 万人。[1] 伪军投降的总兵力有 60 余万人。[2]

蒋介石企图垄断中国战区受降权，不允许中国共产党领导的八路军、新四军向上述地区处于包围的日伪军队受降。

8 月 15 日，蒋介石指派何应钦为中国战区受降主官，并于当天致电侵华日军最高指挥官冈村宁次，命令"日军可暂保有其武装及装备，保持现有态势，并维持所在地之秩序及交通，听候中国陆军总司令何应钦之命令"。[3] 同时令其派代表至玉山接受何应钦指示，筹备受降工作。

蒋介石赋予何应钦下列任务：（1）处理在中国战区内之全部敌军投降事宜；（2）指导各战区、各方面军，分区分批办理一切接受敌军投降之实施事宜；（3）对中国战区内之敌军最高指挥官发布一切命令；（4）与中国战区美军人员密切合作，办理美军占领区、盟军联合占领区交防、接防、敌投降后之处置；（5）收复区内难民救济、交通通信、运输之恢复诸事宜；（6）指导各战区、各方面军分区分期办理接收伪军投诚编遣及剿办不听命令之伪军事宜；……（9）对于非经政府指定之受降部队，如有擅自接受敌军投降，企图扰乱受降计划者，呈请蒋介石下令惩罚等。[4]

8 月 21 日，蒋介石电何应钦，规定各区受降主官、接收地区如下：[5]

第 1 方面军卢汉　越南北纬 16 度以北地区

第 2 方面军张发奎　广州、雷州半岛、海南岛、香港[6]

第 7 战区余汉谋　曲江、潮州

第 4 方面军王耀武　长沙、衡阳

---

① 何应钦：《八年抗战之经过》，第 199 页。

② 《国民党六届三中全会行政院工作报告》，中国第二历史档案馆藏。

③ 何应钦：《八年抗战之经过》，第 200、201 页。

④ 王正华编：《蒋中正总统档案·事略稿本》（62），民国三十四年八月至九月，第 221～223 页。

⑤ 王正华编：《蒋中正总统档案·事略稿本》（62），民国三十四年八月至九月，第 224～234 页。

⑥ 蒋介石于 1945 年 8 月 29 日发布命令：香港、九龙两地日军投降，改定由英国人接收。

第 9 战区薛岳　南昌、九江

第 3 方面军汤恩伯　南京、上海

第 3 战区顾祝同　嘉兴、杭州、金华

第 6 战区孙蔚如　武汉、沙市、宜昌地区

第 10 战区李品仙　徐州、安庆、蚌埠、海州

第 11 战区孙连仲、李延年　天津、北平、保定、石家庄

第 1 战区胡宗南　洛阳

第 5 战区刘峙　郑州、开封、新乡、南阳、襄阳、樊城

第 2 战区阎锡山　山西省

第 12 战区傅作义察、绥、热河三省

其后，蒋介石又指派陈仪为台湾方面的受降主官，负责接受台湾及澎湖列岛。

8 月 18 日，国民政府因玉山机场后跑道损坏，临时决定洽谈地点改在湖南芷江。20 日，何应钦率领中国陆军参谋长萧毅肃等 30 余受降人员，乘两架美军运输机抵达芷江。参加受降工作的中国陆军总部副参谋长冷欣及各方面军司令官汤恩伯、杜聿明、张发奎、卢汉等，也先后赶至芷江。

图 12.10　日本军使芷江洽降后，中国高级将官在一起。从左到右：王耀武、卢汉、张发奎、何应钦、汤恩伯、杜聿明、萧毅肃和柏德纳

21 日上午 11 时许，日本乞降使节、中国派遣军副总参谋长今井武夫一行，遵照中国战区方面规定的时间，飞抵芷江。何应钦召见了今井武夫一行，命将中

字第 1 至第 4 号备忘录转交冈村宁次；并告知将在南京设立中国战区中国陆军总司令部前进指挥所，由冷欣担任主任；中国战区正式受降地点，决定设在南京；将在南京设立机场，空运军队前往南京、上海、北平，办理接收工作，等等。在中国的美军作战司令部参谋长柏德诺将军参加了接见。

8 月 25 日，何应钦命令国民党各地区受降主官"应速饬所部分向各受降区内各重要城市挺进"。① 由于国民党主要受降部队（正规军）多偏处西南各省，遂依计划空运、车运、水运及徒步各种方法，由各方面向各要点推进。

8 月 27 日，到南京受降的中国陆军总司令部前进指挥所主任、陆军副参谋长冷欣当面向冈村宁次交代："在任何情况下贵军设法维持交通安全！""上海、南京、北平、天津、青岛、汉口、广州、香港等重要城市，务请注意！"②

8 月 27 日至 9 月 1 日，何应钦为具体部署各战区抢占战略要点，马不停蹄地飞往湖北、西安、江西、昆明等地向各地长官面授机宜，并飞往重庆与魏德迈商

图 12.11　1945 年 8 月 30 日，冀热辽军区八路军收复山海关后的胜利情景

---

① 何应钦：《八年抗战之经过》，第 201 页。
② 冷欣：《从参加抗战到目睹日军投降》，第 155 页。

谈部队空运问题，还向蒋介石报告了各项工作部署情况。

9 月 2 日，日本政府向盟国投降签字仪式在东京湾美军主力舰"密苏里"号上举行。日本外相重光葵、参谋总长梅津美治郎，分别代表日本政府和日本大本营在《无条件投降书》上签字，投降书第 1 条即规定："日本接受中、美、英共同签署的，后来又有苏联参加的 1945 年 7 月 26 日的《波茨坦公告》中的条款。"中国战区代表徐永昌参加了受降签字仪式。

9 月 8 日，何应钦乘"美龄"号专机离芷江到南京。检视中国战区受降仪式的准备情况。9 月 9 日 9 时，中国战区日本投降签字典礼，在南京中央军校大礼堂举行。应邀参观的有外宾及中方高级官员、中外记者，厅外仪仗队和担任警卫的官兵近千人。

8 时 51 分，中国陆军总司令何应钦率受降官 4 人入场，他们是：第 3 战区司令长官顾祝同、陆军参谋长萧毅肃、海军总司令陈绍宽、空军第 1 路司令张廷孟。

紧接着，日本投降代表在驻华日军最高指挥官、陆军大将冈村宁次带领下，鱼贯入场，他们是：中国派遣军总参谋长、陆军中将小林浅三郎；中国派遣军副总参谋长、陆军少将今井武夫；中国派遣军参谋、陆军中佐小笠原清；中国派遣军舰队司令长官、海军中将福田良三；台湾军参谋长、陆军中将谏山春树；第 38

图 12.12　冈村宁次的参谋长小林浅三郎向何应钦（左）递交日军降书

军参谋长、陆军大佐三泽昌雄等 7 人。

在准予照相的几分钟里，数不清的照相机摄下了这一历史性的时刻。在闪光灯的映照下，光脑袋的日本投降代表目光呆滞，神色黯然，已无往日"皇军不可战胜"的威风。1931 年九一八事变后，中日间有三次停战，即 1932 年的淞沪停战协定，1933 年的塘沽协定及此次日军投降式。冈村宁次恰巧都在场。所不同的是，前两次都是以胜利者姿态出现的冈村宁次，这次"却陷入了率领一百二十万大军（包括台湾、法属北部印度支那）签字的命运"。他在日记中记述自己是在"从未意料到的痛苦处境"中参加投降仪式的。① 9 时整，何应钦令将日军降书（中日文本两份）交付冈村宁次阅读签字。在众目睽睽之下，一片相机的咔嚓声中，冈村宁次在投降书上签字。受降仪式历时约 20 分钟。

10 月 25 日，台湾地区的受降仪式在台北举行。日本投降代表、日本台湾总督兼第 10 方面军司令官安藤利吉从中国代表、受降主官陈仪手中接受"第一号命令"，办理投降手续。陈仪通过广播宣告："从今天起，台湾及澎湖列岛正式重入中国版图。"② 从甲午战争后被迫与祖国分离 50 年的台湾重回祖国怀抱。广大台胞欣欣鼓舞，家家户户张灯结彩。次日，台北还举行了盛大的庆祝游行，人潮如海，锣鼓喧天，表达了台湾人民重回祖国大家庭的喜悦之情。

但在接收香港问题上，国民政府却以失败而告终。从 1942 年底起，国民政府就利用同英国谈判新约的机会，就九龙回归问题与英国进行了交涉。国民政府提出"废止 1898 年 6 月 9 日签订的《中英展拓香港界址专条》，英国将九龙租借地的行政与管理权移交中华民国政府"的要求。③ 英国政府则宣称废除不平等条约并不包括将九龙交还中国的问题，英国政府"愿意在胜利之后讨论其未来的地位"。④ 由于英国坚持殖民主义立场，九龙问题最终作为悬案搁置起来。开罗会议期间，罗斯福在同蒋介石会谈时特别提到香港问题，他主张"应由英国交还中

---

① 《冈村宁次回忆录》，第 68 页。
② 陈碧笙：《台湾地方史》，第 301 页，中国社会科学出版社 1982 年。
③ 《中华民国重要史料初编：对日抗战时期》第 3 编《战时外交（三）》，第 761 页。
④ F. O. 371/31777, memorandum of Eden, 22 November 1942, Public Record Office.

国，再由中国宣布香港为自由港"。但罗斯福顾虑"丘吉尔首相的态度"而未能公开谈及。①

日本宣布投降之前，英国政府已为重占香港定下方针，即无论香港出现什么情况，英国都应当出兵香港。日本宣布投降后，美国总统杜鲁门向盟军最高司令麦克阿瑟下达了第一号命令，指出："凡在中华民国（满洲除外）、台湾、越南北纬 16 度从北之日军，均应向蒋委员长投降。"② 中国外交部次长吴国桢在 8 月 15 日的记者招待会上表示，香港属于中国战区，理应由中国受降。③ 8 月 16 日，英国大使馆照会中国外交部，表示英国正派兵前往香港。④ 吴国桢复照指出，香港不在英国受降范围之内。吴国桢对英国驻华参赞华灵哲（Wallinger）说，中国不打算利用受降之机收回香港。⑤ 在与英国交涉的同时，蒋介石命令军队准备接受香港日军投降。21 日，第二方面军司令官张发奎下令所部第 13 军以主力配置于广九铁路沿线，以一部推进香港。⑥ 同日，第 7 战区司令长官余汉谋派所部教导团及突击独立第 1 支队向香港挺进。⑦

中英双方争执不下，都向美国请求支持。8 月 19 日，英国首相艾德礼致电杜鲁门，表示英国已派出舰队驶往香港，请求美方予以支持。⑧ 美国为取得对苏抗衡中英国的支持，态度急骤转变，同意由英国接受香港日军投降。杜鲁门复电

---

① 以上各条内容请参见《党史概要》第 5 册，第 1808～1810 页；《中华民国重要史料初编：对日抗战时期》第 3 编《战时外交（三）》，第 527～530 页；《第二次中日战争史》（下），第 922～923 页；《开罗会议》，第 108～116 页；董显光《蒋总统传》（2），第 363～364 页。

② 《美国对外关系外交文书》，1945 年第 7 卷，第 500～501 页。

③ Chungking to Foreign Office, 16ᵗʰ August, 1945, CO 129/591/16, p. 65. 英国殖民地部档案，英国国家档案馆藏（以下皆同）。

④ 《英国大使馆节略（译文）》（1945 年 8 月 16 日），"国史馆"藏外交部档案，台北，020000003062。

⑤ 《致英国大使馆节略》（1945 年 8 月 16 日），"国史馆"藏外交部档案，台北，020000003062。

⑥ 广州行营参谋处编：《广东受降纪实》，国防部史政局和战史会档案，中国第二历史档案馆藏，七八七/16604。

⑦ 王正华编注：《蒋中正总统档案——事略稿本》（62），第 367 页，台北，"国史馆" 2011 年版。

⑧ Prime Minister to President Truman, 18ᵗʰ August, 1945, CO 129/591/16, p. 39.

说，美国不反对英军接受香港日军投降。① 21日，蒋介石致电杜鲁门，坚持香港日军应向中国投降。② 杜鲁门回电蒋介石，证实了美国同意英国受降的消息，并表示中英之间应当就此协调解决，以便香港日军向英军投降。③

8月23日，蒋介石作出妥协，他分别致电杜鲁门和麦克阿瑟，表示自己将以中国战区统帅的名义，授权一位英国将领接受香港日军投降。④ 但是，英方拒绝了这一要求。27日，蒋介石对英国驻华大使薛穆（Horace Seymour）声明："余委托英军官接收香港之主张，必须贯彻。"蒋介石还要求薛穆告知伦敦："余决不能放弃应有之职权，且必反抗强权之行为。"⑤ 同一天，蒋介石致电杜鲁门请求支持。8月31日，英国最终同意海军少将夏悫（Cecil Harcourt）以英国政府和中国战区最高统帅代表的身份接受香港日军投降，并欢迎中美两国各派一名军官作为签字仪式见证人参加受降，蒋介石表示接受。⑥

8月30日上午，夏悫率领英国舰队驶抵维多利亚港，陆战队从香港海军船坞登陆。在此之前，被日军关押在集中营的前香港政府辅政司詹逊（Franklin Gimson）已获释，并组建临时政府等待英军登陆。8月28日和9月3日，余汉谋和张发奎分别收到取消香港受降任务的命令。⑦ 9月16日，香港受降仪式举行，中国军方代表潘华国少将作为见证人参加了仪式。同日，英国正式恢复了对香港的殖民统治。

---

① President Truman to Prime Minister, 18th August, 1945, CO 129/591/16, p. 33.
② 《蒋介石致杜鲁门电报》（1945年8月21日），"国史馆"藏外交部档案，台北，020000003062。
③ 《杜鲁门致蒋介石电报（译文）》（1945年8月21日），"国史馆"藏外交部档案，台北，020000003062。
④ 《蒋介石致杜鲁门、麦克阿瑟电报》（1945年8月23日），"国史馆"藏外交部档案，台北，020000003062。
⑤ 王正华编注：《蒋中正总统档案·事略稿本》（62），第351~352页。
⑥ Chungking to Foreign Office, 1st September, 1945, CO 129/591/18, p. 72.
⑦ 王正华编注：《蒋中正总统档案·事略稿本》（62），第367页；广州行营参谋处编：《广东受降纪实》，国防部史政局和战史会档案，中国第二历史档案馆藏，七八七/16604。

八、抗日战争的伟大胜利

中国战区受降典礼的举行，标志着中国抗日战争的胜利结束。抗日战争的胜利是中国人民近百年来无数次反帝斗争第一次取得完全的胜利。

八年抗战中，中国人民"共歼灭日军二百六十余万"。但残酷的战争也使中国人民付出了巨大的牺牲。据不完全统计，"中国军队在抗日战争中伤亡达三百三十八万多人，中国人民伤亡达一千八百余万人，财产损失和战争消耗折合一千多亿美元"。①

人民赢得了战争，战争教育了人民。回顾国共合作抗战的历史，追溯抗日战争胜利的原因和意义，我们深刻地认识到：

图 12.13　延安军民集会，庆祝抗战胜利

中国的抗日战争，是在中国共产党倡导的抗日民族统一战线的旗帜下，以国共两党合作为基础，工农兵学各界，各民族人民广泛参加的一次全民族抗战。抗日战争的胜利，是爱国主义的胜利。

① 宋时轮：《不可磨灭的历史贡献》，见《人民日报》，1985 年 8 月 31 日。

图12.14　日军投降，中国士兵重返卢沟桥

　　抗日战争中，国共两党独立领导的两个战场，都对抗日御侮作出了贡献。中国人民永远不会忘记为了国家独立和民族解放而壮烈捐躯的先烈。历史经验证明，国共两党合则两利，分则两伤。今天，抗日战争结束已半个多世纪，"度尽劫波兄弟在，相逢一笑泯恩仇"，海峡两岸，炎黄子孙，应捐弃前嫌，继承和发扬爱国传统，为祖国统一，民族振兴共作贡献。

　　中国人民的抗日战争，得到了世界各国人民的广泛支持，苏联、美国、英国等反法西斯盟国给予大量人力物力上的援助，特别是苏联红军的英勇作战，美军在太平洋上的对日作战，加速了中国抗日战争的胜利进程。对支持过中国抗战的各国各民族人民和政府，中国人民永志不忘。

　　中国的抗日战争，是世界反法西斯战争的重要组成部分。中国战场的存在，中国全体抗日军民进行的长达八年的浴血奋战，牵制了日本陆军总兵力的百分之六十以上和大量的海空军力量，有力地配合了世界反法西斯战争。抗日战争的胜利，是中国人民对于世界人民反法西斯战争的不朽贡献。

小 结

抗日战争的胜利比人们预料得要快些。1944 年初，苏联红军开始的战略大反攻，敲响了德国法西斯末日的丧钟。6 月，英美在欧洲开辟了第二战场，成为欧洲反法西斯战争的又一转折点，欧洲战场形成的强大的反法西斯联盟，推动了人民革命运动的发展。

1945 年 2 月，英美苏三国首脑就战后世界格局的安排召开雅尔塔会议，秘密签订了涉及中国主权的《雅尔塔协定》。5 月 8 日，德国法西斯垮台。国际局势的变化和美军在太平洋上的攻势，加速了日本法西斯末日的到来。

日本帝国主义为做垂死挣扎，图谋阻止苏联对日宣战，制订了对美军的"本土作战"计划和摆脱困境的对华战略。

抗日战争胜利前夕，中国共产党提出了结束国民党一党专政，组织各抗日党派联合政府的主张，蒋介石坚持一党专政和反共反人民方针，为内战爆发埋下了祸根。

8 月 6 日和 9 日，美国在日本广岛和长崎掷下了两颗原子弹。8 月 8 日，苏联政府对日宣战。苏联百万红军进入中国东北地区对日军作战。8 月 9 日，毛泽东发表《对日宣战的最后一战》声明，号召中国人民的一切抗日力量，举行全国规模的大反攻。国民党政府制订"大反攻计划"未及部署，日本帝国主义陷入人民战争的汪洋大海中，汉奸政权偃旗息鼓。9 月 9 日中国战区举行受降仪式。伟大的中国人民抗日战争取得了最后胜利。

参考文献

一、档案资料

国民政府军事委员会档案，中国第二历史档案馆藏

国民政府军令部战史会档案，中国第二历史档案馆藏

国民政府外交部部分档案，中国第二历史档案馆藏

国民政府经济部部分档案，中国第二历史档案馆藏

国民政府关务署部分档案，中国第二历史档案馆藏

国民政府蒙疆委员会部分档案，中国第二历史档案馆藏

国民政府交通部部分档案，中国第二历史档案馆藏

中国人民解放军军事科学院藏资料

中国人民解放军南京军区档案馆藏部分资料

资源委员会部分档案，中国第二历史档案馆藏

中国人民革命军事博物馆藏资料

二、期刊资料

《民国档案》，中国第二历史档案馆出版

《历史档案》，中国第一历史档案馆出版

《近代史研究》，中国社会科学院近代史研究所出版

《中国现代史》报刊复印资料，中国人民大学书报资料中心出版

《近代中国》，台湾出版

《传记文学》，台湾出版

三、图书资料（以作者姓名、或书名的汉语拼音为序）

阿英　《敌后日记》，江苏人民出版社 1982 年 8 月版

［日］八角三郎　《视察华北华中》，日本国政一新会 1938 年版

《八一三淞沪抗战》，中国文史出版社 1987 年版

［美］巴巴拉·塔奇曼　《史迪威与美国在华经验》，商务印书馆 1985 年版

白崇禧　《白崇禧回忆录》，解放军出版社 1987 年 5 月版

《白崇禧先生访问录》，台湾中研院近代史研究所 1984 年印行

北京军区晋察冀战史编写组　《晋察冀军区抗日战争史》，军事科学院出版社
1986 年 8 月版

《百团大战史料》，人民出版社 1988 年 5 月版

曹聚仁等　《中国抗战画史》，联合画报社 1947 年版

陈存仁　《抗战时代生活史》，香港长兴书局 1988 年版

陈富安　《武汉会战研究》，武汉大学出版社 1991 年版

陈恭澍　《河内汪案始末》，台湾传记文学出版社 1983 年版

陈固亭　《中日韩百年大事记》，台湾中华丛书编审委员会 1971 年 5 月版

陈骏铭　《中共兵役制度之研究》，台北 1991 年版

陈鉴波　《中华民国春秋》，台湾三民书局 1981 年 9 月版

陈廉编　《抗日根据地史略》，解放军出版社 1987 年 10 月版

《陈纳德将军与中国》，台湾传记文学出版社 1978 年版

陈仁霞　《中德日三角关系研究（1936—1938），北京：生活·读书·新知三联
书店 2003 年版

陈寿恒等编　《薛岳将军与国民革命》，台湾中研院近代史研究所 1988 年 12
月编印

常城　《东北近现代史纲》，东北师范大学出版社 1987 年版

迟景德　《中国对日抗战损失调查史述》，1987 年 3 月，台北出版

［日］重光葵 《昭和的动乱》（译名《日本侵华内幕》），解放军出版社 1987 年版

创价学会青年部反战出版委员会编 《扬子江在哭泣——日本第 16 师团出兵大陆的纪录》

［苏］崔可夫 《在华使命》，新华出版社 1980 年版

《大青山抗日战争史》，内蒙古人民出版社 1985 年 7 月版

［日］岛田俊彦 《日本关东军覆灭记》，辽宁教育出版社 1991 年版

《第二期抗战歼寇录》，独立出版社 1938 年 12 月版

第 9 战区司令长官部编纂组 《长沙会战纪实》

［德］迪特·海因茨希 《中苏走向联盟的艰难历程》，新华出版社，2001 年版

《东北抗日联军史料》，中共党史资料出版社 1987 年 12 月版

《东江纵队史》编写组 《东江纵队史》，广东人民出版社 1985 年 7 月版

董霖译 《顾维钧与中国战时外交》，台湾传记文学出版社 1984 年版

董显光 《蒋总统传》，台湾中华文化出版事业委员会 1952 年版

方秋苇 《中日战争的回忆》，建国出版社 1938 年版

［日］服部卓四郎 《大东亚战争全史》，台湾军事译粹社印行

复旦大学历史系编 《汪精卫集团投敌》，上海人民出版社 1984 年版

复旦大学历史系编 《汪精卫国民政府的成立》，上海人民出版社 1984 年版

复旦大学历史系编 《中国近代对外关系史资料选辑》，上海人民出版社 1977 年 9 月版

傅启学 《中国外交史》，台湾 1966 年版

龚古今、唐培吉 《中国抗日战争史稿》，湖北人民出版社 1983 年版

龚学遂 《战时交通史》，商务印书馆 1947 年版

［日］古屋奎二 《蒋总统秘录》，台湾中央日报社 1977 年翻译出版

广东档案馆编 《东江纵队史料》，广东人民出版社 1985 年 7 月版

郭岐 《南京大屠杀》，台湾中外图书出版社 1981 年版

郭廷以　《近代中国史纲》，香港中文大学出版社

郭廷以　《中华民国史事日志》，台湾中研院近代史研究所 1979 年版

郭汝瑰、黄玉章　《中国抗日战争正面战场作战记》，南京：江苏人民出版社 2005 年版

国防大学编　《中共党史教学参考资料》，国防大学出版社 1985 年 10 月版

国防大学党史党建政工教研室编　《中共党史教学参考资料》，国防大学出 1986 年 3 月版

（台湾）国民党中央党史会编　《革命文献》第 58～63 辑、第 96～109 辑

国民党中央宣传部　《抗战六年来之宣传战》，1943 年 7 月版

《中日战争史略》，台湾正中书局 1968 年版

《河南会战》，1972 年，台北出版

海军总司令部编译处　《海军抗战事迹》，1944 年 3 月版

何干之　《中国现代革命史》，上海人民出版社 1985 年 8 月版

何理　《抗日战争史》，上海人民出版社 1985 年版

何理、刘建皋等　《八路军事件人物录》，上海人民出版社 1988 年版

《何上将抗战期间军事报告》，台湾文星书店 1962 年版

何应钦　《日军侵华八年抗战史》，1982 年 9 月，台北出版

红二方面军战史编辑委员会　《抗日战争时期一二零师暨晋绥军区战史》（未刊稿），1964 年

胡定芬等　《湘北大捷》，中国抗战史料出版社 1939 年 12 月

《淮南抗日根据地史》编委会　《淮南抗日根据地史》，中共党史资料出版社 1987 年 10 月版

黄美真等　《汪精卫集团投敌叛国记》，河南人民出版社 1987 年版

黄声远　《壮志千秋——陆军第 58 军抗日战史》，汉文正楷印书局 1938 年版

霍燎原　《东北抗日联军第二军》，黑龙江人民出版社 1987 年版

［日］今井武夫　《今井武夫回忆录》，上海译文出版社 1978 年 5 月版

《晋察冀抗日根据地史料选编》，河北人民出版社 1987 年 5 月版

《晋绥革命根据地大事记》，山西人民出版社 1985 年 7 月版

解放军历史资料丛书编审委员会 《八路军回忆史料》，解放军出版社 1988 年 10 月版

解放军政治学院编 《中共党史参考资料》，人民出版社 1979 年版

军事科学院编 《中国人民解放军大事记》，军事科学出版社 1983 年 11 月版

军事科学院军事历史研究部编 《中国人民解放军战史》，军事科学出版社 1987 年 7 月版

军事科学院外国军事研究部编著 《日本侵略军在中国的暴行》，解放军出版社 1987 年 5 月版

军事科学院游击战研究组选编 《光辉的游击战》，军事科学出版社 1985 年 11 月版

军事委员会政治部编 《抗战两年》，1939 年 7 月版

蒋孟引主编 《英国史》，中国社会科学出版社 1988 年 1 月版

蒋纬国 《国民革命战史第三部——抗日御侮》，台湾黎明文化事业有限公司 1979 年版

蒋纬国 《蒋委员长如何战胜日本》，台湾黎明文化事业有限公司

［日］井本熊男 《作战日记编成的支那事变》，芙蓉书局出版

［日］井上靖 《日本军国主义》，商务印书馆 1985 年版

《抗战建国史研讨会论文集（1937~1945）》，台湾中研院近代史研究所 1985 年 12 月版

［美］柯伟林 《德国与中华民国》，陈谦平等译，江苏人民出版社，2006 年版

［美］肯尼恩·休梅克 《美国人与中国共产党》，吉林文史出版社 1988 年版

［日］堀场一雄 《日本对华战争指导史》，军事科学出版社 1988 年版

军事科学院军事历史研究部 《中国抗日战争史》，解放军出版社 2005 年版

［英］拉纳·米特 《中国：被遗忘的盟友》，新世界出版社 2014 年 7 月版

罗志刚 《中苏外交关系研究（1931－1945）》，武汉大学出版社 1999 年版

李达　《抗日战争中的八路军一二九师》，人民出版社 1985 年 8 月版

李惠　《东北抗日联军斗争史简编》，解放军出版社 1987 年 4 月版

李惠等编　《侵华日军序列沿革》，解放军出版社 1987 年 10 月版

李云汉　《宋哲元与七七抗战》，台湾传记文学出版社 1973 年版

李云汉　《卢沟桥事变》，台湾东大图书公司 1987 年 9 月版

李宗仁　《李宗仁回忆录》，政协广西文史资料委员会 1980 年出版

梁敬錞　《史迪威事件》，商务印书馆 1973 年版

梁敬锌　《日本侵略华北史略》，台湾传记文学出版社 1984 年版

辽宁省档案馆　《九一八事变档案史料选编》，辽宁人民出版社 1991 年版

辽宁省档案馆、辽宁社科院　《九一八前后的日本与中国东北——满铁秘档选编》，辽宁人民出版社 1991 年版

林继庸　《民营厂矿内迁纪略》，1942 年自印稿

刘枫　《东北抗日联军第三军》，黑龙江人民出版社 1986 年 8 月版

刘凤翰　《抗日战史论》，台湾东大图书公司 1987 年版

吕伟俊　《韩复榘》，山东人民出版社 1985 年版

罗焕章、支绍曾　《中华民族的抗日战争》，军事科学出版社 1987 年版

罗瑞卿、吕正操、王炳南　《西安事变与周恩来》，人民出版社

《卢沟桥》，桂林前导书局 1937 年 9 月版

马洪武等编　《新四军征程纪事》，江苏人民出版社 1988 年 12 月版

马越山　《九一八事变实录》，辽宁人民出版社 1991 年版

［美］迈克尔·沙勒　《美国十字军在中国，1938～1945》

《毛泽东选集》（合订本），人民出版社 1968 年版

《蒙古"自治运动"始末》（中华民国史资料丛稿），中华书局 1980 年版

［日］木村久迩典　《中岛今朝吾中将和南京事件》

南开大学历史系编　《中国抗日根据地国际学术讨论会论文集》，档案出版社 1985 年 11 月版

南开大学马列室　《华北事变资料选编》，河南人民出版社 1983 年 9 月版

聂荣臻　《聂荣臻回忆录》，解放军出版社 1984 年 8 月版

彭明主编　《中国现代史资料选辑》，中国人民大学出版社 1989 年 3 月版

《七七事变——原国民党将领抗日战争亲历记》，中国文史出版社

秦孝仪主编　《中华民国重要史料初编——对日抗战时期》，第 1 编，第 2 编，第 3 编，第 4 编，第 5 编，第 6 编，中国国民党党史委员会 1981 年出版，台北

［日］秦郁彦　《日中战争史》，日本河也书房新社 1972 年版

日本防卫厅防卫研究所战史室　《华北治安战》，天津人民出版 1982 年 9 月版

日本防卫厅防卫研究所战史室　《大本营陆军部》摘译——《日本军国主义侵华资料长编》，四川人民出版社 1987 年 4 月版

日本防卫厅防卫研究所战史室　《缅甸作战》，中华书局 1987 年版

日本防卫厅防卫研究所战史室　《中国事变陆军作战史》，中华书局 1979 年版

日本防卫厅防卫研究所战史室　《长沙作战》，中华书局 1985 年 9 月版

日本防卫厅防卫研究所战史室　《一号作战之一·河南作战》，《一号作战之二·湖南作战》，《一号作战之三·广西作战》，中华书局出版

日本历史学会编　《太平洋战争史》，商务印书馆 1959 年版

日本陆军画报社编　《支那事变战迹之刊》，昭和 13 年版

荣孟源主编　《中国国民党历次代表大会及中央全会资料》，光明日报出版社 1980 年版

申伯纯　《西安事变纪实》，陕西人民出版社 1981 年版

史全生　《中华民国经济史》，江苏人民出版社 1986 年版

石柏林　《从长沙大火到衡阳失陷——国民党抗战内幕》，湖南人民出版社 1989 年 5 月版

［美］斯诺　《斯诺文集》，新华出版社 1984 年 4 月版

《四川经济统计资料》，中国国民经济研究所 1939 年版

孙继英　《东北抗日联军第一军》，黑龙江人民出版社 1986 年 6 月版

孙元良　《亿万光年中的一瞬》，（台）时英出版社 2008 年 7 月版

［英］田伯烈　《外人目睹之日军暴行》，正中书局 1938 年版

《土肥原秘录》，中华书局 1980 年版

王辅　《日军侵华战争（1931～1945）》，辽宁人民出版社 1990 年版

王洪峻　《抗战时期国统区的粮食价格》，四川社会科学院 1985 年出版

王桧林　《中国现代史参考资料》，高等教育出版社 1988 年 9 月版

王冉之　《蒋百里将军与其军事思想》，台湾传记文学出版社

王绳祖主编　《国际关系史》，武汉大学出版社 1983 年版

王铁崖　《中外旧约章汇编》，生活·读书·新知三联书店 1980 年 10 月版

王维屏　《中国抗战地理》，正中书局 1940 年版

王正华　《抗战期间外国对华军事援助》，台湾环球书局 1987 年版

魏宏运主编　《华北抗日根据地纪事》，天津人民出版社 1986 年版

《文史资料选辑》，全国政协文史资料委员会编辑出版

吴东之主编　《中国外交史（中华民国时期 1911～1949）》，河南人民出版社 1990 年 2 月版

吴相湘　《第二次中日战争史》，台湾综合月刊社 1973 年版

吴宝璋　《云南抗日战争史》，昆明：云南大学出版社 2005 年版

《武汉会战》，中国文史出版社 1989 年版

《西安事变档案史料选编》，档案出版社 1986 年版

《西安事变资料》，人民出版社 1980 年版

《新四军抗日战争史》（未刊稿）

《新四军文献》，解放军出版社 1988 年版

《星火燎原》选编，战士出版社 1980 年版

辛钟灵辑注　《方舆纪要辑要》，正中书局 1937 年 3 月版

徐公达等编　《鲁南会战记》，中国战史出版社 1939 年版

《徐州突围》，生活书店 1938 年版

许倬云、丘宏达　《抗战胜利的代价》，台湾联合报社 1986 年 9 月版

薛光前编　《八年对日抗战中之国民政府》，台湾商务印书馆 1978 年版

叶忠辉等　《东北抗日联军第八——十一军》，黑龙江人民出版社 1986 年 11 月版

［美］伊·卡恩　《中国通——美国一代外交官的悲剧》，新华出版 1983 年版

余子道　《汪精卫国民政府"清乡"运动》，上海人民出版社 1985 年 5 月版

袁明主编　《中美关系史上沉重的一页》，北京大学出版社 1989 年版

［日］曾根一夫　《南京大屠杀亲历记》，台湾黎明出版事业有限公司 1986 年版

张秉均　《中国现代历次重要战役之研究——抗日战役述评》，1978 年，台北出版

张公权　《抗战前后中国铁路建设的奋斗》，台湾传记文学出版社版

张宏志　《抗日战争的战略相持》，国防大学出版社 1990 年版

张其昀　《党史概要》，台湾中央文物供应社 1979 年版

张效林译　《远东国际军事法庭判决书》，五十年代出版社 1953 年版

张宪文等编　《民国档案与民国史学术讨论会论文集》，档案出版社 1988 年 9 月版

张宪文主编　《抗日战争的正面战场》，河南人民出版社 1987 年版

张宪文主编　《中华民国史纲》，河南人民出版社 1985 年 10 月版

《昭和的历史》，日本小学馆出版

《昭和的战争》，日本讲谈社 1986 年版

浙江党史资料征集委员会、浙江省档案馆编　《浙东抗日根据地史》，中共党史资料出版社 1987 年 6 月版

浙江省中国国民党历史研究组编印　《抗日战争时期国民党战场史料选编》，1986 年版

中共海南区党校党史办公室编　《冯白驹研究史料》，广东人民出版社 1988 年 12 月版

中共中央文献研究室编　《周恩来年谱》，中共中央文献出版社、人民出版社

1990 年 6 月版

中共中央党校党史教研室　《中国国民党党史文献选编》，中共中央党校出版社 1985 年版

《中共中央文件选集》，中共中央党校出版社 1986 年 11 月版

《中国国民党历次会议宣言决议案汇编》，中国国民党中央执行委员会训练委员会 1941 年编印

中国抗日战争史编写组　《中国抗日战争史》，人民出版社 2011 年 9 月版。

中国人民解放军第二野战军战史编辑室　《一二九师暨晋冀鲁豫军区抗日战争史》（未刊稿），1964 年 2 月

中国人民解放军济南军区战史编辑室　《抗日战争时期山东军区战史》（未刊稿），1963 年 2 月

《中国人民解放战役、战例选编》，解放军政治学院出版社 1984 年 10 月版

《中国外交年鉴》，1936 年 3 月版

中国第二历史档案馆编　《抗日战争正面战场》，江苏古籍出版社 1987 年 8 月版

外交问题研究会编印　《国民政府北伐前后的中日关系》，1963 年 10 月版，台北

外交问题研究会编印　《九一八事变》，1965 年 7 月版，台北

外交问题研究会编印　《日军侵犯上海与进攻华北》，1965 年 11 月版，台北

外交问题研究会编印　《卢沟桥事变前后的中日外交关系》，1966 年 7 月版，台北

外交问题研究会编印　《日本制造伪组织与国联的制裁侵略》，1966 年 6 月版，台北

外交问题研究会编印　《抗战时期封锁与禁运事件》，1967 年 1 月版，台北

《中日外交史料丛编》，台湾 1965 年版

中研院近代史研究所编　《抗战建国史研讨会论文集》，1985 年 12 月台北版

周开庆　《一九三六年之中日关系》，正中书局 1936 年版

《珠江纵队史料》，广东人民出版社 1985 年 1 月版

庄田　《琼岛烽火》，广东人民出版社 1987 年 9 月版

首版后记

　　"中国抗日战争史"（1931～1945），是国家社会科学"七五"规划重点研究项目，1987 年被批准立项。至 2001 年，已经过去十五个年头。上个世纪 80 年代初，我们编著《中华民国史纲》的时候，我分工撰写抗日战争部分。当时，国内对抗日战争的研究，还不全面，也不深入。为了写好《中华民国史纲》，我们花了大量时间去中国第二历史档案馆查阅档案。我接触了相当多的军事档案，对抗日战争有了一个新的认识。在完成"史纲"的写作后，我们开始研究抗日战争的正面战场，并且写出了《抗日战争的正面战场》那部书，应该说在当时它是较早较全面客观论述正面战场的著作。也是在这个时候，我产生了一个念头，希望写一部全面反映抗日战争历史的著作。中国社会科学院近代史研究所副所长李宗一研究员告诉我，国家社科"七五"规划有一个关于抗日战争的重点课题，希望我接过来。就这样，我和一些年青学者开始了抗日战争史的课题研究，经过五六年的努力，完成了 100 万字的书稿。可是，由于种种原因，迟迟未能出版，最后在南京大学领导的关心下，交由南京大学出版社出版，这也使我们了却了一个心愿。

　　抗日战争是一场全民族的反侵略战争，本书尽可能反映各民族、各阶级、各政党团体对抗日战争的贡献，尤其是两个战场（正面战场和敌后战场）在抗敌御侮中的重要作用。在史料方面，我们搜集并运用了大量军事档案，其中包括国民政府军事委员会军令部和各战区档案，以及八路军、新四军的重要文献，也参阅了日本军方的史料和台湾刊布的档案，发表的研究著作等，力求掌握更多更全面的史料，以得出符合历史实际的结论。我们努力完成一部科学的战史著作，但是由于能力所限，愿望和现实仍有差距，在这里诚恳地欢迎朋友们指正。对长期为我们查阅、汇集资料提供方便条件的中国第二历史档案馆、南京图书馆、南京大学图书馆，对为本书出版付出辛勤劳动的南京大学出版社社长任天石教授和责任编辑杨金荣博士等，表示诚挚的感谢。

本书具体撰写情况如下（以其所写部分在书中出现的先后为序）：

张宪文　总论，提出编写大纲，负责全书修订、定稿。

庞绍堂　第一卷第一部分、第二部分

左用章　第二卷第二部分第一章二、四，第四部分第五章，第三卷第二部分第三、第四章，第五部分。

吴伟荣　第一卷第三部分，第二卷第一部分第一～第三章、第二部分第二章一、三、五、六。

申晓云　第二卷第一部分第四章、第二部分第三章、第三部分第四章，第三卷第二部分第一章、第二章、第五章、第六章。

陈红民　第二卷第二部分第一章，第三卷第一部分第三章、第三部分第一～第三章，第五章一、第五部分第三章。

陈谦平　第二卷第二部分第四章、第三部分第一～第三章，第三卷第五部分第二章。

李继峰　第二卷第四部分，第三卷第一部分第一、第二、第四、第五章，第三部分第四章。

武　菁　第三卷第六部分，第四卷第二部分。

朱宝琴　第三卷第三部分第五章二、三，第四卷第三部分。

冯　治　第三卷第五部分第一章、第四章、第五章，第四卷第一部分第五章。

张益民　第四卷第一部分第一～第四章、第六章

参考书目由陈红民整理。

张宪文
2001 年九一八前夕